# CENTURIES OF CHANGE

WHICH CENTURY SAW
THE MOST CHANGE
AND WHY IT MATTERS TO US

# 漫遊歐洲一千年

伊恩・莫蒂默
IAN MORTIMER

胡訢諄——譯

時報出版

# 一致讚譽

近幾十年來，人們的歷史思維已從正典的，朝向觀點的、參與的和反思的。這本書印證了這種趨勢；它重新思考並舉例，什麼是歷史的變遷。

——周樑楷，中興大學歷史系教授

在過去，我們熟悉的世界史著作不是強調環境／地理決定論的《哥倫布大交換》、《槍炮、病菌與鋼鐵》、《1493》，就是批判這種聲浪，強調物質文明、制度重要性的《國家為什麼會失敗》與《文明：決定人類走向的六大殺手級Apps》，或者是一東西比較就談數萬年的《西方憑什麼》。現在，我們又多了另一種選擇，那就是以五十件大事書寫這一千年來西方歷史「變化」關鍵的伊恩．莫蒂默（Ian Mortimer）。

——蔣竹山，東華大學歷史系副教授

莫蒂默獨創的書寫風格，是我們這個時代卓越的作品。

——《泰晤士報》（*The Times*）

充滿驚喜！會讓你讀不捨手！

——《圖書館期刊》（*Library Journal*）

本書讓你領悟不同時代人的心靈。

——《華盛頓郵報》（*The Washington Post*）

感人的成就！莫蒂默引領讀者清晰見識千年來的人類生活。

——《出版人週刊》（*Publishers Weekly*）

繼《坎特伯里故事》之後，最有趣的歐洲生活記述。

——《衛報》（*The Guardian*）

以文學之筆，生動描繪千年來的眾生相。

——《每日電訊報》（*Daily Telegraph*）

迷人的作品！

——《文學評論》（*Literary Review*）

獻給我的孩子，及未來的子孫。

我認為我生來就是為了寫這本書。

儘管這本書不見得是你生來一定要讀的，但也許對你會有幫助。

# 目次

緒論
# 過去一千年我們做了什麼?

印刷術、火藥、指南針,這三項發明改變了全世界事物的樣貌與狀態。

——法蘭西斯・培根《新工具》,一六二〇年

一九九九年歲末的某天晚上,我在家看著電視新聞。主播報導當日要事後,我以為依照十二月底晚間新聞的慣例,她要接著回顧過去十二個月的重大事件。沒想到那一年,她竟回顧整個二十世紀。她說:「我們正邁向二十世紀的尾聲,這個世紀,比起任何一個世紀,見證了更多變化……」我把那幾句話放在心上,來回思量。我很好奇,對於變化,我們到底瞭解多少?主播為什麼又那麼有自信,認為二十世紀比其他世紀見證更多變化?比方說,十九世紀,當時鐵路的發明可是改變了全世界。或說十六世紀,哥白尼提出地球繞太陽運行,馬丁路德將基督宗教一分為二呢?不久後,黑白電影、核爆蘑菇雲、太空梭、汽車和電腦,開始整天出現在我的電視螢幕。那位主播所謂二十世紀比其他世紀見證更多變化,顯然是將「變化」等同於「科技發展」,

那麼二十世紀當然是無可匹敵。

那天之後，每年我都和很多人討論「變化」這兩個字。每當問到「哪個世紀見證最多變化？」幾乎每個人都和那位主播一樣：當然是二十世紀。有些人甚至笑我，怎麼會考慮其他世紀呢？若要他們解釋，他們多半會回答二十世紀的五項發明：飛機、原子彈、登陸月球、網際網路、行動電話。他們似乎相信，在這些現代的成就面前，過去的一切都是次要。從前幾個世紀的變化，相形之下不足為奇。在我看來，這是錯覺——認為現代的發明造就最重大的變化，而現代之前的發展是相對靜止不動。光憑某些發明在二十世紀達到顛峰，並不能論斷它在二十世紀的變化是最急遽的。這個錯覺又因為我們傾向給予雙眼所見事物較高的重要性而加強，無論是親眼見到或是透過電視，缺乏真人見證的事件便是較不重要。

只有極少數人會立刻想到，其他世紀能與二十世紀匹敵的事物。通常是因為他們本身專門的領域，使他們敏銳地意識到早期科技發明的影響，例如馬鐙、馬匹耕種、印刷機，以及電報。我在此不細數，但平心而論，當我拋出「哪一個世紀見證最大變化？」這個問題，百分之九十五的人會由於科技發展而回答「二十世紀」，剩下的百分之五，多數人也會因為其他的科技發明而回答更早的世紀；能提到一九〇〇年以前與科技無關的事件，例如文藝復興、女權運動，這樣的人屈指可數。就我記憶可及，沒有任何人回答西元一千年之前的世紀，即使第五世紀是一個不錯的答案，因為第五世紀見證了西羅馬帝國的傾覆。

有些人的回答是提出另一個問題：「你所謂的『變化』是什麼意思？」表面上這是理所當然的反應，但也耐人尋味。每個人都知道「變化」的意思，就是狀態的改變。然而，一旦被問到哪一個世紀見證最大變化，人們反而掌握不住「變化」的意思。人類集體的經驗源遠流長，範圍廣大，使我們難以思考其中無數的變化：當匯集起來時，各種不同的因素無法計量。我們能夠計算穿越世紀以來某些特定的變化，例如出生時平均餘命、出生率、壽命年數、身高、每人卡路里攝取、勞工平均薪資。我們也可以測量上一個千年的教會參與、暴力程度、相對財富與識字率，但若要準確測量這些項目，我們必須從生活的所有面向獨立出來。我們無法測量生活方式的不同，就像無法測量愛一樣。

事實上，測量生活比測量愛還要困難。至少愛可以用規模表示，比方說，挽回愛人可以送一張情人卡，也可以送一千艘輪船，但生活方式無法以規模表示。任何變化，量化後看似最大，卻隨即會被另一個量化後的變化反駁。例如，二十世紀無疑的見證了出生時平均餘命最大的成長，在多數歐洲國家，都成長百分之六十以上。但相對的，在從前的世紀，男人和女人的個人壽命潛力才是最大，即使在中世紀，也有男人或女人活到九十歲或更高齡。森普林哈姆的聖吉爾伯（St Gilbert of Sempringham，譯注：英國人，天主教吉爾伯會會祖）於一一八九年蒙主恩召時是一〇六歲，約翰・緒利爵士（Sir John de Sully，譯注：中世紀英格蘭武士）死於一三八七年，享年一〇五歲。當今鮮少人活得比他們更久。確實，在中世紀，八十至八十九歲的人口相對而言很少，百分之五十的嬰兒未能活到成年，但提到最長的壽命，千年來並無多大改變。只要有人試圖找出一個經計算的因素來回答「最大的變化」，另一個同樣經計算的因素就會提出反駁。為什麼取這個而非那個呢？以平均餘命相對於潛在壽命年數的例子看來，不過是個人選擇罷了。

如此，這個問題不過是在家裡玩猜謎，純粹好奇，鬥鬥嘴，討論「誰是最偉大的英格蘭國王？」但事實上這是個嚴肅的問題。如同我在《漫遊中古英格蘭》（*The Time Traveller's Guide to Medieval England*）中想要表達的：探究人類的本質時，僅僅觀看我們今日的生活，只能獲得相對淺薄的印象；瞭解不同時期的人類社會，才能發掘更深遠的觀點。歷史可不純粹為了緬懷舊時光，更能幫助我們認清人類身為物種的各種才能與無能。若欲觀今，則必鑑古。舉例來說，回頭看十四世紀，面對黑死病那樣的浩劫，便會懂得人類是多麼堅韌。也唯有回顧過去的事件，像是二次大戰，才能看出我們面臨巨大危機時，所激發的創新、組織和產量。同樣的，過去一百年的西方政府告訴我們，今日西方民主有多麼短視近利，政客迎合大眾瞎起鬨，面對社會問題只求速解，反而只有獨裁者才會深謀遠慮。歷史告訴我們，我們的社會曾經多麼暴力、性別歧視、殘酷，而且可能重演。歷史研究有許多目的，從理解當代社會如何由過去演變而來，到學習如何審視個人，最重要的便是揭露人類的本質，及其各種極端的樣貌。

本書或多或少是我對於一九九九年十二月那位新聞主播遲來的回應。然而我要強調，為了決定哪一個世紀比其他世紀見證更大變化，我也設定一些參數。首先，我刻意保持「變化」一詞定義上的歧異與模糊，目的是使每個世紀所有可能的發展都能納入考量。到了書末後記，我才會嘗試去梳理、評析這些發展。第二，我只討論十個世紀：從一〇〇一到二〇〇〇年間的一千年。這並非否認先前年代的重要性，而是聚焦在西洋文化。我無意讓這本書變成條列世界歷史「轉捩點」的清單。第三，本書探討的變化，範圍是西洋文化，亦即中世紀時期組成基督宗教世界的諸多國家所發展的文化。只有提及那些拉丁語言的子嗣遠渡重洋的世紀，才能將討論的脈絡擴大。因此，本書所提的「西方」並非以地理為單位，而是最初立足於中世紀基督宗教的王國，以及之後向外延伸的文化網絡。當然，我無意貶低歐洲世界以外的中世紀文化，本書是關於變化，不是卓越。若我將問題的時間範圍回溯自智人（Homo sapiens）出生，那麼非洲將會佔相當大的篇幅。若我從末次冰期（last glacial period）結束考量起，中東地區則會非常重要。若我打算羅列人類文明迭起的諸多因素，例如使用工具、使用火、船隻與車輛的發明、語言與宗教的發展，也都需要納入考量。但這些是其他的歷史，在本書的參數之外。（譯注：經DNA與化石證明，智人約於二十萬年前出現於東非；中東地區於末次冰期結束之後開始發展農業）

這本書並不是全世界的歷史，也不是幾個國家或某個地區的通史。有些國家重大的歷史事件在這裡並沒有提到，或者僅僅帶過。儘管有些侵略造成某些國家重大的轉變，例如諾曼人（Norman）征服英格蘭，或是美國海軍司令培理（Perry）於一八五三年登入東京灣，但相對而言，這些是當地的歷史事件。地理上，特殊的事件可能成為重要的歷史（例如義大利文藝復興運動、法國大革命），但多數的地區性事件與我的核心問題不直接相關。德意志諸國統一（Unification of Germany）對葡萄牙人來說並不是非常重要；西西里人對於諾曼人征服英格蘭也不是太感興趣，他們自己就被諾曼人征服過。同樣的，美國與加勒比海黑奴的興起，只是十七世紀的一件小事。這是因為奴隸制度的再現對當時的西方版圖而言，僅是邊緣地區的現象。十七世紀的歐洲反而受到白奴貿易的影響較深，當時巴巴里（Barbary）海盜俘虜成千上萬個西歐居民，並將他們轉賣到北非作為奴隸。但即使是這樣，白奴貿易對歐洲的影響還是不及十七世紀那一章所選出的五大改變。奴隸制度的重現和許多國家的戰爭一樣，在任何世界史上都應被提及。但本書不是世界史，本書的主旨是思考西方的發展，回答一個特定的問題。

將焦點集中在問題上，意味著某些個人成就和主題反而得不到關注。同事和朋友問我：「你怎麼沒提到李奧納多．達文西？」「你怎麼沒提到音樂？」儘管達文西是天賦異稟的人，但是他的科學思索在他的年代幾乎沒有影響任何人。很少人讀過他的筆記，他的發明也沒有真正被製作出來。他留給後世最重要的遺產是他的畫作，但老實說，假使一、兩個文藝復興時期的畫家不曾存在，我也不覺得我們的生活會因此大大不同。如果無人畫過肖像畫，當然另當別論，但一個藝術家的影響比起其他人，例如馬丁路德或哥白尼，相對來說小了點。至於音樂，在每個國家都盛行千年以上。樂器、音調、和聲的形式也許都曾改變，也不得不說記錄音樂的錄音能力確實是重大的改變，但音樂在人類的生活中一直存在，而且音樂引人入勝之處就是因為它無所不在，而非改變我們生活的方式。

現在可以明顯看出，重要的變化大多是那些超越國界、娛樂與心靈價值的事物。最重要的變化，影響範圍遠超出本身的地域。在本書的脈絡中，一位僅僅影響其他同行的科學家，相較之下不太重要；一位歷史學家，卻只影響人們對過去的看法，以及一位優秀的哲學家，卻只影響其他思想家，道理也是相同的。一位遠比我瞭解哲學的朋友認為，這本書如此強調伏爾泰和盧梭，卻幾乎沒提到休謨和康德，真的很奇怪。他認為休謨和康德重要多了。但他也承認，本書不是哲學史。只是剛好伏爾泰和盧梭的想法在十八世紀廣為流通，對當時的政治思想造成直接影響，而康德很少被提到，和莫札特沒有出現的理由是一樣的：他的思想與過去三個世紀重大的變化並沒有直接關連。一七八九年巴黎的革命並不是為了履行康德「定言令式」的道德義務而攻佔巴士底監獄，起義者是受到盧梭的社會契約論啟發。

寫這本書的過程中，我經常遇到一個特殊問題。西方文化許多重要的發展，並不恰好發生在一個世紀裡。我們該考量發展開始的時間，還是影響最劇的時間呢？某個發明的定位，是在發明的當下，還是普及的時候？回答這個問題絕非容易。很明顯的，一項發明不普及之前很難改變世界。因此，內燃引擎常被列入二十世紀的貢獻，而非十九世紀。此外，如果某項發明只在普遍的時候才被提起，會忽略其早期的影響。多數西方人在十九世紀前是不識字的，但若因此忽視早期教育的發展，特別是十三和十六世紀，將會是極大的錯誤。另外，若我們不談某些不普及的發明，反而會使其影響的程度加大，而導致有大巨變的錯覺，認為從前毫無發展可言。例如，把工業革命視為十九世紀的事件，便會減弱工業對十八世紀的影響，也會以為人們對生活周遭技術改革漠不關心，但人類早在身著機器製作的衣服之前就已技術改革了。因此，考量時間的時候，某個程度的彈性是必要的。回應一九九九年那位主播的話，我發現，讓讀者瞭解諸多世紀中發生的變化比較重要，若設下僵固的規則，反而錯誤地呈現過去。

二〇〇九年，為了慶祝英格蘭西南部埃克賽特（Exeter）教區創立一千一百週年，我受命擔任一堂課的講師。我以此書的核心問題作為上課的主題：過去十一個世紀，哪一個世紀見證最大的變化？在課堂中，我不只說明自公元九〇九年以來各式各樣的變化，也得到某個結論。備課的過程中，我的研究得出一個型態，這個型態不只會發生在研究的時間範圍，甚至會一直影響人類。本書的後記會詳談這個原創的觀點。我相信，如果人類能存活下一個千年，我所挑選的重大變化，將會是人類歷史的典型——如同古代形塑人類文化的數種發明：語言、書寫、火、船、輪子、宗教，都一樣重要。

自二〇〇九年起，我重新思考這個問題。為了深入研究，我穿梭在高聳的書架以及各圖書館。我對於現在的學術工作震驚不已，尤其是過去六十年的成果。在圖書館裡，我感於自己的知識遠遠不足以完成這本書而不知所措。有幾個章節幾乎把我擊敗，像巨大的陰影矗立在我的身邊。面對整面牆關於十字軍東征的書，我感到自己就像一〇九九年耶路撒冷圍城戰中，在街上被砍死的無名小卒。我走進滿室十八世紀法國的書籍，幾乎絕望了。歷史學家面對這麼多史料，卻不感到卑微，必是瞞哄自己。書寫如此大規模的人類歷史，卻不承認自己能力不足，必是騙子。

我當然希望自己無所不知，能為自己提出的問題提供最詳盡的答案，但人類的心智只能保有很少的訊息。就我而言，有幸從青少年時期便投入英格蘭歷史的領域，一開始是興趣，後來當了學生，然後是檔案管理員，接著成為職業的歷史學者與作家。我已涉獵英格蘭歷史超過三十年，本書引用的統計資料難免偏重英格蘭，但我所選擇的並不侷限於改變這個國家的事物。我反而選擇影響西方主要地區的變化，並使用英格蘭的史料與數據來呈現變化的情況，傳達比例的意義。這樣一來，會比為了弭平地理上的偏重而罔顧我的專長領域要好。

你可能不認同我選擇的世紀巨變。你當然可以拒絕接受過去的戰爭、饑荒、瘟疫和社會改革等等，認為那些皆不及行動電話或網路購物的影響來得重要。那也無妨。本書的目的是希望引發對於「我們是什麼」、「過去一千年我們做了什麼」的討論，以及「我們能力可及的是什麼，不可及的又是什麼」，而進一步評估過去十個世紀中，我們非凡的成就對於人類的意義。如果更多人討論這些問題，因而理解長期以來人類的本質，對未來提出洞見，本書就是成功了。

——伊恩．莫蒂默，寫於德文郡摩爾登漢普斯德鎮，二〇一四年七月

# 十一世紀（一〇〇一～一一〇〇年）

我正在一棟三層樓的房屋頂樓書寫，這棟房屋位於摩爾登漢普斯德（Moretonhampstead）小鎮，多數人稱為「摩爾登」（Moreton），地處英格蘭西南，德文郡（Devon）的達特慕爾（Dartmoor）東方邊界。十一世紀的時候便有摩爾登這個名字——意為「曠野那個地方」。然而，大概只有地名和地底的花崗岩從十一世紀至今沒有改變。一千年前這裡沒有三層樓的房屋，連兩層樓都沒有。這個地區約有十來戶家庭，居住在土石砌成的棚屋。長方形的棚屋狹小，只有一個房間，依賴房屋中央的火爐取暖，火爐冒出的烏煙將屋頂的木頭染黑。房屋低矮，不比山丘高，以防來自曠野的風雨，並用乾燥的蕨類或茅草填滿屋頂。居民的生活艱困，飲食多半是蔬菜、乳酪，以及酸性土壤能種出的耐寒作物，例如黑麥、燕麥、野豌豆。沒有人識字或能寫字；這裡也沒有司鐸，沒有堂區教堂。國王派遣的監守住的房子可能有花崗岩粗糙刻成的領洗池；巡迴的傳教士講述新約《聖經》的地方可能有十字架，但這就是全部了。雖然當時在德文郡已知大約有二十個宗教團體，其中最靠近這裡的兩個，一個是往北二十公里，位於克雷迪頓（Crediton）簡樸的主教座堂；另一個是往東二十公里，埃克賽特的小修道院。但兩者的規模都不比容納五個司鐸的小禮拜堂大多少。聖人拜訪摩爾登的機會微乎其微，也不會慶祝宗教節日。

當你開始檢視我們視為理所當然的事物時，此時和彼時生活的差異更顯得深遠。例如，眼前我擁有的所有物品都是在某個時候購買的，不論是由我、我的朋友，或我的家人。相反的，一〇〇一年住在摩爾登的前輩，可能一輩子都沒摸過錢。當時錢確實存在，是銀製的便士，國王埃塞爾雷德二世（King Ethelred the Unready）鑄造很多，付給入侵的丹麥人。但對於一〇〇一年一戶住在摩爾登的家庭，沒有什麼好買的，大多數的東西他得自己製作。如果他想要一個碗，必須拿木頭刻。如果他想要一件斗篷，就從當地的羊身上取得羊毛，用手捲成線，再織成布，最後裁縫。如果他想要將斗篷染色，要先從天然的植物中萃取染料，例如松藍花（藍色）、茜草根（紅色）。如果他需要為這些東西付出什麼，那就是去交換：他可能會拿出動物、皮革、肉或蛋，或他費了大把力氣刻的碗。幾乎不會用到金錢，多數家庭只會拿錢來付給領主房租，或取得某些無法就地製成的東西，例如一個大鍋、一把刀或一把斧頭。這段期間因為錢幣非常稀少，西方國家幾乎不會發現銀幣儲藏。整體而言，歐洲錢幣製作非常少量，在德文郡幾乎是沒有聽過。[1]

你需要銀幣便士的地方是有市場的城鎮，但十一世紀初期，德文郡只有四個這種地方：埃克賽特（二十公里）、托特尼斯（Totnes，三十五公里）、利德福德（Lydford，在曠野沒有路又很多沼澤的那一邊）、巴恩斯特布（Barnstaple，五十六公里）。即使要去相對距離較近的埃克賽特也很困難。一個男人獨自行經森林小徑很危險，他可能會被盜匪攻擊，甚至被狼攻擊。當時的英格蘭，狼都在野外漫遊。道路很顛簸，而且你可能需要涉水通過廷河（River Teign），冬天時水流的力道足以將人推倒。將你的財產和家人留在家裡沒人照顧也很危險，他們可能會遭到歹徒攻擊。因此，一〇〇一年的一般人不會長途旅行。未來他們的子孫需要長途旅行才能抵達的社會機構，諸如法院、國會、市場、修會，當時幾乎不存在。住在這個基督宗教世界邊緣地帶的人，以自己的方式安身立命：鄰居和親戚是他們唯一能指望的人，不論是保護自己和家人，與他們公平交易，或在飢荒時期幫助自己。

我們以這個方式開始初步瞭解，在摩爾登漢普斯德，我和我的前輩生活上真正的差異。人類社會在一〇〇一年，不僅不識字、迷信、對外面的世界一無所知、缺乏精神上的督導，甚至還面對不間斷的苦難與危險，飢餓與遺棄比比皆是。社會是殘暴的，為了保護自己，你必須以暴制暴。除了盜賊和歹徒，維京人在過去兩個世紀也斷斷續續侵略英格蘭。九九七年的時候，他們焚燬達特慕爾西北方的市場城鎮利德福德，並搗毀西南邊塔維斯托克（Tavistock）的修道院。一〇〇一年他們又回到德文郡，先是攻擊、焚燬埃克賽特，接著往東（所幸不是摩爾登）剷平布羅德克利斯特（Broadclyst）以及平霍（Pinhoe）兩個村莊。而且不保證明年他們不會再來，沿著埃克斯河（River Exe）到達埃克賽特，往西碰碰運氣。埃塞爾雷德王即便很想及時拯救村民免於侵犯，但可能無法帶著他的軍隊，沿著破敗的羅馬大道穿越森林抵達摩爾登。如果維京人真的又回來，所有村民能做的，就是把小孩叫來，跑到荒涼的曠野或樹林裡躲起來。

這段描述對於基督宗教世界的其他地區，有多少代表性呢？如你料想，光在英格蘭境內就有顯著的差異。如果你走二十公里，從摩爾登越過山丘到達克雷迪頓，會見到人口稍微稠密的莊園，德文郡的主教就是那裡的領主。在他家裡，你甚至會發現兩本手抄書：一本關於早期基督宗教的殉道者，另一本是九世紀法國學者毛魯斯（Hrabanus Maurus）彙編的百科全書。若你離開克雷迪頓到埃克賽特，會發現商人和司鐸住在古羅馬城牆內。儘管市中心有一個市場，你還是會很訝異，那裡竟然是個農村，以該地方為家的靈魂不到一千人。溫卻斯特（Winchester）是當時英格蘭的首都，人口大約是六千。整個王國最大的都會區——倫敦，人口超過一萬，許多人住在倫丹尼曲（Lundenwic），即今日的奧德屋奇（Aldwych，譯注：位於今倫敦西敏市），也是通往城市西方的要埠。東南方的郡縣比起德文郡人口更多，教堂更多，司鐸也更多。在那裡，較常使用錢幣，市場也較為普遍。以肯特郡（Kent）為例，就有十個行政區有市場（每一千三百平方公里有三．五個市場，德文郡是〇．八個），相對的，當地旅行的頻率也較高。即使是長途旅行也是可能，但倫敦會對來自法國北部諾曼第（Normandy）的商人徵收道路規費。雖然維京人的侵略並未徹底阻止國際貿易，但他們的威脅仍無所不在。對暴力的恐懼也如此。

往更遠的地方，還會發現更大的差異。經濟繁榮與都會精緻的程度，整個歐洲大不同。至於宗教，一〇〇一年基督宗教世界正準備邁向大家熟知的泛歐洲形式。威爾斯、蘇格蘭和愛爾蘭都是獨立的基督宗教國家，國內的暴力與派系甚至比英格蘭更顯著。斯堪地那維亞僅部分地區改信基督宗教，挪威許多地區仍拒絕接受。在東歐，波蘭王國於九六六年成為基督宗教的國家。立陶宛王國（Lithuania）不接受基督宗教，斯拉夫人（Slavs）也不是，但由維京人建立且命名的羅斯王國（Rus），也是俄羅斯的前身，其所轄的基輔從九八八年開始信教。馬札爾人（Magyars）居住在現今的匈牙利。一個世紀前，他們直搗西歐，一路攻破神聖羅馬帝國，進入勃根第（Burgundy）和法國，侵擾不斷，直到九五五年才停息。一〇〇一年，他們的國王史蒂芬一世（Stephen I）擊敗非教徒的叔父即位後，也改信基督宗教。西班牙北部的基督宗教王國雷昂

〔León，包括卡斯提爾（Castile）〕以及納瓦拉〔Navarre，包括阿拉貢（Aragon）〕，還有獨立的巴塞隆納，已經開始收復失地運動（Reconquista）：欲收復當時在穆斯林統治下，現為西班牙與葡萄牙的科爾多瓦（Córdoba）。這個運動將一直持續到十五世紀。因此基督宗教世界正快速地由其核心向北、東及南歐拓展，只是每天仍無法不犯下「不可殺人」的誡律。

當時基督宗教世界的核心為神聖羅馬帝國，從德國北部的海岸一路往南到羅馬，包括奧地利、義大利北部和洛泰林吉亞〔Lotharingia，組成低地國、東法與萊茵蘭（Rhineland）〕，由神聖羅馬皇帝治理，他也是許多公國、領地、王國的統治者。作為帝國的皇帝，他是由一群總主教與公爵選舉出來的君主。帝國西邊的鄰居是基督宗教的法蘭西王國，由最近剛建立王朝的休・卡佩（Hugh Capet）統治，但其領土僅是現今法國的一半而已。帝國的東南方則是勃根第王國，範圍從歐賽爾（Auxerre）到瑞士，往南到普羅旺斯的地中海沿岸。

反而是地中海的王國，其日常生活與英格蘭的差異最顯著。科爾多瓦是世界上最精緻、富裕的城市之一，貿易和知識的程度遠超過任何基督宗教地區，可能有近五十萬人住在那裡。建築物的規模極為壯觀，從現今還留存的科爾多瓦清真寺便可見。此外，據說哈里發的圖書館藏書超過四十萬冊。在義大利，人們的生活還是像羅馬帝國時期那樣穩定繁榮。義大利也是基督宗教世界西部最大的貿易區：帕維雅（Pavia）、米蘭、阿馬爾菲（Amalfi）居住人口約有一萬兩千到一萬五千人；濱海省分威尼斯、比薩、熱那亞（Genoa）緊跟在後。

基督宗教世界於富裕和精緻程度能與哈里發統治的科爾多瓦相當的，只有拜占庭帝國，尤其是首都君士坦丁堡，十一世紀正值繁榮的高峰。人口估計的數據大相逕庭，不過大約在四十萬上下。帝國也有高度的法治體系，經濟網絡跨越中東地區，財富令人嘆為觀止。一〇〇一年，皇帝巴西略二世（Basil II）從神聖宮殿統治的地區涵蓋整個地中海沿岸東北，包括義大利南部，大部分的巴爾幹半島、希臘、安那托利亞（今土耳其），遠至巴勒斯坦的邊界。他也統治希臘群島、賽普勒斯、克里特島，以及部分黑海北岸。神聖宮殿不遠處便是聖索菲亞大教堂，其巨大的圓頂高達五十五公尺，是當時基督宗教世界最大的建築。裡頭收藏四世紀羅馬皇帝君士坦丁在古典時期由各地收集而來的藝術品，榮耀他建立為首都的城市。古希臘銅像就矗立在古埃及的方尖碑旁。一〇〇一年，曾經是帝國最初首都的羅馬，相較之下毫不起眼：城牆圍起的地區只有君士坦丁堡的一半，藝術作品不是頹倒，就是被偷；山丘上城市著名的遺跡，卻見羊和牲畜在吃草。對繁華的拜占庭來說，基督宗教世界的其他地區，根本都是野蠻人。

有這幾個極端的例子——從摩爾登多雨的山丘之間，幾個在土牆屋裡勉強餬口、自給自足的農夫，到穆斯林統治下金碧輝煌的科爾瓦多，以及極為富有的基督宗教君士坦丁堡——看起來幾乎不可能找出什麼，足以改變整個剛開始形成的西方世界。然而，儘管有許多區別他們的因素，他們卻有許多當代人想像不到的共同點。在一〇四三年，巴塞隆納的主教想要向一個猶太人買兩本稀有的書，他付的並不是銀幣，而是一棟房子和一塊地，表示即使是地中海地區受過教育、富裕的居民，仍會進行非貨幣的交易。[2]如果歐洲發生飢荒，每個人都會遭殃，包括拜占庭會物價上揚、貿易衰退。疾病席捲基督宗教世界的時候，人命不分貴賤。而且不論在哪裡，沒有人可以免於當時的暴力。諾曼第的威廉公爵（Duke William）於一〇六六年征服英格蘭，另一個諾曼人羅伯特・基司卡（Robert Guiscard）於一〇六〇至六八年佔領拜占庭帝國南義大利的領土。

俗話說：「擁有越多，失去越多」，實在沒錯。拜占庭帝國時任的皇帝羅曼努斯・狄奧尼吉斯（Romanos Diogenes），一〇七一年在曼齊科爾特（Manzikert）戰役中被俘，這場戰役的挫敗也將安那托利亞拱手讓給賽爾柱土耳其人。他被俘虜的期間發生政變，推翻他在君士坦丁堡的皇位。後來他被刺瞎雙目，在修道院中因傷死去。說實在的，他人如果在摩爾登，還比較安全呢！

## 拜倒在十字架底下

毫無疑問，多數學者都將羅馬天主教會的成長，作為十一世紀一項最大的變化。部分原因是由於基督宗教世界的邊緣地區，向羅馬天主教會靠攏。地理擴張成為政治與道德權威的基礎，鞏固教宗在泛歐洲地區的地位。教會整體的權力隨之提升，並領導一連串的改變，影響整個社會。若無西方教會的成長，中世紀就不會如當時那樣發展。

九五五年與一〇〇一年之間，西方基督宗教世界的範圍擴大兩倍。這並不是一夕之間的轉變：許多地方數十年來排斥基督宗教的信仰，但這段期間之後，幾乎整個西歐的生活皆拜倒在十字架底下。這個現象的理由很複雜，傳教士的熱忱確實有所助益，但更重要的原因是統治者的意向，不論是面對凶殘的鄰居，希望保衛自己的疆土，或想展現權威，征服新的地區。不管想要達成哪一項，他們都需要盟軍，而天主教會提供道德框架，在這之中能夠建立信任關係。隨著越來越多的王侯接納天主教，教會就越來越強大、越來越誘人，這種雪球效應也同時弱化其他民間信仰的影響力。最重要的是，統治者發現採用一個本質上獨裁的宗教可以帶來許多好處。天主教會不僅增強君王的權威，而且藉由宗教階層的組織，也幫助君王穩定、控制他的王國。

反過來，這樣迅速成長的勢力自然提升教宗於政治上的影響力，雖然也加深他與君士坦丁堡宗主教的對立關係。名義上，教宗作為羅馬第一位主教聖伯多祿（St Peter）的繼承人，地位應該居上，然而這個首席權很少被強調，甚至備受爭議。為了闡明這一點，教宗良九世（Leo IX）於一〇五四年派遣代表到君士坦丁堡，要求賽魯來（Cerularius）宗主教承認羅馬教宗至高的地位。過去微妙的政治平衡因此受到挑戰，賽魯來也面臨同樣問題。他冷冷地否認羅馬教會的權威高於拜占庭帝國。羅馬教會的代表將他革除教籍，他也將羅馬教會革除教籍。從那一刻起，羅馬天主教與希臘正教便分道揚鑣。因此一〇五四年在教會歷史上是重大的一年。事實上，這不過是正式承認過去數個世紀以來的分裂而已。然而，對教宗而言更重要的是，拜占庭帝國在一〇六〇年失去義大利，一〇七一年又失去安那托利亞，之後宗主教的地位就搖搖欲墜了。

教宗的權力提升，也使得他槓上神聖羅馬皇帝。在一〇〇一年的時候，尚無正式的程序用以任命新的教宗。有時候羅馬的達官顯貴會自行挑選，有時候他們會接受神聖羅馬皇帝的提名。皇帝保有指定最佳人選的權力，無論是透過直接指定或操作選舉。如此一來，衝突時常發生，教宗無預警就被皇帝免職，由皇帝身邊阿諛奉承的人取代。一〇四六年，日耳曼人的國王亨利三世（Henry III）即位為神聖羅馬帝國皇帝，他來到羅馬受膏時，發現有三個人同時宣稱他們是教宗，分別是本篤九世（Benedict IX）——他賣掉教宗的頭銜卻又不肯放棄；額我略六世（Gregory VI）——向本篤九世買下頭銜的人；以及西爾維斯特三世（Sylvester III）——地方推舉的人。亨利三世唯恐自己的皇位受到玷汙，於是召集蘇特利會議（Council of Sutri），罷黜三位教宗，接著指定自己告解的司鐸克雷孟二世（Clement II）為新的教宗。但是指定的方式很快就產生問題。一〇五八年，兩位對立的教宗本篤十世（Benedict X）與尼克拉二世（Nicholas II）互相對抗。隔年，尼克拉二世勝出，並發布教宗詔書《以主之名》（In nomine Domini），明訂未來的教宗必須由樞機團秘密選出，神聖羅馬皇帝不得干預。

《以主之名》只是教會樞機頒布一連串改革的第一步，他們當中最著名的是希爾德布蘭（Hilderbrand），也就是後來的教宗額我略七世（Gregory VII）。這些改革傾向將司鐸與其他人區別。天主教的聖職人員，從堂區司鐸到主教，從現在起不准結婚。他們被要求外貌要像古羅馬的聖職人員，剃頭刮鬍；說話也要像他們，宗教儀式只能以拉丁文進行。他們不得買賣教會的職位，當時這樣的行為稱為販賣聖事。他們不受俗世法院的審判，改由他們主教的教會法庭主理，教會法庭不會判處死刑。最重要的是，改革行動正式宣布禁止俗世授權，意思就是，任何俗世的君主皆不得指派教會的職務，而高階的聖職，包括基督宗教世界中所有的主教與執事長，都必須由教宗指派。額我略七世甚至將他的威權伸及神聖羅馬皇帝：他兩次革除亨利四世（Henry IV）的教籍，有一次甚至強使他穿著苦行的粗糙衣服，赤腳走過阿爾卑斯山，前往卡諾莎（Canossa）懇求教宗的寬恕。改革耗費時日才走到開花結果。許多人反對禁止聖職人員結婚，很多統治者拒絕放棄指派高階聖職的權力。儘管如此，改革的影響仍然非常巨大。到了一一〇〇年，教會已成為獨立的政治與宗教組織，旗下的王國從挪威到西西里，從冰島到波蘭，並對人們所謂的「拉丁語世界」進行各種不同程度的影響。

隨著教宗權力的成長，教會對於基層人民的權威也逐漸增強。社區紛紛設立司鐸一職，作為教會的代表。我們稍早知道，在一○○一年的摩爾登，宗教集會不過是宣教場所幾個十字架和行政官家裡的領洗池，後來逐漸變成民眾出資興建像樣的教堂，人們在裡頭禮拜。我們知道十一世紀初期，德文郡的主教名義上管理六千七百平方公里的地區，其中只有二十多個堂區而已。洛泰林吉亞帕德博恩（Paderborn）的主教在三千平方公里的教區裡，只管理二十九個教堂。[3]到了一○○年，繼任的主教每個人都督導上百個堂區。十一世紀末，英格蘭一些地區已徹底實施堂區制度。一○八六年的《土地勘查紀錄書》（*Domesday Book*），記載肯特郡至少有一百四十七個教堂，但當代的資料數據卻是兩倍，表示堂區系統在當地已經完全成形。[4]蘇賽克斯（Sussex）的情況也差不多。兩百五十個中世紀的堂區教堂，至少有一百八十三個是在一一○○年以前建立的。[5]諾福克（Norfolk）和薩福克（Suffolk）人口密集與富裕的地區，甚至有更多教堂。

不只是服務會眾的司鐸，教會階層中，所有高層的聖職人員都是經由指派。執事長設於主教之下，擔任指定地區宗教信仰的管理者。對於學院教堂，則指派教長督導。歐洲北部的主教不再待在鄉下安靜的地區，他們仿效南方的同事搬到城鎮。在英格蘭，克雷迪頓的主教於一○五○年搬到埃克賽特；多卻斯特（Dorchester）的主教在一○七二年搬到林肯（Lincoln）；賽爾西（Selsey）的主教在一○七五年搬到奇卻斯特（Chichester）；舍伯恩（Sherborne）的主教於一○七八年跑到老賽勒姆〔Old Sarum，後來的賽里斯伯里（Salisbury）〕；埃曼（Elmham）的主教於一○七二年先是搬到賽特福德（Thetford），接著約在一○九五年搬到諾里奇（Norwich）。一一○○年的時候，英格蘭的主教都派駐在城鎮了，那裡的基礎建設較好，溝通管道較快。你可以說，一○○一年時，根本很少看見司鐸，但到了一一○○年卻很難離他們遠一點。

不只是堂區司鐸、執事長、主教和總主教，教宗也指揮數量急速成長的修士。十世紀初期，亞基坦公爵（duke of Aquitaine）以改革為目的，在法國克呂尼（Cluny）建立修道院。如同當時其他的修道院，遵守聖本篤（St Benedict）會規，但與其他修道院不同的是，克呂尼修道院非常嚴格。克呂尼的修士絕禁所有的性行為與各種形式的貪汙，包括買賣聖職與裙帶關係，並直接由教宗審判。然而，克呂尼的修道方式最重要的一點，就是修士的工作回歸到禱告。因此，他們雇用工人在修道院工作，修士便可專心進行禮拜儀式。新的修行模式吸引許多將勞動視為低下工作的達官顯要，於是許多追隨者與金錢迅速湧入克呂尼修道院，院長也由賢能之士擔任。許多修道院以克呂尼為母院，陸續在各地設立分院。克呂尼會規也成為十一世紀基督宗教會規的典範，顛峰時期全歐洲有將近一千座修道院遵循克呂尼會規。這個現象展現單一領導者為宗教組織帶來的力量。不久之後，又出現更嚴苛的修院制度，例如一〇八四年的嘉都西會（Carthusians）與一〇九八年的熙篤會（Cistercians）。

看起來就像教宗擔任指揮官，帶領修士與司鐸大軍壓境，真理於是不遠了。一〇九五年，教宗烏爾班二世（Urban II）在法國的克萊蒙（Clermont）召開宗教會議，該次會議成為羅馬天主教會勢力茁壯的里程碑。拜占庭帝國的皇帝阿萊克修斯一世（Alexis Comnenus）受制於賽爾柱土耳其人於安那托利亞的勢力，請求烏爾班二世向西方的權貴施壓，派軍援助他們在東方的基督宗教兄弟。轉折真大！十一世紀初期，君士坦丁堡把羅馬當成野蠻人；一〇五四年他們的宗主教還革除教宗使節的教籍；但到了一〇九五年，拜占庭把教宗當成救星了。烏爾班二世積極希望調解希臘正教和羅馬天主教的分裂，最終目的是將教宗的威權擴大到整個基督宗教世界，他當然非常願意協助。十一月二十七日當天，他對著廣大的民眾布道，鼓勵基督宗教的男子停止內鬥，一起前往耶路撒冷，從法蒂瑪（Fatimid）哈里發手中恢復他們主耶穌基督的聖座。他的呼籲得到狂熱的迴響，帶動好幾波武裝朝聖，最著名的就是十字軍第一次東征。法蘭西與諾曼的貴族在這次遠征中橫掃安那托利亞與敘利亞。一〇九九年七月十五日，往耶路撒冷的途中，大軍拿下大城安提俄克（Antioch，譯注：古敘利亞首都）。這件事本身有多了不起：只要想像今天從法國徒步走到耶路撒冷；想像手上沒有任何旅遊書、字彙本或錢，面對燠熱的天氣和大批武裝的敵人；再想像平時從沒離開村子幾公里的人就這樣遠征。我們實在無法理解如此戲劇性的十字軍東征，但當時的教會，就是有如此能耐，動員人們一路奮戰到世界盡頭。

這對天主教會而言是個不同凡響的世紀。世紀初期，教宗的廢立取決於皇帝。教宗幾乎無法依賴糾纏在戰爭中的王侯或公爵，也無法行使他的權威，因為必要的行政和通訊制度不是殘破就是不存在。就算有司鐸，他們也常不顧宗教規範，使用自己的語言和習俗、買賣宗教職位、結婚，行為舉止和俗世民眾沒什麼兩樣。然而，十一世紀的尾聲，天主教會已是團結、集權、規矩、強大，並且不斷擴張的組織。教會能使皇帝赤腳越過阿爾卑斯山，甚至促成遠征聖地的行動。教會也促進讀寫能力、書籍編纂，並且刺激全歐洲的知識活動。除此之外，其最大的勝利還是將權威推動至草根階層。正是十一世紀，天主教會由純粹的宗教信仰，轉變為一個巨大、組織嚴密的系統，人們受洗加入，在當中學習如何生、如何死。

## 暴力是一種生活方式

才剛說完十字軍東征，接著就說十一世紀最大的改變之一是和平，不免太諷刺了。然而想想和平的原因，竟然更諷刺。和平，或說衝突少了，其中一個原因就是教會，因為一〇九五年的時候，教會把大家都叫去打仗。儘管如此，若你比較全歐洲一〇〇一年與一一〇〇年，後者的暴力事件大大減少，無疑的，和平可謂十一世紀最大的變化之一。

要瞭解這個看似矛盾的說法，必須思考這個脈絡中的暴力。確實，十一世紀見證一連串的戰爭，但「戰爭」這個字的意思在這裡非常重要。維京人在九九七年和一〇〇一年侵略德文郡時，他們並不是發動一場戰爭；他們的社會認同暴力是一種生活方式，他們只是進行例行的侵略行動。同樣的，馬札爾人侵略神聖羅馬帝國，穆斯林的將軍阿爾曼索（Almanzor）攻打雷昂的王國，這些敵對是長久以來的文化衝突。兩邊都知道對方是自己永遠的敵人。當基督宗教世界周邊的異教國家改信基督宗教的時候，教徒便會立刻將敵意化作兄弟的大愛，並謹慎共處。他們還是可能會打仗，如我們稍早提到，教宗之間也會互相對抗，但那是為了化解某個爭議而發生的政治戰爭，持續的時間有限，並不是每天都會發生。諾曼征服英格蘭（一〇六六到七一年）和南義大利（整個十一世紀）都屬於維京人侵略基督宗教王國的情況。曾經發生在基督宗教世界長期且規律的殺戮，到一一〇〇年的時候，對象轉為與基督宗教世界邊界之外的異教徒：科爾多瓦穆斯林、賽爾柱土耳其、立陶宛以及斯拉夫人。

歐洲社會擺脫從前普遍的暴力行為，並不只是因為過去的異教敵人成為今日的基督弟兄。另一個原因是社會經濟的轉變，最顯著的是封建制度的興起。維京人和馬札爾人入侵的時候，歐洲的軍隊必須徒步打仗；他們根本談不上迅速敏捷或驍勇善戰。為了保全土地和人民，歐洲的統治者創造出騎兵這支特種部隊。身穿盔甲、靈活、調度快速的特性，能夠阻止敵人入侵。但是戰馬很貴，鎖甲這種武士不可或缺的裝備也是。此外，為了騎馬打仗，從孩提時期開始進行多年的訓練也是必要的。因此，歐洲的貴族付出可觀的財富資助這些武士和他們的家庭：新的階級因應而生，組成軍隊戰力。封建制度是一種彼此互惠的方式，地方的居民提供領主（即武士）裝備和食物，領主提供保護。這樣的方式在一〇〇一年已經施行有成，入侵者便難以剝削手無寸鐵的歐洲農民。「封建」一詞在今日也許有些負面之意，但在一一〇〇年的歐洲，封建制度意味著歐洲的基督宗教世界，比從前更能抵禦外侮。

封建的領主保護基督宗教世界免於外敵侵犯，然而這個階級的誕生也促成另一種形式的暴力，就是領主之間的暴力。諾曼編年史家普瓦捷的威廉（William of Poirier）指出，封建制度的諾曼第常見領主之間刀光血影，一〇六六年之前的盎格魯薩克遜英格蘭，相對平靜多了。儘管如此，領主們還是有些不得不維持和平的理由。有些來自積極尋求各種創新方法來強化和平的教會，例如領主若犯下無法形容的殘酷罪行，可能被迫進行苦修。歷史上有個罪行放肆的人，就是安茹伯爵富爾克三世（Fulk Nerra, Count of Anjou）。他發現自己的妻子和農夫通姦後，令她身穿結婚禮服，將她綁在柱子上燒死。他犯下如此震驚的殺人罪行，教會不能視若無睹，於是命令他到耶路撒冷朝聖。之後他又犯下另一起暴行，於是教會命令他建造一座新的修道院，由司鐸在裡頭為他的靈魂禱告。富爾克於一〇四〇年死亡之前，去耶路撒冷朝聖兩次，蓋了兩座修道院。儘管教會無法阻止他的暴力傾向，但也成功將他另類制裁，強迫他服完苦行。其他人當然也會作為警惕。但不禁令人好奇，若沒有看管富爾克的野脾氣，他還會犯下多少暴行。諷刺的是，憑著朝聖和建造修道院的事蹟，一些歷史學者竟將他評為一位虔誠又善心的人物。

教會遏止暴行的另一項策略是「天主的和平」運動，於十世紀末從法國開始推動。這個運動包括強力進行宗教宣傳，尤其是持著聖徒遺物的遊行，敦促領主維持和平、保護女人、聖職人員、朝聖者、商人和農夫免於受到戰爭的傷害。我們現今可能會帶著不以為然的眼光看待這些措施，但在十一世紀，聖徒遺物具有神力，毀壞宗教誓言會招來致命的不幸，這樣的觀念不僅廣為流傳，而且根深柢固。這項運動在一〇三三年基督死亡的千禧年，又格外受到重視。另一個運動是「天主的休戰」。這項運動一開始是禁止星期五晚上到星期一早晨所有的鬥爭，重要的宗教節日亦同。一〇四〇年，這項運動又擴大為星期三晚上到星期一早上，以及四旬期和將臨期，禁止十二歲以上的男子打鬥。然而，這項運動並沒有那麼成功。黑斯廷斯戰役（Battle of Hastings，譯注：一〇六六年諾曼征服英格蘭最重要的戰役）就是在星期六開打的，所以薩克遜人和諾曼人都違反天主的休戰。儘管如此，宗教會議上經常強調這項運動，因此領主經常受到教會的提醒，教會可不會容忍基督宗教教徒之間的打鬥。這個世紀結束之前，烏爾班教宗於克萊蒙的布道已經說得很清楚，如果教徒真的一定要打鬥，那他們應該把力氣拿去對抗基督宗教世界的敵人。

我們可能會嘲笑教會人士，竟然以為他們可以從星期三的午茶時間到星期一早上九點禁止打鬥，但推動這些運動的不只是教會，國王也支持他們宣揚的道德觀。對一個統治者而言，如果他的軍隊把資源和力氣耗在內鬥，對統治者的利益會造成很大的傷害。因此，威廉公爵和神聖羅馬帝國的皇帝亨利四世都奉行天主的休戰。不僅如此，俗世的統治者也有各自的方法來維護和平。在英格蘭，威廉公爵刻意配給領主小塊、四散全國的莊園，以免他們坐擁疆土，另闢王國。另外，每一個莊園都是國王的土地，王侯受封時對國王宣誓效忠，同時意味著王侯的行為必須符合國王的期待。不管是星期一上午還是星期六下午，都必須遵守規則，規則中也包含教會的禁令。牽制與控制教徒暴行的過程由此逐漸展開。

## 奴隸是懲罰的手段

法國歷史學家馬克．布洛克（Marc Bloch）表示，奴隸制度消失是「人類有史以來最重大的轉變」。[6]毫無疑問，九〇〇年到一二〇〇年奴隸制度的終結，對歐洲社會而言是一項重大轉變，但這是一個複雜的過程。首先，從時間的範圍看來，並不是忽然且完全「廢除」奴隸制度：十三世紀的時候，西方仍然有奴隸；幾個世紀後，東歐也有。而且不是所有奴隸都受到相同的待遇：不同國家有不同的法律，規範對待奴隸的方式。最棘手的是，奴隸與其他形式的奴役很難清楚區別，尤其是農奴和非自由的農民。儘管如此，十一世紀有幾項重大的措施限制奴隸制度，使其在西方逐漸消失，因此本章才提出這一項。

奴隸是古代制度的產物，而中世紀的奴隸源自羅馬帝國。羅馬法「所有權」（dominium）的原則不只是單純擁有物品，還可以對其為所欲為，而「物品」也包含人。西羅馬帝國於第五世紀崩毀後，各個新興的王國對這項原則有不同的限制，奴隸和奴隸的所有人受到各自王國的法律規範。不同的法條也因應而生，例如一個自由的女人和一個奴隸結婚後，她是否變成奴隸，以及相反的情況；或者一個男人在不知情的情況下，娶了一個奴隸階級的女人，他是否可以自由離開她。在某些地方，一個男人有權力把他的妻子販賣為奴，廢除婚姻。如果一個男人將自己以奴隸的身分出售，而他的妻兒出生時是自由人，不代表他的妻兒也會因此變成奴隸，但也不見得還能維持自由人的身分。在某些王國，殺了奴隸的人必須償以苦行，嚴重性取決於該奴隸是否犯下僭越的罪行，或者只是主人不知節制。有些法律規定，如果一個男人和一個奴隸生了兩個兒子，就要放她自由。有些地區同意奴隸可以存下自己賺來的錢，將來為自己買人身自由。威塞克斯王國（Ine of Wessex）的國王阿爾弗雷德大帝（Alfred the Great）下令，如果主人強迫奴隸在星期天工作，奴隸就自動恢復自由，而且主人要罰款三十先令。

在各種不同的規定當中，有一項重大的不同，區分奴隸與不自由的佃農，以及封建系統下的農奴。莊園的領主可以對農奴施加限制，限制他們要和誰結婚、去哪裡、在哪一塊土地工作，端看農奴和莊園的關係。農奴和土地是綁在一起的，他的服務和工作可能是世襲、轉移而來，或買的時候附帶的。所以也是一種間接的奴役，同時意味其他許多重要的差異。領主的權力受到慣例的約束，因此莊園裡的農奴也享有一些權利。然而，奴隸就是財產，如此單純明白。他或她可以脫離配偶被買賣，或是兩人一起被轉手。他或她可能會被毆打、殘害、閹割、強暴、強迫整日工作（有些王國例外，如剛剛提到的威塞克斯王國），甚至被殺害，卻沒有任何措施控告所有人。奴隸不是次級公民，農奴是次級公民，奴隸根本不算是公民。

你可能覺得，教會應該會阻止奴隸制度。事實上有兩種看法。一方面，教宗額我略一世

（Gregory the Great）在六世紀末就曾表示：人類在造物主創造的那一刻就是自由的，因此恢復男人和女人出生時的自由，道德上是公平的。但有一些人，例如三個世紀後的聖吉拉（St Gerald of Aurillac），他死的時候將他生前視為財產的奴隸釋放。說是財產，因為他對待不聽話的奴隸不是很神聖——斷去他們的手足。[7] 如同先前提過的，一部分問題在於十一世紀早期教會的影響力仍然有限，也就是缺乏權力和手段制裁肆無忌憚的領主。但其實根本的問題是奴隸屬於財產，如果連教會都不願放棄自己的財產，又如何要求富裕人士放棄？在康布雷（Cambrai）、凡爾登（Verdun）、馬格德堡（Magdeburg）等城市，主教甚至得為販賣奴隸而納稅。為了壯大、行使教會的權威，教會需要富裕人士的支持，而富裕人士的財富就是來自奴隸的勞力。這樣的人不可能支持阻擋他們財路的教會，教會也因此受困於道德任務以及需要錢與權的窘境。

所以十一世紀這段期間的改變是什麼？要回答這個問題，我們必須先思考，人為什麼會成為奴隸。這樣說吧，在戰爭中被俘虜的男人和女人經常被販賣為奴隸。這在基督宗教世界和以外的地區都是標準的做法。英格蘭的奴隸在克努特（Cnut）大帝在位期間（譯注：一〇一六到一〇三五年）被賣到丹麥，英格蘭的奴隸被海盜俘虜後賣到愛爾蘭，愛爾蘭和威爾斯的奴隸被賣到英格蘭。奴隸的英文「slave」一字來自斯拉夫人（Slav），當時他們尚未改信基督宗教，因此對於基督宗教世界的奴隸販子毫無抵禦能力。但並不是所有成為奴隸的原因都是戰爭，有些人將自己賣為奴隸。奴隸的身分可能是自己加諸的，這對今日的我們而言可能很震驚，但有時候人們沒有選擇餘地。他們為了不要餓肚子，只好把自己或家人賣掉。其他的情況中，奴隸是懲罰的手段。強盜搶劫被抓，可能會成為受害者的奴隸，而非判處死刑。在一些王國，賣國賊也會被判為奴隸。

為奴隸制度辯護的聖職人員會說，對於罪犯和戰敗的士兵，判為奴隸比將他們吊死要仁慈。毛魯斯，一〇〇一年在克雷迪頓主教家中發現的百科全書的彙編者，就強調這一點。

一連串的社會發展將這樣的情況帶向終點。首先是教會對和平的推廣——衝突程度減少了，俘虜敵人為奴的情況也就減少了。另外，長期的經濟成長也有幫助：開墾荒地、抽乾沼澤、建立新的莊園、大量的商業活動。導致奴隸制度的兩個因素：文化衝突與極端貧窮，在歐洲都減少的時候，奴隸也就順理成章減少了。德國、法國和義大利在十一世紀末，也因穩定繁榮紛紛發展城市生活，奴隸便能跑到城市去出售自己的勞力。不僅如此，領主也不再將餵養生產力低落的奴隸視為己責；封建制度的農夫與土地結合，無償為領主工作，同時自己養活自己，反而是一個較經濟的方法。除了這些因素以外，最重要的就是教會的財富和權力增長，也就允許他們伸張自己的道德立場。「天主的和平」包括逃跑的奴隸能獲得長久的自由，以貶為奴隸作為懲罰罪犯的手段也逐漸消失。最後是統治者個人的影響。許多當代作者指出，威廉公爵深深相信奴隸制度是野蠻的行為，他採取行動禁止奴隸交易。[8]他在位的末期，摩爾登莊園二十八個男人中，仍有六個被稱為奴隸，但整個王國裡只有百分之十的人口是奴隸。威廉公爵駕崩後，教會又更加強反奴隸的觀念。一一〇二年，倫敦宗教會議（Synod of London）宣布「任何人絕不得再進行英格蘭過去販賣人口如動物的陋習」。那時候，奴隸制度已從法國、義大利中部與加泰隆尼亞（Catalonia）消失。[9]儘管在一些凱爾特（celtic）國家又持續將近一個世紀，東歐則持續更久。在西方，遠從史前時代就開始在市場買賣人口的作為，很快地終止了。

## 蓋城堡宣示威權

十一世紀第四項重大的變化，仍影響我們現今居住的城鎮。廣泛來說，一〇〇一年歐洲西部的建築物都很小，設計上也不特別，風格與規模僅僅遵照羅馬時期的遺跡。當時大多數的主教座堂甚至不比現今的堂區教堂大，木頭搭的天花板不超過十二公尺高。然而到了一一〇〇年，建築師和結構工程師已經超越羅馬的祖先，發展出我們今天所知的羅馬式建築（Romanesque）。在歐洲各地，巨大的建築多達上百個，有些圓頂高二十一公尺，樓塔甚至高四十八公尺，同時還有上百個正在興建。同樣的，在一〇〇一年的時候，很少見到像城堡那樣防禦型的建築物；到了十一世紀末，竟有上萬個。在十一世紀，歐洲人學會興建堅固的城牆和巍峨的樓塔，而且他們在基督宗教世界的每個角落都蓋了。

把建築的發展歸因於教會勢力的壯大，也沒什麼值得大驚小怪的。隨著克呂尼會規快速擴散，勃根第風格的克呂尼修道院也於九五五年開始重建。九八一年完竣時，教堂正廳有七個柱子形成的隔間和側邊走道，巨大的規模令人嘆為觀止。教堂不斷擴建，增添新的特色，例如前廳與桶型的拱頂（適合舉行單聲聖歌）。在圖爾尼（Tournus）的聖菲利貝爾（St Philibert）修道院，同時也在興建另一個桶型拱頂的大教堂，距離克呂尼三十二公里。一〇〇一年，位於第戎（Dijon）的聖貝泥涅（St Bénigne）教堂，也在北方一百二十八公里的地方動工。這些壯觀的羅馬式教堂首先出現在勃根第地區的原因，可能是經歷馬札爾人十世紀中期的侵略後，建築師希望能以防火的岩石建造教堂。但總的來說，新建築的動力通常來自錢，而克呂尼修道會當然不缺錢。

從義大利到法國北部的路途穿越整個勃根第地區，有眾多商人、朝聖者來往——還有他們的錢。但不管理由是什麼，這三個教堂在十一世紀前二十年完工，皆造成重大的影響。克呂尼修道會的情況是，子修道院的院長會定期回到母修道院。現在他們也想要一個像克呂尼那樣的教堂。從此開始，這個風潮就傳播到克呂尼體系之外。

另一個鼓勵新式建築的宗教因素是收復失地運動，將西班牙從穆斯林手中取回。位於里昂王國的聖地牙哥康波斯特拉（Santiago de Compostela）自九世紀起便是重要的朝聖勝地，但九九七年，穆斯林西班牙的軍隊首領阿爾曼索奪下此地。阿爾曼索一〇〇二年死後，科爾多瓦的哈里發就再也沒有從內鬥中完全恢復。在西班牙的基督宗教王國伺機進攻，將邊界往西班牙內部推進，並為了鞏固基督宗教世界的領土，建立了許多教堂和城堡。他們鼓勵武士前來加入宗教戰爭，朝聖者再度能夠安全地前往聖地牙哥康波斯特拉。有幾個壯觀的羅馬式教堂沿著旅行者從法國前往西班牙的路上興建：圖爾（Tours）、里蒙（Limoges）、孔克（Conques）、土魯斯（Toulouse），還有目的地本身也如此。這些城鎮從旅客身上集資，用於擴建教堂，如此一來，後世的武士和朝聖者站在這裡，便會為神的美妙心生敬畏。十一世紀這段期間，羅馬式建築成功吸引更多的旅客，而旅客的捐款又進一步助長教堂興建的風潮。

羅馬式建築的風格從法國中部快速擴散開來，其他地方的贊助者和石匠便知道他們能用石頭蓋出什麼。在諾曼第，威廉公爵親自督導一〇六七年瑞米耶日修道院（Jumièges Abbey）的祝聖儀式，他與他的妻子在卡昂（Caen）建立兩座大型修道院。神聖羅馬帝國很快就接受這種新式建築，從加洛林王朝（Carolingian）的風格轉變成壯觀的羅馬主教座堂，例如在德國施派爾

（Speyer）的教堂於一〇三〇年開始興建，許多皇帝都埋葬在那裡。義大利幾個商業城市——比薩、佛羅倫斯、米蘭、熱那亞，新興的商人帶來巨大的財富，確保南歐也跟上潮流。比薩主教座堂於一〇六三年動工，而彭波薩修道院（Pomposa Abbey）四十八・八公尺、九層樓的樓塔也在同一年誕生。總是向君士坦丁堡和東方看齊的威尼斯，也開始大規模的興建工程。聖馬可大教堂（St Mark's Basilica）於一〇六三年開始興建，雖然以拜占庭風格設計，但就規模來看，明顯受到法國和德國的新教堂影響。十一世紀末的時候，就連英格蘭也迷上興建主教座堂、教堂、修道院。英格蘭在諾曼人征服之前，沒有什麼特別的建築物，但這個歷史事件後，許多重建與新建隨之展開。克呂尼修道會也在一〇七九年於英格蘭流易斯（Lewes）建立第一所修道院。除了英國國王懺悔者愛德華（Edward the Confessor，譯注：諾曼人在一〇六六年征服英格蘭前最後一任盎格魯撒克遜王朝君主）修建的西敏寺之外，英格蘭的每一座主教座堂和修道院教堂都是諾曼人抵達後五十年內興建。[10]現今還留存的包括部分聖奧本斯修道院（St Albans Abbey，現為主教座堂，約於一〇七七年）、格洛斯特修道院（Gloucester Abbey，始於一〇八七）、溫卻斯特主教座堂（Winchester Cathedral，始於一〇七九）、杜倫主教座堂（Durham Cathedral，始於一〇九三）、諾里奇主教座堂（Norwich Cathedral，始於一〇九六）。

那又怎樣？你可能會問：有影響嗎？畢竟，改變建築風格並不會對人們的生活方式造成巨大的影響。但這裡的重要性不是壯觀的教堂其象徵意義，而是使之可能的科技——建築工程的創新。石材建造的高聳教堂和拱型圓頂挨過馬札爾人野蠻的攻擊，他們沿路可是什麼都燒。顯然這些建築存在著軍事用途，因此可想而知，大規模的羅馬式建築和大規模的城堡，兩者興建的目的是相同的。

城堡是封建制度的具體象徵。當國王賜給領主一座莊園時，他就令那位領主負起維護莊園居民安全的責任。為了保衛居民、土地和作物的安全，自十世紀末期以來，便開始以石頭和木頭加強建築物。我們已知最早的城堡——法國的杜埃拉豐坦（Doué-la-Fontaine）城堡，在九五〇年的時候加強築防，原因可能是布洛瓦（Blois）伯爵與安茹伯爵之間的對立。十一世紀初，富爾克三世在他的行省安茹裡頭興建朗熱（Langeais）以及其他十幾座城堡。主樓多半以方石搭建，再加上厚實的城牆；城門有二樓的高度，以抵擋敵人入侵。堅不可摧的城堡意味著一位領主，即使在敵軍的猛攻下也不大可能失去他的領土。他只需要等待他們糧食耗盡，失去戒備，放棄圍城之時，來個攻其不備，就能把他們打得落花流水。因此城堡很快成為國王和領主加強防禦的利器，以確保長久的安穩。整個世紀下來，隨著結構工程的進步，樓塔也愈趨高大結實，領主與領地的封建關係也更堅固。

城堡在歐洲的重要性，可以從尚未興建的時候看出。七一一年，西班牙的西哥德王國（Visigothic）居民沒有城堡能夠避難，在穆斯林的侵略下，瞬間化為烏有。如我們所知，九、十世紀時，居民面對維京人和馬札爾人的攻擊根本無能為力。諾曼的編年史家也將一〇六六年英格蘭抵抗失利，歸咎於缺乏城堡保護。威廉公爵唯一需要談判的，只有幾個被城牆圍繞的自治區域，都是加強築防的城鎮，但為數不多，而且分散。一〇六八年，雖然為了對抗威廉，埃克賽特的城門拴了起來，但居民不夠強壯，無法以人力建築一道長城抵擋威廉的軍隊。他們投降不久後，威廉公爵便建造一座城堡控制該城市。在倫敦，他蓋了三座城堡以宣示他的威權，其中倫敦塔至今仍屹立不搖。他也在約克郡蓋了兩座城堡防衛。一一〇〇年，超過五百個城堡矗立在英格蘭，原來毫無屏障的王國，密密麻麻覆滿城堡。同樣的轉變也發生在歐洲，例如在義大利的城市，權力最大的家族興建的樓塔往往拔地參天。對一個國王來說，光靠蠻力征服另一片土地也變得極為困難。雖然一〇二四年法國人征服諾曼第，又於一四五三年取下英國控制的加斯科尼（Gascony），證明那不是不可能，但絕大多數的地區，由於城堡堅實的保護，除非領主投誠，否則想要征服，光靠英勇的軍隊是很難的。如此一來，城堡這個封建制度的具體象徵，對於歐洲的安全貢獻卓越，並進一步穩固基督宗教世界逐漸散播的和平。

## 結語

我們介紹了幾個中世紀的重要特徵：教宗至高的權威、堂區組織、修院制度、城堡與壯觀的主教座堂，這些在一〇〇一年時鮮少見到，但到了一一〇〇年已完整建立。此外，舊的世界也以其他形式告終。十一世紀見證戰爭與暴力在本質與範圍上深刻的轉變，以及奴隸制度終止的趨勢。最特別的也許就是教會在這些變化中影響的程度。就連維京人停止入侵，最終也能歸因於教會的影響，由於基督宗教傳播至斯堪地那維亞半島以及其他地區的緣故。

這一切對我居住在摩爾登的前輩有何意義呢？整個世紀的過程中，司鐸會更規律地拜訪。這裡的第一座教堂大約在一一〇〇年建立，是一座小型建築物，裡頭陰暗，建築物的外牆是簡陋的花崗岩檐壁，雕刻生命之樹的圖案，充滿抽象的漩渦和神秘的野獸。對來自拜占庭的旅客而言，教堂看起來也許粗糙，但這象徵摩爾登也是基督宗教世界的一份子。如同其他信仰基督宗教的歐洲地區，這裡的堂區民眾也會聆聽有關道德與敬神的布道。教區的主教於一〇五〇年遷移到埃克賽特後，在那裡建築新的主教座堂，並為該地區的教育帶來前所未見的興盛。座堂竣工時，裡面的圖書館至少有五十五本藏書，由利奧弗里克主教（Leofrid）捐贈。皇家城堡的興建鞏固諾曼人對征服地的控制，透過郡長的監視，國王的權威也深入地方。

諾曼主要的領主勛爵，若領地在德文郡，在埃克賽特便會有房屋，因此吸引本篤會在一〇八七年於當地興建修道院。地方的市場因應漸長的人口也隨之擴大，接著帶動森林與沼澤的開發，以提高生產力。這些轉變使摩爾登的居民不再需要害怕維京人，埃克賽特的繁榮也意味著他們有更多理由，旅行二十公里到那裡。旅行的同時，他們錢包裡的銀幣便士讓他們意識到，他們不再是基督宗教世界邊緣勉強餬口的小卒，而是整個大世界的一份子。

## 推動改變的主角

社會上重大的變化通常不是一個人的成果，更不可能只靠一隻手。過去多數重大的發展並非由一個天才締造，而是由一群思考相同方向，看見相同機會的人所促成，因此幾乎不可能將某個社會變化歸因於一項個人的決定。就像變化本身，小規模定義容易，但當因素眾多時，定義又變得不可能；要定義一個人對一片大陸歷時一個世紀造成的影響，當然是非常困難。儘管如此，思考個人貢獻仍是不錯的腦力激盪，只是往往會發現個人多麼渺小，而影響多半是數千個決策者造成的。

一九七八年，美國知名的作家麥克・哈特（Michael Hart）選出他認為從古至今最有影響力的一百人。[11]那張清單相當武斷，也欠缺知識的嚴謹。（他在第二版將牛津伯爵列入，原因是「莎士比亞戲劇的作者」）然而，當時還是個男孩的我，深深受到啟發，想必也是作者的用意。他的清單中有兩位十一世紀的人物：威廉公爵與教宗烏爾班二世。一〇六六年威廉公爵決定攻打英格蘭，毫無疑問，在這個國家裡，他比任何一個人都更適合擔任推動改變的主角，但他的作為在歐洲其他地方卻沒什麼重要性。我們也要記得，他幾乎完全維持盎格魯撒克遜的制度，生活並沒有如人們想像的那樣改變。至於教宗烏爾班二世，他也許引發十字軍東征，鼓勵收復失地運動，但在歐洲，十字軍東征的象徵性遠大於實質成就。而在西班牙，納瓦拉和里昂的國王幾乎不需鼓勵，也會去攻打科爾多瓦搖搖欲墜的哈里發。威廉公爵和烏爾班二世當然都是重要的人物，但若我們考量整個十一世紀的歐洲，他們都比麥克・哈特忽略的某個人矮了一大截，那個人就是希爾德布蘭，也就是教宗額我略七世。

他成為教宗之前，擔任羅馬天主教教會執事長的時候，希爾德布蘭便積極將教宗權威施加在神聖羅馬帝國皇帝身上。他提倡「額我略改革運動」，此運動後來定義了天主教的司鐸一職。他認為聖職人員應該與俗世社會分離；他將教宗權威推至統治者與臣民之上，這兩件事改變了基督宗教世界。你能想像在中世紀的歐洲，教宗只是皇帝指派，教會對政治毫無影響嗎？烏爾班二世於一〇九五年在克萊蒙的布道獲得壓倒性的迴響，也許是因為他的演說魅力、宗教熱忱，還有他描繪的願景深深吸引群眾，但他必須謝謝額我略七世，給他這樣一個舞台。一〇七四年，首先提出為東方的教徒展開軍事遠征的，正是額我略。因此烏爾班二世當然要排名在額我略七世之後。額我略擔任教宗的末期，被皇帝驅逐出羅馬。一年後，一〇八五年，他在流亡途中去世。然而，這並不損他的成就。並不是所有偉大的生命都能善終，我們當然也不能因為一個人的死法就將他的成就打折扣。額我略將教宗的地位轉變為基督宗教世界唯一、最重要的聲音，並將聖職人員的身分從打鬥與勞動的人民之中提升，促使他們學習與辯論，少了這一點，歐洲社會就無法發展如今日的面貌。

---

1 歐洲的情況，請見N. J. G. Pounds, *An Economic History of Medieval Europe* (1974), p. 99。Henry Fairbairn於二〇一二年四月給倫敦中世紀研究社（London Medieval Society）的文章，引起我注意到德文郡與康沃爾郡（Cornwall）錢幣儲藏的稀罕。

2 見C. H. Haskins，*The Renaissance of the Twelfth Century* (2nd edn, 1955. 5th imp., 1971), p.72

3 德文郡的數據請見Bill Hardiman and Ian Mortimer, *A Guide to the History and Fabric of St Andrew's Church, Moretonhampstead* (Friends of St Andrew's, 2012) pp. 4-5。帕德博恩的數據，請見*The New Cambridge Medieval History*, vol. 3, p.46

4 見Christopher Holdsworth, *Domesday Essays* (Exeter, 1986), p. 56; Neil S. Rushton, 'Parochialisation and Patters of Patronage in 11th Century Sussex,' *Sussex Archaeological Collections*, 137 (1999). pp. 133-52, at p. 134

5 見Rushton, 'Parochialisation,' Appendix 1

6 引用自Pierre Bonassie, trans. Jean Birrell, *From Slavery to Feudalism in South-western Europe* (Cambridge, 1991), p. 1

7 教宗額我略一世的引言引自Frederik Pijiper的改述，見'The Christain Church and Slavery in the Middle Ages,' *American Historical Review*, 14, 4 (July 1909), pp. 675-95, at p. 676。聖吉拉的部分引自Bonassie, *Slavery to Feudalism*, p. 55

8 見John Gillongham, 'Civilising the English? The English Histories of William of Malmesbury and David Hume', *Historical Research*, 74, 183 (Feb 2001), pp.17-43, esp. p.36。我要感謝Dr Marc Morris讓我注意到這一點。

9 見Plinio Prioreschi, *A History of Medicine. Vol. 5: Medieval Medicine* (Omaha, 2003), p. 171

10 見Marc Morris, *The Norman Conquest* (2012), p. 334

11 見Michael Hart, *The 100* (1st edn, 1978, 2nd edn, 1992)

# 十二世紀（一一〇一～一二〇〇年）

一一四四年聖誕節前夕，十字軍建立的國家埃德薩（Edessa）落入穆斯林的指揮官贊吉（Zengi）手中。被俘虜的基督宗教武士全都被屠殺，他們的妻小也被賣作奴隸。這場戰役重創基督宗教世界。教宗歐靜三世（Eugenius III）大為震驚，委任他的老友兼導師伯納（Bernard of Clairvaux）運用他的口才發起第二次十字軍東征，欲奪回天主的聖地。伯納早年是熙篤會的修士，後來證明他也是一流的外交官。一一四六年三月三十一日，他在弗澤萊（Vézélay）的教堂朗讀教宗詔書，並對著聚集的群眾發表魅力十足的演說。沒多久，在場的男人便高喊：「十字架！給我們十字架！」並發誓為基督奮戰。當時在群眾中的法國國王，也保證自己會親赴聖地。受到國王以身作則以及伯納口才的影響，許多貴族紛紛起而效尤。接下來的數週，伯納前往德國向神聖羅馬皇帝宣教，他所到之處無不傳出神蹟。群眾沸騰。伯納自己寫信給教宗：「您下令；我遵從……我一開口，十字軍立刻成長至無數。鄉村和城鎮此刻荒無一人。您會發現，找來七個女人卻不見她們的丈夫。所到之處，皆是守活寡的女人。」最後，在施派爾，伯納再次施展他的口才，試圖說服滿不情願的神聖羅馬皇帝加入十字軍。嘗試兩天之後，他舉起雙手，向外一伸，彷彿自己是十字架上的基督，在宮廷前哭喊：「有什麼我應為您做，卻未做的呢？」震驚的皇帝鞠躬，並立誓為奪回耶路撒冷而戰。

十二世紀讓我們見識到眾多如此戲劇張力的畫面，以及一連串不同凡響的人物。十二世紀是彼得・亞貝拉（Peter Abelard）與艾綠綺思（Héloise）相愛的世紀（譯注：法國神學家亞貝拉與教士姪女艾綠綺思相戀並私奔，但戀情最終未能開花結果），也是女作曲家暨神學家希爾德佳（Hildegard von Bingen）的世紀，以及中世紀最偉大的武士，威廉・馬歇爾（William Marshal）的世紀。十二世紀見證多采多姿的歷史人物，如腓特烈一世（Frederick Barbarossa）、亨利二世（Henry II）、托馬斯・貝克特（Thomas Becket）。女王也在此世紀嶄露頭角：瑪蒂爾達皇后（Empress Matilda）、亞基坦的埃莉諾（Eleanor of Aquitaine）、喬治亞的塔瑪（Tamar of Georgia）。還有許多綽號和獅子有關的統治者：獅子威廉（William the Lion，譯注：蘇格蘭國王，一一四三到一二一四年）、獅子亨利（Henry the Lion，譯注：德國公爵，一一二九到一一九五年）、理查獅心王（Richard the Lionheart，譯注：英格蘭國王，一一五七到一一九九年）；也有稱號不尋常的國王：建築者大衛（David the Builder，譯注：喬治亞國王，一〇八九到一一二五年）、受祝福的翁貝托（Umberto the Blessed，譯注：薩伏伊伯爵，一一三五到一一八九年）、胖子路易（Louis the Fat，譯注：法國國王，一〇八一到一一三七年）。軍事修道會也獲得廣大迴響，例如聖殿騎士團（Knights Templar）與醫院騎士團（Knights Hostitaller）。既是騎士精神輝煌的世紀，也是發明紋章與馬上比武的世紀。同時，十二世紀的文化堅實又充滿活力，帶給我們傑出的拉丁文匿名詩人（Archpoet）與休・普利馬（Hugh Primas），以及創作動人詩歌來取悅並引誘女士的行吟詩人（其實，常見的情況是引誘別人的女朋友）。

令人驚訝的是，這段時期有許多故事和文字流傳至現今，最有名的可能是亨利二世的那句：「沒有人能幫我解決這個多事的教士嗎？」當時他受夠了他的總理大臣托馬斯・貝克特，也就是坎特伯里的總主教。另一句不朽的話，就是聖殿騎士團團長於一一八七年在克萊森戰役（the Springs of Cressen）中，對醫院騎士團團長說的話。醫院騎士團的團長認為，六百名武士對抗眼前薩拉丁（Saladin）的一萬四千名大軍並不明智。聖殿騎士團的團長對他說：「你太愛惜你的金髮了，捨不得它掉下來。」而誰又能忘記蘇格蘭國王獅子威廉在安尼可戰役（the Battle of Alnick）中，面對英格蘭的攻擊，儘管毫無勝算，他仍大喊：「我們來看看誰才是真正的騎士！」在刀光血影之中，你就能明白為何十二世紀的編年史家豪登的羅傑（Roger of Hoveden）寫道，一個男人「從沒見過自己流血，迎戰時從沒聽過牙齒打顫，沒有感受對手全身重量的，不適合打仗。」[1]

這些人物和故事形成我們對於十二世紀的印象：血腥、勇猛、自信、堅決、熱情。然而，他們和這個世紀最重大的變化並沒有什麼關連。反而是樸實的農夫、律師和學者，為十二世紀帶來深刻的影響。你可以主張，十字軍東征促成東西雙向交流，豐富西方文化。某個程度上是事實，但東方和西方的關係，當基督宗教的學者能在相對和平的城市中研讀阿拉伯與希臘文獻時，更能充分的發展。雖然當時十字軍建立了安條克公國（Antioch）、埃德薩國、的黎波里伯國（Tripoli）、耶路撒冷王國，促使城堡的興建，影響遍及全歐洲，但他們並沒有改變城堡的基本功能，就是屏障要塞，抵禦圍城。深刻的社會變化，恐怕是在別的地方。

## 開墾愈多生得愈多

約從一〇五〇年開始，歐洲可見顯著的經濟成長。大片森林與荒原獲得開墾，沼澤抽乾，大幅增加耕作面積。鳥瞰整片歐洲大陸，會發現原本滿布森林，而今處處是原野。清除森林是人口激增的結果，而人口激增的原因，至今史學家仍未達成共識。可能的原因之一是逐漸引進馬具犁田。馬不像牛，牛一套上簡單的軛就能夠拖拉沉重的物品，但是馬無法穿上軛，因為軛會勒住牠們的脖子，掐住動脈，所以馬兒需要保護的裝置才能耕田。這項科技在古代便發明了，但隨後失傳，並於十二世紀重新引進。然而，傳播的速度卻很慢，即使到了十五世紀，英格蘭三分之二的拖拉牲畜仍然是牛。[2]無論如何，馬匹和牛隻的利用在某些地區，只是作為拖拉的力量，幫助開墾土地。

另一個造成人口成長更重要的原因，是歷史學家所謂的「中世紀溫暖時期」。第十與十一世紀，平均溫度皆緩慢上升，十二世紀大約比九〇〇年之前還要溫暖一度。聽起來好像沒太大的不同，我們幾乎不會注意到溫度上升一度。但以年均溫來看，影響非常巨大。如歷史學家傑佛瑞．帕克（Geoffrey Parker）指出，在溫度區中，「春季均溫下降〇．五度，可能使霜凍期往後延長十天，同樣的，秋季均溫下降也可能使霜凍期提前同樣的天數。這兩者都足以毀壞所有的作物。」[3]相反的，增加〇．五度就會降低這些風險。此外，風險也會因土地的海拔高度而改變。根據帕克的研究，溫度下降〇．五度會使低海拔地區單次歉收的風險提高兩倍，並使同樣海拔高度連續兩次歉收的風險提高六倍。然而，對於海拔三十米以上的地方，連續歉收的風險竟增加一百倍。因此，〇．五度對很多人來說成為生死之間。嚴峻的冬日為期較短，意味著較少作物受到霜凍損害。稍微溫暖一點的夏季，意味著歉收的風險也會隨之降低。久而久之，作物的收成量也會提高。因此，平均來說食物數量增加，夭折的情況也就減少。

兒童死亡人數減少，聽起來好像不足以成為衝擊西方歷史的巨變，但如果整整兩個半世紀的中世紀溫暖時期，全歐洲的兒童死亡人數都減少，就會變得非常重要。存活的兒童長大會結婚生子，他們的孩子也會存活下來；接著又會開墾更多土地，種植更多作物，以餵養下一代更多人口。沒有剩餘的作物，也可能不會有文化的擴張，可能沒有多餘的勞工建造修道院、城堡、主教座堂。學者也得下田工作，不可能讀書。既然歐洲的土地過剩，又有耕種的潛力，幾個一開始活下來的人就會造成指標性的影響，只要把人力投入耕種就是了。

天然地形的開墾從兩方面進行：一是個人，也就是農夫個人自發的行動；另一個是集體，由莊園的管家主導。個人的情況，一個耕作五、六英畝土地的男人會發現，他靠這一點土地無法養活全家人。即使那年豐收，也不至於有剩餘的作物拿去市場販賣，或為將來不時之需備糧。如果發現附近有一小塊雜草叢生的地或樹林，他便會和莊園的管家商量，讓他開墾那塊地，拿來種植作物，未來的收成作為額外的租金。這樣的方式大家都開心：農夫有更多土地可以耕作，保障家人的生活；莊園的管家和領主也會因為多出的租金而高興。當農夫的兒子長大了，他們可以一起開墾另外四、五英畝的地，如此繼續。

集體的開墾通常是較大規模的疏濬和灌溉計畫。管家會雇用莊園裡的佃農，花幾個工作天挖渠築堤。工作完成後，新的土地再分配給新舊佃戶。有些隸屬修道會的莊園，還會由修士親自開墾，體現聖本篤會規的勞動精神。十二世紀期間，熙篤會開墾歐洲上千畝的森林與沼澤。

計算這些開墾的規模並不容易。當時書寫仍非常罕見，領主和管家並不會定期記錄莊園的邊界，部分佃戶持有的土地也沒算進去。有些准許農地開墾的特許狀現今還留存，但一張張的特許狀，未必就是開墾的最大範圍。因此，最好的方法還是計算人口成長本身。但是人口成長也很難量化。目前為止，這段時期記載最完整的數據是在英格蘭，這要歸功於獨一無二留存下來的《土地勘查紀錄書》（一〇八六年），普查王國十一世紀的財產。根據《土地勘查紀錄書》的估算，當時英格蘭的人口是一百七十萬人。而一三七七年的人頭稅顯示人口已成長至約兩百五十萬人，在一三一五到一三二二年的飢荒，以及一三四八到一三四九年的黑死病之前，想必更多。從這些以及其他資料，我們能夠估計人口由一一〇〇年約一百八十萬上升到一三〇〇年約三百四十萬。這些數據的意義是，一二〇〇年英格蘭農地的生產力已是世紀初的兩倍。唯一能解釋大規模人口成長的理由，便是王國內大片的土地首次被轉形成耕地。更多的耕地帶來更多的食物，也就有更多人有信心結婚、組織家庭，而他們的孩子也有充足的食物。如此一代接一代，更多的土地受到開墾，導致人口的擴張。

十二世紀歐洲其他地區的情況又是如何呢？如本書附錄所示，歷史學家研究的數據形成對比。帕奧羅．馬拉尼馬（Paolo Malanima，譯注：義大利歷史學者，一九五〇年生）的研究表示，十二世紀歐洲的整體人口成長百分之三十八。然而，如果我們採納記錄最完整的三個國家：英格蘭、法國和義大利，並以他們的人口數據建立歐洲核心地區的模型，以一五〇〇年調查所得的完整數據——八千四百萬人，回頭推算十二世紀與十三世紀，又得到不同的成長百分比。這兩個世紀分別成長百分之四十九與百分之四十八，一三〇〇年時，人口總數已超過一億人。不管精確的數據是什麼，一〇五〇至一二五〇年這段期間，大量的開墾造就大幅的人口成長。十二世紀受歡迎的形象也許是全身穿著鎖甲的十字軍，手持流星槌撲向對手的頭盔，但創造社會變化真正的動力是武士的莊園裡辛勤耕作的農夫。我們無從得知他們的名字，唯一紀念他們的，是留給後代的新闢農地。

## 靈魂上天堂還是下地獄

教宗歐靜三世號召伯納宣揚第二次十字軍東征，暗示了十二世紀另一項重大變化。伯納是一名修士，應該要與世隔絕，過著修行的生活。但在這裡，我們看見他東奔西走，晉見國王，對群眾布道。不僅如此，他人未到，在該地方就先引起轟動。一一三〇年爆發教宗選舉的爭議時，甚至還請伯納決定應該提名哪一位候選人。他選擇依諾森二世（Innocent II），接著遊走整個歐洲數年，說服支持另一個候選人的統治者轉向。一一四五年，歐靜當選教宗，就是因為他是伯納的朋友。伯納的影響和聲望也成功宣傳他的修道會——上千人蜂擁加入熙篤會。熙篤會創於一〇九八年，該會的修士遵循聖本篤的會規，立誓過著儉樸嚴峻的生活。一一五二年，該修道會建立的修道院超過三百三十座，遍布歐洲，十二世紀後半還深入東歐、蘇格蘭、愛爾蘭。十二世紀末期更加入數十所女修道院。

熙篤會並不是唯一崛起的修道會。嘉都西會的修行方式更是一絲不苟，居住在修道院周圍的陋室。更有一些聖職人員的修道會，例如奧斯定會（Augustinians）的教士，生活也與修士極為相似。商薄的威廉（William of Champeaux）於一一〇八年建立維克多會（Victorines）；伯納的朋友，科桑滕的諾伯多（Norbert of Xanten）於一一二〇年建立普利孟特瑞會（Premonstratensian）；森普林漢的吉爾伯，一一四八年創立吉爾伯會。修道院的精神與十字軍的狂熱兩者結合，則促成軍事修道會，軍隊的職責包括禱告以及保護朝聖者。醫院騎士團在第一次東征成功結束後成立。聖殿騎士團則於一一一八年成立，受到伯納熱烈的支持。一一五〇年間，熙篤會在卡斯提爾成立自己的軍隊——卡拉特拉瓦騎士團（Calatrava）；條頓騎士團（Teutonic Knights）也在十二世紀末成立。這些只是較知名的騎士團，另有許多騎士團興起，保護朝聖者前往聖地的路程。

若我們看看英格蘭和威爾斯的數據，會更清楚修道會規模的擴張。一一〇〇年宗教院所不超過一百四十八處，其中包括約十五所女修道院。之後的二十年，一一三五到一一五四年，數量從大約一百九十三所成長到三百零七所，每年增加六所。一二一六年，大約有七百處宗教院所，另有六十至七十處隸屬於醫院騎士團和聖殿騎士團。[4]修士、教士、修女增加的幅度更大，大約由兩千人增加至一萬兩千人。若我們由這些數據推算全歐洲的總數，十二世紀末西方基督宗教世界約有八千到一萬個宗教院所，修士、修女、教士的總數大約是二十萬人。然而，我們若考量英格蘭和威爾斯在這時候的基督宗教世界是屬於人口較稀疏的邊緣地區，就能得知，宗教人士與院所在十二世紀的數字應該更多。

為什麼會這樣？人們為什麼捐出大量財產支持新興的宗教院所呢？為了瞭解他們的動機，我們需要檢視「煉獄」這個教義。羅馬天主教相信死後靈魂不會直接進入天堂或地獄，而是進入一個暫時的狀態，之後才被送往其中之一。在這個教義發展之前，那些建造修道院的領主和女主人希望由於他們的捐獻，死後靈魂能夠直接升上天堂。如果他們不能上天堂，將永遠待在地獄。然而，十二世紀中期開始，靈魂要去天堂還是地獄這個問題產生了細微變化。究竟在什麼時間點，靈魂會被打入地獄呢？是死掉的那一刻？為死者禱告，是否有助前往天堂的路？神學家從祈禱文中研究救贖這個古老的概念，並巧妙地決定死後的禱告確實對亡者有幫助。一一五〇年間，彼得・隆巴（Peter Lombard，譯注：一一〇〇到一一六〇年，經院哲學代表人物）表示，禱告能夠幫助輕微作惡者，減輕他們的苦難，也可以幫助行為端正的人，協助他們通往天堂的路。[5]人們就此開始相信靈魂不會直接前往天堂或地獄。到了一二〇〇年，煉獄的教義已穩固地建立，越來越多人將他們的財產捐給修道院、禮拜堂，希望他們死後，為他們進行的禱告能加速他們前往永恆喜悅的路程。

你可能會想，這些新進的修士和修女都在修道院裡頭閉關，幾乎不受外面世界的干擾，他們如何對西方歷史產生重大影響呢？我們需要考慮十二世紀的溝通方式。今天，在驚奇的網際網路世界中，我們相信自己取得資訊、傳達意見的方法，和我們的前輩大相逕庭。今日訊息儲存與傳遞的網絡是以前的世代難以想像的。然而，修會制度卻提供了類似的溝通方式。透過基督宗教之間的溝通——修道院網絡——俗世世界的堂區司鐸、教廷的教士，以及從政的主教便能交織在一起。從冰島到葡萄牙，從波蘭到耶路撒冷，修士、教士、司鐸跨越王國的界線，傳播知識，參與更廣大的辯論。上一個世紀，額我略七世將基督宗教訂定為拉丁語正教，這項措施使得拉丁文成為國際通行的語言，和今日建構網際網路基礎的標準語言是同樣道理。

遍及基督宗教世界的修道院網絡不只是傳播知識，他們也能產生知識。只要想想修道院的成就：建築工作需要優秀的石匠、雕刻師、木匠，因此修道會也成為十二世紀建築設計、結構工程，以及藝術的主要贊助者；修道院要求修士、教士閱讀，因此提升讀寫能力；有幾所修道院在迴廊外成立男子學校（偶有女子學校），或為善舉，或為募款。他們在圖書館裡保存早期作者的書籍，並從事寫作，保存知識的同時也傳播知識。例如位於諾曼第的貝克修道院（monastery of Bec），十二世紀初，圖書館藏有一百六十四本書，一一六四年，又獲得遺產捐贈一百一十三本書。他們也開設收費學校。編年史家歐德利克斯（Ordericus）描述：「貝克的每個修士幾乎都是哲學家，就連知識最淺少的也能教導空洞的文法學家。」[6]當時，設有修道院的主教座堂裡，修士常見的工作就是負責與宮廷的行政單位通訊，如此一來也促進建立檔案與撰寫編年史。修士本身也旅行，在全歐洲的修道院之間傳遞訊息。修士在自家的花園種植藥草，這些修道院還有醫療室，可以進行簡單的醫療。一些修道會甚至發展水車、重犁、種植等技術，流通全歐洲，也因此幫助新地區的開墾。

當然，不是每座歐洲的修道院都擁有豐富的藏書，也不是每座修道院都開設學校，但很多兩者都有。當時流傳一句話：「沒有圖書館的修道院，就像沒有武器的城堡。」[7]修道院開啟眼界、教導知識，並鼓勵青年到他們的學校學習知識——不只在他們修道院的圖書館，還有外頭的世界。

## 艾綠綺思的戀人

如果你和一群研究中世紀的歷史學家玩聯想遊戲，題目是「十二世紀」，那麼答案絕對是「復興」。這和十四世紀中期到十六世紀的義大利文藝復興無關，而是更早的復興現象，一九二七年由美國的中世紀學者查爾斯・霍默・哈斯金斯（Charles Homer Haskins）發現。他指出，十二世紀見證了學術上前所未有的復甦。這一波復甦與本書的主題特別相關的：第一是辯證法，由彼得・亞貝拉開創先河，重新研究亞里士多德學說而興起；第二是透過翻譯阿拉伯文獻，恢復古典世界的知識。

彼得・亞貝拉是一位布列坦（Breton，譯注：法國西北部布列塔尼半島的居民）武士的長子，他父親在兒子舉起劍之前就鼓勵他們識字。當時亞里士多德的著作，僅有一些六世紀波愛修斯（Boethius）的翻譯留存，亞貝拉受其啟發，研讀邏輯後進步神速。不久，他便「棄武就文」。但他並沒有成為和平主義者：亞貝拉的筆比其他男人的劍還要鋒利、危險。他在巴黎的聖維克多會師從商薄的威廉，但沒過多久就辯贏他的老師。他的學術名號從此傳開。一一一五年，他在巴黎聖母院主教座堂的學校教書，上百個學徒蜂擁前來聽講，堪稱當時學術界的風雲人物。

就在他的聲望如日中天的時候，他與座堂教士富爾伯（Fulbert）的姪女艾綠綺思相戀。他引誘她並使她懷孕。富爾伯無法接受這樣的事情，他令人將亞貝拉殘忍地宮刑。備受羞辱的亞貝拉到巴黎北方的聖但尼修道院（Abbey of Saint-Denis）尋求庇護，在那裡他不再與其他修士為敵，於是完成第一本神學著作，論述三位一體。不幸的，這本書使他在一一二一年斯瓦松（Soissons）

的宗教會議上被控為異端，判定有罪，並強行焚燒他的書。於是他決定成為一位隱士，創立保惠師修道院（Paralete），與世隔絕。但很快的，學生又在保惠師修道院附近搭起帳棚。他首次被冠上異端之名二十年後，六十多歲之時，又與伯納槓上。伯納認為他的學說充滿危險。亞貝拉為了洗刷汙名，吆喝伯納在桑斯（Sens）舉行辯論，兩位偉大思想家的論戰蓄勢待發。但在辯論前夕，伯納私下找來擔任辯論大會評審的主教成員，譴責亞貝拉多項異端罪名。隔天，亞貝拉對於這些指控，完全不發一語。他再度被冠上異端罪名，隔年，在克呂尼修道院院長的保護下死去。

亞貝拉激怒這麼多教會人士的原因，不單純因為他好戰的個性，或因為他引誘教士的姪女；也不是因為他運用亞里士多德的邏輯。而是因為他優異的邏輯與論證能力，並將這些推理的形式運用在研究信仰上。當時一般的共識是，推理沒什麼不可，只要不是用在宗教。亞貝拉大膽挑戰這樣的偏頗。在他的著作《是與否》（*Sic et non*）中，他檢視一百五十八項早期教父著作中的矛盾，逐一提出相反的見解，對問題直言不諱。例如，他在《是與否》中的第一項原則就是「信心是由理性建構，也不是由理性建構。」討論邏輯是支持信仰，還是減損信仰。他直接挑戰《聖經》的格言「不信，則不理解」。對我們而言，亞貝拉的想法似乎很直接：我們傾向相信我們認為合理的事；相反的，我們批評那些純粹因為他們相信就認為某件事合理的人。但在亞貝拉之前，信心本身就是理解的方式。正是亞貝拉提出「懷疑帶來疑問，疑問帶來真理」這個至理名言。而且他為他這種將邏輯運用於宗教的方式取了一個名字——「神學」。[8]

從《是與否》可見亞貝拉多麼無畏，以及他的神學與正統教派之間的差異。除了利用他的論證技巧——從正反兩方檢視一個問題，找出並化解兩方見解的矛盾之處，而更確切回答最初的問題。同時，他也提出對當時來說極為危險的思想。例如，當他檢討「神可以是全知的」這項命題時，他意味著，有可能，神不是全知的。同樣的，他也提出「所有的事物對神來說都是可能的，也都不是可能的。」在十二世紀，說神不是全能，是一種誹謗。《是與否》甚至還稱：「神可能是，或不是，邪惡的始作俑者。」當然，亞貝拉不會像伯納一樣，往天主不會犯錯的一方靠攏；他留下開放的問題，讓人們自己思考答案。確實，他主張所有的觀點，甚至那些受人尊敬的教父提出的觀點都只是意見，甚至可能是謬誤。這樣的理性主義對同一時代的人來說太過前衛，因此質疑他的著作是異端，但亞貝拉並不因此作罷。關於神究竟是可分或不可分的三位存在，傳統學派想要以「神秘的整體」來籠統回答這個問題，他表示非常不屑。他認為主張天父等同於天主之子，簡直是荒謬，怎麼可能會有東西把自己生出來？在一個教會教父的著作構成中世紀神學的時代，多數的評論者都盡可能不與其衝突，亞貝拉卻執意要挑起差異。

談到倫理學，亞貝拉的主張一樣危險。他認為決定犯罪與否的因素中，最重要的是意圖。簡單來說，如果你意外犯下過錯，比起有意識做出同樣行為的人罪過較輕。你（輕微）的過錯在於疏忽，不是你的犯罪意圖。確實，在一些情況下，意圖是有罪與無罪唯一的決定因素。假設一對兄妹從出生起就分離，從來不知道對方存在，直到成人後相遇，結婚生子。如此，雖然他們明顯犯下不倫，也不應該被處罰，因為他們對自己犯的罪行毫不知情。但問題是，在這個原則下，領主、主教和法官若以同樣的方法處罰所有的罪行，也等於是不公正。亞貝拉不僅間接挑戰教會頒布的道德規定，有時他也直接引起衝突。例如，他認為性交的歡愉，無論是否受到婚姻約束，都是相同的。因此，若婚姻以外的歡愉都是有罪的（如同教會所言），那麼婚姻內的歡愉也是，結婚這項事實並不能抹滅罪行。又因婚姻內的性交對人類繁衍是必要的，神勢必不會使這項生存要件建立在罪惡之上吧？因此，婚姻以外的性交是否有罪便無法定論。甚至更具爭議的是，他主張將耶穌基督釘在十字架上的人判為無罪，因為他們不可能會知道基督的神聖，只是依照他們認為正確的信念而行為。從這些事蹟，你就可以看出他為何惹禍上身。

亞貝拉不是唯一一位尋求真理的人。整個歐洲南部的學者原本以為古典時期珍貴的知識早已隨著羅馬帝國一起滅亡，後來他們逐漸意識到，這些知識就藏在西班牙與北非的阿拉伯圖書館裡。隨著收復失地運動慢慢地取回穆斯林手中的失土，古典的文學與知識也再度出現。托雷多（Toledo）在一〇八五年重新回到基督宗教世界，一一一八年，薩拉戈薩（Saragossa）也是。很快地，一群來自全歐洲的翻譯生力軍，隨著燃起野火，洗劫墳地寶藏的盜墓者，前往西班牙與南法，想要找出蘊藏在阿拉伯文學裡的真理。來自英格蘭巴斯的阿德拉（Adelard of Bath）、克頓的勞勃（Robert of Ketton）、卻斯特的勞勃（Robert of Chester）；來自義大利克雷莫納的吉拉德（Gerard of Cremona）與蒂沃利的柏拉圖（Plato of Tivoli）；來自奧地利卡林西亞的赫曼（Hermann of Carinthia），以及來自低地國布魯日的魯道夫（Rudolf of Bruges）；還有許多西班牙裔的猶太人加入這項工作。受到托雷多主教雷蒙（Raymond）以及塔拉索納（Tarazona）主教邁克爾（Michael）的鼓勵，他們翻譯了一整座圖書館的書，包括哲學、天文學、地理學、醫學以及數學的書籍。如我們之前說過的，一旦翻譯為拉丁文，這些書籍就能被全歐洲的學者抄寫、閱讀。他們為基督宗教世界帶來的不只是古代的知識，還有伊斯蘭數學家偉大的著作。一一二六年，巴斯的阿德拉翻譯了阿爾．花剌子模（al-khwarizmi）的《信德及印度天文表》（*Zij al-*

*Sindhind*）為西方引進阿拉伯數字、十進位、三角學。一一四五年，卻斯特的勞勃將同一位作者的《代數學》（*Kitab al-Jabr wa-l-Muqabala*）翻譯為 *Liber algebrae et almucabola*，因此引進「代數」（algebra）的概念，用以解開二次方程式。其中最重要的翻譯家是克雷莫納的吉拉德，他在一一八七年過世的時候，至少將七十一部古典文獻譯成拉丁文，包括托勒密（Ptolemy）的《天文學大成》（*Almagest*）、歐幾里德（Euclid）的《幾何原本》（*Elements*）、狄奧多西（Theodosius）的《球面幾何學》（*Spherics*），以及亞里士多德、阿維森那（Avicenna）、蓋倫（Galen）、希波克拉底的醫學著作。[9]

正當翻譯家在西班牙與南法的城市辛勤工作時，另外兩個城市也將遺失多年的文獻重現在學者面前。在君士坦丁堡，許多古代的著作以原始的希臘文保存下來。一一三六年時，威尼斯的詹姆士（James of Venice）翻譯亞里士多德的《後驗分析》（*Posterior Analytics*），命名為「新邏輯」，以便和波愛修斯幾個世紀前翻譯的「舊邏輯」區別。在西西里的諾曼王國發現拜占庭帝國控制該地區時的希臘書軸，以及穆斯林統治時期的阿拉伯書籍。（譯注：拜占庭帝國統治時期為五三五到八二七年，穆斯林統治時期為八二七到九〇二年）為了取悅聰穎的西西里國王魯羅傑二世（Roger II）與他的兒子威廉一世（William I），在巴勒摩（Palermo）的宮廷翻譯家將柏拉圖的《美諾》（*Meno*）和《費多》（*Phaedo*）、亞里士多德的《天象論》（*Meteorology*）、歐幾里德許多作品，以及托勒密的《光學》（*Optics*）與《天文學大成》（*Almagest*）翻譯為拉丁文。他們也翻譯穆罕默德·伊德里西（Mohammed Al-Idrisi）偉大的地理綱目，裡頭包括從冰島延伸到亞洲與北非的地圖。

這些發現是否真的為基督宗教世界帶來重大改變？十二世紀知識上的進步如何影響法國中部的農夫呢？也許不會直接影響，而且絕不比他多開墾幾畝田地餵養更多家人的影響要大。然而，光是尋找對所有人口造成直接快速影響的每一項變化，這樣做會太過簡化且不切實際。彷彿在問，愛因斯坦的特殊相對論是否影響當時的工廠工人。一九〇五年發表的時候也許還沒，但到了一九四五年卻轟動全世界，因為該理論於原子彈上的運用，終結了二次世界大戰。以十二世紀知識的復興而言，亞里士多德的新邏輯慢慢地滲透，影響整個社會，將知識帶往新的方向。新邏輯教導當時藏書多如百科全書的人，知識不僅是累積越來越多的事實，這些事實的品質也一樣重要。例如作家賽里斯伯里的約翰（John of Salisbury）於一一三六年聆聽亞貝拉講課，後來成為沙特爾（Chartres）的主教。他便是當時受到新論證方式深深影響的其中一位知識份子。提到他最有名的言論就是：哪三個朝聖勝地宣稱擁有聖若翰洗者（John the Baptist）的頭顱遺骸並不重要，重要的是哪一座教堂擁有的頭骨是真的。你只需要記得，我們今日能使用阿拉伯數字，要好好感激穆斯林數學家，他們的著作十二世紀被翻譯出來。你試過用羅馬的數字符號加減乘除嗎？你想過用羅馬數字運算圓周率「π」（3.1415926536……）嗎？更重要的，在翻譯阿拉伯的文獻之前，並沒有零的概念，但零可是一個震撼後來眾多數學理論的小圈圈。對農夫來說，新知識的需求也許遙不可及，對街上的人而言，還要好一段時間才會帶來影響，但若無這樣的知識進步，之後的歐洲會非常不同。

## 天主能醫病嗎？

十二世紀的學術成就對人民造成直接影響的一個科目就是醫藥。當然，醫藥本身並不是新鮮事。古典時期就有內科醫生，醫藥思想經過數個世紀，以各種形式流傳。盎格魯撒克遜的《醫書》（*leechbooks*），以及歐洲大陸類似的著作都是醫學論述，也包括藥草書籍。毛魯士在他的百科全書中，便收錄醫藥一章。七世紀的作家依西多祿（Isidore of Seville）在他的知識綱要中，也插入十多頁第二世紀的內科醫生蓋倫的文獻。儘管如此，並沒有系統性的醫學資料庫，內外科醫生非常少，也沒有正式的醫學教育。此外，當時甚至認為，醫學的介入是企圖干預神的創造。中世紀早期的天主教作家，例如都爾的額我略（Gregory of Tours）強調，因為醫生意欲改變神的旨意，因此醫療是不道德的。他舉出一些例子，男人和女人因尋求醫療幫助而受罰，而其他人在醫生治療無效後，被神聖的油膏奇蹟治癒。這樣的觀點一直持續到十二世紀，從伯納的宣言中可見：「就醫服藥不適合宗教，而且與純潔背道而馳。」[10]

如果我們看第十、十一世紀的醫療行為以及醫學中迷信的程度，也許便能理解伯納嚴厲的觀點。舉例來說，醫療的處方常包括動物的身體器官或排泄物，並結合符咒。盎格魯撒克遜《醫書》的節錄足以說明：

> 對治惡性腫瘤，取山羊膽汁與蜂蜜，等量混合，敷於患處。（或）焚燒獵犬頭顱成灰，敷於患處。若未癒，取人糞，乾燥後與泥土搓和，敷於患處。此方未見效，則無他法。[11]

從這段節錄看來，伯納「與純潔背道而馳」一說，完全合理。

十二世紀醫學的貢獻就是將醫學知識系統化，引進科學方法，教導醫學與手術技巧，而且最重要的是，拔除這項學科各種迷信之說。雖然醫學的資料確實包含大量的占星學，但占星學也同樣被系統化，視為科學，取代過去常見的排泄物與符咒治療。

十二世紀的醫學知識，有些來自當地的修道院。女修道院院長希爾德佳收集的醫療處方便是一個重要例子，雖然這還不及她在音樂上的影響。（譯注：她的宗教音樂創作包括清唱曲、讚美詩、宗教劇）儘管如此，西方世界獲得的新式醫學多半還是來自阿拉伯世界，包括古希臘的醫生希波克拉底和蓋倫的著作，以及阿拉伯的醫療執業者以此為基礎的貢獻，例如阿維森那、拉齊（Rhazes）、宰赫拉威（Albucasis），以及侯奈因．伊本．伊斯哈格（Hunayn Ibn Ishaq，拉丁名：Johannitius）。「醫學之父」希波克拉底出生於公元前五世紀，因其醫學著作聞名，直到今天，醫學系的畢業生仍以希波克拉底的醫生誓詞立誓，雖然是修改後的版本。蓋倫生於西元二世紀，他以希波克拉底的四液理論（黑膽汁、黃膽汁、血液及黏液）為基礎，發展自己的理論。唯有維持四液的平衡才能擁有強健的體魄。他的著作在十一世紀時約有十七部以拉丁文流傳，到了十二世紀已有幾十部被翻譯。[12]阿維森那是一位十一世紀的伊斯蘭學者，他吸收蓋倫和希波克拉底的成果，整合成一部五卷的醫學百科，題名為《醫典》（*The Canon of Medicine*）。這部著作由克雷莫納的吉拉德翻譯後，成為流傳數世紀的醫學教科書，直到一六五〇年，都是知名的蒙彼利埃（Montpelier）醫學院的醫學基礎教材。波斯的醫生拉齊於第十世紀逝世，留給後人眾多醫學書籍，包括兩本重要的醫學百科《曼蘇爾醫書》（*The book of medicine dedicated to Mansur*）以及《醫學集成》（*The comprehensive book of medicine*），並研究特殊疾病，評論蓋倫的醫術。侯奈因・伊本・伊斯哈格的外科手術著作非常重要。他並將蓋倫的一百二十九本書翻譯成阿拉伯文，為後世保存這些書籍。此外，他還針對古典時期醫生的著作，撰寫影響甚深的導論，並被翻譯為拉丁文「Isagoge」。

這些翻譯與系統性的醫學教育結合，到了一一〇〇年，義大利南部的城市薩雷諾（Salerno）漸以其醫學院聞名，這都要感謝該地區的主教阿勒法諾斯（Alphanus）借用北非的康士坦丁（Constantine the Africa）的翻譯能力，在十一世紀末譯出大量重要的醫學論述。十二世紀前半，薩雷諾醫學院學生的閱讀清單稱為「醫學讀本」（Artcella）。項目包括Isagoge、希波克拉底的《格言》（*Aphorism*）與《預後之書》（*Prognostics*）、狄奧多西的《論尿液》（*On urines*），還有費拉雷特斯（Philaretus）的《論脈搏》（*On pulses*）；一一九〇年，蓋倫的《醫術》（*Tegni*）也被收錄進去。從薩雷諾畢業的學生都能高薪受聘到歐洲的王室執業。同時，少部分領主也能獲得宮廷醫生的幫助。如賽里斯伯里的約翰所言，醫生「有兩個絕不違背的準則：勿理會窮人，勿拒絕富人。」[13]對於家境差強的人，維持健康的方法，也就是所謂養生之道，很快也在薩雷諾開班授課，以詩和勸說文的形式流傳。因此在一一〇〇年幾乎沒有通曉醫學文獻的人，也沒有專門問診治療疾病的人，但到了一二〇〇年已有一小群，並且不斷增加的醫學院畢業生，專門研究維持身體健康的系統，並為少數負擔得起的人治病。

隨著醫學的發展，外科手術的技巧也跟著進步。十二世紀初，西方外科頂多只能放血，用熾鐵燒灼潰爛的皮膚，抽出導致腫脹的體液，用繃帶綑綁骨折的四肢，以藥草作為傷口與燙傷的敷料，將壞疽與腫瘤的四肢截肢。這些以外的進步，發生在基督宗教教徒、穆斯林與猶太人在聖地相遇的時候。當時，士兵和朝聖者受到各種宗教與國籍的醫生治療。一名敘利亞的醫生治療一個腿化膿的騎士，還有一個發燒的婦人。對於騎士的腿，他敷上濕敷料，於是傷口開始癒合。而那名婦人也在他的照料下恢復（多半是飲食調理）。當基督宗教的醫生接手時，拒絕接受敘利亞的醫生竟能治療他們。這名醫生問那個騎士，他要留著一條腿活下來，還是兩腿健全地死去。答案很明顯，於是醫生找來斧頭，把騎士的一條腿砍了。因為需要砍好幾刀，「造成骨髓流出，病患立刻死去」。至於那個婦人，被那個基督宗教的醫生治療後，她恢復原來的飲食，結果又病了，體溫不斷升高。他看到她的病況惡化，便拿刀在她的頭皮上劃了一個十字架，傷口見骨，並用鹽摩擦。毫無意外，她沒多久也死了。[14]不管這些案例的真實性為何，但可見在聖地上，伊斯蘭與基督宗教的內外科醫生治療同樣的病患，阿拉伯系統性的方法較成功。

外科手術透過教育也漸漸進步。拉齊、宰赫拉威、阿維森那的翻譯著作，在一一七〇年集結成外科知識的資料庫。宰赫拉威的著作特別指出手術器具的重要性，如此一來，外科醫生能做的就不只是包紮傷口與截肢。這個時候，外科手術被視為一項專門的學科，不僅在薩雷諾，在義大利北部也教授，最著名的是羅傑．弗魯加迪（Roger Frugardi）。他的學生圭多．阿雷蒂諾（Guido Aretino）於一一八〇年前後編輯他的著作《手術實作》（*Practica chirurgiae*），這本書是外科醫學首次在西方的系統科學之作。

藥學是醫學的第三個分支，也在十二世紀於歐洲南部成為一門學科。有些醫學處方從古代就開始開立，例如秋水仙，好幾世紀以來皆以舒緩痛風聞名。但過去的藥草發揮療效的不多，而且又是阿拉伯的博學之士改變這個情況。克雷莫納的吉拉德翻譯阿維森那的《醫典》，裡頭的藥學理論證實具有卓越的貢獻，不只是藥草，還包括礦石。迄今，英文還使用許多阿拉伯的字彙，例如「alcohol」（酒精）、「alkali」（鹼）、「alchemy」（煉金術）、「elixir」（長壽藥），在在顯示阿拉伯對於科普知識深遠的影響。到了一二〇〇年，拉丁語地區的作者開始著作他們自己的藥典。《*Antodotarium Nicolai*》就是在此時完成，地點可能是薩雷諾。（譯注：收錄以植物、礦物配成複合藥方的拉丁文著作）這也顯示治療疾病的對策可脫離迷信、排泄物與符咒。而且因為許多這方面的知識都是從阿拉伯文翻譯而來，因此相對地不受基督宗教教義的束縛。

我們在本書中，會在其他階段看見西方社會醫學化的情況。一一〇〇年時，歐洲地區醫療執業者為極少數，但到了一二〇〇年，擁有減輕病痛專業知識的人，或被認為擁有這樣知識的人，已達到數百人。當然，整個社會只有一小部分的人負擔得起這樣的服務，儘管如此，十二世紀已經來到男人與女人開始相信他們的人類同伴，能解救他們身體病痛的時代，而不是天主。並且有系統地援用醫療技術治療病痛，而不依賴禱告或魔法。總的來說，在本書的考量下，這是一項非常重大的改變。

## 遵從法律或死路一條

過去的世紀，全歐洲的法律一直都像塊拼布。有些義大利的城市國家還保留羅馬帝國老舊殘缺的民法，也就是所謂的羅馬法；其他地方則採用倫巴底法（Lombard feudal law）；在北方，古代法蘭克人與日耳曼人的法律仍保留。當時並無所謂成文法，也沒有什麼國際法。法律條文絕大多數都是因地制宜：識字的人很少，因此法律也不可能以書寫的形式流通；法官依賴的是記憶，以及個人的意見。一〇六六到一〇七一年英格蘭被征服時，只是更改部分土地的法律，以符合諾曼人的封建制度。盎格魯撒克遜老舊的判決（法律）和習俗仍然維持。某些地方會召集陪審團審訊，其他地方，被告可能要接受折磨——水審（被綁起來丟進水裡）、火審（被迫拿一塊燒紅的鐵），或對決（直接決鬥）。對決有時候用來審理法律案件中對立的兩方，例如對土地所有權的爭議。管轄教會的法律——教會法典，也因地區不同，因為當地的主教會自行擬定他認為教區適用的規定。看見這些亂七八糟的情況，我們也不訝異沒有人好好地研究法律，因為根本沒有法律學院。

十一世紀末，情況在義大利北方開始改變。城市國家之間遠距離的交易活動需要健全、標準化的法律。到了一〇七六年，古羅馬帝國最好的法學綱要《學說匯纂》（*Digest*）在波隆那（Bologna）重新露面。《學說匯纂》也是羅馬重要的法學著作《國法大全》（*Corpus Juris Civilis*）其中一部分。《國法大全》在六世紀由拜占庭皇帝查士丁尼（Justinian）下令彙編而成。《學說匯纂》重現不久之後，完整的《國法大全》也被人發現，開始有人研究。十二世紀初期，波隆那一位傑出的法律專家伊爾內留斯（Irnerius）便透過一連串的註解和評論，向他的學生講述整部《國法大全》。不僅如此，他還著作一系列的《法學釋疑》（*Questions on the subtleties of the law*），鼓勵學生針對不同法律權威互相矛盾之處進行辯論。他的下一代，出現一群歷史學家稱為注釋者

（Glossators）的人，接續他的工作，不斷修訂《學說匯纂》，以符合十二世紀的民情。波隆那法律學校的聲望和重要性日漸增長，一一五五年由帝國頒布法令，受到皇帝保護。伊爾內留斯的傳奇不只是使波隆那成為研讀法律的重鎮，他還復興整個地中海地區與神聖羅馬帝國南部的法律體系。十二世紀末的時候，羅馬法逐漸成為歐洲大陸的國際通行法律。

大約在一一四〇年，一位名為格拉提安（Gratian）的修士，應該曾任教於波隆那，他彙編一部明確的教會法典——教會權威管轄對象適用的法律。這部法典名為《教會法歧異之協調》（*A concord of discordant canons*），俗稱《教令集》（*Decretum*）。這本書試圖消弭歐洲各地通行的教會法典彼此之間的差異。彙編的過程中，他採用彼得．亞貝拉的在《是與否》中的對話形式，列舉各項差異，並提出正反兩方的論證。很快地，《教令集》廣為接受，成為教會法典的權威，教宗以此為基礎，擴充為宗教法律，尤其是一一五九到一一八一年在位的教宗亞歷山大三世（Alexander III）。這對整個基督宗教世界的重要性，高估也不為過：一套法律主宰整個教會以及其中的每一個人。教會法典不只明訂教士應守的規範（例如買賣聖職和結婚），以及教士的罪行，甚至管理每一位教徒的道德行為——男人或女人的性行為；商業關係與工作；詐欺、賄賂和偽造文書；受洗、結婚、喪葬；宗教節日；訂立遺囑與宣誓。沒有人在教會法典管轄範圍之外。

除了羅馬法以及教會法典外，十二世紀也開始立法。這件事情也是受到教宗的啟發。若教宗彷彿一國之君一樣頒布教令，為他的「子民」設下法律，那麼國王也能有樣學樣。神聖羅馬帝國皇帝腓特烈一世於一一五二年頒布維持和平的法令；法國國王與法蘭德斯（Flanders）的伯爵也在十二世紀末公告法令。其中一個特別的結果是，死刑變得更常見。意思很簡單：遵從法律，或死路一條。

英格蘭則採取不同的做法。一一四三年，坎特伯里的總主教將羅馬法的專家華卡雷斯（Vacarius）帶到英格蘭，但國王斯蒂芬（King Stephen）覺得這種法律對他的君主權威有所威脅，於是處處限制華卡雷斯。因此老盎格魯撒克遜的法規和習俗依然保留下來，並增添諾曼第的法律。但英格蘭的法律並沒有因此坐穩。下一任國王亨利二世透過王室會議進行多項司法改革。一一六四年，《克拉倫登憲章》（Constitutions of Clarendon）區別俗世法院和宗教法院的管轄範圍。兩年後，頒布《克拉倫登詔令》（Assize of Clarendon），要求每個郡的郡長調查自一一五四年國王上任以來，所有犯下殺人、強盜、偷竊的嫌犯，以及藏匿罪犯的人。不顧領主特權以及地方習俗的情況下，這些罪犯被綁起來，召集陪審團審訊，被告紛紛被迫水審。這是首次於全英格蘭召集陪審團，提報犯罪案件。王室法官旅行全國，在巡迴法庭審理案件。一一七六年在北安普敦（Northampton）的巡迴法庭，亨利二世又增列幾項罪行，要郡長搜索並且處罰，包括仿冒、偽造、縱火。他還將王國分為六個巡迴審判區，要求法官巡迴，並審判地方官逮捕的重罪犯，這就是現代巡迴法官的由來。十二世紀末期，郡長就和上百個莊園的領主一樣主持郡縣的法院。同時，在西敏市也有法務部的中央法院，公民可以在此對其他公民採取法律行動。亨利二世的司法改革，成為拉努夫・德・格蘭維爾（Ranulph de Glanvill）一一八八年《論英格蘭的法律和習俗》（*Treatise on the Laws and Customs of the Kingdom of England*）一書的背景。這本書的研究內容，後來成為英格蘭的普通法，之後也成為美國、加拿大、澳洲與紐西蘭的法律基礎。

## 結語

探討十二世紀的變化，明顯透露出我們的歷史認知是相對的。若你問一個十二世紀的人，他生活的年代最重要的事件是什麼，他八成會說，一一八七年薩拉丁奪走耶路撒冷。那是基督宗教教徒與神之間關係的里程碑：那些相信天主，認為一切都是天主安排的人，產生了信心危機。但從我們的觀點看來，失去耶路撒冷以及隨之而來的第三次十字軍東征，重要性其實有限。那個時代許多的科技發現也是。水手可能已經開始使用磁鐵指南針（首次出現在這個世紀亞歷山大・內佩（Alexander Neckham）的論述中）以及星盤，但由於這個世紀並沒有重大的地理發現，這些工具的使用還是非常有限。

然而，再看以上列出的五個改變：人口成長、修道院網絡的擴張、知識復興、醫學進步以及法律的應用。無疑的，第一項是其他變化的基礎。一一二〇年在農田裡工作的平民百姓，與他們一一〇〇年的祖先生活上最明顯的差異，是法典的彙編和法律實行的嚴厲程度。那些認為行動電話是人類社會最重大變化的人，可能要想想，行動電話是否和法律規範的實行一樣重要。若讓你選擇住在一個沒有法律的社會，或沒有手機訊號的社會，你會選擇哪一個？但我認為就連法律也得讓位給人口成長。從最基本的觀點來看，一二〇〇年的人口和一一〇〇年的生活不同，因為人民有更多土地，更多耕作收穫，他們與他們的孩子有更多糧食，以及活過下一年的機會。

## 推動改變的主角

十二世紀的主要變化無法歸功於單一個人。人口成長是由於氣候與耕作技術的傳播，並不是任何一位統治者的政策。亨利一世與亨利二世對於英格蘭的法律都造成重大影響，但當我們考量全歐洲，他們的影響又是有限。雖然伊爾內留斯在法學教育和重新引進法律體系這兩件事情上扮演要角，但他只是諸多這樣的教師其中之一。同樣的，翻譯阿拉伯文獻，促使知識復興的翻譯家也是。克雷莫納的吉拉德於翻譯的重要性與數量上，在同儕之間首屈一指，但他終究只是許多從事這項工作的其中一人，十二世紀的知識少了他仍然會發展。格拉提安基本上就是一位編輯：如果他沒有在那個時間點把教會法典彙整在一起，教會大概就是採用別人的版本。雖然很想選擇亞里士多德作為推動改變的主角，但偏偏他並不是十二世紀的人物。如果十二世紀的學者沒有閱讀他的著作，發覺其中的價值，他們就會在阿拉伯的圖書館裡苦思，也不會有後來的影響。

推動改變的主角，首要的候選人便是十二世紀初敵對的兩人。伯納登高一呼，上千人拿起十字架加入第二次東征。他又鼓勵上千人加入熙篤會，影響教宗選舉，促成我所謂「修道院網絡」的發展。但是第二次十字軍東征最終未果，許多國王也拒絕為教宗依諾森二世背書。他試圖擊敗彼得．亞貝拉的理性主義時，反而證明自己是不適任推動改變的主角——他根本是卯足全力阻止智性和社會的發展。因此，聚光燈便打在了不起，但也暴躁、刻薄、自大的彼得．亞貝拉身上。他的思路與眾不同，很難相信有人能像他一樣。他的神學——伯納稱為「蠢學」，真正的影響在下個世紀，湯瑪斯．阿奎那（Thomas Aquinas）將理性主義更往前一步推進時，就會感受到。不過，亞貝拉在十二世紀已造成重大影響。格拉提安的《教令集》採用他的對話方法；現在每一所大學都有神學的教師，採用亞貝拉的推理思考，而非伯納不容懷疑的信心。想像一下，若今日的大學追隨伯納的腳步，他們對所接收的智慧將毫不懷疑，就連自相矛盾的也是。因為亞貝拉的緣故，亞里士多德成為十二世紀最重要的哲學家；亞貝拉發展的神學，他的倫理學、他的批判思考，以及透過《教令集》對整個基督宗教世界的道德法律產生的間接影響。依我看來，彼得・亞貝拉就是這個世紀推動改變的主角。

---

1 見 Maurice Keen, *Chivalry* (1984), p.88

2 見 John Langdon, *Horse, Oxen and Technological Innovation* (Cambridge, 1986), p. 98

3 見 Geoffrey Parker, *The Global Crisis: War, Climate Change and Catastrophe in the Seventeenth Century* (2013), p.17

4 見 David Knowles and R. Neville Hadcock, *Medieval Religious Houses: England and Wales* (2nd edn, 1971), p. 494; John T. Appleby, *The Troubled Reign of King Stephen* (1969), p. 191

5 見 Jacques LeGoff, trans. Arthur Goldhammer, *The Birth of Purgatory* (1986), pp.222-3

6 C. H. Haskins, *The Renaissance of the Twelfth Century* (2nd edn, 1955, 5th imp., 1971), pp.38-9

7 同上，p. 71

8 見 Ralph Norman, 'Abelard's Legacy: Why Theology is Not Faith Seeking Understanding,' *Australian eJournal*

*of Theology*, 10 (May 2007), p.2; M. T. Clanchy, *Abelard: A Medieval Life* (Oxford, 1999), p. 5

9 根據Charles Homer Haskin，「更多的阿拉伯科學，是透過克雷莫納的吉拉德之手，傳到西歐地區，而不是別的方式」。見Haskins, *Renaissance*, p.287

10 見Roy Porter, *The Great Benefit to Mankind* (1997), p. 110

11 見Plinio Prioreschi, *A History of Medicine. Vol. 5: Medieval Medicine* (Omaha, 2003), pp. 168-9

12 見Vivian Nutton, 'Medicine in Late Antiquity and the Early Middle Ages', in Lawrence I. Conrad et al. (eds), *The Western Medical Tradition 800 BC to 1600 AD* (Cambridge, 1995), pp.71-87

13 見Stanley Rubin, *Medieval English Medicine* (Newton Abbot, 1974), p. 105

14 見Haskins, *Renaissance*, pp. 322-7

# 十三世紀（一二〇一～一三〇〇年）

一二二七年，來自史泰利亞邦（Styria，今奧地利）的武士烏里希・馮・利希登史坦（Ulrich von Lichtenstein），打扮成女神維納斯，胸前垂掛兩條金色長辮，手持長矛，騎著馬出遊。所到之處，從義大利到波西米亞，他要求每個人與他比武。他向可能與他比武的人承諾，如果他們能向他進攻三次，他會給他們一只金戒指；若他擊敗他們，他們則需要對著世界的四個角落鞠躬，向他的愛人致敬。根據他自己的說法，短短一個月，他與人交戰三百零七次，一路上還遭遇一些重大意外，例如他在一個籃子裡，被人往上拉到愛人的窗邊，沒想到綁著籃子的毛巾斷了，他從塔樓高處摔下來。儘管如此，這類的意外並沒有阻止他十三年後再次進行相同的冒險。一二四〇年，四十歲的時候，他又打扮成亞瑟王，帶著六個隨從展開另一趟比武之旅，邀請和他們交戰的人加入他們的圓桌武士團。之後，他又寫了一個故事，哀悼含蓄的純愛越來越少見。他的故事活潑生動，老拿自己時代開玩笑，和十二世紀那些出生入死，習慣對手的流星槌重擊在自己頭盔上，聽見牙齒喀喀打顫的武士，真是天南地北的差別啊！

像這樣自我嘲諷、不切實際、好戰但又浪漫的角色，似乎象徵歐洲文化的新方向。我們想起十三世紀宮廷詩人美妙的長笛與豎琴聲，滑稽幽默的《丹尼爾戲劇》〔*Play of Daniel*，類似宗教音樂劇，在博韋主教座堂（Beauvais Cathedral）寫成〕，還有教堂屋簷上可愛的怪獸形狀雨漏、裡頭的折疊座椅。烏里希男扮女裝也帶有刺激的顛覆性，儘管他擔任地方行政官時，相傳非常負責、勤勞，紀錄優良。短短的敘述中，可以看得出十三世紀有如一場夏日派對，當時的英語民謠也充滿喜悅，像是〈夏季持續，多麼歡樂〉（Miri it is while sumer y-last）以及〈夏天來了〉（Summer is i-coming in）。但我們也要提醒自己，這個世紀的初期，教宗的權力到達了顛峰——一一九八至一二一六年在位，永不妥協的依諾森三世（Innocent III）。這個世紀也也發生不下六次東征，包括惡名昭彰的第四次東征，由依諾森三世宣說，後來卻轉為貪婪的威尼斯人對基督宗教之城君士坦丁堡的戰爭。而隨著依諾森的號召，西班牙的戰役再度啟動，阿拉貢、納瓦拉、卡斯提爾與葡萄牙王國聯合起來，於一二一二年托洛薩的那瓦斯戰役（Las Navas de Tolosa）擊敗阿爾摩哈德（Almohad）王朝。基督宗教大軍於一二三六年重新取回科爾多，一二四八年拿下塞維爾（Seville）；到了一二九四年，整個伊比利半島，除了格拉納達（Granada）之外，都是基督宗教的勢力。依諾森三世也發布教宗詔書，批准利沃尼亞東征（Livonian Crusade），德國與丹麥的軍隊被派到利沃尼亞與愛沙尼亞，意欲以蠻力使歐洲最後的異教徒改信基督宗教。同一位教宗也策動阿爾比東征（Albigensian Crusade），西蒙．德孟福爾（Simon de Montfort）率領基督正義大軍在法國南部殘殺上千名卡特里派（Cathars）的「異端」。（譯注：卡特里派源於巴爾幹半島，大約於一一四五年傳入阿爾比，其前身本來是羅馬帝國晚期摩尼教與基督教的混合，故被視為異端）一○二九年，德孟福爾在貝濟耶（Béziers）完全不留活口，傳說當時和他在一起的教宗使節告訴他，不用煩惱怎麼分辨卡特里派和天主教徒，全都殺了就是。使節告訴他：「神自己會分辨。」最後，重要性絲毫不差的，這個世紀也見證成吉思汗的蒙古大軍犯下種種駭人的暴行，集合在一起，堪稱有史以來最凶殘的種族滅絕。我們不知道他一共殺了多少人，但估計是三千萬。當時，全世界的人口不超過四億。

這個世紀，就連休閒娛樂也都是血腥的玩意。馬上比武看起來可能很了不起——騎士為了榮譽而對戰，盾牌上的紋章閃閃發亮，卻可能會喪失性命。有些歷史學家將馬上比武類比為今日的橄欖球、美式足球，但說實在並不適當。只要看看荷蘭統治者家裡發生的事：一二二三年，荷蘭的伯爵在比武中被殺了，他的兒子和繼承人在一二三四年以同樣的方式死了。還有一個較年輕的兒子，在伯爵的孫子未成年時擔任攝政王，一二三八年也在比武的時候被殺。如果歐洲統治者連續三代都死在橄欖球場上，這樣的類比還能成立，但十三世紀騎士的比武，仍然比現代任何休閒活動要危險多了。一二四一年，烏里希打扮成亞瑟王到處遊歷的隔年，一場在德國諾伊斯（Neuss）的比武，共死了八十個騎士。[1]你越想著十三世紀，就越難把浪漫的武士軼事、讚頌夏季到來的歌曲、男扮女裝的比武，和這種刀光血影聯想在一起。

然而你後退一步，便能瞭解這些無法聯想在一起的極端就像書擋，將廣大的社會現象兼容並蓄。對騎士的崇拜，也就是騎士精神，自上個世紀後半紋章發明後蔚為風潮。烏里希的寫作風格仿效亞瑟王傳統宮廷羅曼史的文類；這與亞基坦威廉伯爵（William, Count of Aquitaine）開創的自傳詩體有共通之處。自傳詩體隨著伯爾特・凡塔多恩（Bernart Ventadorn）的作品出現，也在十二世紀末達到顛峰。而文化光譜的另一端，教會逐漸無法號召教徒征討穆斯林。神聖羅馬帝國皇帝腓特烈二世（Frederick II）於一二二八年率領第六次東征時，他的用意並不在殺死另一個信仰的教徒。這位皇帝一輩子都在宮廷裡接待穆斯林的知識份子；事實上，他推崇這些知識份子的程度高過於他對教宗的景仰。他光靠談判就取回耶路撒冷，不需攻打穆斯林，賄賂他們就好。因此第六次東征只是到聖地考察，暨第一次東征後再度達成目標，將耶路撒冷回歸基督宗教世界。耶路撒冷直到一二四四年都歸屬於基督宗教，而且有別於第一次東征，這次不見血腥殺戮。一二七一到七二年的第九次東征是西方世界最後一次出兵，希望復興十字軍東征建立的王國。一二九一年，失去基督宗教最後一個要塞阿卡（Acre）之後，東征的精神只剩下紙上談兵。因此，烏里希書寫的年代是世俗浪漫與旅行風潮，東征狂熱退散與封建制度式微，兩相交錯的年代。他作品中的嬉鬧獨樹一格，長長的金色辮子成為個人特色，同時更令人驚訝的是，他是一個自由人，選擇自己的命運，用自己的文字，訴說實現夢想的路。

## 交易不一定要付錢

從十二世紀我們看到歐洲人口自一〇五〇年起呈現成長的趨勢。一二二五到二六年、一二四三年、一二五八年，以及一二七〇到七一年的飢荒並沒有明顯造成人口下降，到了十三世紀末已超過一億一千萬人。在英格蘭，數據顯示人口成長在一二〇〇年前後最為劇烈，每年約百分之〇．八三。這樣的成長趨勢持續直到一二二〇年間，人口高達四百萬人。之後成長率便趨緩，大約在百分之〇．二五。一二九〇年人口總數達到高峰，約四百五十萬人。我們可以從這個國家一些獨立的證據證實這樣的成長。溫卻斯特的主教在他位於桑莫賽（Somerset）的陶頓（Taunton）莊園，針對超過十二歲的男性徵收一便士的人頭稅：稅收的結果顯示一二〇九年有六百一十二個男性，一三一一年有一千四百八十八個男性（每年百分之〇．八五的成長）。[2]

聽起來好像非常正面：更多小孩活下來了，建立自己的家庭。然而，英格蘭的人口已經到達最大極限。兩個世紀的墾荒後，所有可得的土地都拓植了。領主不能把他們的森林全都變成農地，特別是當時的房子絕大多數都是木材建成。缺乏土地使得人口成長漸踩煞車，窮人再度面臨沒有足夠食物餵養一大家子的窘境。家庭人口增加，窮人人均財富就會減少。吃肉的富人只是讓問題更糟，因為當你需要養活大量人口的時候，畜牧是非常沒效率的土地利用——能夠用來種植糧食的土地必須為了畜牧而保留。不可避免的結果就是郊區的人口成長緊縮，沒有土地的農民遷移到有市場的城鎮，希望能掙口飯吃。

城市是十三世紀的焦點，城市之中有商業行會和市場、學校、商人的房子、尖型拱門的教堂、高聳的市政廳、雄偉的門樓。在義大利北部與法蘭德斯，一三〇〇年時，有百分之十八的人住在超過一萬人的社區。然而，住在城鎮的法國人比例要少得多；在英格蘭，這樣規模的城市也只有四、五個；蘇格蘭、威爾斯、斯堪地那維亞，則是一個也沒有。確實，十三世紀歐洲北部絕大多數的市場城鎮都很小：大小相當於村莊，只是剛好有個市場，希望藉此吸引一點商機。儘管如此，都市化的程度也需要考量，因為一個商業中心的城鎮，其重要性不只取決於當地居民的人數，還有往來市場進行買賣的人數。

在英格蘭，十三世紀約有一千四百個新市場成立，另有三百個是以前就存在。並不是所有新成立的市場都能向下紮根，其實大多數都失敗了。但這些市場中，有三百四十五個到了一六〇〇年還是非常繁榮，在當時六百七十五個市場裡佔了半數。[3]英格蘭從十三世紀起轉型為以市場為基礎的經濟型態，類似的都市化過程也在整個歐洲陸續發生。例如在西發里亞（Westphalia），一一八〇年以前只有六個城鎮，到了一三〇〇年已經成長到一百三十八個。[4]整體而言，歐洲城鎮的數量從十二世紀的一百個（半數在義大利），到一三〇〇年成長為五千個。[5]歐洲的領主在十二世紀成立修道院裨益他們的靈魂，十三世紀又成立市場來裨益他們的荷包。

這些市場不僅增加領主的收入，還有更廣大的社會利益。十三世紀末，英格蘭地區除了沒什麼人住的地方以外，幾乎每十一公里以內就有市場，平均距離是五公里，單程步行約一小時。不管市場是每週一次、兩次，或每天都有，人們可以來到城鎮販賣他們多出的作物，或購買新鮮的食品。牲畜、山羊、綿羊就牽著走到市場廣場；雞、鵝和其他鳥禽則裝在木籠以馱馬運送；燻肉、培根以推車載來。在這裡，人們也可以買到不容易製作的東西，或者少量製作不敷成本的東西，例如腰帶扣、皮革包、刀、長柄杓、鍋子、水壺、釘子、套軛、馬蹬。他們也可以買到魚和乳酪，教會規定一週三天，以及將臨期、四旬期不能吃肉的時候，這些是良好的蛋白質來源。有些人靠著推車載送一種貨品到市場，例如雞蛋或鰻魚，就賺了不少錢。其他人捕捉松鼠、野兔、白兔、貓和狐狸，把毛皮賣給商人，商人又拿到別的市場賣給城市的居民，裝飾他們的長袍。有些人囤積一整年的穀物，還有需要小心保存的蘋果、梨子和堅果，等價格高的時候再拿出來賣。市場促進歐洲所有的社群把地區的資源集中在一起，提供給需要的人——雖然得花上一點錢。

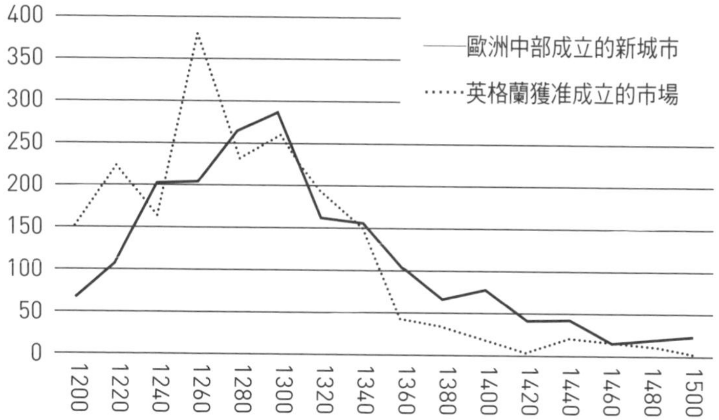


1200～1500年，歐洲中部成立的新城市與英格蘭獲准成立的市場，以二十年為間隔。[6]

英格蘭一千四百個新市場大多沒有持續，其實也不令人訝異。有些城鎮附近沒有競爭對手，腹地又大，容易吸引較多作物與貨品，帶來許多顧客，因而坐穩該地區。相反的，相距不遠的城鎮往往無法同時茁壯，因為他們瓜分一個腹地。如同歷史學家費爾南．布勞岱爾（Fernand Braudel）觀察，世界經濟的基本規則──「主要的資本城市一定位在中心」。[7]因此，成功的市場城鎮往往從腹地的中心興起，與最近的城鎮相距約二十公里。同樣的原則適用在大型城鎮與城市。提供最多貨品與服務的地區，包括行政功能與專業技術，例如法院與律師，就會吸引人們前往。最大、最繁榮的城市通常提供多種服務，同時腹地廣大，向四面八方擴張四十八至六十四公里。如果該城市是港口，仍會符合布勞岱爾的法則，因為該城市是內陸貿易（往陸地方向）以及國際貿易（往海洋方向）的中心。倫敦在經濟上發展得非常強盛，不僅因其位於英格蘭的地理位置，它的腹地伸及新興的低地國（尤其是法蘭德斯），也是漢薩聯盟（Hanseatic League）城市的商人來往波羅地海、萊茵區、北海等城市的主要港口。

歐洲北部國際貿易的主要商品是羊毛。大量的羊毛從英格蘭賣到法蘭德斯的城市，例如布魯日和根特（Ghent）。歐洲北部羊毛貿易熱絡的同時，歐洲南部的商業城市也很繁榮，例如義大利北部的熱那亞、威尼斯和佛羅倫斯。他們主要的商品是絲綢和香料，從君士坦丁堡買進，或直接向旅行到亞洲的義大利商人購入，再賣到整個地中海地區。威尼斯是亞洲與地中海貿易最主要的城市，如同倫敦與布魯日是羊毛與布料的中心一樣。香料和絲綢從地中海送到熱那亞，然後往北運到法國。法國的香檳地區提供廣大的商業網絡。那裡的四個城市會舉辦六次集市，各為期兩個月，分別是拉尼河畔馬恩（Lagny-sur-Marne）、奧布河畔巴爾（Bar-sur-Aube）、普羅萬（Provins）、特魯瓦（Troyes），加速歐洲南北國際貿易的交流。這些市集的商品，從波羅地海的呂貝克（Lübeck）、西班牙地中海海岸的瓦倫西亞（Valencia）、大西洋沿岸的聖地牙哥康波斯特拉、德國南部的奧格斯堡（Augsburg）等城市運送過來，就連羅馬和巴勒斯坦的商人也不惜千里來趕集。[8]

香檳地區的市集並不是十三世紀才開始，事實上十二世紀末就經常舉辦了，但在一二〇〇年之後才逐漸產生重大影響。歐洲貿易這棵大樹，樹根在義大利北部與法國南部，主幹在香檳地區分開：樹枝分別伸入倫敦、巴黎、布魯日和呂貝克，一三〇〇年後撐起英格蘭、布列塔尼、諾曼第、法蘭德斯、丹麥、德國和波蘭等地的貿易。這些大樹枝繁葉茂，結出許多果實，也就是諸多的市場，而且幾乎每個城鎮每年至少舉辦一次自己的市集。在英格蘭，一二〇〇年原有一百四十六個市集，陸續加入約一千五百個新的。[9]就和市場一樣，不是所有的市集都能長久，但許多確實是。每週舉辦一次的城鎮，每年夏天至少會舉辦一次市集，很多甚至多於一次。市集通常為期三天，對那些沒什麼東西好買賣的人，仍像一個大型園遊會。有音樂和雜耍表演，人潮聚集，商人彼此交換意見。稀有的貨品也會在那裡展售，無論零售或批發。大型的市集裡買得到石榴，當時的富人都想買這個治療胃腸不適；另外還有鴉片，作為止痛劑。透過這個國際貿易的網絡，柳橙和檸檬也被帶到歐洲北部，糖、丁香、胡椒、絲綢、藥物和地毯也是。一二〇〇年的時候在歐洲北部還沒人聽過這些奢侈品，到了一三〇〇年，在城市和大城鎮到處都可買到——同樣要花一點錢。

這些買賣活動使舊時代以物易物的方式劃下句點：如果所有東西都是交換的，根本不可能在市場做生意。貨幣制度於是興起。鑄幣工廠整修擴大，地方與小型的鑄幣工廠同時關閉，如此政府更能有效集中管理。一二〇〇年，整個基督宗教世界主要的貨幣單位是便士，以拉丁文表示為「denarius」（因此，歐洲採用十進位制之前的貨幣制度「£sd」，其中有個「d」）。在法國，便士的複數是「deniers」，在義大利是「denari」，在西班牙是「dineros」，在葡萄牙是「dinheros」，在匈牙利是「denars」，在低地國是「penningen」，在德國則是「pfennige」。但當時在這個交易系統中，貨幣是例外，並不是規定，因此便士只是部分通行。在香檳市集的期間，有些交易需要的貨幣數量很大，對某些商人來說並不方便，例如，總不能要熱那亞的商人拉著好幾袋銀製的「denari」翻越阿爾卑斯山。又因為當時唯一的金幣，就是拜占庭帝國的「nomisma」，正逢短缺，所以一些王國開始鑄造高面額的錢幣，有金有銀。威尼斯人大約自一二〇〇年起鑄造銀幣「grossi」——胖胖的硬幣。（譯注：一枚重約二．二公克，含九八．五%純銀）義大利的布林迪西（Brindisi），一二三二年開始鑄造金幣。佛羅倫斯於一二五二年打造第一枚「fiorino d'oro」，熱那亞隔年也鑄造出金幣「genovini」。在英格蘭，亨利三世從「金幣便士」實驗起，幣值訂為二十「denarius」，但黃金的價值高於硬幣的面額，因此多數的樣品立刻就被融化了。鼎鼎有名的威尼斯錢幣「ducat」在一二八〇年間出爐。法國和羅馬在十二世紀後半期推出自己的銀幣「grossi」，而在低地國，高面額的硬幣名為「groten」。這個名字廣為流傳，在德國叫做「groschen」，在英格蘭，愛德華一世（Edward I）一二七九年新鑄的錢幣包括「groats」，價值等於四個「denarius」。另外，也鑄造價值較低的錢幣：過去〇．五便士與四分之一便士就是把一便士切成兩半或四分之一，現在這兩個面額的硬幣都打造出來了。到了一三〇〇年全歐洲都有了貨幣，用途就是一般的交易，而且在很多地方做生意只能使用錢幣。

然而，對參加香檳市集的人而言，就連一袋高面額的錢幣都是負擔與累贅。與其每一筆買賣都拿金條來付錢，商人們開始拿筆寫下誰欠誰的便條。市集結束後，他們再坐下來把該付的錢送過去。但即使在那個時候，他們就知道交易不一定要付錢幣，還有其他方式。帳單可以透過一位代理人擬定且遞送，保證在某個時候，某公司就會付錢。這就是銀行的由來——那些代理人開始給予可靠的商人信用額度。他們坐在名為「banche」的長凳上，銀行的英文「bank」一字便由此衍生而來。除了帳單與信用的服務外，那些銀行公司還推出雙向記帳，也就是分別記錄收入與支出，再得到餘額。到了一三〇〇年，他們可能也發明了商品運送保險的制度：從下一個世紀的紀錄便可見商人幫運送的貨物保險。主要的銀行公司都是赫赫有名：盧卡的里查爾蒂（Ricciardi of

Lucca）；錫耶納的邦西諾里（Bonsignori of Siena）；佛羅倫斯的弗列斯科巴蒂（Frescobaldi）、波那可爾西（Buonaccorsi）、斯卡利（Scali）、巴蒂（Bardi）、阿恰悠利（Acciaiuoli）、佩魯濟（Peruzzi）。他們的業務範圍可是遍及海外，弗列斯科巴蒂和里查爾蒂，十三世紀時都曾借錢給英格蘭國王愛德華一世。那一棵貿易大樹之所以茁壯，銀行功不可沒。下次你打開皮夾，掏出信用卡時，不妨想想十三世紀的商人。

## 這些識字的人從哪冒出？

史料證據大約在一二〇〇年左右出現一個分水嶺。在英格蘭國王理查一世（Richard I）在位（一一八九到九九年），以及法國國王腓力．奧古斯都（Philip Augustus，一一八〇到一二二三年）之前，極少系統性的紀錄留存下來。英格蘭在一二〇〇年之前，沒有主教記事或地方的莊園紀錄。除了財務卷軸（pipe rolls），也就是自一一三〇年起郡長、諸侯與英格蘭國王的財務來往紀錄，便無其他固定的官方記載。義大利反而例外，當地的城邦從十二世紀起便開始出現民間的紀錄。因此，撰寫一二〇〇年之前的歐洲歷史，我們必須依賴私人撰述的紀事，或從其他的證據中抽絲剝繭，例如王室的信函與賜予，或是修道院財產登記冊留存的特許狀副本。

情況從一一九〇年起開始改變。忽然間，記錄存檔這件事滿地開花。在法國，國王腓力．奧古斯都命令掌璽大臣記錄宮廷的財務（Le Trésor des Chartes），於是宮廷便開始全面保存王室事務。英格蘭政府也採取類似的政策，以國王之名發出的信函與特許狀都在卷軸中留下副本——在位期間一年至少一卷——並妥善保存。這些卷軸很多都流傳下來。因此，在《批准卷軸》中，我們可以看到一一八九年之後每一筆經過國王批准的特許內容。《特許狀卷軸》則收錄一一九九年後發出的每一張特許狀。一一九九年起，也有《繳款卷軸》，裡頭記載著付給王室以獲得某些權利的費用，例如受到保護、自由、特權或任公職。若一封信，蓋章送出時是處於開啟或「顯露」的狀態，在《顯露卷軸》裡就會有一個副本，這個紀錄從一二〇一年開始；若一封信蓋章後密封起來，副本就會收在《密封卷軸》中，可追溯自一二〇四年。亨利三世（Henry III）即位不久後（一二一六到七二年），還有驗屍報告的檔案，是為持有國王的土地，並在持有期間去世的人所做的死亡調查。到了一三〇〇年，有《條約卷軸》、《支出卷軸》（記錄王室支出）、《羅馬卷軸》（給教宗的信）、《蘇格蘭卷軸》、《諾曼卷軸》、《加斯科尼卷軸》、《威爾斯卷軸》、《法規卷軸》，以及其他各式各樣的卷軸。這些只是冰山一角而已。在國庫的紀錄中，你還會發現王室的財產珠寶清冊，以及王室家庭每天的開銷資料。整個王國地方上的土地持有紀錄也經過調查，目的是必要時協助國王，以及偶爾徵稅使用。例如《封地清冊》（一一九八到一二九二年）、《領地協助》（一二八四年）。一二七九年，愛德華一世下令調查有哪些王室莊園已經賜給領主，希望阻止王室土地一直縮小。因此整個十三世紀，中央政府確實做到「從記憶到記錄」這件事。[10]

這項革命不止侷限於王室。整個歐洲的教區，主教開始保存教區記事。富豪與高級教士也開始記事。之前提過溫卻斯特主教的財務卷軸，該卷軸還詳細記錄一二〇九年起的開銷、借貸、繳款，以及該納入主教金庫中的錢。莊園的領主開始保存法院的卷軸，以便知道哪一個佃戶承租那一塊地，他們還可以租用多久，該繳什麼費用。莊園的事務員記錄佃戶應該付給領主的穀物和動物數量。最早的一份莊園公約也在這個世紀開始，明訂依照法律和習俗，莊園裡的各種規定。例如，領主在收成期間是否該提供工人早餐，工人能不能在領主的土地上撿拾柴火。義大利以外最早系統性的公民紀錄也從這時候開始——城鎮裡自由人的名冊、法院的紀錄以及行政區公約。不管是俗世還是宗教生活，從城市到偏遠的莊園都開始有系統地記事，並保存下來。

所有的紀錄都關係一個問題：這些識字的人從哪裡忽然冒出來？如果我們假設每個修士和教士在一三〇〇年都有讀寫能力，而每個莊園都有事務員，那麼光是英格蘭本身就有大約四萬個人能夠讀寫。有些可能是在修道院裡學的。其他——特別是貴族的子弟，讀寫能力是他們階級的象徵——就是家庭教師教的。彼得．亞貝拉和他的兄弟便是依循這項傳統。一一七九年第三屆拉特朗大公會議（Third Lateran Council）命令每一座主教座堂應該開辦一所學校：這項命令在一二一五年第四屆拉特朗大公會議，在依諾森三世的主持下又再度受到強調。這次的會議，不只命令還沒有設立學校的主教座堂應該立即設立，教導城鎮居民讀寫拉丁文，基督宗教世界的每一所教堂，經費足夠的話也應比照辦理。這個命令等同於每個城鎮都要設一所學校。

推動教育真正的力量是因為對這項技能的需求。在整個歐洲經濟與人口急遽成長的情況下，領主和土地持有人覺得傳統上賦予他們的權利受到威脅。書寫是保存資料的方式，將來在法庭上可以保障個人土地的所有權，以及財產的歸屬。在十三世紀，若你取得一塊土地或某項權利，你會希望以白紙黑字記錄下來。若你在某個城鎮做生意，每談好一筆交易，你會希望由一個公證人擬定一份商業合約。正是這種留下紀錄的需求使得依諾森三世開完大公會議後，教堂紛紛設立學校。即使只是十幾所學校也會造成重大差別：幾年之後，一個老師就能教出好幾百個能讀書寫字的村民。

讀寫能力是十三世紀教育革命的一個面向，另一個則是設立大學，受到上一個世紀的知識發展影響而興起。例如波隆那大學可追溯到伊爾內留斯的法學院，有人主張亞貝拉在巴黎教學的學校也是一所「大學」。薩勒諾大學（the University of Salerno，譯注：位於義大利）宣稱他們自十二世紀就成立了，因為當時薩勒諾這個城市抄寫醫學文章並向外傳播。事實上，大學的概念在十二世紀的時候還在醞釀。亞貝拉的追隨者不論他到哪裡都會跟著他；如果他離開巴黎，去了默倫（Melun）、科爾貝（Corbeli），或是保惠師修院，他們就跟他去。十三世紀初大學進化成一種特殊的教育形式：機構式、有行為準則、一系列的標準和考試，與具備社會價值。

大學（universitas）一字，首次正式用來描述高等教育的形式，可推本溯源至教宗使節高崗的羅伯（Robert of Courçon）於一二一五年頒布的教宗詔書，解決巴黎大學的爭議。（譯注：高崗的羅伯頒布巴黎大學教授資格的規定）大學形成之初，爭論的情況相當常見：劍橋大學是一二〇八年由一群在牛津大學罷工的學者建立的。然而，儘管一開始經歷一段陣痛期，大學這個學制於一二五〇年在歐洲紮根。修習碩士學位的學生需要研讀七個科目，分成「三藝」（文法、修辭和對話錄）與「四藝」（算數、幾何、天文、音樂）。一二三〇年起，碩士畢業即獲得到任何地方任教的資格，不需要其他執照。如果他們希望專攻法律、醫學或神學，就必須進入更高等級的學院就讀。到了一三〇〇年，許多地方的大學都穩定地運作：西班牙的塞維爾、薩拉曼卡（Salamanca）、列伊達（Lérida）；葡萄牙的里斯本〔後來搬遷到科英布拉（Coimbra）〕；英格蘭的牛津與劍橋；法國的土魯斯、蒙彼利埃、昂熱（Angers）、巴黎；義大利的韋爾切利（Vercelli）、波隆那、維琴察（Vicenza）、帕多瓦（Padua）、皮亞琴察（Piacenza）、雷吉歐（Reggio）、阿雷佐（Arezzo）、錫耶納、拿波里和薩雷諾。這個時候，對任何希望能在教會獲得更高職位的聖職人員，到大學進修碩士學位已經是很普遍了。辯論方法、學術研究、知識習得，都已形式化，並系統性地在基督宗教的世界傳播。教育已經標準化，並進入歐洲所有的宮廷，也成為大師教導下一代聖職人員與學者的地方。

## 控告國王違法

今天我們這個時代，總把讀寫這項優越的能力視為理所當然。但在一二〇〇年，教育的價值並沒有這麼明顯。畢竟，教育很昂貴。幫你將事情用紙筆記錄下來的服務也不便宜，所以如果政府都把權利義務記錄下來了，你為何又要留一份副本呢？答案就是，對於法律謹慎的態度越來越普遍。修道院會與貴族保留王室特許狀的副本，以免授予人對特許的條件產生異議，或遭受第三方質疑。財務紀錄的發明也是基於相同的道理。中世紀流傳下來的財務紀錄可不只是收支的紀錄，由於撰寫人需對內容負責，因此通常會解釋為什麼這筆花費是必要的。例如，溫卻斯特主教的財務卷軸目的不在向主教報告金庫裡還剩多少錢，而是他的財務主管可免於對未償的債務負責。簡單來說，留下紀錄的主要原因是謹慎、不信任，以及為求保障。事情透過紙筆記錄下來，人們就能要求彼此負法律上的責任。

責任本身並不是什麼新鮮事。數個世紀以來，國王加冕時總會隆重宣誓，承諾維護某些權利；普通人也經常鄭重發誓。然而，對著聖徒的遺物發誓——也就是由神判斷你是否毀約，相對於法律上的承諾，兩者根本上是不同的。如果你有一張國王的特許狀或信函，你可以要求他負責。從前，統治者為他的子民訂定法律，但自己卻不受法律約束。現在，國王和人民之間的關係改變了。一一九〇年間，腓力．奧古斯都開始稱自己為「法蘭西的國王」，而非「法蘭克人的國王」。同時，理查一世稱自己為「英格蘭的國王」，而非「英格蘭人的國王」。這個微妙的改變強調的是，國王統治他們王國內的所有人，外國人亦同。而他們訂定的法律，對象是領土裡的每個人，不只是擁護他的人。同時，國王有義務維護邊防，對王國的教會與外國人負責。

首位對人民負有責任的是神聖羅馬帝國的皇帝。一一六〇年間，腓特烈一世試圖直接控制義大利北部的大城市。那些城市不從，於是他攻下米蘭。義大利的城市組成倫巴底聯盟（Lombard League）反抗，並在一一七六年的萊尼亞諾（Legnano）戰役擊敗皇帝，一一七七年與一一八三年分別簽署《威尼斯條約》和《康斯坦茨條約》，之後他們仍屬於神聖羅馬帝國，但在自己的領土上擁有自治的權力。皇帝被迫與他的子民簽署條約，當然，也就必須為這些條約負責。

英語世界中，更有名的例子是英國國王約翰被迫上談判桌簽署的《大憲章》。約翰向來人緣就不好。他輕忽的態度導致一二〇四年法國人征服諾曼第，許多貴族因而喪失大堆祖產。此外，他拒絕接受斯德望．蘭頓（Stephen Langton）出任坎特伯里總主教，與教宗依諾森三世直接衝突。一二〇八年，教宗下令英格蘭停止聖務，禁止王國所有的聖職人員舉行教堂禮拜及葬禮，隔年又開除約翰的教籍。一二一三年，約翰讓步。他同意接受蘭頓，並辭去英格蘭國王與愛爾蘭的統治權，將王國奉獻給依諾森。後來，約翰又以教皇「封臣」的身分，重新接受「封土」，同時保證每年向教宗進貢一千馬克（約六百六十六英鎊），並答應領兵東征。

獲得教宗的支持後，約翰進一步挑戰他的敵人。他與法蘭德斯的伯爵以及神聖羅馬皇帝組成聯盟，進犯法國，想要取回諾曼第。但如同他以前的表現，這樁生意又是荒腔走板。他的盟軍在一二一四年的布汶戰役（Bouvine）中被法王腓力・奧古斯都殲滅，約翰只好兩手空空回到英格蘭。他現在更加不得人心了，好幾個重要的貴族不再效忠他。一二一五年六月，他不得不簽署《大憲章》，遵守封建制度，同意英格蘭人民和教會數項自由與權利。從此，這些自由與權利成為制衡王室的力量，並由貴族組成委員會，若國王不遵守章程，委員會的權力得凌駕國王之上。

像英格蘭這樣，國王需向其封建王侯負責的概念，並沒有順利在歐洲各地實行。約翰的宿敵——教宗依諾森三世，以強硬的態度表達他的不滿。他表示，《大憲章》「不只可恥，堪稱違法、不公」，而且：

> 吾等拒絕遷就如此可恥之行，使教廷蒙羞，國王權力受損，英格蘭王國羞愧，東征大計陷入危機……吾等全然拒絕，並譴責此舉。吾等命令國王勿妄為遵行，諸王與同行勿堅持己意。此章程與其所有擔保事項，無論直接相關或衍生而出，吾等宣告永久無效。[11]

教宗的抗議只是徒勞。一二一五年起，英格蘭國王便無法為所欲為。《大憲章》之後多次以不同形式一再公告，於一二三七年成為永久有效。一二九七年由愛德華一世納入法律全書。

經過多次修訂，有兩項條款長久成為《大憲章》的核心。第一項是「除非經由同儕法律審判，或依本地法律，任何自由人不應受拘留或囚禁，或被奪去財產、放逐或殺害。」第二項是「正義不受任何人拒於門外，或受任何人買通。」接下來數個世紀的英格蘭國王隨時都將此二條款謹記於心——尤其是他們不能任意違法囚禁任何人。當然，他們還是會那樣做，不過從此以後若有人受到違法監禁，便能援用大憲章，控告國王的行為違法，與暴君無異。

在歐洲多數的王國，沒有見到如《大憲章》的章程，並不代表他們沒有受到影響。就像十八世紀的法國大革命，不是每個國家都得歷經恐怖統治才會肯定法國大革命的重要性。相反的，在各國國會建立的過程中，可以見到許多致使國王負責，擴大人民參與決策的證據。

從前，歐洲諸國的國王會參照王室委員會的建議而治理國家。王室委員會由國土境內首要的權貴與高階的教士組成。然而，西班牙的雷昂王國是個例外。一一八八年起，國王阿方索九世（Alphonso IX）召集城鎮代表、領主、聖職人員共同參與國會，給予建言。十三世紀起，這個現象變得較為普遍。一二三〇年間，蘇格蘭的國王會傳喚庶民，聆聽他們的建議。一二五四年的時候，葡萄牙的國王開始傳喚城鎮代表參與國會。伊比利半島的王國中，加泰隆尼亞、阿拉貢的國會分別於一二一八年與一二七四年開始參與立法、控制稅收；瓦倫西亞（一二八三年）、納瓦拉（一三〇〇年）較晚開始實施。在法國，最類似的是一三〇二年首度召開的三級會議。以上這些集會中，與會代表與律師會坐下聆聽案由，並以紙筆記錄各種權利，若與會代表濫用權力，則可向國王上訴。會議中，與會代表針對國王提出的案由展開辯論。增加稅收或出兵征戰等議題，受到討論的次數越來越頻繁。因此，《大憲章》不只是約束君主的單一個案，也代表人民希望表達對國家政府的意見。

在英格蘭，國會因《大憲章》而日漸壯大。一二五八年，西蒙・德孟福爾（煽動貝濟耶大屠殺那個人的小兒子）強迫亨利三世同意《牛津條款》（Provisions of Oxford），使國會成為常設，與會人員包括郡縣城鎮選舉的代表、諸侯與重要的聖職人員。這些「庶民」因此得以與國王面對面，談判發動軍事行動的加稅條件。若要國會同意加稅，國會往往要求國王同意新的法規。一二九七年，愛德華一世同意，從今以後所有的稅收需經國會同意後施行，此舉成為重大的憲政發展。如此一來，國會光靠金錢上的否決，便能限制國王出兵。若你回想本書一開始那些完全對於維京人入侵束手無策的平民就會發現，雖然才過三百年，社會已經大不同了。

## 苦哈哈的托缽修士

想想可憐的老彼得・貝爾納多奈（Pietro Bernadone）。他來自義大利翁布里亞（Umbria）的亞西西（Assisi），是個工作勤奮，前途光明的布商，經常參加香檳市集。在那裡，他愛上法國的事物，某次旅途中娶了普羅旺斯望族的美嬌娘，帶她回去亞西西。後來為了表達他對法國的熱愛，他還幫兒子改名，原本叫做喬凡尼，改成方濟各（Francesco），或簡稱方濟。只可惜方濟不太爭氣，他先是生活奢華，揮霍成性，後來他決定去阿普利亞（Apulia）從軍。二十出頭的時候，他又改變人生的方向。有一天，他見到神蹟，要他在亞西西附近建造一座聖達米昂（St Damian）的教堂。他從父親家裡拿了一匹布，賣了後把錢拿給聖達米昂修道會的司鐸。司鐸拒絕接受不義之財，讓方濟很難堪。方濟的父親發現他做的好事後，震怒之下到民事機關告發他的兒子，強迫他放棄繼承權。

於是方濟成為隱士，修葺地方的小教堂，幫助痲瘋病患。約莫一二〇八年末或一二〇九年初，他聽到有人朗讀馬太福音第十章，耶穌基督勸說他的門徒：「隨走隨傳，說天國近了！醫治病人，叫死人復活，叫長大痲瘋的潔淨，把鬼趕出去。你們白白的得來，也要白白的捨去。腰袋裡不要帶金銀銅錢。行路不要帶口袋；不要帶兩件褂子，也不要帶鞋和柺杖……」當下，他決定依照《聖經》的這一段生活。他在亞西西附近苦行，對著極貧窮的人傳教。不久後，他旅行到羅馬晉見教宗依諾森三世，向他說明自己心中兄弟修道會的概念，也就是托缽修士「frères」，英語「friars」一字，這些人一生都會過著貧窮的日子。教宗大受感動，並祝福方濟。因此，方濟各會——又稱小兄弟會，或灰衣修士（因他們的服裝）——因應而生。

相對來說，道明．古斯曼（Dominic de Guzman）沒給父母添這麼多麻煩。他出生在西班牙北部的卡萊魯埃加（Calaruega），他的家境也很好，來自所謂的「名門」。在十二世紀的西班牙，意思就是出身武士家族。然而，古斯曼家的情況是，他們整個家族都非常虔誠。道明在帕倫西亞（Palencia）求學，飢荒侵襲西班牙時，他把書本和自己的物品賣掉，為窮人募款。他曾經為了解放被穆斯林俘虜的奴隸，兩次為人做工。他無時無刻透過行動展現他的虔誠，此舉感動許多人，後來他在奧斯馬（Osma）的主教座堂擔任奧斯定會的教士。

一二〇三年，三十出頭的他隨著奧斯馬的主教到丹麥傳教。回程的時候，他決定去見教宗依諾森三世，請求前往東歐傳教。然而，教宗給他一項更迫切的任務：對抗法國西南部的異端。道明因此前往土魯斯，希望說服卡特里派回歸正統天主教。想當然耳，他為卡特里派的一些信仰感到震驚，例如譴責婚姻，拒絕相信肉身復活；但同時，他看見他們致力於貧窮的生活，也深受啟發。一二〇六年，他在普盧葉（Prouille）為不得結婚或作人情婦的女人創立一處宗教場所。接下來幾年，他漸漸發展出專注於兩項工作的教派：教化異端、宣揚貧窮。儘管教會多次想要拔擢他為主教，但道明始終推辭，堅持自己的首要工作是建立宣道會。一二一五年，一位土魯斯的富人見他的追隨者與日遽增，於是贊助他一棟房子，他終於實現夢想。那一年，他參加第四屆拉特朗大公會議，向依諾森三世提出他的修道會規劃。教宗來不及同意就去世了，於是依諾森三世的繼承人——何諾利烏斯三世（Honorius III）正式祝福這個托缽修會，或稱道明會、黑衣修士。

灰衣修士與黑衣修士以驚人的速度散布。何諾利烏斯三世以道明會的名義發表教宗詔書，有效地將這個修道會宣傳至整個西方基督宗教世界，並批准一二二三年聖方濟為方濟各會擬定的會規。他們的成功意味著很快便會有其他托缽修會成立。一二二六年，何諾利烏斯批准加爾默羅會（Order of Carmelite，白衣修士）成立。他的繼承人額我略九世（Gregory IX）於一二三一年准許奧斯定會成立托缽修會。神職人員立誓過著清貧、貞潔、服從的生活，深入社區向平民傳教，這樣的概念大受歡迎。上千人加入如耶穌基督般托缽的修道方式。方濟各會與道明會也關懷女性：方濟各會於一二一二年成立隱居修女的修道會——貧窮佳蘭隱修會（The Poor Clares），由亞西西的佳蘭（Clara）擔任會長；道明會的女修道會則源於他們在普盧葉的修道會。托缽修士也成為重要的教育家。多所大學都設立道明會：一二一七年在巴黎大學，一二一八年在波隆那大學，一二二一年在牛津大學。方濟各更是在歐洲成立神學學院，最有名的是巴黎大學、牛津大學與劍橋大學。

托缽修士的出現為什麼這麼重要呢？新的修道會站在原本嚴格二分為宗教與俗世的社會之間，為具有諸多宗教美德的人創造中間地帶與彈性空間。托缽修士如從前的修士一般受教育：他們能讀寫，並通曉拉丁語這個國際語言；他們也接受嚴格的訓練：遵守規定，服從教會階層。他們身負形象良好、正直可靠的聖人美名，但不像修士和一般聖職人員，他們可以自由行動，不需一直待在某棟房子、某個村莊、某個教區。他們住在城鎮，與百姓相處，而且他們高貴不貴——他們不需要收取宗教捐稅、俸祿，也能為人禱告，維持本身的服裝儀容。若說上一個世紀的修院制度提供創造、保存、傳播知識的網絡，那麼托缽修士使得這個網絡比之前更深入、更快速。托缽修士成為俗世統治者與教會領導人的外交使節。這些受教育的信差旅行各地，並以天主之名深入群眾，他們就是絕佳的管理者與談判者。他們也是很好的審問者：教宗與主教越來越仰賴道明會審問異端，一二五二年後，甚至刑求異端。

托缽修士證明了教會能夠與時俱進，意思是他們能夠自由旅行，對商人和領主傳教，處理信仰的問題，同時保有早期基督宗教的人道精神與刻苦耐勞這兩個特色。倘若教會沒能善用這些多才多藝的托缽修士，異端絕對會失控地往四面八方散播。也許，除了征討阿爾比外，還得征討英格蘭、德國，西班牙，宗教裁判所也不會等到十五世紀才成立。如同後來的歷史，一二一五年之後三個世紀，歐洲的異端都只是輕微、地區性的事件。看來托缽修士，特別是道明會，於往後三百年，捍衛教宗在基督宗教世界的威權這件事情上，扮演了重要的角色。這可不容許嗤之以鼻。

最後，我們一定要將托缽修士個人的知識影響謹記在心。由於托缽修士的會規獎勵學習，不追求個人財富，他們吸引很多當時不諳世故但熱衷於知識辯論的男人。方濟各會產出一大票優秀的神學家，其中重要的有哈勒斯的亞歷山大（Alexander of Hales）、波那文都拉（Bonaventure）、思高（Duns Scotus）、歐坎（William of Ockham）。然而十三世紀最重要的方濟各修士，莫過於了不起的科學家與哲學家羅吉爾・培根（Roger Bacon）。他在牛津大學與巴黎大學教授亞里士多德，研讀希臘與阿拉伯的光學著作，為大學引進科學教育，撰寫科學、哲學、神學、語言、數學、光學與實驗科學的重要綱要。他也是西方第一位描述火藥的人；第一個描述眼鏡的人；他論述一個充滿「液體火」的銅製氣球，可能會飛起來。他無遠弗屆的思想是他的天賦，例如，他相信可以製作一艘不用槳的船，一個男人就可以駕駛；可以發明一台速度飛快的車，不用靠牲口拖拉；人可以靠一台機器飛起來，像「一隻空中的鳥」；吊橋「不需橋墩或支柱」也可以橫越大河；潛水伕穿上特製的衣服，就可以在水中探索海底世界。

道明會也培養數個重量級的知識份子，像是神秘主義者與神學家艾克哈（Master Eckhart）；科隆的阿爾伯特〔Albert of Cologne，又稱大阿爾伯特（Albertus Magnus）〕身兼科學家、哲學家與神學家；而當中最重要的神學家是湯瑪斯・阿奎那。他承襲亞貝拉，將亞里士多德的邏輯運用在宗教上，把亞貝拉的格言「懷疑帶來疑問，疑問帶來真理」，修改為「好奇帶來疑問，疑問帶來知識」。亞貝拉傾向接受某些事物，例如天主，是超越理性探究的；但是，阿奎那覺得所有事物都需要深入調查、理性思考。他從自然界演繹出天主的存在，他的論證是：所有會動的東西都被另一樣東西推動，在這一系列的連動中，必定有一位肇始者。他的另一個論證，至今人們仍常談論：世界井然有序，以及不斷回春的事實，顯示天主是一位高明的設計者。倘若阿奎那不是托缽修士，也許他還是能夠創造那些著作，使他成為中世紀最重要的神學家，但不能否認的是，托缽修會提供他們學習的資源與網絡，而他們對知識的好奇，締造他們偉大的成就。

## 旅行到中國

今日普遍認為，十九世紀鐵路出現以前，人們並不會長途旅行。這樣的想法，表面上更經由我們的族譜證實：九世紀中期以前，我們的祖先通常和同一堂區或隔壁堂區的人結婚。但這樣的論點有一個明顯的弱點：不能因為今天的人不想走上很遠的路，就認為以前的人也是。而且人們跟自己社區裡的人結婚，可能是為了後援或財產繼承，不能因此就認為他們從來不去別的地方。

然而，支持人們旅行的一方，提出的反例也是錯得離譜：航海的維京人，渡海的薩克遜人，築路的羅馬人，就是過去人們長途旅行的證據。例如英國的巨石陣（Stonehenge），是從四百公里外，位於南威爾斯的普雷賽利山（Preseli Hills）來的。因此，只要人們希望，他們就能旅行。對此，學者會回應：是的，人們，但可不是多數人。十三世紀以前的證據指出，長途旅行主要是政治上具影響力的個人或團體，擁有自保能力才能長途旅行，例如羅馬大軍、維京人、十字軍。宮廷官員走到各地都受到國王人馬保護。勢力龐大的領主旅行的時候也是聲勢浩大，伴隨許多武裝的男丁。然而，尋常百姓通常不會移動超過莊園宅邸，或他們的牲畜和教堂。如同我們在十一世紀那一章說過，離開家、出遠門，是非常危險的事。若非必要，別冒那個風險。

然而，到了十三世紀，很多人確實有旅行的必要：去離家遠的地方趕集；去領國王的特許狀或中央法院的判決，或者參加國會。你還可能出門去找內科或外科醫生。你可能往東橫越歐洲去上大學，或每週走上好幾公里的路去學校。如果你是托缽修士，旅行就是工作的一部分。十三世紀非常流行朝聖，上千人走上一兩天的路去參訪宗教勝地，或前往基督宗教三大勝地其一：聖地牙哥康波斯特拉、羅馬、耶路撒冷。對義大利的商人而言，旅行也是每日必須，無論是海上或路上。威尼斯人建立的商棧遍布整個地中海，而熱那亞人在克里米亞半島也設立數個築防的前哨。刑法也使更多人旅行。被派去執行法律或進行調查的法官要長途旅行；犯人被帶到案件審理的城鎮；宣誓聽審的陪審員也得前往開庭的法院。格拉提安之後，教會法典規定執事長和主教必須監督轄區人民的道德生活，這下子人們也得出席宗教法院或執事法庭。出庭原因可能是道德的罪行，例如重婚或通姦、異端審理；或者是一些一般的事務，例如公證遺囑。而越來越多人旅行，離家的時間越長，也就需要信差與家裡聯絡要事。旅行帶來更多旅行。

隨著越來越多人上路，上路也越來越容易。約束農奴與領主關係的規定，意思就是農奴未經領主允許不得離開，隨著上市場趕集的情況，漸漸有所改變。客棧與修道院的旅社日益興盛，以接待更多旅客。木頭搭的橋改由石頭重建，加強渡河的安全；清理道路兩邊的樹叢，以免強盜躲在裡頭。可以確定的是，越多人一起旅行就越安全。例如，人們會在客棧集合，一起出發，如果受到攻擊可以共同防禦。當然，旅行離家越遠，風險越大，但就連必須穿越國界的商人，也不用這麼擔心了。如之前提過，法律漸漸普及，意味著假使最糟糕的情況發生，他們在路上遭人搶劫、攻擊或詐騙，還可以採取法律行動。

談到十三世紀的旅行，若沒提及遠東的路程，就不算公允。早期的地理知識只侷限在亞歷山大大帝（Alexander the Great）到達印度的故事、普林尼（Pliny）和索利努斯（Solinus）的自然史，以及其他古典時期的地理學家。赫里福德（Hereford）的世界地圖，並沒有詳細描繪東方的耶路撒冷，只有紅海（畫出摩西穿越的路徑）、底格里斯河、幼發拉底河、恆河，地圖四周還有奇怪的野獸裝飾。（譯注：現存最大的中世紀世界地圖，保存於英國赫里福德教堂，約完成於一二九〇年）然而，這可愛的天真卻蒙蔽了來自東方的威脅。一二三〇年末，成吉思汗的兒子窩闊台帶領蒙古大軍入侵俄羅斯，沒多久，他的兄弟便征服德國、波蘭和匈牙利。一二四三年，新任的教宗依諾森四世（Innocent IV）決定與蒙古帝國接觸，希望能使他們改信基督宗教。兩年後，兩個代表團出發，一個由方濟各會的嘉賓（Giovanni d apian del Carpine）率領，另一個由道明會的阿思凌（Ascelin of Cremona）帶隊。窩闊台的兒子貴由答覆他們，要教宗前來宣誓效忠他。想當然耳，教宗拒絕了，但接著又派了兩個代表團赴東方，領隊是道明會的托缽修士安德魯（Andrew of Lonjumeau）與方濟各會的威廉（William of Rubruck）。一二五四年，威廉進入蒙古的首都哈爾和林，卻發現一個匈牙利出生、英格蘭人的兒子已經定居在那裡了，還有另一個也是匈牙利出生的法國女人，以及一個諾曼主教的姪子——表示這些沒有記錄的長途旅行早就發生，只是我們不知道罷了。[12]

這些探險的十年後，威尼斯商人尼可洛和馬菲奧．波羅兩兄弟（Niccolò and Maffeo Polo）首次前往到遠東。他們第二次去的時候，帶了尼可洛的兒子馬可（Marco）一起去。但十三世紀最重要的探險應屬方濟各會的孟高維諾（Giovanni de Montecorvino）。一二八九年，他以使節的身分前往中國晉見元世祖忽必烈。一二九四年，他抵達北京時，忽必烈剛駕崩。他留在那裡，開始向中國人傳教，一三〇七年成為北京第一位總主教。

旅行在十三世紀，不僅對大多數的人來說變得普及，基督宗教教徒更到達只有傳說的地區。到了一三〇〇年，基督宗教兩個最遠的教區相距大約八千六百九十公里——從西方格陵蘭島的加達（Garðar）到東方的北京。但這兩個地方沒有長久：十四世紀時，基督宗教被逐出中國；加達的教區則因惡劣的天氣關閉。但西方人對世界從此改觀，最好的例子就是馬可波羅的遊記。這本在監獄中口述的遊記，描述中國與印尼令人嘆為觀止的人口與財富。他生動地描述與西方世界截然不同的風土習俗，為基督宗教的人民帶來諸多驚奇。這些故事，加上歐洲市場、市集越來越常見的絲綢與香料，人們開始以嶄新的角度看待亞洲和世界其他角落。你以為遠東就是龍和野獸的國度時，旅行當然是不明智的；但當你知道那裡有很多富裕人家，還有一位信奉天主的總主教在北京時，當然就誘人多了。

## 結語

十三世紀最大的改變，毫無疑問的就是貿易。每個人都往全球的階梯向上一步：農夫越來越熟悉市場城鎮；村民造訪城市的機會越來越多；大城市的商人旅行的地點越來越遠，甚至是國際的市集。這在我腦中出現一幅景象：一個樸素的男人坐在他的農舍裡，雕刻一只木碗。他聽到敲門的聲音，門一打開，他見到一個商人站在那裡，拿著銀子要買他的碗。隨即又來一個商人，牽著一頭山羊，想跟他換他剛剛賺來的銀子。不料又出現第三個商人，帶著一只金屬碗，看起來比我們的主人翁一輩子都在刻的木碗精美多了，商人想拿碗交換山羊。忽然間，很多人都來找我們這位樸素的男人，要賣他東西，或想買他刻的碗。人潮洶湧，聲音此起彼落。在這之前，這裡可是一片寂靜。一個辦事員也來了，給他看一張他在莊園裡的權利清單，以及他該為冬天儲備的玉米數量。外面的世界已經深入他的生活，而且顯然回不去了。

最驚人的是這些變化無遠弗屆。就連在摩爾登，每個人的生活似乎都受到影響。一二〇七年，領主在教堂旁的領地開闢一個市場廣場，數十片租地圍繞著市場的邊界。我現在住的房屋就位在當時市場最南邊的馬路上。一二九〇年間，這裡住著一位名叫亞當的教士，想必他和他的僕從漫步逛著市場的攤位，買了蛋、肉、布和蠟燭。市場舉辦的日子裡，人們會從鄰近的村莊前來，聖瑪加利節（St Margaret）舉行為期五天的市集時，還會有人從更遠的地方來趕集。托缽修士也在市場傳教。一三〇〇年，亞當被指派為三十公里外聖瑪利教堂的代理主教，於是他把房子賣給當地一個名為亨利．素特的人。這樁買賣也定下一份契約，儘管素特可能不識字，但他的家人一直小心翼翼保存著契約，直到一五二五年，他的後代又把房子賣掉。十二世紀的時候，這樣的交易不會被記錄下來，更不用說保存。

一二八〇年間，摩爾登莊園法庭的訴訟案件開始以紙筆記錄在法庭卷軸上，隔壁的達坎（Doccombe）莊園也是（他們的法庭卷軸仍存在）。犯下道德罪行的摩爾登人被傳喚到托特尼斯的執事長法庭，因此需要旅行三十八公里，並帶著幾個目擊證人在法庭上發誓作證，證明他們的清白。那些犯下重罪的人則會被迫徒步到埃賽克特城堡等待審訊。埃賽克特的主教走訪堂區時，也會訪視地方居民，並到教堂的聖壇前祭拜。教堂是以羊毛貿易的獲利新建的。就連摩爾登這樣安靜、偏遠的地方，那裡沒人聽過托缽修士威廉，也沒人聽過馬可波羅，但日常生活卻永遠不同了。

## 推動改變的主角

如果這本書的主題是世界史，那麼推動改變的主角當然不會有爭議，成吉思汗的聲名在一片血海中，從中國遠播到裡海，無人可敵。他個人造成的破壞，由他的子孫延續到東歐，首次建立東西兩方的連結。他的種族屠殺摧毀了東方主動將貿易帶往西方的能力。他無意間打開基督宗教世界的眼界，並為西方商人創造新的機會。然而，在我們西方世界改變的故事中，成吉思汗只是個配角。有個更重要的角色隱藏在歐洲心臟地帶，一個名叫洛泰爾（Lotario dei Conti）的人身上，也就是教宗依諾森三世。

依諾森三世是基督宗教世界最後幾位影響國王決策與社會層面的教宗。對於高位，他對待英王約翰態度強硬，也強迫廢除數樁歐洲王室婚姻，並發布詔書（Venerabilem），終究使神聖羅馬帝國完全屬於教宗的管轄。在基層方面，他瞭解基督宗教的子民心之所向。他接見亞西西的方濟就是一個絕佳的例子。如果他認為貧窮的人一點用處也沒有，他大可把他趕回去，並把那群熱血的傳教士貼上異端的標籤。如果他當時那麼做，天主教會便會失去方濟會這個強而有力的工具。同樣的道理也能說明他為何鼓勵道明．古斯曼。道明原本希望去向歐洲邊緣的異教徒傳教，正是依諾森任命他執行矯正異端的任務，賦予黑衣修士重要的角色。依諾森敦促西班牙數個國王聯合展開收復失地運動，在托洛薩的那瓦斯戰役收成勝利的果實，並為這個世紀末整個西班牙的光復鋪路。他要求基督宗教世界的每座教堂教人讀書寫字，因而提升識字率。無疑的，他是該世紀影響基督宗教教徒最重要的人物。另一方面，某些面向上他又是極度保守：他不容絕對王權受到侵蝕，因此譴責《大憲章》的訴求。但是，如同伯納的例子，抗拒改變的結果反而促使其發生——我們在本書的最後會再回到這一點。依諾森對卡特里派的立場非常明顯：他堅決反對異端，特別是卡特里派，不僅維持天主教會的霸權，也促成宗教裁判所成立。基於這些原因，十三世紀推動改變的主角，我找不到依諾森三世其他的對手。

---

1 見Maurice Keen, *Chivalry* (Yale, 1984), p. 87

2 溫卻斯特的主教在桑莫賽陶頓個人的莊園裡，對年滿十二歲的男子徵收例行人頭稅，此收入自一二〇九年起，每年記錄在主教的財務卷軸。數目從一二〇九年的兩鎊十一先令（六百一十二個男性），到了一三一一年增加為六鎊四先令（一千四百八十八個男性），每年成長百分之〇．八五。見N. J. G. Pounds, *An Economic History of Medieval Europe* (1974), p.145

3 見Samantha Letters, 'Gazetteer of Markets and Fairs in England and Wales to 1516', http://www.history.ac.uk/cmh/gaz/gazweb2.html。下載日期二〇一四年三月十三日。

4 引用自Pounds, *Economics History*, p. 251

5 同上，p. 100

6 見Fernand Braudel, *Civilisation and Capitalism, 15th-18th Centuries* (3 vols, 1984), iii, p. 93; Letters, 'Gazetteer of Markets and Fairs'.

7 見Braudel, *Civilisation and Capitalism*, iii. 27

8 同上，iii, p. 113

9 見Letters, 'Gazetteer of Markets and Fairs'.

10 見Michael Clanchy, *From Memory to Written Record: England 1066-1307* (2nd edn, 1993)

11 引用自W. L. Warren, *King John* (1961), pp.245-6

12 見William Woodville Rockhill (ed.), *The Journey of William of Rubruck to the Eastern Parts of the World 1253-55* (1900), pp.211, 223

# 十四世紀
## （一三〇一～一四〇〇年）

中世紀的人不懂社會史。藝術家在彩色玻璃窗上描繪《聖經》或羅馬時代的場景、雕刻古代的人像、彩繪手抄本時，他們呈現的人物穿的是中世紀的服裝，住在中世紀的房子，操控中世紀的船隻。但是，讓我們想像一位知識豐富的修士，一三〇〇年的時候，在修道院閱讀所有可得的史料。他必定會覺得人類過去三個世紀以來真是幸運。換句話說，以他那個年代的宗教背景：天主對基督宗教世界真是照顧。經濟上，西歐日漸成長茁壯，人口大幅增加。從前惴惴不安，擔心受到侵擾的城鎮居民，如今受到保護，偏遠地區不再受到外敵威脅。這位修士應該會發現，教會是這些發展主要的推手。教會對外拓展基督宗教世界的疆界，對內弭平派系鬥爭，把武力集中在異教的世界。教會也教導很多人讀寫，訂立教徒應遵守的道德規範，當違反規範的情況發生時，鼓勵法庭予以懲處。我們想像的這位修士可以充滿信心地說，天主照顧整個基督宗教世界的福祉，無微不至。只可惜一百年後，他就無法繼續充滿信心了。

到了一三〇〇年，情況已經開始改變。十三世紀最後十年，連續歉收導致法國北部與低地國嚴重糧食短缺。一三〇九年，豪雨造成全歐洲重大的飢荒，每況愈下。過去當然也發生過數次飢荒，不過人口數目很快又會因穀物量產而回升。然而，現在已經無法如此期待。過去數十年密集的耕作耗盡土壤中的氮，就算休耕也無法恢復肥沃。一二〇〇年的小麥產量高達六比一（一顆種子可收穫六顆），一三〇〇年下降到二比一。大麥和黑麥則從四比一下降到二比一。[1]土地的生產力如此低落，人口便很難迅速回升。假設一個農夫耕種二十五英畝的土地，對十四世紀初期莊園的佃農而言是一大筆土地。假設去年玉米的豐收使他有足夠的存量，能播種五十蒲式耳（譯注：約一七五〇公升）的玉米，產量五比一。所以他從二十五英畝的地收割兩百五十蒲式耳的玉米。歲末之時，假設他有信心明年的產量還是可以達到五比一，他仍然可以保留五十蒲式耳的玉米日後耕種，同樣的份量餵養牲畜，七十五蒲式耳給自己和家人，這樣還有七十五蒲式耳可以拿去市場賣。[2]但是，如果來年的收成未達理想，產量只有三比一，他就只能收成一百五十蒲式耳，完全無法從中拿去市場賣。他餵養自己、家人和牲畜後，只剩下二十五蒲式耳可以播種，只有原本可播種數量的一半。就算第三年是五比一的豐收，他還是只夠餵養自己、家人和牲畜，完全沒有玉米可以留待明年播種。

事實上，情況比上述的例子更慘。多數的農夫可耕作的田地不到二十五英畝，產量更低於三比一，而且天氣造成的災害遠勝於三年輕微的歉收。因結霜期提前或延後的歉收，伴隨平均溫度下降，對高地的影響更是嚴重——上千人活活餓死了。連年歉收更等同於災難。一三一五到一九年的大飢荒前，歐洲人口生活已苦不堪言，估計有百分之十的人口死於這些自然禍害，意思就是基督宗教世界裡有超過一千萬人不是餓死，就是因為營養短缺病死。[3]過去三個世紀人口與商業的擴張，也驟然終止。但比起接下來的事情，都不算什麼。

## 屍體像千層麵一樣層層疊起

黑死病強大的破壞力難以言喻。我曾經教授十四世紀英格蘭歷史的課程，在課堂上強調一三四八到四九年這場災難。但總是有人堅持黑死病不可能和第一次世界大戰一樣糟糕，或像倫敦空襲那樣可怕。我通常會解釋，一次大戰四年期間，英國的死亡率是百分之一．五五，每年平均百分之〇．四。黑死病在七個月內像浪潮一樣席捲歐洲，英格蘭約百分之四十五的人口死亡——年死亡率是百分之七十七。[4] 因此，一三四八到四九年的死亡率大約是一次大戰的兩百倍。或者，換成比較二次大戰的轟炸，若要重現瘟疫致人於死的程度，在日本不只要投下兩顆原子彈，而是四百五十顆。也就是每天在不同的城市投下兩顆原子彈，如此連續七個月。如果真是這樣，就不會有人懷疑那是人類史上最大的災難。但瘟疫來襲是很久以前的事，我們距離當時的人事物太遙遠了，所以難以體會那樣規模的死亡。比起十四世紀蹂躪整個社會的疾病，父母在一次大戰中失去愛子的創傷，我們反而比較容易理解。

黑死病是經由動物傳染，史上第二次的流行病，其病原體是一種桿菌，名為耶爾森氏菌（Yersinia），由寄宿在齧齒動物身上的跳蚤傳染，但也會經由人類身上的跳蚤傳染。第一波感染的病人在股溝或腋下會出現黑色腫塊，因此也稱為淋巴腺鼠疫。然而，某些情況下，黑死病也透過感染者的呼吸傳播。以現今的科學解釋，若疾病期間發生肺炎，呼出的桿菌便會經由空氣，直接傳染給人類。這一類的傳染不稱為淋巴腺鼠疫，但卻是更危險的肺炎性鼠疫。

第一次的流行病發生在八百年前，於五四一年爆發。黑死病的先驅在第六世紀發威，但隨著時間逐漸減弱，終於在七六〇年間消失。到了一三四七年，人們將近六百年沒在歐洲見過瘟疫了，因此沒人準備承受瘟疫再度來襲的後果。一三三一年在中國初次有人記載，接著瘟疫透過行經絲路的商人，在一三四七年秋天抵達克里米亞半島，被感染的人登上熱那亞人的船，前往君士坦丁堡。從君士坦丁堡散播到西西里、希臘、埃及、北非、敘利亞，以及聖地。一三四七年底，瘟疫抵達基督宗教世界的商業心臟地區：貿易都市威尼斯、比薩、熱那亞，而且是最危險的肺炎性鼠疫。受影響的城市很快就看見堆積的屍體：死亡率超過百分之四十只是正常。

瘟疫的消息散布得比傳染本身還快。獲知消息的城市緊閉城門，阻擋所有旅客，但當城門偶爾必須為了運送食物與物資打開時，便阻擋不了小如跳蚤的生物。瘟疫對誰都不留情：無論貴賤、男女、老幼、基督宗教教徒或穆斯林，無一倖免。在突尼斯，伊本·赫勒敦（Ibn Khaldun，譯注：一三三二到一四〇六年，阿拉伯穆斯林學者，被稱為人口學統計之父）寫道：「生存這件事彷彿已被人遺忘，於是它大喊……而世界回應了它的聲音。」阿尼奧洛·迪圖拉（Agnolo di Tura，譯注：十四世紀義大利編年史家）描述他在錫耶納的所見所聞：

> 五月的時候，開始見到很多人死去。那是件殘酷又可怕的事，我不知道怎麼開始訴說那有多殘忍、無情……父親拋棄小孩，妻子拋棄丈夫、兄長拋棄胞弟，因為這個疾病彷彿看一眼，吸口氣，就會感染……家裡的人盡可能把死者搬到壕溝，沒有司鐸，沒有葬禮……而我……親手埋葬了我的五個孩子……死了這麼多人，大家相信世界末日來了。

佛羅倫斯的情況是全歐洲最慘烈的，大約百分之六十的人口死亡，一個目擊者描述：

所有的市民除了把屍體搬去埋葬外，其餘什麼也不能做；很多人沒告解也沒儀式就死了；很多人孤獨地死去，很多人餓死……每一座教堂的井都深至潛水層，因此晚上死掉的窮人，馬上就被捆起來丟進井裡。到了早上，井裡出現一大堆屍體，他們就剷一些土覆蓋在屍體上面；過不久，又有人被放在上面，於是又覆蓋一層土，好像在做千層麵一樣，麵和乳酪層層疊起。[5]

詩人薄伽丘（Giovanni Boccaccio）為屍體的處理大感驚訝。他寫道：「常見的是，鄰居對腐爛身體既害怕又同情，徒手把屍體拖出門外，放在門前，經過的人可能就會看見。」[6]佛羅倫斯的作家佐凡尼．維拉尼（Giovanni Villani）自己就是瘟疫的罹難者。他編年史的最後一句話是：「瘟疫持續，直到……」他還沒寫下日期，淋巴腺鼠疫就用黑色的手摀住他的嘴。

一三四八年一月，黑死病抵達法國馬賽港（Marseilles）。從馬賽港往北行經法國，往西進入西班牙。死亡的威脅絲毫沒有減弱。在佩匹尼昂（Perpignan），一百二十五個公證員死了八十個，十八個外科理髮師（譯注：中世紀時，因理髮師有銳利的刀，也從事外科手術）死了十六個，九個內科醫生死了八個。[7]整個城鎮繁榮的借貸行業全部停止運作。在法國的亞維儂（Avignon），自從教宗克雷孟五世（Clement V）一三〇九年搬到這裡後，便成為教宗的居住地。這裡三分之一的樞機都死了。在隆格多克（Languedoc）和普羅旺斯，半數的人口喪生。儘管如此，黑死病馬不停蹄，往四面八方前進。勃根第的日夫里（Givry），難得保存從一三三四年起的堂區記事簿，記載著當時的埋葬人數，從每年二十三人，短短四個月上升到六百二十六人——意味著死亡率將近百分之五十。在英格蘭，每個教區都有百分之四十的司鐸死去，埃賽克特損失了半數的神職人員。[8]偏遠的伍斯特郡（Worcestershire）農夫平均死亡率是百分之四十二。這些數據的背後，尚有較幸運的地方，例如哈特爾伯里（Hartlebury）是百分之十九，以及情況慘重的莊園，例如奧斯頓（Aston）是百分之八十。英格蘭最大的兩個城市，倫敦和諾里奇，死亡率都是百分之四十。一三四九年七月，發現一艘來自倫敦的船漂流在挪威的港口卑爾根（Bergen）。當地方官員登船時，他們發現全部的船員都死了。他們驚恐的撤退，但太遲了，其中一名已經感染，於是瘟疫也抵達挪威。[9]

多少人死於黑死病呢？根據羅馬教廷的計算，大約有兩千四百萬名基督宗教教徒。他們認為大約是三分之一的基督宗教世界人口。近期的研究發現死亡人數應該更高，在法國大部分地區有百分之六十的人口死亡；在英格蘭、加泰隆尼亞和納瓦拉，稍微高於百分之六十；在義大利則介於百分之五十至六十。[10]顯然，如此大規模的死亡在人們心中留下陰影，那些維持日常生活運作的人物——司鐸、奴僕、廚師、牧童、收割工人，以及小孩子的母親——都從日常生活中消失了。一三四〇年的時候，沒人能想像死亡率會直逼一三一六到一九年的飢荒，而且更糟糕。然而，一三四七年起，歐洲人又必須為死亡準備。事實上，他們必須一再面對這件事，因為黑死病只是這場流行病的開頭，它在一三六一到六二年、一三六九年、一三七四到七五年又會回來，而且之後三個世紀，平均每八到十年就會重現。雖然之後的疫情不如第一次嚴重，但仍使上百萬人喪生。例如，一三六一到六二年的疫情在一年之內，導致英格蘭百分之十的人口死亡。一個世紀後，一四七八到八〇年的大爆發，同樣奪走百分之十到十五的人口。就連黑死病三百年後，瘟疫一流行，依舊會殺死中型城鎮百分之十五的居民，大城市則更慘烈。一五六三年，倫敦超過百分之二十的人口死亡，威尼斯一五七六年、塞維爾一六四九年、拿波里一六五六年、馬賽一七二〇到二一年的死亡率都還更高。十四世紀預示了恐懼的時代。人們每天晚上上床，都不確定明早是否能夠再爬起來。

然而，在本書的脈絡中，瘟疫造成的死亡並不是最重要的，重要的是瞭解到社會並沒有崩毀。超過半數的人口死亡，並不表示人們破壞財產所有權的規則，或者拋棄耕作和收穫的循環。某些地方出現法律和規則失序的情況，但只是短暫。在佛羅倫斯，盜墓者闖空門，敲詐因害怕而不敢離家的人民，侵犯無抵抗能力的女人，但無法無天的情況只持續幾週。雖然許多高級教士與富豪死於瘟疫，但很快又有新的人來。而且歐洲的統治者大無畏。在英格蘭，愛德華三世（Edward III）於瘟疫盛行的期間公開宣布前往法國，而且他真的去了，雖然停留時間短暫。一三四九年四月，他在溫莎舉辦比武大賽，人民參加踴躍，他當場成立了嘉德騎士團（Order of Garter）。此時，英格蘭正受黑死病摧殘，但他的訊息很簡單：他相信天主保護他。此外，他決心要在天主面前，向他的人民展現信心——即使他的女兒就是瘟疫的受害者，他仍然擺出勇敢的姿態。

黑死病最重大的意義是，對俗世與宗教的長遠影響。中世紀的社會原本是非常穩固的——人們接受天主安排的位置。莊園的領主生來就是要帶著武器和屬下在戰場上奮戰。鞋匠就是個鞋匠，不多也不少。不自由的農奴在領主八英畝的土地上工作，這就是他的身分。這些都是天主要他們做的。而人口銳減使牢不可破的社會結構出現裂痕。更重要的是，人力嚴重短缺。家人都死去的工人不用再堅守奴僕的身分，他可以直接走到鄰近的城鎮，出賣他的勞力。對一個農夫來說，如果家裡的小孩餓著肚子，而其他地主提出更好的酬勞，他也不用死守領主的一小塊地。如果領主想要留住他，就得付更高的工資，或給他更多的土地。

中世紀後期與稍早的世紀，最大的分別就是黑死病。雖然本章一開始提到，一三四七年的飢荒已經潑了樂觀的十三世紀一桶冷水，但比起飢荒，瘟疫卻是動搖人們活在世上的根本位置。有些人面對的是整個社區的滅絕，他們難免會問，天主為什麼要這樣對待他們，尤其是隔壁的村莊可能只死幾個人而已。讓這恐怖駭人的疾病直接殺了搖籃中的嬰兒，是否才是天主最好的安排？瓦解脆弱社會的同時，眾人也紛紛探詢引發疾病的原因。很多人反省，一二九四至一三〇三年鮑尼法八世（Boniface VIII）即位以來教宗威權的式微。從那個時候開始，高階的教會人員開始涉及貪汙腐敗。隨著教宗的威權低於俗世的王權，也就是法國的國王，他們在基督宗教世界的地位便大不如前。人們開始懷疑，羅馬教會的領導方向是否正確。有些人認為，瘟疫就是由於宗教領袖墮落，因此天主懲罰全人類。

瘟疫也使人們對死亡改觀。你可能會認為死亡是人類生命不變的事，但人們對於死亡的想法其實經過相當大的改變。死亡這件事本身並不存在，意思是它並不是一個物質。因此，死亡是活人的想法：死亡就是無生命，或相信從此以後，生命的形式改變了。後者就是十四世紀的轉變。十四世紀，整個歐洲都和死亡密切相關。文學作品都帶著惡魔、煉獄以及來生的色彩。宗教的繪畫與雕刻出現越來越多骷髏頭的形象。在英格蘭，宗教教派羅拉德（Lollards）宣揚密集的精神生活。十四世紀末期，羅拉德派的武士和高級教士越來越強調亡者的肉身罪孽深重、令人厭惡。教堂與主教座堂前常見石頭上刻著「Memento mori」，意思就是記得有一天我們終將成為腐爛的屍體。越來越多人捐錢給小教堂，也越來越多宗教的基金會成立，造橋、辦學，以及興建幫助旅客的救濟院與醫院。探究這些虔誠與厭惡肉身的個人行為背後，我們發現一個更根本的問題：人類在天主眼中的地位為何？如果天主決定徹底剷除人類呢？一三四八年後，人類似乎真的可能滅絕。

然而，對一些倖存的人來說，黑死病開啟了新的契機。如同之前提到的，受益者包括發現出賣自己的勞力，比為領主工作的酬勞更豐厚的農夫。雖然英格蘭和法國都通過立法，防止自由市場控制薪資，但這些措施效果不大。農夫發現他們的勞力對雇主來說是有價值的，便能要求受到更有尊嚴的對待。如果沒有，他們便會反抗。農夫階級從前並沒有反抗的興致，但隨著瘟疫的影響，他們意識到自我價值，導致諸多起義行動，例如巴黎的札克雷暴動（Jacquerie，一三五八年）、佛羅倫斯的梳毛工起義（Ciompi，一三七八年）、英格蘭的農民暴動（一三八一年）。確實，從整個歷史來看，大量的人口死亡總會彰顯勞動男女的重要性，不論是從他們自己的角度，或從管理者的角度。

一些我們不可能與瘟疫聯想在一起的社會層面也受到影響。婚姻權就是一個很好的例子。一三三二年，一位住在達坎的女保證員，名為小山上的阿格妮絲，她與摩爾登的自由人——剪羊毛的羅傑，兩人想要結婚。這項請求送到坎特伯里的修道院（院長是達坎莊園的領主），卻被拒絕了。因為阿格妮絲如果結婚，她在莊園的職務就會隨之免除。一三三二年的時候，農奴制度依然主宰著人民的生活與幸福，但到了一四〇〇年，這個系統在整個西歐幾乎已經瓦解。一三七四到七五年第四次流行病後，農夫付給領主的租金大幅減少，因為租戶越來越少，而土地還是很多。很多此刻負債累累，必須依賴借貸的領主，被迫出租或出售整個莊園給鎮上的企業家。像小山上的阿格妮絲這樣的女人，現在只要付給領主一筆錢或罰金，就可以自由地結婚。從前將工人約束在土地上的封建義務，現在已經被金錢關係取代。財帛取代忠誠，資本主義逐漸取代封建主義，並在鄉村很多的城鎮大獲全勝。

在此我們只能淺談幾項因黑死病導致的重大改變。儘管如此，以本書的目的評估這個階段，一三四七到五二年，也許就是形塑我們歷史的時期。能和這段時期相比的可能是兩次世界大戰，因為兩次大戰帶來重大的社會變遷與科技發展。但如果我們想像中世紀那段期間，每一秒鐘就有一個人痛苦地死去，而且沒有人知道為什麼。相較之下，就連兩次大戰都黯淡無光了。

## 如暴風雨般的箭矢

現在參觀中世紀城堡的紀念品販賣部，總會給人一個印象：中世紀時期的武士似乎隨時都想找人對打。當代有些文獻就證明這個觀點。加斯科尼十四世紀的編年史，便顯示每一季都會發生打鬥。中世紀愛爾蘭的年表充斥著某個領主偷了另一個領主的牲畜，或埋伏殺害他的兒子，以報去年一箭之仇的故事。然而事實是，兩個王國的大軍很少在戰場上相遇，因為這樣做太冒險了。若非必要，大多時候不會見到短兵相接。而且，也只有國王相信他的軍隊佔優勢，絕不可能輸的時候才會這麼做。明知自己的軍隊裝備殘缺、精疲力盡、飢腸轆轆、寡不勝眾、七病八痛、士氣低落、不堪一擊，國王當然會盡量避免交戰。但這樣的自知之明並不表示不會發動戰爭，因為國王知道一切都取決於他個人的存亡。一個國王在戰場上被殺或被俘，不僅代表戰敗，還意味著天主支持敵軍，所以注定失敗。即使軍隊士氣低落、裝備不全，如果夠幸運，想辦法殺掉敵方的指揮官，還是會贏。

在一三〇〇年，真正要緊的是比敵人配戴更好的武器、受更好的訓練，以及人數眾多的軍隊。因此騎士非常重要，特別是大軍衝刺的作戰方式，從十一世紀以來在戰場上便無往不利。一群訓練精良，帶著長矛的武士，騎著品種特別壯碩的馬匹，稱為軍馬。這樣的軍隊在戰場上列隊急馳，通常能夠剷平眼前所有的東西：大量快速移動的尖銳長矛像一陣海嘯，毀滅任何阻擋他們的事物。這個戰略只有在敵軍太遠、路程太長，衝刺的騎兵與步兵脫隊，或是土地太濕軟，導致馬匹速度慢下來而發不出勢頭的時候，才會失效。但十三世紀末，與英格蘭國王愛德華一世敵對的威爾斯和蘇格蘭軍隊發現一個有效的方法，能夠瓦解大群衝刺的騎兵——把軍隊排成圓陣，讓帶著長矛的士兵背對背圍成一圈，把長矛刺進土裡向外傾斜，如此一來，任何急速衝刺的馬匹不是被釘在上面，就是因膽怯而後退。一三一四年在班諾克本（Bannockburn）戰役中，自立為蘇格蘭國王的羅伯．布魯斯（Robert Bruce）靠著指揮手持近兩公尺長矛的士兵組織陣型，抵擋大批衝刺的英格蘭武士。加上濕軟的土地，這個策略於是奏效。結果英格蘭的精英騎士策馬逃離殺戮戰場。

班諾克本戰役是蘇格蘭獨立決定性的戰役，但諷刺的是，這場戰役也埋下英格蘭軍事爭霸整個世紀的種子。因為這場戰役的失敗，英格蘭北方持有蘇格蘭土地的領主燃起報復的慾望。其中一人就是亨利・博蒙特（Henry Beaumont），他是一位老練的士兵，也是傑出的領導者。另一個是愛德華・巴里奧（Edward Balliol），一三二九年羅伯・布魯斯死後，他便積極奪權，想要在蘇格蘭稱王。一三三二年，這兩個人帶領一批英格蘭的武士——歷史學家稱為「被剝奪者」（the Disinherited）——前往蘇格蘭收復他們祖先的失地。博蒙特參加過班諾克本戰役，他深深知道英格蘭的士兵當時應該怎麼做。因為長矛陣移動速度緩慢，缺乏裝甲，無力抵抗弓箭，於是他帶了一千名弓箭手上戰場。

被剝奪者在法夫的金霍恩（Kinghorn, Fife）登陸後，發現自己被大軍包圍。蘇格蘭的編年史家說他們面對四萬大軍，英格蘭則說三萬。[11]博蒙特和巴里奧的士兵不超過三千人，其中包括他們的弓箭手。一三三二年八月十日在杜普林沼澤（Dupplin Moor），儘管困難重重，他們仍放手一搏，以一抵十。弓箭手平均站在左右兩翼，不僅大破蘇格蘭的長矛陣，還阻擋蘇格蘭大軍的衝刺，把他們困在兩翼中央的殲敵區。蘇格蘭大軍無法撤退，因為他們後方的同袍逼著他們前進。他們唯一能做的就是爬上陣亡的屍體，將自己暴露在致命的箭矢之下。一位北方編年史家說：「當天最驚奇的一件事，以前的戰役從沒聽過或見過的，就是屍體從地上往上疊起來的高度，比一整支長矛還高。」而且你要知道，一三三二年的時候，一支長矛約是四・八公尺。[12]

亨利・博蒙特那天採取的戰略，成為今日戰爭的基本法則。你不需等到敵方的軍隊前來交手，在他們走近，重擊你的頭或刺穿你的肚子之前，就先射箭。這個策略的重點是大量使用拋射武器，產生的效果和機關槍沒什麼兩樣。幾十個弓箭手也許可以打下一個長矛陣，但面對裝備完整、衝鋒陷陣的騎兵，唯有一千個整合的弓箭手能夠抵抗。雖然長弓在一百八十公尺的射程內才能瞄準，而且若要穿過盔甲，射程又要折半，但這個戰略在帶頭的敵軍靠近你時，仍能把他們打下來，因為攻擊的目標全都落在眼前的殲敵區。每個弓箭手大約每五秒能發出一支箭，在杜普林沼澤，意思就是每分鐘有一千兩百支箭猛攻。有沒有瞄準根本不要緊，箭矢如暴風雨般，在英格蘭的軍隊前方九十公尺處落下。沒有任何軍隊在如此致命攻擊中還能前進。我們不知道亨利．博蒙特早就盤算好了，還是純粹運氣好。不管怎樣，幾天之內，捷報就傳到英格蘭的愛德華三世耳裡。

愛德華出生時就曾有預言，他在戰場上將無往不利。杜普林沼澤的捷報更是一張實現預言的藍圖。[13]年僅二十歲的他，在登基後一年內帶領一支為數不多但裝備優異的英格蘭軍隊，在哈利敦丘（Halidon Hill）大敗蘇格蘭軍隊，一報班諾克本戰役之仇。但這只是開始。一三三〇年後期，他使用長弓，分別在海陸擊退法國和蘇格蘭聯軍。最有名的是一三四六年，在國會的敦促下，他帶領一萬五千名士兵跨海登陸法國，前進巴黎。很難想像英格蘭這樣小國的國王，竟然與法國這個軍事大國，也是基督宗教世界最強盛的國家，一較高下。但一三四六年八月二十六日在克雷西（Crécy），愛德華引誘法國攻擊他。他的五千名弓箭手先是大敗敵軍的十字弓手，接著屠殺法國武士及騎兵。他拉著火炮，穿越諾曼第顛簸的道路，對著敵對的士兵和馬匹開火，朝著對方的隊伍發射箭弩和炮彈。法軍英勇對抗，但還是被殲滅。克雷西之戰向全歐洲展現，杜普林沼澤和哈利敦丘的戰略多麼有效：如果你讓士兵帶著拋射的武器，就可以以寡擊眾。而且，因為士兵受傷的風險相對較低，便可以一再發動攻擊。無論如何，軍事史上新的一章已經開啟了。

愛德華三世最幸運的是，他的王國裡有很多優秀的弓箭手。由於蘇格蘭人經常侵擾，王國北方於是培養一群弓箭手。[14]此外，一二九〇到一三二〇年，飢荒使得法律與秩序崩壞，因此許多男人也需要採取行動保衛家園。在英格蘭北方以及英格蘭與威爾斯的交界，男人拿起長弓保衛家園是一項傳統，他們從孩提時代就開始學習射箭了。在其他國家，弓箭手的社會地位不高，但在英格蘭，卻是相當受人尊敬。箭術這項重要的文化也意味著大量的弓箭供給，愛德華三世可直接下令送來三百萬支，不用等待弓箭慢慢製作。弓箭手集成小隊快速發射，就是他在任何戰役裡的王牌。

愛德華不是把好運視為理所當然的人。他認為，既然他能夠調度弓箭，也可以調度十年前從中國傳來的火炮。一三四〇年，他下令製造火藥並儲存在倫敦塔裡；一三四六年開始，他每年製造兩噸火藥。他發明短小、球根形的加儂炮，射程至少可達一．二公里。他還發明管風琴炮（ribalds），上頭可安裝好幾支炮管。一三四七年，在加萊（Calais）的圍城時，他用加儂炮轟炸城牆。後來他在多佛城堡（Dover Castle）、加萊、昆柏勒（Queenborough）建造最早的炮台堡壘，並設置加儂炮以防衛海岸。十四世紀末期，英格蘭和法國交戰都使用火炮。多數的歐洲國家也是：從現收藏於斯德哥爾摩的瑞典歷史博物館，源於十四世紀的洛斯胡特火炮（Loshult Gun），以及一三九〇年的莫魯可火炮（Mörkö Gun）可見一斑。十四世紀的其他火炮也可在歐洲許多城市的博物館找到：德國的科隆與紐倫堡、法國的巴黎與普羅旺斯、義大利的米蘭、瑞士的伯恩。

儘管之後火藥便會超越弓箭，但在十四世紀，還是不能誇大火藥的影響。當時，火藥主要用於圍城。一四〇五年，沃克沃斯城堡（Warkworth Castle）被大型火炮打中七次後只好投降。不久後，一顆加儂炮打倒貝里克（Berwrick）的康斯特布塔（Constable Tower），迫使蘇格蘭人投降。加儂炮是一種攻城的工具：基督宗教世界對投石機這類，能夠把沉重的岩石砸向城堡、打倒牆壁的裝置並不陌生。但這樣的裝置既慢又重，而且瞄不準。千支箭相對來說，容易製造、保養、運輸、發射。因此，造成戰爭方式重大轉變的是長弓。亨利五世（Henry V）效法他偉大的曾祖父，在法國人的土地上與他們交戰。他在阿夫勒爾（Harfleur）的圍城戰使用加儂炮，但一四一五年在阿金庫爾（Agincourt），是靠著長弓才大敗法國騎兵。

愛德華三世展現大量長弓帶來的威力後，他的弓箭手在戰場上也越來越有自信。因此一三五〇與一三六〇年間，在法國紛紛出現英格蘭的傭兵和變節者。其他人，例如約翰．霍克伍德爵士（Sir John Hawkwood），帶著這項本領到義大利，在那裡靠打仗發財。一三八五年的阿勒祖巴洛特（Aljubarotta）戰役，一群英格蘭弓箭手幫助葡萄牙打敗法國騎兵。在英格蘭，每個男人每週都要對著酒桶練習射箭，以維持這項軍事優勢。直到十六世紀，毛瑟槍、火繩槍和手槍的技術才使弓箭退場——只有一個例外，綽號「瘋狂傑克」的傑克．邱吉爾（Jack Churchill），這個古怪的英格蘭軍官在二次大戰中使用弓箭。然而，一方軍隊有系統地從遠方攻擊敵軍，而不近距離徒手交戰，這個最根本的原則再也沒消失，也可以說是劃分古典與現代的重要界線。

## 效忠教宗或國王？

包括歷史學家在內的大多數人，會將國家主義與現代世界聯想在一起。主要的原因是國家主義與當代世界息息相關，並促成二十世紀某些嚴重的暴行。我們通常會說，中世紀王室統治的是王國，不是國家。然而，我們對國家的概念其實根植於中世紀，並在十四世紀強勢地興起。更確切地說，國家主義在這段時間以三個形式呈現。首先，國家主義表達身分，是人們離開家園或與其他國家的人同處一室時，描述自己的方式。從教會的角度來說，「國家」一詞代表基督宗教世界某個地區的一群高級教士。若從政治的脈絡，這個詞表示一個國王和他的子民團結在一起，追求共同的利益，不純粹是地方、貴族或王室的目標。這三種形式的國家主義集合起來，代表一股強而有力的力量，從此不斷形塑世界至今。

自十三世紀起，旅行與國際貿易的頻率遽增，意味著更多人住在國外。可想而知，他們希望住在說著同樣語言、共享情感，與效忠對象、瞭解他們習俗（也聽得懂笑話）的地方。德國與波羅地海的商業都市組成漢薩聯盟，聯盟內的商人在外國的港口建立飛地（enclave，編案：國境內有他國土地），他們聯合在一起稱為「國家」。在一流的國際大學，來自同一個國家的學生常聚在一起也是類似的概念。十四世紀初期，巴黎大學有四個知名的「國家」：法國、諾曼、皮卡爾（Picard），以及英格蘭。在一些邊境的城市，某個王國的人民會用「國家」這個字區分自己和另一個王國的人。例如一三〇五年，住在邊境城市貝里克，英格蘭「國家」的村民，向愛德華一世遞交一份請願書，希望將貝里克鎮上蘇格蘭「國家」的村民驅逐出境。因此，國家不只用來稱呼朋友，也有敵人的意思。

一二七四年起，許多大主教與主教參加教會一般的會議時，也會分別以「國家」聚集，在會議中討論、投票。維也諾（Vienne）的宗教會議中（一三一一到一二年），他們就將自己分為八個國家：德國、西班牙、丹麥、義大利、英格蘭、法國、愛爾蘭與蘇格蘭。這些宗教意義的國家並不直接等於政治上的領土：一三一一年的時候並沒有西班牙這個王國，而德國當時也包含許多不同邦國的高級教士。在這個脈絡下，國家的概念是指共同文化、共同語言、一起旅行，而非效忠於同一個俗世的君主。一三三六年，教宗本篤七世（Benedict XII）將宗教的國家減少為四個：法國、義大利、西班牙、德國（英格蘭被納入德國）。[15]英格蘭的國際地位在愛德華三世戰勝法國數次後總算上升，卻因被納入德國而結束。不過，比薩大公會議上（Council of Pisa，一四〇九年），高級教士又承認五個國家：英格蘭、德國、法國、義大利，和當時缺席的西班牙。在康士坦斯大公會議（Council of Constance，一四一五年）上，針對究竟如何才能構成一個國家的問題受到激烈討論。法國人堅持，既然捷克與匈牙利都屬於德國，英格蘭也應該屬於那一組。英格蘭人則堅守他們的獨立性，不惜說謊捍衛自己的立場。例如，他們聲稱不列顛島嶼共有一百一十個教區，而且奧克尼（Orkneys，當時由挪威統治，但宗教劃分屬於英格蘭）共有六十個小島，全部加起來比法國還大。[16]

宗教意義的國家主義如此受到關注的原因與政治有關。英格蘭、蘇格蘭，以及法國的國王都亟欲吸收支持者，因此各種結盟對他們來說非常珍貴。例如一三〇二年法王菲力普四世（Philip IV）與教宗鮑尼法八世（Boniface VIII）的衝突使得教宗發布詔書（Unam Sanctam），威脅不只要成為基督宗教世界宗教的統領，也要成為俗世的統領。於是菲力普首次決定召開法國三級議會，領主、聖職人員與主要城鎮的代表，不管他們是否直屬法國，或是半自治的諸侯，例如布列坦尼與諾曼第，紛紛從宗教意義上的法國前來。若整個宗教意義的國家支持國王的立場，將會提升他的權威。在同樣的脈絡下，若英格蘭的代表在宗教會議中被視為一個國家，他們的地位就會和法國平等，也就能抵制這個宿敵的行動。

在英格蘭，愛德華三世也常以「國家利益」之名，達成國內外各種目的。他發現與蘇格蘭，以及後來與法國，維持長期的戰爭狀態有助國家利益。這樣能夠制止勢力龐大的領主互相打鬥，因而維持英格蘭國內好幾十年的和平。國會也通過這項政策，儘管必須為此增加稅收，但仍然支持國王出兵法國。藉由宣揚「國家」的意識，國王便能促進團結。繳納稅金給某一個國家的人，也希望不被繳納稅金給另一個國家的人侵擾。不管他們從哪個地區來，英格蘭人的定義就是把法國與蘇格蘭當成敵人，以及對文化、地理上認同英格蘭的人，不僅是效忠國王而已。法國人與蘇格蘭人也因與英格蘭對立，而被定義為不同的國家。

政治上的國家主義也受到國王與教宗兩者關係的影響。一三〇五年，菲力普四世促成一個法國人參選教宗，即位為克雷孟五世。由於羅馬對他的繼位大表敵意，於是克雷孟在一三〇九年將教廷搬到亞維儂。從此之後，教廷實際上成為法國的機構：克雷孟五世之後六個繼任者都是法國人；一三七八年之前，一百三十四個樞機中，有一百一十一個是法國人。無可避免的，教會也被拉進法國與英格蘭的政治衝突中。愛德華三世大敗法國後，在英格蘭有個諷刺的笑話：「現在教宗是法國人，耶穌是英格蘭人了；我們很快就會知道誰比較厲害，教宗還是耶穌。」[17]愛德華更進一步破壞教宗的權威。他立法限制教宗在英格蘭的任命權與收入，將母院在法國的修道院收入充公。英國的詩人開始寫一些攻擊法國的詩句，例如一三三〇年，勞倫斯・邁諾特（Laurence Minot）的詩：「法國，娘兒們樣，偽善、自大、眼光銳利、毒蛇、奸詐、殘暴、美迪亞，狡猾，海妖，殘忍，惡毒，傲慢：你真是滿腔壞脾氣。」[18]

富商經常往來英格蘭與法國的年代已經很久遠了；教宗是羅馬主教聖伯多祿的繼承人，這樣的想法也很久遠了。一三七八年，國家之間因教宗引起的緊張關係更加惡化。教宗額我略十一世（Gregory XI）將聖座遷回羅馬。不久後他死了，一個義大利人被選為他的繼承人，但在亞維儂的樞機也選出一個法國教宗與之對抗。此時，兩個教宗分別統治基督宗教世界不同的國家。英格蘭、德國、義大利支持羅馬的教宗；法國、西班牙，還有蘇格蘭，則倒向法國亞維儂的教宗。為了解決分裂的情況，一四一五年召開康斯坦斯大公會議，但會議上，光是爭論什麼組成一個國家所花的時間，不比討論宗教議題要少。

其他地方對於「國家利益」看法也各有千秋。在德國，神聖羅馬皇帝的角色與權力意味著帝國的地位優先。然而，事實上人民對自己的領主或君主反而更為忠誠。在伊比利半島，文化差異意味著效忠不同的王國，也因此突顯葡萄牙、卡斯提爾—雷昂、阿拉貢三個王國的分別。斯堪地那維亞地區組成卡爾馬聯盟（Kalmar Union），形成和平共處的貿易盟國，當中包括丹麥、瑞典（包括芬蘭）和挪威王國〔包括冰島、格陵蘭、法羅群島（Faroes）、昔德蘭（Shetlands）、奧克尼〕。在這些地方，「國家」意味著兄弟之情，並不是和鄰居痛苦的敵對關係。當然，義大利的情況相當不同。義大利的城市和權貴自十二世紀就分裂成兩個派系：教皇派（Guelphs）與皇帝派（Ghibellines），前者支持教宗，後者支持神聖羅馬皇帝。十四世紀後，教皇派擊敗皇帝派，又分裂成黑教皇與白教皇兩派互鬥。到後來，義大利人不是效忠整個義大利，反而首先效忠他們的城市國家或拿波里、西西里王國，王國與城市國家以外，就是對教皇派及皇帝派。義大利的國家主義要到十九世紀後才會壯大。

儘管國家主義的程度與方式不同，正是在十四世紀，比起基督宗教世界的團結或教宗的權威，國家利益更為重要。一三〇〇年的時候，人民在俗世事務上效忠領主，在宗教事務上效忠地方的主教，最終也是教宗。到了一四〇〇年，事情不再這麼單純。忠誠繫於地方，同時繫於國家。宗教的正統、賦稅、國會代表、語言、法律、習俗，都含概在國家的概念之中。因此，你可以反對你的國王但仍效忠你的國家。確實，在這個世紀，英格蘭國會罷免兩個國王——一三二七年的愛德華二世、一三九九年的理查二世，可見國家的優先地位。長壽的愛德華三世，到了晚年也有罷黜他的傳言；下一個世紀的初期，國會也曾有意拉下亨利四世（Henry IV）。雖然一三〇〇年前常見到歐洲君主將王位拱手讓給對手的情況，卻很少見到世襲的王室，因為無法維護國家利益，而被人民給罷免（一二四七年，葡萄牙的桑喬二世（Sancho II）受到罷免，是非常罕見的例子）。這個情況在十四世紀改變了。至於對教宗的忠誠，到了一四〇〇年，如果不是兩個教宗都成立的話，國家利益便要求人民質疑其中之一。英格蘭的神學家約翰·威克里夫（John Wycliffe）因而思索教會階層的脆弱，主張不服從教宗，直接服從耶穌基督。比起上一個世紀，教宗依諾森三世的聲音，如雷震撼整個基督宗教世界，國王聽了也會腿軟，十四世紀真的非常不同。

## 用母親的語言創作

我們傾向認為自己生活的時代，事物的變化比以往都快。若是針對電子產品，這個想法也許為真，但提及說話與書寫的方式，近幾世紀的改變其實非常緩慢。今日的英語世界，上百萬人能夠讀懂珍．奧斯汀，享受過去兩百年來幾乎沒有改變的語言。莎士比亞的作品，儘管有幾個文字的意思變了，有些語法也略微困難，但四百年後的我們，大部分還是能夠理解。然而，語言在中世紀經歷急遽的變化。你也許能理解喬叟十四世紀末《坎特伯里故事》主要的內容，但一個世紀前，他的前輩著作的中世紀英語韻文，你可能就不懂了。同樣的情況，對法文而言也是。法文在十四世紀初期失去語尾變化系統，從古典法文（或稱「langue d'oil」）快速發展為中世紀法文。德文的變化也很大，中古高地德文在中世紀轉變為現代語言。之後，文字和語法會因印刷術而更加穩定，為每個語言設下標準，但在十六世紀印刷普遍以前，語言並沒有固定的媒介。因此，每一個世代的語言都在變化。不言而喻的是，如果事物能標準化，他們流傳世紀的機會也就較大——無論是度量的單位，或是我們使用的文字。

在本書脈絡下，本土語言的重要性並非其在語言學上的內在改變，而是他們的使用情況，換句話說，是他們的外在歷史。歐洲各式各樣的本土語言，在十四世紀初期都堪稱古老了。古典法文現存最早的資料始於九世紀；盎格魯．撒克遜文則來自七世紀；斯拉夫文來自十世紀後期；挪威和冰島文來自十世紀後期，瑞典與丹麥文則是十三世紀。但對整個歐洲而言，記錄以及正式的文學著作，普遍還是使用拉丁文。十二、十三世紀，宮廷詩人以本土語言寫了上千首詩，例如卡斯提爾——葡萄牙文、奧西坦文（Occitan，譯注：法國南部傳統語言）、普羅旺斯文，但這些詩主要的功能是提供王室娛樂，對普通人的生活幾乎沒什麼影響，德國的戀曲詩人也是。一三〇〇年之後（比卡斯提爾更早），歐洲各地的本土語言和我們剛才提到的國家主義結合，被統治者當成王國主要的語言。於是拉丁文很快地邊緣化，成為學術或教會的語言。隨著教宗的權力式微，國家的利益壯大，在各個地區，本土語言就越來越重要。

國家自尊與本土語言興起，這兩者的連結可以從該時期的英語窺見。法國—諾曼第自一三三八年開始入侵英格蘭。一三四六年為了確保國會同意增加稅收，擺在國會議員面前的議案，寫著「……掃蕩、摧毀英格蘭整個國家和語言。」這句話了不起的地方在於：一三〇〇年時，幾乎沒有任何貴族或名流說英語，但不到四十年，英語的流傳已經被視為英格蘭國家存亡的關鍵。一三六二年，英格蘭國王在《訴訟條例》（Statute of Pleading）中，通過人民能夠以英語進行訴訟，確立英語是「國家的語言」。不久之後，他的大臣在國會開幕大典上，開始以本土語言演說。一三八二年的一段國會紀錄，可看出國家利益與英語語言的結合：

> 王國從未遭逢如此重大的危險，內憂外患，有識之士不言而喻。如此，倘若天主不施予恩惠，人民不力圖保衛，王國將臨殆滅之際，淪為他國之屬。若成真，英格蘭王國及語言則盡數傾毀。故吾等唯有投降，或者起身捍衛。[19]

十四世紀末期，英語已經成為主要的語言，而且多數的貴族都使用這個語言。愛德華三世以英文寫下不少箴言。亨利四世於一三九九年加冕時以英語宣誓。對約翰·威克里夫和支持者而言，英文《聖經》的通行是必要的，如之前提過的，這樣才能鼓勵信徒不需透過教宗，直接接觸耶穌基督。喬叟選擇英文寫作，而非法文，雖然他還保留法文的詩體，但以國家的語言——英文書寫。十四世紀，英語逐漸代表國家尊嚴。

歐洲其他王國也採取類似的路線。葡萄牙和加利西亞（Galicia）於十四世紀初期說著相同語言：加西利亞—葡萄牙語，這也是宮廷詩人使用的語言之一。但隨著葡萄牙與加利西亞人分道揚鑣，這個生動的方言也瓦解了。十三世紀末，卡斯提爾語在卡斯提爾國王——智者阿方索（Alphonso the Wise）的影響下，成為托雷多的標準語言。他下令進行多項法律、歷史、天文學與地質學的著作，堅持以卡斯提爾語書寫，如此他的人民也能閱讀。到了十四世紀，他的姪兒，比列納王子馬努埃爾（Juan Manuel, Prince of Villena）以及有「西班牙喬叟」之稱的魯伊茲（Juan Ruiz），承襲他的工作。十四世紀末期，卡斯提爾語便取代加西利亞—葡萄牙語，成為伊比利半島詩歌的語言。貴族佩德若·洛佩斯·德·阿亞拉（Pedro Lopez de Ayala）也以這個語言完成多項著作，包括編年史、社會諷刺文、一本獵鷹訓練的書。阿拉貢也在國內嘗試推行標準化的國家語言。曾任醫院騎士團的團長胡安·費南德斯·德·埃勒迪亞（Juan Fernández de Heredia），建立阿拉貢語的語庫，使這個語言在十四世紀末期達到黃金時期。

古典法文在一三〇〇年早已享譽盛名：馬可波羅偉大的遊記就是以法文寫成，而非他的家鄉話威尼斯語。儘管如此，這個語言的重要性也在十四世紀發生變化。在法國以外，法文原本重要的地位讓給各種本土語言（英語、義大利語、卡斯提爾語），但在法國境內，法文也慢慢排除其他二、三十種地區方言，發展為國家的語言。在法國北部，最後一個使用皮卡爾方言的名作家，是十四世紀的編年史家與詩人吉恩・伏瓦薩（**Jean Froissart**）。十四世紀末期，中古法文逐漸滲透到使用奧西坦語和普羅旺斯語的地區。在神聖羅馬帝國的城市與村鎮，信件、遺囑和編年史多半是以德文書寫。斯拉夫語系中，首次出現波蘭語和捷克語的文學著作。十四世紀也見到匈牙利語的書寫形式。整個歐洲，在國家尊嚴抬頭以及君王鼓勵下，紛紛經歷教育與書寫語言上的轉變，以本土語言取代拉丁語。

但是，我們來到義大利，這個對中世紀的轉變大多免疫的地方，只有這裡的本土語言不是伴隨國家主義而興起。義大利人很晚才和拉丁語分手，理由很簡單，因為義大利就是拉丁語的發源地，同時也是羅馬教會影響最深的地方。義大利本土語言的書寫紀錄最早可回溯自九六〇年，但一二〇〇年之前，義大利本土語言的例子非常少。十三世紀，許多義大利的詩人選擇普羅旺斯語寫作，撰寫馬可波羅遊記的人也不是唯一以法文寫作的義大利人——但丁的老師布魯聶托・拉丁尼（**Brunetto Latini**）也如此。但丁在研究本土語言的作品《俗語論》（***De Vulgari Eloquentia***）中，描述一三〇〇年羅曼斯語（**Romance**，譯注：由拉丁文演變而來）普及的情況（諷刺的是，也是以拉丁文寫成）。但他最偉大的著作《神曲》，則是以他佛羅倫斯的母語——托斯卡尼語（**Tuscan**）寫成。這部作品在義大利受到極大的推崇，出版不久後，成為義大利文學發展的基石，也是本土語言成就的代表。許多佛羅倫斯的作家也像但丁一樣使用義大利的托斯卡尼語，希望拓展文化的廣度。佛羅倫斯人維拉尼（**Giovanni Villani**）以本土語言著作編年史，並在其中稱讚但丁。但丁死後不久，薄伽丘為他立傳，當然也是以義大利文寫作。而且佩脫拉克（**Petrarch**）

也以義大利的語言創作不朽的詩句。到了一四〇〇年，人民的語言，不論富有或貧窮、識字或不識字，已經成為選擇而來的語言。

## 結語

這一章選出的四個變化，有兩個與死亡和悲劇有關。然而，在瘟疫與戰爭的黑暗之中，仍有許多微小的事物熠熠發光。在義大利，這個世紀剛開始的時候，喬托（Giotto）正描繪著許多張臉，訴說人類的痛苦與磨難。他是第一位畫出皮膚肌理與陰影的藝術家。這個世紀的尾聲，義大利的藝術品在全歐洲供不應求，尤其是祭壇背後的裝飾品。在俗世的面向，鈕釦於一三三〇年間出現在英格蘭與法國宮廷，使衣物優雅地貼合身型，不再像過去幾個世紀，懸掛在肩膀上。米努丘．達．錫耶納（Minucchio da Siena）在亞維儂打造一朵純金的花，現在收藏在巴黎的中世紀博物館，展現金匠精巧的技藝。文化上，十四世紀是大放異彩的世紀。塗上瓷釉的金杯充滿歐洲宮廷，歌手的樂聲將國王與公爵迷得神魂顛倒，以及有史以來最優美的詩句。但本書探討的不是藝術作品，而是社會整體，而且幾乎沒有農夫看過喬托的畫作。對多數人而言，這個世紀的特徵是飢荒、瘟疫、戰爭以及征服。《聖經》啟示錄上的四匹馬急馳進城，人人驚顫。（譯注：四匹馬分別代表飢荒、瘟疫、戰爭和死亡）熠熠發光的寶藏以及貴族華麗的袍衣提醒我們，中世紀精緻的品味，但十四世紀的人民擔心的是與死亡的距離，而非這個世紀文化的創新以及人間的愉悅。

## 推動改變的主角

瘟疫為十四世紀帶來的變化，比起任何人或任何事，都是有過之而無不及。但若我們必須選擇一個人改變了他的世紀，那就是英格蘭國王愛德華三世。

儘管愛德華是本書中唯一「推動改變」的國王，他現在已經被遺忘得差不多了。英國廣播公司二〇〇二年進行一項調查，題目是「前百大史上最偉大的英國人」。很多沒那麼重要的王室成員被列入名單，愛德華卻沒有，可見他現在的名聲是多麼低迷。他在西敏寺教堂的墓誌銘描述他是「英格蘭之光，過去的賢君，未來的榜樣，仁慈的國王，為子民帶來和平的國王……打不倒的戰士，馬加比（Maccabeus）第二」。（譯注：猶太人歷史上的英勇戰士）即使他死後三百年，還有一位劍橋的學者稱他為「世界上最偉大的國王」。[20]他在近代逐漸被遺忘的原因是由於重要順序改變了。隨著時間推移，我們將許多事情視為理所當然。今天很少人會停下來思考英語如何成為這個國家的語言，或者平民如何開始成為戰爭主力，武士階級不再專美於前。而且，愛德華的成就不是我們想要到處宣揚的那種。他展現投射武器在歐洲戰場上強大的效果，比同時代其他人更致力於軍事的國家主義。但為求公允，我們還是要記得，國家主義在十四世紀是非常不同的概念。國王與國會互相談判而打造一個國家，這在中世紀是創舉，之後的世紀反而都得靠專制王權才能做到。不管你尊敬愛德華與否，他一定要被選為推動改變的主角，由於他對戰爭方法的貢獻，他促使英格蘭與法國的國家主義、推動本土語言，以及開啟後來知名的英法百年戰爭——現代的戰爭歷史學家稱之為「歐洲歷史上最重要的戰爭」。[21]

1 見Robert S. Gottfried, *The Black Death* (1983), p.25

2 改編自Geoffrey Parker著作的例子。*The Global Crisis: War, Climate Change and Catastrophe in the Seventeenth Century* (2013), pp.19-20

3 根據我在附錄中修訂的歐洲一三〇〇年人口數據。

4 該地區在一三四八到五一年的死亡率為百分之六十二．五，此數據見Ole J. Benedictow, *The Black Death, 1346-1353: The Complete History* (2004). 百分之四十五的數據請見本書附錄。

5 見Benedictow, *Black Death*, p.283, 引用Marchionne di Coppo Stefani, trans. in J. Henderson, 'The Black Death in Florence: Medical and Communal Responses,' in *Death in Towns* (1992), p. 145

6 見Benedictow, *Black Death*, p.291（佛羅倫斯的死亡率）：Gottfried, *Black Death* (1983), p. 47（薄伽丘）。

7 見Gottfried, *Black Death* , p. 49

8 見Benedictow, *Black Death*, p.356

9 許多作者都寫到這艘船的故事：Benedictow, *Black Death*, p.156，寫到日期在一三四九年七月初。

10 見Benedictow, *Black Death*, p.383

11 見Clifford Rogers, *War Cruel and Sharp: English Strategy under Edward III, 1327-1360* (2000), pp.40-1

12 見Sir Herbert Maxwell (ed.), *The Chronicle of Lanercost* (1913), p. 271

13 見Ian Mortimer, *The Perfect King* (2006), pp. 20-1; Rupert Taylor, *The Political Prophecy in England* (New York, 1911; rep. 1967), pp. 160-4; T. M. Smallwood, 'Prophecy of the Six Kings', *Speculum*, 60 (1985), pp. 571-92

14 常有人說愛德華三世的弓箭手是威爾斯人。Jim Bradbury在他的著作*The Medieval Archer* (Woodbridge, 1985; rep. 1998), pp.83-90中花了很長篇幅討論，也找到相關的證據。事實上，對於戰術進步有所貢獻的弓箭手是英格蘭人，證據來自愛德華三世即位初期。一三三四年，國王和王侯分別出兵四百八十一與七百七十一位弓箭手，但同時，國王從蘭開夏郡召集四千名，約克郡召集五千名弓箭手（見我的著作*The Perfect King*, pp.119-20，愛德華三世的傳記）雖然Bradbury的結論是長弓「並不屬於某個特定地區」(*Medieval Archer*, p. 84)，但愛德華三世即位初期從北方獲得長弓供應的事情相當驚人。之後，柴郡的弓箭手被譽為全國第一。

15 見Louise Ropes Loomis, *The Council of Constance* (1961), pp. 316, 456

16 同上，pp. 340-1，一四一五年，英格蘭有十七名大主教與主教，威爾斯四名，蘇格蘭十三名（但並不效忠亨利五世），愛爾蘭三十四名（很少人效忠亨利五世）。

17 見J. R. Lumby (ed.), *Chronicon Henrici Knighton, vel Cnitthon, monachi Leycestrensis* (2 vols, 1889-95), ii, p. 94

18 見T. B. James and J. Simons (eds), *The Poems of Laurence Minot, 1333-1352* (Exeter, 1989), p.86

19 見Chris Given-Wilson (ed.), *Parliamentary Rolls of Medieval England* (CD ROM ed., Woodbridge, 2005), Parliament of 1382

20 見Joshua Barnes, *The History of that Most Victorious Monarch, Edward III* (1688), Preface.

21 見Rogers, *War Cruel and Sharp*, p. 1

# 十五世紀（一四〇一～一五〇〇年）

你也許還記得本書一開始引用法蘭西斯．培根的話：「印刷術、火藥、指南針，這三項發明改變了全世界事物的樣貌與狀態。」他提出三項改變的催化劑，都是在十五世紀發展最盛。印刷技術正式引進西方，古騰堡（Johannes Gutenberg）於一四五五年印刷完整的拉丁文《聖經》後蔚為風潮。雖然火藥已為人知超過一百年，加儂炮的技術在這個世紀發展得更為精細。例如達達尼爾火炮（Dardanelles Guns）於一四六四年出產，炮身以銅鑄造，重達一萬六千八百公斤，長約五公尺，可將直徑六十公分的炮彈射出超過一．六公里的射程。土耳其人於一四五三年打倒君士坦丁堡的城牆時，就是使用這個火炮。隨著探險家在這個世紀穿越大西洋與印度洋，指南針的重要性終於顯示出來。最後，雖然培根沒提到，文藝復興運動於這個世紀開始萌芽，在人類思維與覺醒上帶來深遠、重大的影響。光看表面，十五世紀在過去一千年，很有希望成為見證最大變化的世紀。

然而這個世紀壓倒性的特徵，竟然是戰爭。鄂圖曼帝國崛起後，對基督宗教世界發動多次野蠻的攻擊。土耳其人攻破從前偉大的拜占庭帝國首都君士坦丁堡，末代皇帝與他的士兵在抵抗中絕望死去。土耳其人也拿下塞爾維亞、阿爾巴尼亞、波斯尼亞、保加利亞，以及大片希臘。他們侵佔熱那亞在黑海的貿易哨站，以及威尼斯人在地中海的財產。對義大利人來說，他們擔心的還不只這些損失。這也是雇用傭兵的黃金年代，傭兵願意出售服務給任何願意雇用他們的城市，而且需求量極高。帕多瓦於一四〇五年被威尼斯擊敗，同年佛羅倫斯征服比薩。威尼斯展開對米蘭長達二十一年的戰爭，終於在一四五四年結束。一四六四年，熱那亞屈服於米蘭的軍隊。佛羅倫斯與米蘭長久以來的衝突終於在一四四〇年化解，佛羅倫斯因而能專心和拿波里與威尼斯打仗。拿波里人於一四一三年劫掠羅馬。一四九〇年間，法國侵略義大利，打敗佛羅倫斯，並在攻打拿波里的途中拿下羅馬。義大利的城市互相打來打去的興致好像永無止盡，像鬧劇一樣。

我們不能說義大利人不尋常。十五世紀，幾乎每個歐洲國家都經歷戰爭，而且很多國家因為內戰而分裂——真是最不光彩也最令人失望的衝突。在一四〇〇年，和一五〇〇年再次發生，英格蘭的亨利王（King Henry）以蠻力奪取理查王（King Richard）的王位，接著殺害他並統治英格蘭。他把王位傳給也叫亨利的兒子之前，各地接連發生叛變，兩個王位之間常見刀光血影。亨利四世與叛亂的威爾斯領主歐文・格林杜爾（Owen Glendower）衝突不斷；而好鬥的亨利五世，為了證明自己王朝的正當性，在一四一五年又重啟對法國的戰爭。一四二二年他死後，他的繼承人必須不斷打勝仗，才能對法國，甚至對自己的同胞證明自己的王權。儼然是金杯毒酒！英格蘭在一四五三年終於結束英法百年戰爭，戰場卻又轉回英格蘭本土。[1]玫瑰戰爭長期的衝突，從一四五五年起斷斷續續，直到一四八七年史篤城之役（Battle of Stoke）才告終。而英格蘭每一個擁有土地的家族，幾乎都在玫瑰戰爭中失去土地或人丁。（譯注：玫瑰戰爭為英王愛德華三世的兩支

後裔：紅玫瑰蘭開斯特家族，以及白玫瑰約克家族，兩者為了爭奪王位而發生的內戰）

在西班牙也是一樣，我們可以發現各式各樣的軍事衝突：與漢薩聯盟的戰爭（一四一九到四三年）、一四四〇年間中期的內戰、西班牙王位繼承戰爭（一四七五到七九年），之後又侵略格拉納達長達十年，終於在一四九二年完成收復失地運動。荷蘭人也攻打漢薩聯盟（一四三八到四一年），並發生兩次內戰（一四七〇到七四年，以及一四八一到八三年）。在東歐，立陶宛因王位繼承發生內戰（一四三一到三五年）；條頓騎士團終於在一四六六年被波蘭人消滅。匈牙利與盟軍抵抗土耳其的進攻，直到在瓦爾那戰役（Varna）被擊潰。另外，還有四次東征（一四一九到三四年），討伐胡斯（Jan Hus）的支持者。（譯注：胡斯，一三六九到一四一五年，捷克宗教思想家，羅馬天主教視其為異端）別忘了在波西米亞還有波西米亞和匈牙利打了十年的戰爭。這些都只是冰山一角，還有許多地方性的，或較不重要的衝突。

你不禁會想，如果十五世紀的歐洲比較和平又會怎樣？變化會更多還是更少？確實，這裡我們面對一個重要的歷史問題。現代的世界中，隨著國家之間互相競爭，衝突無疑加速科技進步，對社會發展帶來正面影響。但十五世紀也會這樣嗎？義大利的戰爭提供文藝復興時期畫家眾多機會，他們的繪畫技巧受到地方家族或城市國家青睞，產出大量政治宣傳品；築牆造橋的工程師也同樣獲得重用。但同時，軍事需求壓縮了對藝術家、科學家與作家的資助。暴力與不安遏止了貿易，受到敵軍威脅的城鎮與港口商業活動驟減。確實，許多城鎮的規模縮小了。因此，在這個古騰堡與哥倫布的世紀中，公允地說，戰爭在某方面帶來機會，但在其他方面也減少機會。

## 一心尋寶的水手

過去一千年中最重大的變化之一，就是西方的邊界拓展到歐洲以外的地區。不管培根怎麼說，這個變化並不是指南針造成的。我們在十二世紀那一章已經知道指南針，這個工具已經發明超過兩百年了，但造成的影響很小。十四世紀初期，航海員抵達加那利群島（Canary Island，譯注：西班牙西南方約一千一百公里的島嶼），這個消息傳遍歐洲，教宗還指派「幸運之島的王子」（加那利群島當時的名稱），但此舉並沒有帶動更多的探險之旅。事情往往是這樣，重要的不是科技的創新，而是錢和主政者支持的意願，而這兩者又密切相關。科技只是加速這兩者的結合，突顯野心罷了。

對發現新大陸的興致，背後的主要原因是那些描述異域財富的書籍。馬可波羅的遊記大受歡迎，書中有人口稠密的城市、奇異的文化，以及金銀財寶。同樣瑰麗炫目的，是十四世紀虛構的《曼德維爾遊記》（*Travels of Sir John de Mandeville*），這本書甚至更普及。探險的故事一再傳誦，無疑暗示許多窮苦的水手，地平線之外的旅程說不定能帶來財富。一四〇六年，賈科莫・德斯卡佩里亞（Giacomo de Scarperia）將托勒密的《地理學指南》翻譯成拉丁文，一共八卷，原書於公元二世紀以希臘文著作。此書引起眾人熱烈討論世界已知的邊界外究竟還有什麼，如何以經度和緯度定位。不過，探險是極度危險的事，一般說來，能坐在椅子上閱讀拉丁文版《地理學指南》的人，通常不是領導探險先鋒隊的人。而對普羅大眾而言，探險的動機不是出於好奇，而是為了黃金。然而，一位接受高等教育的王子滿腔好奇，又能負擔每年一次探險的花費，遇上一群一心尋寶的水手，世界就改變了。

我們說的就是恩里克王子（Henry the Navigator，一三九四到一四六〇年），葡萄牙國王若昂一世（John I）的三子，也是英格蘭國王愛德華三世的曾孫，當時愛德華三世被譽為查里曼大帝以來，基督宗教世界最偉大的騎士君主。一四一五年，年輕的恩克里一心想要立下自己的功勞，於是說服他的父親出動大軍，航向非洲北角，攻佔面對直布羅陀海峽的戰略港口休達（Ceuta）。葡萄牙拿下休達，並在今日的摩洛哥取得據點。但那只是個開始。一四一九年起，恩克里王子每年都派遣船隻更進一步探索非洲，但他們總是無法超越撒哈拉沙漠西岸的博哈多爾角（Cape Bojador），當地因濃霧、猛浪與強流而惡名昭彰。水手們說，如果他們航行超過那個點，「陰暗的綠海」（如阿拉伯人稱呼的）會摧毀他們。[2]但是，他們沿著荒涼的海岸航行好幾公里後，就失去冒著生命危險繼續前進的動力。然而，一四三四年的時候，恩里克王子雇用的船長吉爾．埃阿尼什（Gil Eanes）成功繞過博哈多爾角並返回，於是陰暗的綠海這個古老傳說就被攻破了。

一四四一到四三年，兩位船長——阿方索．貢薩爾維斯（Afonso Gonçalves）和努諾．特里斯唐（Nuno Tristao），分別抵達撒哈拉沙漠沿岸的終點布朗角（Cape Blanc）。他們的歸來為非洲探險立下新的里程碑，因為他們帶回黑奴和金沙。見識眾多的財富後，對大西洋的恐懼與疑慮立刻蒸發。一四五五年，恩克里王子雇用威尼斯水手卡達莫斯托（Cadamosto）往幾內亞海岸航行，將知識的邊界繼續往南推移。這時候，葡萄牙已經開始在非洲交易黑奴和馬匹了——如果你好奇交易行情的話，是一匹馬換九、十個黑奴。為了加速這樣的貿易，葡萄牙的造船者將傳統船隻改造為適應大西洋海況的船，製造大三角帆的船，比以前的船更能迎合風向。葡萄牙王室為維持恩里克探險的衝勁，賜給他南方探險獲利的五分之一，並命他為航行許可唯一的授權者，更給他發包探險生意的權利，包括黑奴交易。

葡萄牙帝國的祖先體內可能流著騎士精神和東征的熱血，但恩克里王子在一四六〇年去世的時候，推動帝國前進的是獲利。探險賺的錢越多，就越容易說服贊助者投入資金，他們往南方探險的野心也就更強大。一七四〇年間發現非洲大陸的腋窩——聖多美和普林西比群島（São Tomé and Príncipe）。一四八二年，若昂二世（John II）下令在黃金海岸的埃爾米納（Elmina）建造碉堡，以維持葡萄牙在該地區的利益。這也是葡萄牙建立眾多碉堡中最早的一個，或稱為「工廠」，用意是管理他們的海運帝國。兩年後，國王任命一群專家研究如何以太陽的位置訂出緯度。一四八五年，迪亞哥．康（Diogo Cão）抵達剛果河南方出海口的十字角（Cape Cross）。一四八八年，巴托洛梅．迪亞士（Bartholomew Diaz）發現，往西南方航行——遠離非洲大陸——你就能迎上西南風，反而加速航向好望角。於是，葡萄牙發現了往印度洋的路線。

大發現是會傳染的：他們鼓勵其他人自己出發探險。若昂二世派遣使者由陸路到開羅，由海路到印度卡利卡特（Calicut），和當地的香料商學習貿易。當然，他的用意就是要獨佔這門生意，從當時在印度洋暢行無阻阿拉伯航海員手中奪下控制權。一四九七年，瓦斯科．達伽馬（Vasco da Gama）派遣四艘船穿過好望角，直達印度，其中兩艘在一四九九年平安回到葡萄牙。這趟旅程使得若昂二世的繼承人曼紐一世（Manuel I）一口氣派了十三艘船，在佩德羅．卡布拉爾（Pedro Cabral）的指揮，以及達伽馬的船員協助下，往西橫渡南大西洋，希望遇上迪亞士十一年前碰到的西南風。結果，他的船隊走得太遠，在巴西的海岸上登陸。從前每年慢慢深入非洲海岸線的探險，現在成為橫掃葡萄牙與巴西之間的貿易躍進，從巴西穿越南太平洋，繞過好望角，往上到東非海岸，接著橫渡印度洋到印度南方的卡利卡特。從恩克里王子建議他父親拿下休達作為葡萄牙據點，不過才經過八十五年。

多年來，葡萄牙是唯一拓展西方地理知識的航海王國，因此很自然的，義大利的航海員也為葡萄牙國王服務。一四八二年，一名熱那亞的航海員進入若昂二世的船隊，名叫克里斯多福．哥倫布，他曾航行至埃爾米納。然而，哥倫布是少數既是探險家，也讀過托勒密《地理學指南》的人。一四八五年，他向若昂二世提出，若國王能提供他三艘船、足夠的補給、艦隊司令的頭銜，並讓他治理發現的任何土地，他將會往葡萄牙西方航行，抵達中國海岸。他計算後，認為這趟旅程的距離不到四千八百公里。他把中國想得那麼近，是因為他採用托勒密的數據，但是托勒密低估了地球的圓周，算成兩萬八千九百公里（事實上約四萬公里）。若昂將哥倫布的提案交給參謀大臣，大臣們都知道托勒密書中的缺失，也知道中國比哥倫布想像的更遠，因此建議國王拒絕這個野心勃勃的熱那亞人。不屈不撓的哥倫布又尋求下一個贊助者——卡斯提爾。女王伊莎貝拉（Queen Isabella）也將提案交給大臣，他們的意見和葡萄牙相同。此外，他的故鄉熱那亞、威尼斯的總督，以及英格蘭國王亨利七世（Henry VII）都拒絕他。

回想起來，這齣戲顯得有點荒謬，但學者們是對的：這位熱那亞船長的企圖心使他看不見托勒密估算的錯誤。然而，哥倫布是鐵了心要去，他回到葡萄牙，再次受到若昂二世禮貌且堅定的回絕。這時候，他知道巴托洛梅．迪亞士已經繞過好望角，找到通往印度的航海路徑。所以他又去卡斯提爾，比從前更加渴望。一四九二年，卡斯提爾的伊莎貝拉女王和她的夫婿阿拉貢的斐迪南國王（King Ferdinand）剛拿回格拉納達，完成收復失地運動。在一片成功的歡喜中，他們終於同意哥倫布，當然也預設他會航向日落，永不見面了。

一四九二年十月十二日，哥倫布抵達巴哈馬群島（Bahamas）。他又繼續前進，抵達古巴和伊斯帕尼奧拉島（Hispaniola，這個島後來分為海地和多明尼加共和國），並在伊斯帕尼奧拉島建立碉堡，留下三十九個人駐守。一四九三年三月四日，捱過一場暴風雨後，他在里斯本靠岸，維修他的船，當然也為自己證明葡萄牙的專家是錯的而沾沾自喜：他相信自己已經去過馬可波羅遊記裡的遠東。自以為是的他，寫了一封信給斐迪南國王和伊莎貝拉女王，告訴他們以及整個基督宗教世界他的發現，誇大他造訪的島嶼裡頭的財富，並敦促西班牙國王和女王再一次支付遠行的費用，他必定會帶回很多寶藏。很明顯的，他心中想的只是自己的成就。不像葡萄牙的先驅，哥倫布滿是征服土地的慾望，想要建立個人的帝國。

那一年的年底，他的希望獲得贊助，他帶著十七艘船、一千兩百個移居者以及軍人出發，人人都希望得到大筆財富。他回到伊斯帕尼奧拉島，發現自己建立的碉堡被毀了，駐守的人也都被原住民殺死了。他隨即發動報復行動，而且自此不曾終止。他的治理特色就是全面地藉由加強採礦勞力、拆散家庭、奴役、虐待、死刑和疾病，毀滅當地人口。巴托洛梅・德拉斯・卡薩斯（Bartolomé de las Casas，譯注：一四七四到一五六六年參加遠征船隊抵達美洲，後成為西班牙道明會修士）後來起身捍衛新世界的原住民的權利，他提到殘忍的哥倫布使伊斯帕尼奧拉島的人口從三百萬減少到一五〇八年的六萬：十五年內的死亡率是百分之九十八。隨著哥倫布第二次出航的人不願容忍他的暴行，他們也沒有找到他當初承諾的財富。一五〇〇年，他胡作非為的消息傳回西班牙，他被解除治理官的職務。

哥倫布的行為也許駭人，但帶領探險隊伍橫越大西洋的人，凶殘地對待當地居民，可能也不令人意外。早期的探險家可不是為了探險而忍受窮苦、悲慘、危險的海上生活，他們當然是因為貪婪。他們對黃金的慾望越大，準備承擔的風險也就越高，哥倫布更是裡頭承擔最大的風險。如果他和他的人馬能在遇到暴風雨而溺斃之前找到什麼值錢的東西，他們什麼都願意做，包括虐待、屠殺擋在他們面前的任何事物，然後繼續前行。有些歷史學家將伊比利半島王國的海洋擴張行動，視為收復失地運動的延伸。這樣的主張自有他們的考量，但哥倫布本人與十一世紀的維京人有較多共同之處，而非十二世紀的十字軍。

哥倫布第一次航行的意義重大。他自己總是說他發現的是亞洲，有識者知道他發現了全新的大陸，他們稱為「新世界」，這就是許多改變的推手。依照托爾德西里亞斯條約（Treaty of Tordesillas，一九四九年），西班牙與葡萄牙兩國瓜分這塊新世界，葡萄牙獲得基督宗教世界以外，亞速群島（Azores）往西三百七十里格以內所有島嶼的統治權利。〔譯注：里格（league）為拉丁美洲與歐洲古老的長度單位，三七〇里格約為二〇五五公里。〕一五〇〇年，卡布拉爾決定往西航行至巴西，無疑也是受到哥倫布往這個方向發現新大陸的啟發。英格蘭也是。亨利七世資助威尼斯航海員喬瓦尼．卡博托（John Cabot），於一四九七年發現紐芬蘭島（Newfoundland）。在東方，過去阿拉伯與威尼斯控制香料貿易的景象不再。一五〇〇年的時候，歐洲的商人發現經由葡萄牙海線運送大量胡椒、肉桂、絲綢，比小包攜帶並經由威尼斯人控制的陸路成本更低。隨後商人在航運上的投資翻轉了經濟權力的平衡。葡萄牙與西班牙過去位於世界的邊緣，現在他們座落世界的心臟，如同我們之前說過的「主要的資本城市一定位在中心」。兩國勢力龐大的家族和商人也變得非常富裕。隨著國際貿易的重心轉為海上，英國、法國、荷蘭的港口比起威尼斯和熱那亞也更有優勢。

然而，哥倫布發現新大陸最重要的影響是他破除當時一個迷思：所有重要的知識早已被希臘人和羅馬人發現了。伯納德・德沙特爾（Bernard of Chartres，譯注：十二世紀法國哲學家）在十二世紀時總結出這樣的觀點：中世紀的思想家看得比古典時代的人更遠，只因為他們是「站在巨人肩膀上的矮人，所以雖然我們看見得比他們更多，並不是因為我們的眼光較銳利，或身高較高。我們要感謝他們巨大的身軀，把我們高舉起來。」

從十二世紀對古典文獻的熱愛，可見中世紀的思維奠定於古代智慧之上，到十五世紀仍是如此。亞里士多德對話式的論證與科學知識，使他在眾多哲學家中受到推崇。蓋倫的醫學文獻，以及托勒密的星象學和地理學，依然穩居重要地位。

然而，部分中世紀的人能夠原創思考，而哥倫布的發現更清清楚楚地向整個基督宗教世界證明，古典知識中沒有什麼是絕對的。他的發現，以及卡博托、卡布拉爾的探險，將托勒密的權威重擊成碎片。彷彿在說，如果古典時期最偉大的地理學家連這麼大的陸地都沒注意到，其他事情還能指望他嗎？因此，十五世紀最後十年見證的其實是認知上的革命：對於世界忽然且徹底的新思維，掙脫過去的束縛，而且蓄勢要超越。

## 被鐘錶師傅馴服的東西

你可能覺得十四世紀早期機械時鐘的發明，會令哥倫布之前思想封閉的人大開眼界。這個測量時間的工具確實預示了人類歷史的分水嶺，但時鐘闖入多數人的日常生活後，很少人會記得時鐘曾經不存在。莎士比亞在《馬克白》（場景為十一世紀）、《約翰王》（十三世紀初）、《辛白林》（羅馬統治之前的不列顛）、《特洛埃圍城記》（古希臘）等戲劇中，不是提到時鐘，就是以「o'clock」描述時間。《凱撒大帝》的劇本中，甚至指示要在古羅馬的場景鳴鐘報時。顯然他沒意識到（或者對他來說不重要），古典世界還不知道機械時鐘為何物。

最早提到時間裝置的文獻是在一二七一年，一個工匠想要製作一個輪子，每天都能夠旋轉整整一圈，「但他們無法做到準確」。[4]六年後，問題解決了：一三二一年，英王愛德華三世拜訪聖奧本斯修道院院長理查（Richard of Wallingford）的時候，他正在製作一個機械的天文鐘，叫做矩型鐘（Rectangulus）。[5]這個時鐘不僅能報時，還能指出太陽、月亮、星星的運行，提供倫敦橋的高水位時間。一三三五年，一座二十四小時的機械時鐘設置在米蘭聖歌塔爾（St Gothard）的教堂。一三四四年，雅格布・德・唐迪（Jacopo de Dondi）在帕多瓦統領宮（Palazzo del Capitano）的樓塔上裝設一座天文鐘。四年後，他的兒子喬凡尼（Giovanni）開始製作中世紀最有名的時鐘：七面鐘（astrarium）。這座時鐘一共有七個指針，以二十四小時為循環，顯示時間以外，同時顯示月亮和五個已知的行星（水星、金星、火星、木星、土星）。一三六八年這座時鐘完成後，在義大利的城市熱那亞、佛羅倫斯、波隆那、費拉拉（Ferrara），以及英格蘭西敏市、溫莎、昆柏勒、金斯蘭利（Kings Langley）的王室宮殿，每個小時都有時鐘固定鳴鐘了。法王查理五世（Charles V）非常滿意一三七〇年在巴黎宮廷安裝的時鐘，於是下令城裡所有的教堂都隨著這個時鐘每小時敲鐘報時，並且在聖保羅酒店（Hôtel Saint Paul）以及文森城堡（Chateau de Vincennes）又立起兩座時鐘。[6]

這些例子說明時鐘是上一個世紀發明的，但一四〇〇年之前，絕大多數的鄉村和小鎮居民從沒聽過鐘響。在〈堂區長的故事〉前言當中，喬叟寫到當時是「ten of the clokke」，表示他意識到時間，而「clokke」是時鐘「clock」的同義字。但那個例子中，說故事的人又承認他並沒有看著時鐘，是他猜測的。在〈律師的故事〉，詩人又鉅細靡遺地描述人們一三八六年知曉時間的方式：從太陽行經天空的幅度，以及從樹影和樹木長度的比例推測。在喬叟的年代，時鐘並不是知曉時間普遍的方式；因此，其影響較適合在十五世紀呈現。

對時鐘的需求增加，帶動生產量、金屬工藝技術，以及各式各樣的設計。法王查理五世在一三七七年得到一只「攜帶式時鐘」（orloge portative），一三九〇年，當時未來的英王亨利四世有一個可以放在籃子裡運送的時鐘。[7]亨利五世於一四二二年過世的時候，他的財產當中有一個箱型鐘；而約在一四三〇年，為勃根第公爵菲力普（Philip the Good）製作的發條鐘，至今仍存在。到了一四八八年，米蘭公爵可以一次下訂三只懷錶，可見製造的速度。[8]同時，市政廳和公爵的宮殿都裝上天文鐘，而堂區教堂和領主的住所則安裝基本的機械時鐘。在康沃爾郡，埃奇庫姆家族（Edgcumbe）的考特黑爾宅邸（Cotehele House）禮拜堂裡頭，有個一四九三年不久之後安裝的無刻度時鐘，使用立軸擒縱器。時鐘現在還在，而且每個鐘頭都會報時。

那又怎樣？會影響人們判斷時間嗎？是的，會！想想喬叟的方法：把太陽行經天空的路線分成十二等分，估計過了多少時間；使用機械時鐘當然是重大的進步。太陽運行法有兩個問題：第一當然就是不準確；第二就是時間的單位會改變，夏季的日光時間可能是冬季的兩倍長，將日光時間均分為十二等分，於是夏季「一小時」是冬季「一小時」的兩倍長。機械時鐘將時間的單位標準化，因此描述時鐘的第九個小時稱為「九點鐘」，也成為今日的用法。

如以上所述，許多中世紀的時鐘是天文鐘。計算時間的重要性不亞於準確觀測太陽、月亮與星星的重要性。二十一世紀的我們不太在意星象，但一六〇〇年之前，醫學、地理學和科學都需仰賴天體運行的知識，而時鐘使得這類的工作專業程度提高。更不用說，時間的標準化對科學實驗極其重要。時鐘也使社會、經濟的時間觀念一致。人們相約在某個特定的時間相見，或制訂工作時程與營業時間。人們也能更有效地安排工作。由於這些理由，機械時鐘值得列為中世紀的重大發明，而時鐘的普及，也是十五世紀重要的改變。

時鐘普及造成的重大變化還有一個更微妙的面向，就是時間的俗世化。在中世紀，時間由教會主導。世界存在，只因為天主創造，而時間存在，因為天主造物時創造了運動。因此時間是創造的一部分：它充斥在神聖的空間裡。除了這個神學的時間概念外，還有一個實際的層面。一年的週期是天主的設計，天主訂立播種的時間、收穫的時間、放牧的時間等等。在神授的一年，某些日子需要為齋戒而保留，如大齋期和將臨期，某些則要設宴慶祝。有些日子被訂立為聖人日。一年當中的每一天，也規定特定的時間為禮拜天主的時間，例如晨禱、九時公禱、晚禱、子夜祈禱。時間不僅整體而言是神聖的，其分段也有宗教的意義。以每日為基準，教會透過敲響教堂的鐘，控制人們時間的認知——每小時報時、召集會眾禱告、宣布喪葬等等。

基於上述的理由，時間不只是我們所知道的時間，而是天主的禮物。因此中世紀的教會不准許教徒收取借貸的利息，因為這麼做是在收取時間的費用，但時間是屬於天主的，教徒沒有權力出售天主的東西。然而，隨著時間逐漸成為人造機械測量的結果，反而失去神秘的宗教色彩。似乎成為人類控制——被鐘錶師傅馴服的東西，而不是充斥天地之間的創造了。最重要的，這個人造的機械反過來指示教會該敲鐘的時間和禮拜開始的時間。距離、重量和容量的單位，各地都還不同的時候，時間變成第一個國際標準的測量單位，無論是地方風俗或宗教威權都聽命於它。

## 我可以看見自己的臉

拋光的金屬和黑曜石的鏡子從古典時期就存在了，也因此，歷史學家經常忽略玻璃鏡子，認為那不過是舊東西的新面貌。但玻璃鏡子的發展象徵重大的轉變——人們首次能清楚看著自己獨一無二的表情和特徵。拋光的青銅或黃銅相較之下效果很差，只能反射約百分之二十的光線；即使是銀鏡，也要磨得極為光滑才能看得出反射物。而這些東西價格高得離譜，中世紀多數人只能一瞥池塘水面那張陰暗的臉。

凸鏡約在一三〇〇年由威尼斯人發明，可能與早期應用於眼鏡的鏡片有關（發明於一二八〇年間）。到了十四世紀後期，已可在歐洲北部見到這種鏡子。一三八七年，當時未來的英王亨利四世就付了六便士為破掉的鏡子換玻璃。[9]四年後，他旅行到普魯士（Prussia），又花了英幣一鎊三先令八便士，買了兩面「巴黎的鏡子」供私人使用。[10]他的兒子亨利五世於一四二二年逝世的時候，寢室裡有三面鏡子，其中兩面共值一鎊三先令二便士。[11]雖然這對一般的農夫和小販來說還是太貴了，但在一五〇〇年，大都市的商人負擔得起這種商品。從這一點看來，擁有可支配收入的人和他一四〇〇年的祖先已經大不同了：他可以看見自己的臉，因此知道他在世界上看起來的樣子。

人們欣賞自己獨特相貌的能力刺激肖像畫的服務，特別在低地國與義大利。十四世紀留存下來的油畫作品多半以宗教為主題，少有肖像畫。肖像繪畫的趨勢在十五世紀漸長，並成為非宗教繪畫的主流。越來越多重要人士雇用畫家繪畫他們的肖像，人們看見越多肖像畫，也就越想請人來畫肖像畫。肖像畫邀請觀看者「看我」，暗示畫中的人物是個富有的男人或社交廣闊的女人，他們的地位值得留下肖像畫。肖像畫鼓勵你談論這些人，使他們成為焦點。

本世紀最有名的肖像畫之一是揚・范・艾克（Jan van Eyck）的《阿爾諾非尼夫婦》（*Arnolfini in Marriage*），約於一四三四年在布魯日繪成。畫中後方的牆上有一面凸鏡，反射出主角的背部。如果范・艾克更早幾年的作品《一個男人的畫像》（*A Man with a Turban*），畫的是自己（事實上很有可能是），那麼那個時候他必定有一面平面鏡。我們知道布魯內萊斯基（Brunelleschi）有名的透視實驗（等一下會提到），表示當時在佛羅倫斯已經有了平面鏡。范・艾克之後，十五世紀後期的義大利與荷蘭見到大量的自畫像。杜勒（Dürer）畫了很多自畫像，他在二十八歲那一年以基督為形象的自畫像（一五〇〇年）是他的代表作。他觀察自己的功力媲美十七世紀的林布蘭（Rembrant）。在這樣的畫家手中，鏡子成為工具，檢視他人眼中的自己。從此之後，藝術家不僅能為別人繪畫肖像畫，也能把自己畫在畫布上。而且任何人看著畫家如此嚴謹審視自己的臉，從臉上的線索探究自己的個性，也會不禁停下來思考他或她自己的身分。

鏡子與肖像畫帶來的可不只是一系列美麗的圖畫。人們看見鏡中的自己，或是成為畫作的焦點，皆鼓勵人們以不同的方式思考自己，覺得自己獨一無二。從前，個人的身分往往決定於與旁人的關係，以及一生的宗教信仰。因此，我們今日理解的「個體」當時並不存在：人們只能從與團體的關係中認識自己的身分：他們的家庭、他們的莊園、他們的城鎮或堂區，還有與天主的關係。個人偶爾會透過書寫從團體中脫穎而出。你只需想想彼得・亞貝拉的自傳《我的災難人生》（*Historia Calamitatum*），以及烏里希・馮・利希登史坦自己擔任主角的愛情故事。但是，普通人只以他們和社群的關係看待自己。這也是為什麼在中世紀，流放、放逐是非常嚴重的懲罰。被趕出家園的小販會失去所有的身分，他將無法討生活、借錢或做生意。他也會失去在人身安全、社會、經濟上保護他或為他背書的人。在法庭上沒有人能辯護他的清白或證明他過去的善行，他也會失去任何教堂、行會、兄弟會的精神支持。然而，十五世紀的情況並不是社會上的身分瓦解，而是除了效忠社會以外，人們開始意識到自己的特質。過去群體的身分，覆上一層新的自我價值。

這個新的個人主義也有其宗教面向。中世紀的自傳通常不是關於作者本人，而是他與天主的關係。同樣的，中世紀初的聖人列傳也都是男人和女人追隨天主這類標準的道德故事。即使到了十四世紀，修士撰寫修道院的編年史，或市民描寫自己的城鎮，也會在敘述中提及天主，因為社會本身並不是故事的重點，而是與天主的關係。隨著十四世紀告終，人們開始將自己視為社會裡的個人成員，開始強調自己與天主的關係。這一點反映在宗教資助的轉變。一三四〇年，若一個富有的人興建禮拜堂，為他的靈魂唱誦彌撒，他會在禮拜堂裡裝飾宗教繪畫，例如《三博士來朝》（*Adoration of Magi*）。一四〇〇年，若禮拜堂創建者的子孫要重新裝飾禮拜堂，他就會讓自己扮演畫中三博士其中一人。而十五世紀末期常見的是，只有資助者的畫像會展示在禮拜堂裡。畫家在畫裡點綴象徵宗教的符號，便足夠代表贊助者想要表達的崇敬。

這個新的個人主義也拓展到人們表達自我的方式。從前，書信要遵守許多繁文縟節，現在他們寫給彼此的信包含越來越多個人特色。書寫自己的事情，透露個人的想法和情感也逐漸成為潮流。這些可從十五世紀量產的自傳體著作中發現：英文著作中有《瑪格芮坎普的傳記》（*The Book of Margery Kempe*）；卡斯提爾文有《萊昂諾爾・洛佩回憶錄》（*Las Memorias de Leonor López de Córdoba*）；義大利文中洛倫佐・吉貝爾蒂（Lorenzo Ghiberti）的《述評》（*I Commentarii*）。英格蘭最早的私人信件集：斯托納（Stonor）、普蘭普頓（Plumpton）、帕斯頓（Paston）、柴利（Cely），這四個家族的信件都可追溯自十五世紀。普通人也開始注意自己出生的日期和時間，如此他們可利用星象查詢自己的財富和機運。自我意識的新觀念也帶來隱私的需求。過去的世紀裡，一家之主和家人完全共享居住空間，和奴僕一起在客廳吃飯睡覺。現在他們開始為自己和客人興建房間，遠離客廳。如同歷史上眾多變化，人們沒有意識到自己行為的意義。儘管如此，我們視自己為獨立的個體，不只是社會的成員，這是中世紀到現代時期的重大轉變。

## 用屁股吹小號的裸體小丑

就某方面而言，寫實主義與個人主義的興起有關。兩者皆以新的取向看待人類與周遭環境的關係；兩者都強調對人性的關懷，獨立於人類與天主的關係。但個人主義表達對自我認識與自我價值的反省，而理解寫實主義最好的方式，便是學者與藝術家拿著鏡子映照造物主的作品，以這種方式解釋錯綜複雜的世界與萬物。

只要看著文藝復興藝術的自然主義就能發現這種新思維。洛倫佐・吉貝爾蒂在佛羅倫斯洗禮堂門上的雕刻於一四〇一到二二年完成，栩栩如生的形象，大膽使用透視法，驚豔世人。布魯內萊斯基在一四二〇年進行的光學實驗改變了藝術創作。布魯內萊斯基一手舉起自己為受洗堂畫的圖（上面有個小洞），將畫作面對受洗堂，另一手舉起鏡子（也有個小洞），將鏡子面對自己的畫作，目光穿過畫布與鏡子上的小洞看著受洗堂，再看看鏡子中反射的畫作，兩相比較，他便能確定透視法背後的幾何學法則；因此，比起一個世紀前喬托的嘗試，他所繪出的線條大大進步。約從一四二五年後，佛羅倫斯的畫家不需要估算如何表現建築物，他們只需應用系統性的法則就能確保畫作在觀賞者眼中的「真實」程度。同一時間，寫實主義也悄悄深入宗教藝術。歐洲北部的藝術家，例如羅伯特・坎平（Robert Campin）、羅希爾・德魏登（Roger de Weyden），開始繪畫大幅、炫麗的宗教場景，其中的人物頭上不再圍繞著光圈。義大利藝術家，例如基爾蘭達（Ghirlandaio）、達文西，也同樣捨棄光圈，其他人則將光圈縮為細細的一圈，或幾乎看不見的光環。這些藝術上的改變看似微小，但卻反映出優先順序的轉變——從男人和女人象徵的模樣，轉而描繪他們實際上看起來的模樣。

自然主義在裸體主題上的表現更明顯。中世紀的時候，裸露的描繪似乎缺乏文藝復興時期具有的情色色彩。赤裸或半裸的基督在十字架上顯得脆弱；他決不是情慾的人物。《聖詩集》的書緣出現用屁股吹小號的裸體小丑，用意並不是引起讀者性愛的慾望，而是為了嘲諷人類的驕傲，或單純娛樂讀者。亞當和夏娃裸露的肖像同樣意味羞恥，而非情色。然而，到了十五世紀，裸露——沒穿衣服的情色人物——開始興起。一四四〇年間，多那太羅（Donatello）雕刻舊約《聖經》的人物大衛，全身赤裸，只戴著帽子、穿著靴子。如此對身體的審視，與早期雕刻及繪畫中不強調感官肉體的聖人形成強烈對比。此外，多那太羅的作品是獨立的雕刻，不受壁龕或其他結構物支撐——既驕傲又目中無人的裸體，令人想起古典時期的女人維納斯。多那太羅的雕刻不僅在技巧上可與古典時期的雕刻家匹敵，也意味著人在自然的狀態，即天主造物時的模樣，也能獲得大眾的注意與喜愛。

十五世紀的尾聲，男性的裸體已經是很尋常了，無論是達文西的《維特魯威人》（*Vitruvian Man*）素描，或米開朗基羅的《大衛像》（*David*）都可見到。女性的裸體儘管較少見，首次出現在波提切利（Botticelli）的《維納斯的誕生》（*Birth of Venus*）、漢斯・梅姆林（Hans Memling）的《夏娃》（*Eve*）、米開朗基羅的《埋葬》（*The Entombment*），以及喬久內（Giorgione）撩人的《沉睡的維納斯》（*Sleeping Venus*）。十六世紀初期，在喬瓦尼・貝利尼（Giovanni Bellini）和提香（Titian）手裡，情色的女性裸體成為被認可的藝術形式。除了肉體的裸露，畫家與雕刻家也開始以更外放的方式呈現人類情感，從米開朗基羅的《哀悼基督》（*Pietà*，一四九八到九九年）

以及《被綑綁的奴隸》（*Rebellious Slave*，一五一三年）可見。人類不再只是被描繪成天主的慈悲與憤怒卑微的接收者，相反的，人類本身也是值得認真研究的對象。

文藝復興的人文主義也經由古典時期的教育方式，促進對人類內心的研究。前幾個世紀，我們見到拉丁文式微；另外，大學的興起使年輕的學者在學術領域上各有專長——教授文法、研讀神學、醫藥或法律從業人員。熟知、贊同古典時期教育的人，以行動回應此趨勢。從前大學教授的三藝，被「人文研究」（studia humanitatis）取代，不再教授邏輯，反而在原本的文法與修辭中加入歷史、倫理學與詩，組成高等教育學科。希臘文也重生，作為解開古典世界智慧的工具。柏拉圖學院由科西莫．德．美第奇（Cosimo de Medici）於一四四〇年間成立，由人文主義學者馬西利奧．費奇諾（Marsilio Ficino）擔任校長，成為佛羅倫斯新式教育機構模範。另一波研讀希臘文的熱潮在一四五三年，君士坦丁堡陷落之後，許多通曉希臘文的學者來到義大利。最重要的是，「人文研究」中並不區分藝術與科學，意味著開放的教育，拓展學生的眼界，而非一味地要求學生遵從古典文獻的教條，侷限他們的能力。因此，教育建立在中世紀探索事物的核心價值之上：天主創造自然現象——所有事情都是可能的，但事出必有因——觀察這些現象，並提出相應的說明。

你也許納悶，新的寫實主義和自然主義真的值得被當成重大改變嗎？不就是呈現世界的方式，從這個換成另一個？至於文藝復興時期人文主義學者關心的「內在寫實主義」，不就只是教育科目的優先順序改變而已？畢竟，深入瞭解事情並不一定會有什麼深遠的結果。想想李奧納多．達文西，常被稱為文藝復興豪傑，也是西方自古以來數一數二的偉大人物。但從這本書的脈絡來看，說他幾乎沒什麼影響也不失公允。十五世紀的農夫以馬犁田的實驗，對歐洲生活的影響還比達文西大多了。他的天才藏在他的筆記本中，絕大多數沒人知道，直到後來的世紀才有人覺得有趣。他多數的畫作沒有留存，主要是因為他熱衷使用新的、未經試驗的顏料，很多後來都分解了。但另一方面，達文西的重要性又極大。雖然他未曾受過大學教育，卻能夠思考各種領域的問題，從肌肉如何運動到鳥兒如何飛翔。雖然十五世紀只有一個達文西，卻有上百個沒那麼天才，卻同樣對世界充滿好奇，想要研究周遭事物的人。有幾個人鑽研看似古怪的問題，包括數字占卜、星象預言、天使學、解夢，他們的研究也很重要。今日我們往往認為這些領域不科學，便是因為文藝復興時期那些好奇的人告訴我們，這些領域終究無法以科學證明。因此十五世紀對於真實的描繪與探尋，意義相當於新世界的探險之旅：允許人們破除過去的假設，探索未知的事物，不管是海洋的另一端，還是鳥兒飛行的羽翼。總結來說，十五世紀是西方人停止一窩蜂研究神秘抽象的天主，轉而發現，若要認識天主，得先從祂創造的世界開始。

## 結語

有些讀者可能會感到訝異，印刷術竟然不在十五世紀的重大變化當中。我並非貶低印刷術的重要性，相反的，那可能是過去一千年來最重要的發明。然而，印刷術也是發明與影響不在同一個世紀的例子。事實上，古騰堡於一四五五年在美茵茲（Mainz）印刷的《聖經》是拉丁文的版本，當時多數的人看不懂。[12]況且，一五〇〇年以前發行的書都很昂貴，價格媲美邊界寬闊、編排謹慎，製作精美的手抄書。負擔得起的人不見得讀得懂，讀得懂的人又負擔不起。加上大多數人不識字，對那些書自然也不感興趣。因此古騰堡改變世界的程度和指南針的發明者差不多。印刷造成的重大影響是其他人締造的，下一個世紀裡，這項發明才會獲得廣泛應用。

十五世紀最重大的變化以「發現」一字總結：發現世界、發現個人。儘管自我認識的改變細微不易發現，哥倫布發現的新世界具體有形，是不爭的事實。更了不起的是，一四九二到一五〇〇年，短短八年內，歐洲的航海員發現兩個新大陸（北美洲、南美洲），以及通往亞洲的航海路線。那樣的成果在探索非洲南半部不久後就實現了。想像一下，早上醒來，收音機播送著探險家發現三個充滿金銀財寶的新大陸。可不要覺得這樣的類比很荒謬，我們信誓旦旦地說不可能的時候，不就和建議葡萄牙、卡斯提爾、英格蘭國王拒絕哥倫布的學者一樣嗎？他們確實大錯特錯，但他們也立刻彌補錯誤。最早的地球，首度以三維空間定位的世界源於一四九二年，就是哥倫布航向西方的那一年。[13]

## 推動改變的主角

從以上看來，十五世紀影響西方最甚的人，也許很明顯了。然而我們應該注意，哥倫布只是許多發現新事物的航海員之一。這個世紀一開始的十年，英格蘭的船員就定期航向冰島海域捕釣鱈魚了。一四〇九年以前格陵蘭島仍屬於基督宗教世界的範圍，意味著有些水手知道如何穿越廣大的大西洋。布里斯托（Bristol）的人在一四八〇與一四八一年出海探險，尋找神秘的「巴西之島」。喬瓦尼・卡博托於一四九六年、一四九七年從布里斯托出發，可能就是因為那些水手已在大西洋發現一些島嶼，可能比哥倫布還早。更有些令人心癢的線索指出，卡博托可能曾經沿著美洲海岸往南長距離航行，表示英格蘭探險隊比葡萄牙還早發現南美洲。不管是否屬實，發現的精神在一四八〇與一四九〇年間瀰漫在空氣中，我們不該因為哥倫布後來的名聲，以及自我吹捧的才能，而膨脹他探險先鋒的地位。恩里克王子與葡萄牙國王若昂二世兩位反而比哥倫布還要堅決，論歐洲政治與經濟的擴張，這兩位應得功勞。哥倫布到處糾纏歐洲的君王長達七年，要求他們資助他的探險，但恩里克王子花了十五年，只為說服他的航海員超越博哈多爾角。若昂二世建立海線貿易帝國的遠見，加上各地建立的碉堡，使葡萄牙這樣的小國，不需治理幅員廣闊的陸地國家，也能立足於印度。令人實在很想說，這兩位值得成為推動改變的主角。

但到頭來，還是哥倫布的新發現，繼黑死病後如雷霆般震撼歐洲。正是他個人稱王的野心，西班牙因此走上建立海外龐大帝國的路。因為哥倫布，西班牙語是今日世界第二大的通行語言，僅次於中文。也是哥倫布自吹自擂的才能，讓全歐洲都知道他的名字。因為他，人們忽然開始提出那個重要的問題：如果古典時期的偉人漏掉那兩個大陸，他們是不是還漏掉別的？

---

1 進一步的討論，請見Ian Mortimer, 'What Hundred Years War?' *History Today* (October 2009), pp. 27-33

2 見C. R. Boxer, *The Portuguese Seaborne Empire 1415-1825* (1969), p. 26

3 精確測量地球半徑的數字當時確實存在。埃拉托斯特尼（Eratosthenes, 276-194 BC）和波希多尼

（Posidonius, 135-51 BC）在古典時期都得到誤差約一千英里的數據，接近正確數值。但哥倫布並不知道這些數據。

4 見 Jean Gimpel, *The Medieval Machine* (2nd edn, 1988), p. 153。一座水銀驅動的天文鐘，在同一個十年期間出現在卡斯提爾的手抄本中。

5 見 Ian Mortimer, *The Perfect King* (2006), p. 288

6 見 Gimpel, *Medieval Machine*, p. 169

7 見 Lynn White Jr, *Medieval Technology and Social Change* (OUP paperback edn, 1964), pp. 125-6; Ian Mortimer, *The Fears of Henry IV* (2007), pp. 92-3

8 見 White, *Medieval Technology*, p. 127

9 見 The National Archives, Kew London: DL 28/1/2 fol. 15v.

10 見 Lucy Toulmin Smith (ed.) *Expeditions to Prussia and the Holy Land Made by Henry Earl of Derby* (1894), p. 93

11 見 Christ Woolgar, *The Sense in Medieval England* (2006), p. 139。較便宜的兩面鏡子分別是十五先令五便士、七先令九便士。第三面鑲上珠寶的鏡子價值十三鎊十先令。

12 古騰堡可能沒有「發明」印刷術，但學到這個點子。如同今日普遍知道，比起西方，印刷術在幾個世紀前的中國就常見了，而韓國人在古騰堡之前幾十年就使用活字。也有人說 Laurens Janszoon Coster of Haarlem 在一四二〇年初期就使用木刻活字印刷拉丁文，但是後來大火燒了他的家。在古騰堡之前，可以確定已經開始木板印刷。見 Asa Briggs and Peter Burke, *A Social History of the Media* (2005), p. 31

13 同上，p. 33

14 見 Evan T. Jones and Alwyn Ruddock, 'John Cabot and the Discovery of America,' *Historical Research*, 81 (2008), pp. 224-54

# 十六世紀（一五〇一～一六〇〇年）

以現代的想法來看，十六世紀應該從一五〇一年一月一日開始，但當時可不是這樣，除非你住在熱那亞、匈牙利、挪威或波蘭。在威尼斯，新的一年從一五〇一年三月一日開始；在英格蘭、佛羅倫斯、拿波里、比薩，是從三月二十五日開始。在法蘭德斯，新年就是復活節當日，每年的日期都不同。在俄羅斯，則是九月一日。另外，米蘭、帕多瓦、羅馬，以及德國眾多邦國，一年從十二月二十五日開始。最令人困惑的是法國：新年有四個日期：聖誕節、三月一日、三月二十五日，或復活節，端看你住在那個教區。直到一五六四年，胡希雍詔書（Edict of Roussillon）之後，法國的曆法才標準化，由一月一日開始，一五六七年實施。如果你認為過去比現代單純，那麼這個日曆的問題會讓你再三考慮。

然而，統一新年的日子，用意絕不是為了降低複雜程度。上述的慣例全都是以古羅馬的儒略曆（Julian Calendar）為基礎。根據儒略曆測量時間的方式，日曆的十二個月比地球實際繞行太陽一圈多出十分鐘以上。一年裡的十分鐘聽起來好像沒什麼，但到了十六世紀，十二月二十五日已經和基督誕生那一年的聖誕節相差十天了。因此，一五八二年教宗額我略十三世（Gregory

德文郡的摩爾登漢普斯德。中世紀時，車輛還無法進入莊園。11世紀最重大的轉變之一就是透過教堂興建，這樣偏遠的地方成為拉丁語世界的一份子。

埃克賽特城堡，1068年由威廉公爵興建。威廉發現英格蘭的薩克遜人沒有城堡防禦，因此容易攻打。像這樣的堡壘也加強領導者與土地之間的政治關係。

施派爾主教座堂，於1030至1106年之間建立。神聖羅馬皇帝的地位被教宗超越後，為彰顯皇帝的權力而興建，當時是浩大的工程。

12世紀末英國薩里（Surrey）的丘登教堂（Chaldon Church）壁畫，描繪審判與拷打靈魂的景象。12世紀開始，煉獄的教條興起：人們開始相信死後不會直接被送往天堂或地獄，並可以透過善行和禱告救贖自己。

一位阿拉伯的醫師正在放血（約於1240年）。12世紀期間，大量古典時期的醫學文獻收藏在地中海地區的圖書館，翻譯家將阿拉伯文翻譯成拉丁文。在薩雷諾，翻譯促成早期的大學成立醫學專科。

13世紀巴黎沙特爾主教座堂（Chartres Cathedral）部分的彩色玻璃，描繪一名酒商的馬車上載著酒桶。這個時期整個歐洲大陸的商業十分繁榮。

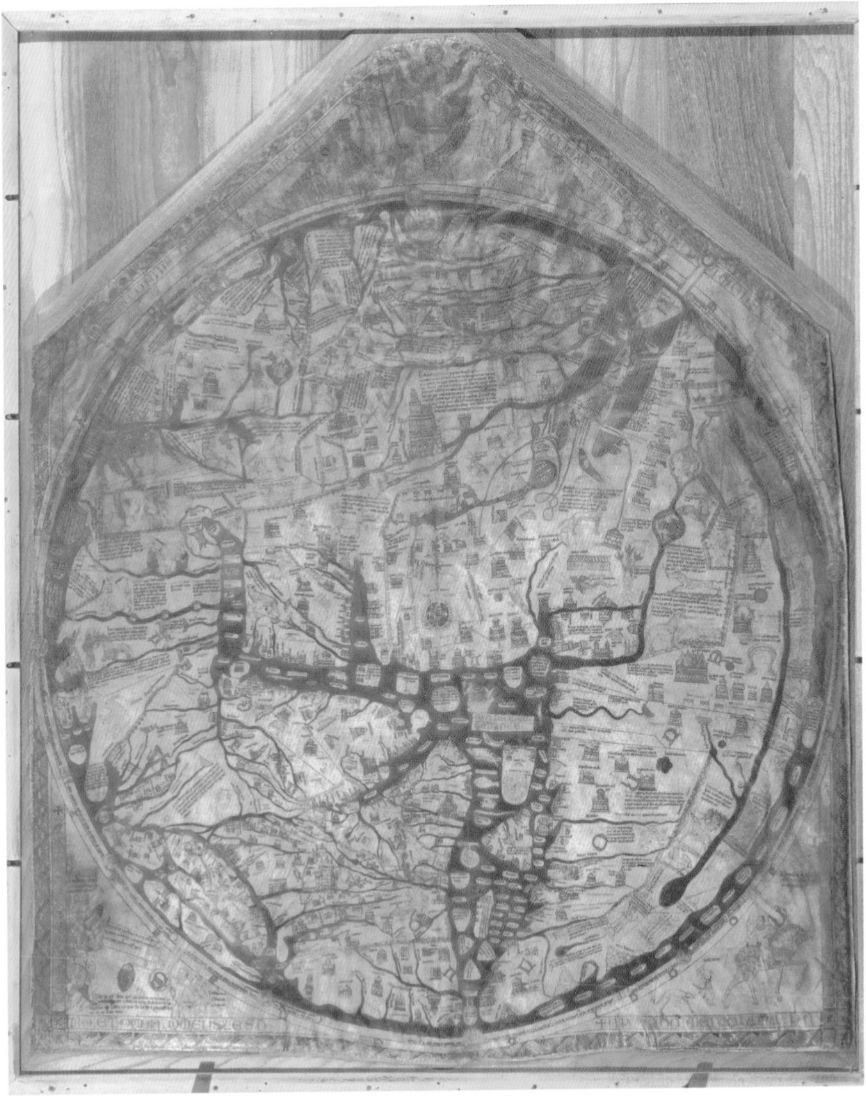

赫里福德世界地圖，約於1290年由哈丁罕的理查（Richard of Haldingham）繪製。與其說是真實的地圖，不如說代表當時的知識。耶路撒冷在地圖正中央，紅海在右上方，不列顛群島在左下方，直布羅陀海峽在下方。這個世界另外四分之三——亞洲與非洲，都在基督宗教世界之外，作者一無所知。

埃克賽特主教座堂裡的屍體雕像。黑死病強迫人民重新思索他們與天主的關係。許多重要人士會建造類似這樣的象徵物，代表他們俗世的地位與原罪。

教宗若望二十二世的黃金玫瑰，由米努丘・達・錫耶納於1330年打造。黃金玫瑰是教宗每年賜給具備資格的王子、領主或教堂的神秘禮物。玫瑰精緻的工藝與我們對14世紀熟知的百年戰爭與黑死病，形成強烈對比。

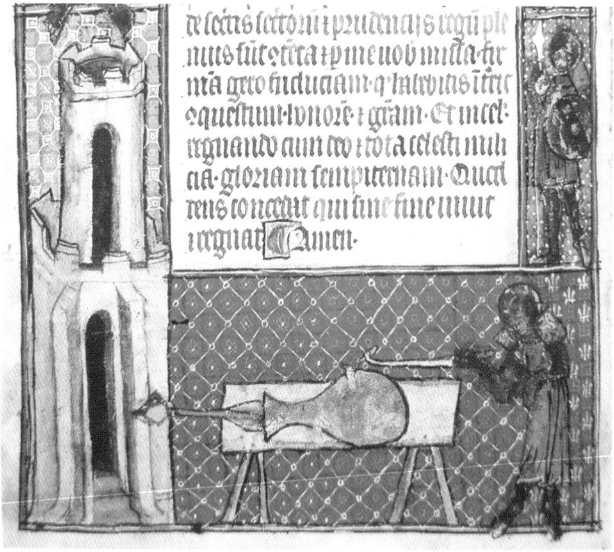

加儂炮最早的圖畫，取自1326年麥米提的華特（Walter de Milemete）寫給年輕的愛德華三世關於君王的論述文。愛德華身為國王，比他同時代的統治者更熱衷拋射武器，包括在英格蘭南部城堡建造砲座。

《一個男人的畫像》，可能是揚・范・艾克於1433年10月21日所繪的自畫像。一年後他又畫了《阿爾諾菲尼夫婦》，畫中背景出現鏡子。玻璃鏡子是中世紀經常被低估的一項發明，從視覺的透視法到個人主義皆受其影響。

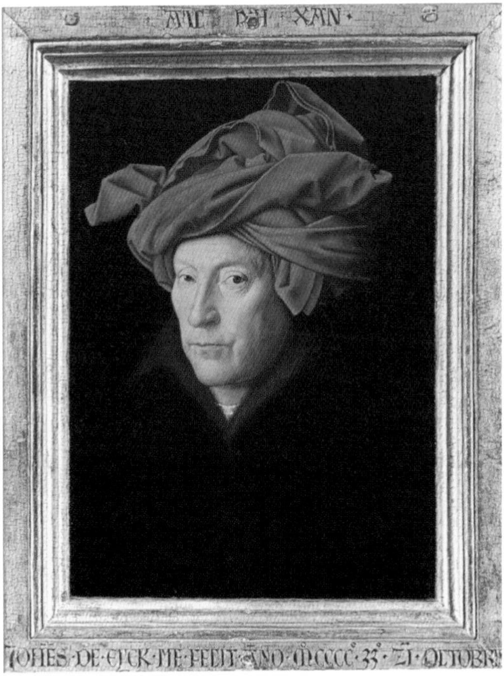


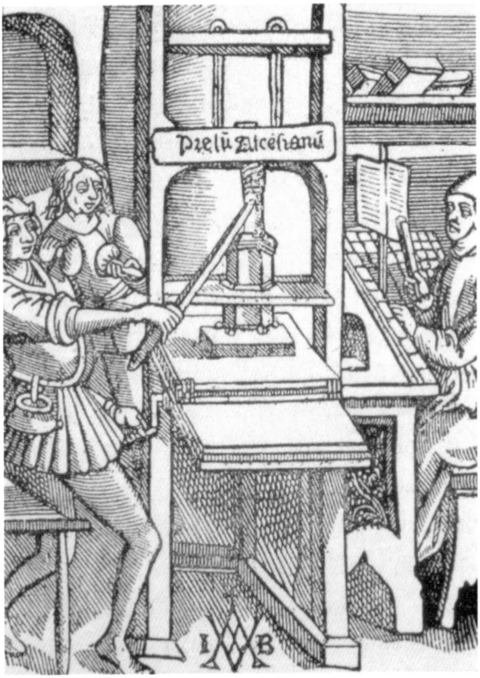


印刷術，取自一本1498年的書。1620年法蘭西斯・培根表示印刷、火藥與指南針改變了世界。當時他是對的，但印刷術初期只產出昂貴的拉丁文書籍，很少人能讀懂，更少人負擔得起。直到《聖經》以地方語言印刷後，其影響力才展開。

15世紀末期，康沃爾郡考特黑爾宅邸禮拜堂的時鐘。中世紀後期時間從自然、天主的禮物，變成俗世、機械量測的單位。小時，是第一個國際通用的單位。

謝巴斯提亞諾（Sebastiano del Piombo）所繪的哥倫布肖像。他對西印度群島的人來說可能是殘酷的暴君，但對世界歷史的重要性卻非常崇高，代表古典知識的闕漏與新世界的財富。

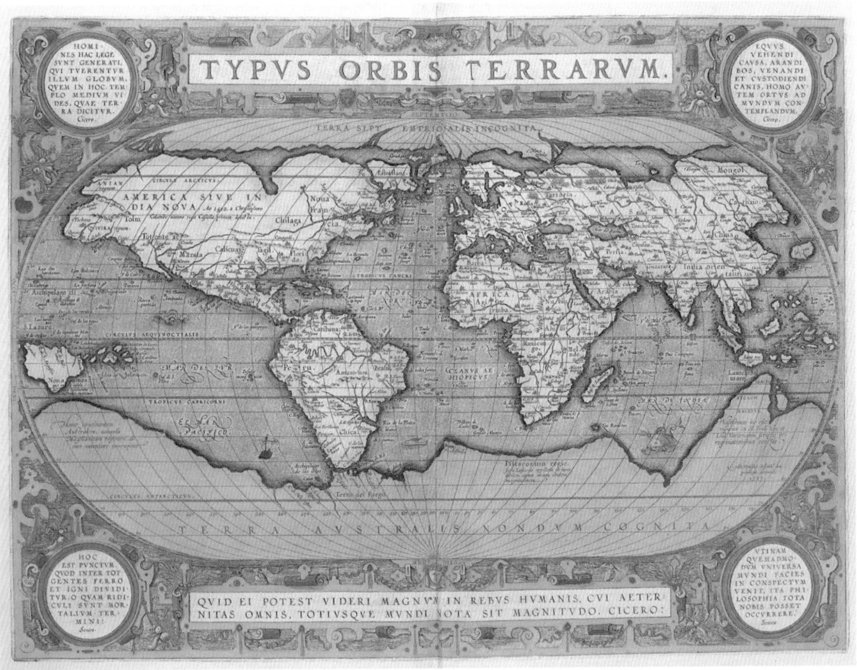


亞伯拉罕・奧特柳斯《世界概貌》(*Theatrum Orbis Terrarum*)中的世界地圖(1570年)。這是首次使用麥卡托投影法繪製出版的地圖。和約於1290年的赫里福德世界地圖相比,你可以發現15、16世紀的世界於探索與記錄世界有重大的進步。

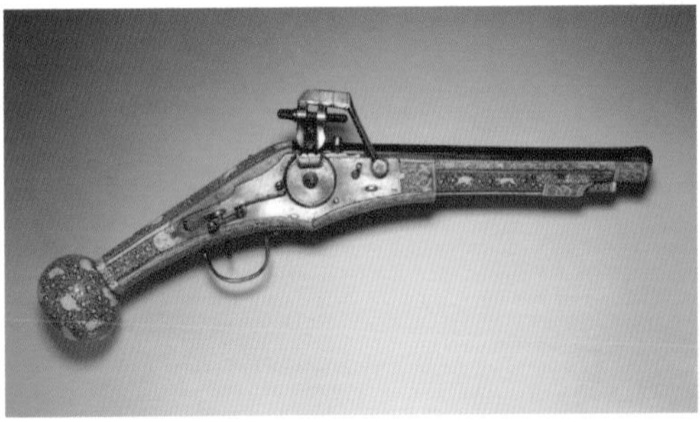

1500年之前,多數的槍既笨重又不準確。16世紀槍炮技術出現重大進步,這把簧輪獵槍可追溯自1578年。

印刷不僅帶動文字的流通,對傳播科學知識的圖像也非常重要。這是1542年萊昂哈特・福克斯《植物史論》中手繪的鳶尾花印刷(木刻)。

XIII）改革曆法：當年的日曆刪去十天，另外，除非年份能被四百整除，否則能被一百整除的年份不設閏日。從此每四百年就會短少三天，也就是今日世界各地使用的曆法系統。大多數的天主教會從一五八二年十月四日星期四這一天開始採用額我略曆，隔天隨即變成十月十五日星期五。當然，新的曆法在日期上造成全面的改變，而多數的基督教國家一直保留儒略曆，直到十八世紀才採用額我略曆。〔譯注：額我略曆是羅馬天主教教宗訂立的，宗教改革後興起的基督教（Protestant），又稱新教，為抵制羅馬天主教，十八世紀才開始採用。〕因此，雖然英格蘭和佛羅倫斯一五八三年時，都在三月二十五日慶祝新年，佛羅倫斯卻早了英格蘭十天慶祝。像這樣的事情，透露出現代前期歐洲錯綜複雜的變化，就連我們視為理所當然的日常事務也不例外。

額我略曆法的引進只是十六世紀每日瞬息萬變的事情之一。一五〇〇年，只有極富有的人才會搭乘馬車旅行；到了一六〇〇年，人們說：「世界在輪子上轉」，而且抱怨路上危險的交通事故，這是有憑有據的。中世紀的房屋裡，頂多只有張木板桌、兩把凳子、床、箱子、餐具，便沒其他了。然而十六世紀的房子，內有大量的木質家具與紡織品，例如窗簾、帷幔、地毯、靠墊、櫥櫃和椅子。至於用餐時間，一五〇一年，歐洲北部幾乎沒有人吃早餐。中世紀的習慣是一日兩餐：午餐大約在上午十一點，晚餐大約在下午五點。但隨著越來越多人搬進城裡，每天漫長的工時，導致他們到了夜晚才有時間吃晚餐。於是每日最豐盛的一餐——午餐，也就順延兩個小時。為了撐到吃午餐的時間，早上必須吃點東西，也就是早餐。學校也促成這項轉變，越來越多男孩上學，他們必須吃早餐才能長時間上課，因此到了一六〇〇年，早餐就成為習慣了。

人口成長經過長時間的停滯後，十六世紀再度見到擴張。人們竟開始抱怨人口過剩。一六

○○年時，只消一個工人半天的薪水就可以買到「看的玻璃」，也就是鏡子，個人主義持續快速成長。另外，由於人們越來越常記錄社區中的事件，並加入個人的經驗與感想，也就發展出我們現在熟知的日記。越來越多富人雇用畫家描繪肖像，因此我們較容易描述十六世紀有錢男女的長相，反倒是他們中世紀的祖先長什麼樣子，我們實在不太清楚。生活優渥的人家經常在房屋裝設玻璃窗，比起他們的祖先，他們在室內享受更多日光。他們也開始建造、維護觀賞的花園，悉心規劃，設置噴泉、雕像等裝飾；從前的花園純粹為了種植蔬菜、藥草等實際目的而存在。對很多都市人來說，生活比起先人已經沒那麼困苦了，甚至常常在宴會上談論生活品味，並為此徵詢建議。

當然，對社會底層的人來說，並不是這樣。莎士比亞早期的戲劇首次公演的時候，英格蘭有上千人正死於一五九四到九七年的瘟疫。這樣去思考比較平衡。但即使沒那麼富裕的人也覺得自己的生活改變了。根據威廉・哈里森（William Harrison）的《英格蘭描述》（*Description of England*，一五七七年）一書，平民百姓的生活方式，在這段期間有三個重大的進步。第一，城鎮的房子普遍裝設煙囪。對你來說這可能沒什麼好驚奇的，但對從前只能在房屋中央生火取暖的人而言，這可是大大的進步。在房屋中央生火，源源不絕的烏煙將你籠罩，沾染你的衣服，刺激你的雙眼，不僅薰黑你的肺臟，也薰黑你家的橫樑、屋簷，還有牆壁。第二，普通百姓現在睡在棉絮填充的床，有枕頭和床單；從前睡在地板的稻草上，蓋張毛毯，拿根圓木當枕頭。第三，這時候很多人用錫製的湯匙和盤子吃飯，用錫製的杯子喝酒，而從前，絕大多數的餐具都是木製的。

到了一六○○年，多數人的生活作息對你而言應該不陌生。他們早上起床，先洗臉、洗手、刷牙。八點吃過早餐後便出門上學或上工，近中午的時候吃午餐。回家後，用金屬的刀和湯匙，吃著金屬盤子裡的晚餐，依著火爐取暖。他們躺在像樣的床上，床墊鋪著床單，靠著枕頭睡覺。如果你最關心的是日常生活，那麼你可以說，過去一千年中，十六世紀在這方面是改變最大的。然而，同樣一段時間，還見證了更深遠的變化。

## 自己的《聖經》自己讀

十六世紀初期，歐洲約有兩百五十家印刷廠，一五〇〇年的時候，估計一共出版兩萬七千本書。如果每一本書印刷的數量是五百本，那麼約有一千三百萬本書在當時八千四百萬人之間流通。[1]這樣的數字看似驚人，但需要加以說明。百分之十五的人口擁有書籍當然是不可能的。絕大多數識字的人根本沒有任何印刷的書籍，更不用說百分之九十的人口不懂得讀寫。多數的書籍以拉丁文印刷，內容基本上是神學，不太容易引起興趣。另一方面，富裕的人確實收集書籍，很有可能擁有幾本。若一五〇〇年的時候，有一千萬本書留存，大概會在五十萬人手上，而且擁有人多半是機構。低於百分之一的歐洲人口擁有書籍，這麼說也不為過。一五〇〇年廣受歡迎的傳播媒介，依然是講壇和市場，不是印刷文字。

改變這個情況的關鍵是本土語言《聖經》的發行。人們想讀的書純粹就只有《聖經》，沒有別的。他們想要自己研讀《聖經》，不想透過司鐸介入，如此才能提升在世間的同胞，以及天主眼中的地位，增加死後上天堂的機會。為了家人和朋友的利益，他們也想瞭解《聖經》。這樣一來，對於如何過著聖潔的生活，就能給予建議。因此，《聖經》是終極助己的寶典。本土語言的《聖經》在中世紀就存在了，有些相當具有影響力，例如谷雅．穆朗（Guyart des Moulins）翻譯的法文《聖經》（*Bible Historiale*），歸功於彼得．瓦爾多（Peter Waldo）的普羅旺斯文《聖經》；約翰．威克里夫的英文《聖經》。但這些只找得到手抄本，意思就是不僅稀有，而且昂貴。印刷術使《聖經》能夠以便宜的價格大量發行。儘管如此，造就變化的並不是印刷本身，而是本土語言的版本。沒上過學就幾乎不可能學會拉丁語，但很少人能接受學校教育，因此本土語言的《聖經》幫助很多人學習閱讀，也使他們能夠研讀天主的話語。這三者的結合——印刷出版、本土語言，以及《聖經》於精神上的重要性——挑戰講壇與市場獨佔的傳播媒介，最終將歐洲轉變為具有讀寫能力的社會。

不同國家印刷本土語言《聖經》的時間也不同。德語國家是最早出現成品的，約翰．曼特林（Johannes Mentelin）在一四六六年發行他的《聖經》翻譯。第一本義大利文的《聖經》，一四七一年在威尼斯由尼可洛．馬列密（Niccolò Malemi）出版；第一本捷克文《聖經》隨後在一四八八年出品。一四七六年，法文的新約在里昂（Lyons）出版；一四八七年，讓．德．列里（Jean de Rély）出版穆朗的法文《聖經》。這些早期的《聖經》都是由拉丁文通行本翻譯而成；希臘文的翻譯本要等一五一六年鹿特丹的學者埃拉斯木（Desiderius Erasmus）完成希臘文的新約之後才有。馬丁路德以埃拉斯木的希臘文版本為基礎，一五二二年將新約翻譯為德文，一五三四年與德文版的舊約一起發行。新的法文《聖經》分別在一五二三年（新約）和一五二八年（舊約）發行。威廉．廷代爾（William Tyndale）將埃拉斯木的新約翻譯為英文，在沃爾姆斯（Worms）發行，卻被當局認為用字不當、誤譯而視為異端，一五三六年將他綁在木樁上燒死。他死的時候，舊約的翻譯尚有一半未完成，約翰・羅傑斯（John Rogers）接續他的工作，並在一五三七年完成。在這不久之前，邁爾斯・科弗代爾（Miles Coverdale）才剛發行完整的英文《聖經》。一五三九年，英格蘭政府核定本土語言《聖經》的發行，即《大聖經》（*Great Bible*），並規定每個堂區教堂都要有一本。丹麥人和挪威人於一五二四年時有了自己的新約，一五五〇年擁有整部《聖經》；瑞典人分別在一五二六年和一五四一年擁有本土的新約和舊約；西班牙則是一五四三年和一五六九年；波蘭是一五五四年和一五六三年；威爾斯是一五六三年和一五八八年。芬蘭人的芬蘭文學則由米卡艾爾・阿格里高拉（Mikael Agricola）在一五四八年出版的新約開始。一六〇〇年的時候，幾乎沒有哪個地方找不到本土語言《聖經》，只有葡萄牙與俄羅斯要等到十八世紀，才有以自己的語言出版的完整《聖經》。

人們紛紛藉由本土語言的《聖經》而學習閱讀，其重要性不容小覷。一五三〇年之前，英格蘭約有一半的出版品是英文，另一半是拉丁文，但一五三〇年間，英文出版品的比例高達百分之七十六；一五三九年《大聖經》發行後，即超過百分之八十。這裡出現了雪球效應：本土語言的書籍越多——尤其是《聖經》，學會閱讀的人就越多，隨之而來，對新書的需求也越多。在英格蘭，十六世紀最初十年，印刷書籍的種類只稍微多於四百種，而十六世紀最後十年，已超過四千種。一五五〇年，有個義大利作家抱怨，坊間有這麼多書，他連看完標題的時間都沒有。[2]最重要的是，一本書被人拿起來閱讀的頻率也增加。從前一本拉丁文的書會被有錢人鎖在書櫃裡，只給他信任，又受過教育的朋友閱讀，現在多數本土語言的書都能流通，被不同的人閱讀十幾次。

由於越來越多知識透過書籍傳播，眾人漸漸瞭解閱讀的價值，學校也如雨後春筍般開設，大學教育更是枝繁葉茂。印刷自然成為傳播與吸收知識的推手。對於想要瞭解與宣揚科學理論的人來說更是有利。在印刷盛行之前，科學書籍只能由抄寫員一字一字辛苦地抄寫，他們通常不懂自己抄寫的內容，因此出現不少錯誤。科學知識的傳播不僅緩慢，還有瑕疵。印刷使科學研究傳播更快、更正確，促進歐洲的科學社團成長茁壯。社團之間分享彼此創新的想法，也互相評論，因而裨益許多科學家。一五四三年，哥白尼的《天體運行論》發行時，廣大的出版數量表示許多天文學家同一時間都在討論他的發現。而且，儘管教會當局希望維持地球是宇宙的中心這個不容質疑的真理，他們還是無法鎮壓此書。

科學研究能往前邁出一大步，並不單靠活版印刷，複製圖像的能力也一樣關鍵。一五四二年，萊昂哈特．福克斯（Leonhart Fuchs）出版一本重要，而且插圖精美的書籍：《植物史論》（*De Historia Stirpium Commentarii Insignes*）。專業的藝術團隊仔細地雕刻木板，並依據作者的描述徒手上色。藥草已經存在好幾世紀了，但之前從來沒有科學的專著或精緻的描繪，更沒有任何科學著作以如此高水準的技術大量印刷。隔年，安德雷亞斯．維薩流斯（Andreas Vesalius）的著作《人體的構造》（*De Humani Corporis Fabrica*），更可見圖像印刷的重要性。一三〇〇年，教宗鮑尼法八世禁止解剖屍體，因此，中世紀後期以來解剖學的基礎都建立在蒙迪諾．德．魯茲（Mondino de Luzzi）的《解剖學》（*Anatomia Mundini*）。此書根據蓋倫和阿拉伯人的研究，一三一五年於波隆那完成。一四七八年印刷出版後，又再版四十次，蓋倫的解剖理論從此不朽。[3]當然，那些理論並不完美，古典時期的人聽到人體解剖也會皺起眉頭，因此蓋倫的理論多數來自動物解剖。可想而知，解剖的知識長久以來謬誤眾多。多數的醫學院一年只能收到幾個絞刑犯的屍體，解剖象徵的意義也大於實驗的意義。偶爾進行醫學解剖時，內科醫師會拿起蒙迪諾參考蓋倫寫成的書，朗讀相關章節，同時外科醫師進行解剖。醫師告訴觀察解剖的學生，心臟有三個心室，肺臟有五片肺葉；在當時的解剖房裡，學生不能太靠近大體，也不能發問。因此在他們面前進行的解剖，實際上只為展現教師權威，同時誤導學生。幸好，維薩流斯的著作一掃這些陋習，引進解剖學的科學研究。許多精心繪製，接著雕刻在木板上的圖像，展現不同姿勢的身體解剖，顯示骨骼與肌肉的結構。這些圖像改變學生對解剖學的態度，外科醫師也不顧教會禁止，踴躍參與解剖研究。

建築、地理學與天文學同樣受惠於圖像印刷。雖然安德烈亞・帕拉第奧（Andreas Palladio）的《建築學四書》（一五七〇年）只在義大利發行，但書中論述維特魯威原則（Vitruvius，譯注：西元前八〇、七〇至西元前一五年，羅馬建築師），以及其他古典建築，影響全歐洲。一五七〇年，圖像複製的技術也促使亞伯拉罕・奧特柳斯（Abraham Ortelius）運用麥卡托投影製作首部現代地圖集。第谷・布拉赫（Tycho Brahe）的著作《新星》於一五七三年出版，裡頭包括一張圖表，顯示超新星過去在天空中被觀察到的位置。此外，第谷在一五九八年出版的著作《新天文儀器》（*Astronomae Instauratae Mechanica*）詳細描述他觀察的技術，透露他為何如此準確測量天空，其他人能夠再進步之處。因此印刷不止是散播知識，也能作為科學進步的催化劑。（譯注：當時的宇宙觀同意亞里士多德學派，認為宇宙是以地球為中心的同心球殼，並以月球為界，將宇宙分成兩部分，月球以外的部分恆常不變。而第谷在天空中觀測到超新星的出現，並推論這

顆新星位於月球外層，證明亞里士多德理論的謬誤）

上述幾點可見印刷革命帶來的衝擊。另外較不明顯的影響是，隨著印刷字體的傳播，識字人口增加，書寫字體的重要性也同時提升，繼而影響國王與臣民的關係。各國政府現在開始想要瞭解居住在領土範圍內的居民。幾乎歐洲每一個國家都開始記錄人民受洗、結婚、喪葬。英格蘭從一五三八年開始。法國從一五三九年起開始記錄每一次受洗，一五七九年起記錄所有的結婚和埋葬。在德國，早從一五二〇年就有一些堂區開始記錄，多數的邦國從一五四〇年間開始系統性的進行。在葡萄牙，十二個堂區中，有一個早從一五二〇年間就開始記錄。一五六三年特利騰大公會議（Council of Trent）建議堂區每一次受洗、結婚與喪葬都要記錄，而多數尚未施行的天主教國家都在三十年內開始編纂。例如義大利，堂區記事到了一五九五年已經是無所不在了。

堂區記事只是冰山一角。在英格蘭，國家要求的書寫紀錄更是龐大。每個郡縣法庭必須保留地方法庭一年四次的開庭紀錄。教會法庭必須保留遺囑的核准紀錄，並保存上百萬份遺囑、財產目錄、收支明細的副本，作為判決依據。教會也需評量學校教師、內外科醫生、助產士，並核發執照。地方法官自一五五二年起，開始核發旅社老闆和食品業者的許可。在每個堂區裡，公路調查員必須記錄道路維護的金錢收支。教堂執事必須維護堂區基金的帳戶，低收入戶的補助款項也需要詳細條列。地方的民兵組織需編列入伍受訓保家衛國的男子名冊，民間繳納以供應民兵糧餉的稅收也要記錄。

政府終止中世紀的卷軸紀錄，改成立個別的部門專門擔任。到了這個世紀的尾聲，這些部門也開始收集統計數據，調查項目包括每次瘟疫爆發的罹難人數，每個郡縣營業旅社與酒館的數量，以及個人納稅的紀錄。政府同時也箝制某些書籍的出版。倫敦以外的地區，只有兩所大學出版社擁有出版許可，而所有的出版品都必須向首都的出版同業公會（Stationer's Hall）登記，以利官員審查所有印刷內容，禁止任何有違利益的出版品發行。不論在控制新興的書寫文化，或利用這個文化監控人民，政府的作為都是前所未見。今日我們對於政府這樣的介入也許習以為常，但從一五〇〇年個人紀錄不多的王國到一六〇〇年，國家深入細節的調查，兩者之間跨越了巨大的一步。

另一個較不明顯，但同樣由本土語言印刷帶來的社會變動，就是女性的社會地位。中世紀時期，非常少見女孩學習閱讀。如果一個女人能夠書寫，她也知道絕大多數的讀者是男性，而如果他們不喜歡她寫的東西，他們僅需銷毀她的手稿就能要她閉嘴。印刷終結了這個現象：如果一本書的印刷數量夠多，她的敵人就不可能輕易將她的著作徹底銷毀。而且，書籍不會歧視讀者。很多老師根本不會考慮教導女孩，但書本不會在意讀者是男是女。聰慧的女子很快就瞭解她們和男性一樣，能從書本中獲得知識。而且，女性還有一個特殊的理由促使她們學習閱讀。世紀以來，她們被教導自己在法律上、生物上、靈性上、社會上，都比男人低等，理由是夏娃在伊甸園給了亞當一顆蘋果。現在她們學會閱讀，就能夠自己詮釋《聖經》的故事，對性別不平等表達自己的看法。再者，她們可以藉由印刷表達己見，如此更能確保其他識字的女性有機會閱讀、理解。也難怪在英格蘭，整個十六世紀以來，男性的識字率從百分之十到百分之二十五，成長超過兩倍，而女性識字率竟從小於百分之一提升到大約百分之十，成長將近十倍。[4]

僅是瞭解被歧視的根本原因，姊妹們並不服氣，她們甚至想要矯正性別之間的不平等。在義大利，圖利婭・達拉戈納（Tullia d'Aragona）於一五四七年寫下《愛的無限對話錄》（*Dialogues on the Infinity of Love*），主張性慾並非道德上的錯誤，若將女人的性行為視為罪過，這麼做本身就是不道德、厭惡女人。嘉絲芭拉・斯塔姆巴（Gaspara Stampa，逝於一五五四年）被情人拋棄後，寫了一系列情感濃烈又動人的情詩，其中展現的文學技巧與論述才智，幾乎沒有男人可以匹敵。十六世紀最後十年，兩性關係在義大利成為熱門話題，幾位聰明的女性對於男性作者毫不留情的批判做出回應。茹葵佳・瑪利內拉（Lucrezia Marinella）在她一六〇〇年的著作《女性的高貴與卓越》（*The Nobility and Excellence of Women*），以及《男性的缺點與陋習》（*The Defects and Vices of Men*）中，猛力抨擊過去貶低女性作家。莫德拉塔・豐特（Monderata Fonte）在《女性的價值：她們比起男性的高貴與優越》（*The Worth of Women: Wherein is Clearly Revealed Their Nobility and Their Superiority to Men*）著作中，七個威尼斯女性討論為何男人與婚姻似乎注定為女人帶來不幸，維持單身反而更好。

在英格蘭也可見到類似的辯論。伊莎貝拉・惠特尼（Isabella Whitney）是英格蘭第一位出版詩集的女詩人，在她的詩集《給變心情人的信》（*The Copy of a Letter, Lately Written in Meter by a Gentlewoman to her Unconstant Lover*），將痛徹心扉的感受以精簡的詩句表達出來。珍・安杰（Jane Anger）於一五八九年出版火藥味濃重的佳作《保護女人》（*Protection for Women*），書中她質問：「史上有（任何人）像我們女人，如此被虐待、被毀謗、被責備、被惡意不公對待嗎？」傑出的艾蜜利亞・拉尼爾（Emilia Lanier）在〈女人的辯護〉（Eve's apology for the defense of women）一詩中（一六一一年），為許多女人發聲。她主張在伊甸園，整個蘋果事件根本是亞當的錯。神將他造為強壯的男人承擔責任，如果他沒盡到本分，為什麼只有夏娃該被責備？在英格蘭與義大利，受教育的女性開始翻譯古典文獻。首齣由女性書寫的英文原創戲劇《瑪莉安的悲劇》（*The Tragedy of Mariam*），也於一六一三年由福克蘭女士伊麗莎白・凱莉（Elizabeth Cary, Lady Falkland）著作發行。

這些僅是女性寫作這波大浪的浪花而已，其他出版與未出版的還包括許多書信、宗教文宣、日記、回憶錄，以及食譜。到了這個世紀的末期，女人寫給女人、女兒當自強的書籍，一印再印，多達千冊，而且售價不超過一個技術人員一天的工資。這些書籍幫助女性形塑自我認同，強化個人意識。因此，印刷術推動女性與知識的新關係；當然還有，女性和男性的新關係。

## 教宗，給問嗎？

宗教改革發源於說德語的薩克森邦（Saxony）應該不令人意外。一五一七年的時候，《聖經》在德國已經通行超過五十年，多種版本使人們能夠靠自己閱讀，並討論天主的話語。但他們卻日漸擔心起來。他們發現《聖經》裡描述的早期教會，和他們那個時代的羅馬天主教會竟有巨大的差距。例如十六世紀早期，你可以付一筆錢給贖罪券的賣家，買到一張紙，據說那張紙能赦免你部分或全部的罪。付給教會越多錢，就能赦免越多罪。但《聖經》裡頭找不到這件事的根據。他們的罪真的能靠買一張紙就得到寬恕嗎？有些人開始懷疑，那些不擇手段的司鐸只是從《聖經》裡選一些有利自己的章節，同時禁止那些妨礙目的的文字。此外，教會那些在《聖經》

裡完全沒提到的作為又該怎麼說？《聖經》的文字除了隱約提到什一稅，並沒有提到其他需要付給堂區聖職人員的奉獻，也沒有提到修道院或擁有地產的教會。基督的教導中找不到整個教會階層的基礎。至於玫瑰經、婚戒、聖歌、聖衣，這些宗教的行頭和配備是從哪裡來的？大眾真正關心的，也是宗教真正的目的：指導他們在世上依據天主的教導生活，與這些事物似乎無關。

在這樣憂心忡忡的脈絡中，馬丁路德挺身而出。他是一名修士，也是維滕貝格大學（University of Wittenberg）的神學博士。當時教宗為了在羅馬興建聖伯多祿大教堂，向不知情的人民以高價出售贖罪券，路德為此非常憤慨，質疑教宗這個行為的正當性。一五一七年十月三十一日，故事便這麼展開，他在維滕貝格城堡教堂的門口釘上一張清單，上有九十五條論綱。這九十五條基本上是在指稱贖罪券的販售純粹是教宗集資的手段。路德堅稱，教宗只能赦免他加諸在人民身上的懲罰；至於人的罪，以及煉獄中接受的待遇，只有神能夠決定。他拋出幾個燙手的問題，質問教宗的權威。如果教宗真有權力解救煉獄中的靈魂，他何不直接把所有罪者的靈魂釋放出來，還留他們在那裡受苦呢？為什麼人們還要為已故親人付費做彌撒？最重要的，既然教宗這麼富有，他何不乾脆自掏腰包蓋他想要的教堂就好？

一五一七年之前就曾有許多對天主教會權威的挑戰：十三世紀的卡特里派，十四世紀後期的羅拉德派，十五世紀初期的胡斯，但路德的攻擊是最有力的，因為他表達的正是當時全歐洲的人心裡想的。此外，不像中世紀的異端，他的觀點在印刷術推波助瀾之下廣為流傳。一五二〇年他被宣判為異端的時候，他已經是個既受歡迎又受尊敬的人物，而且人們開始根據他的教導，改變自己的信仰與崇拜。一開始只是想要由內改革天主教會，後來竟打破教會結構，以及基督宗教世界的團結。各種不同觀點的改革者紛紛想要重新改革教會，以符合他們自己宗教或非宗教的目的。次溫格利（Ulrich Zwingli）、加爾文（John Calvin）、梅朗東（Philip Melanchthon），以及多瑪斯穆瑟（Thomas Müntzer）都因不同的教義吸引各自的追隨者，例如嬰兒是否可以受洗，彌撒中的聖餐儀式中，基督是否真的親自降臨，或只是紀念儀式而已。（譯注：次溫格利認為受洗是對神表示崇信的宣示，無法展現這種信心的嬰兒接受洗禮沒有價值）一五二四年，黑森的菲力普（Phillip the Hess）是第一位採用路德教派作為邦國宗教的政治領袖，他甚至想招募路德支持他重新引進一夫多妻制，這樣他就能娶第二個妻子。到了一五三〇年，宗教改革已經跨越德語國家的邊界到達不列顛群島、低地國、斯堪地那維亞半島，以及東歐。教宗即刻宣布與這些地區斷絕關係。在英格蘭，亨利八世（Henry VIII）在一五三四年通過《至尊法案》（Act of Supremacy），與羅馬教廷分裂，丹麥也在一五三六年與天主教會切割，倒向路德教派。就連統治者沒有與天主教會對立的國家，境內的宗教改革者——廣稱為基督徒，人數也快速增長。

這件事的重要性是什麼？這個答案很大程度取決於你是誰，以及你住在哪裡。基督徒往往強烈感受到從天主教會的壓迫中得到解放，繁文縟節與老舊的教條從此停止，基督教國家的公民很高興不需再付給羅馬大筆購買贖罪券的費用，或類似的教宗稅，不需再假裝彌撒的聖餐麵包是基督真正的身體，能減輕一些人的良心負擔，也不需再害怕於煉獄中受苦，想必讓更多人鬆一口氣。但還是有其他缺點。雖然許多付給教會的費用不再送往羅馬，也不表示就會取消，只是改成付給俗世的領主和地主。這也引發新的道德問題：把教會的什一稅付給莊園領主或大學學院是對的嗎？很多人因為傳統宗教儀式廢除而頓失生計，例如在朝聖路途上經營旅社的老闆；在富有的人改信基督教前，幫他們辦理盛大喪葬儀式的殯葬業者也失業了。此外，還有更深層的影響，宗教改革造成流離失所的困惑感。宗教與自然哲學是交織盤旋在一起的，以現代的說法，就是科學；因此對宗教的懷疑必定同時陷入科學的懷疑。以你自己的信仰來思考這個問題，不論你信的是神，還是其他造物主，或是隨機的化學組合，或是其他完全不同的對象。你對於這個世界與萬物從何而來有一番理解。這不是你選擇相信（這與你在公開場合說你相信是不同的），這是你基於許多因素，諸如你的文化背景、你親眼所見、你對其他學說的理解，得到最有可能為真的解釋。現在，想像你的信仰，被世界上一半的人否決，甚至拿起武器來遏止你擁抱你的信仰。這樣的結果，不是使你質疑你對世界的理解，就是使你更加猛烈捍衛你相信的真理。

宗教改革無疑帶來分裂。但必須要瞭解的一點是，這並不單單是基督徒對抗天主徒。確實，「基督徒」確切的意思是什麼也不容易說清楚。然而，人們很確定他們在人世間的信仰會影響他們永恆的靈魂。各地紛紛陷入破除傳統的狂熱與暴動之中，一五二四年在蘇黎世、一五三〇年在哥本哈根、一五四〇與一五五九年在英格蘭，激進的基督徒興奮地搗毀聖人的雕像、燃燒聖壇上方的十字、潑灑白漆在教堂的繪畫《最後的審判》上，許多人不堪其擾。就算你氣憤自己繳的錢淪為教宗奢侈的花用，也不代表你就想見到聖人的聖壇被搗毀，聖徒的遺物四散在風裡。煉獄的問題更是特別惱人。過去，人們將為先人的靈魂禱告視為義務奉行；現在，他們被告知，靈魂不是直接上天堂就是下地獄，他們不能改變什麼。在基督教國家，為了幫捐贈者的靈魂禱告而建立的托缽修會、禮拜堂、修道院，全數關閉，被政府出售。很多人看著家族的墓園被國王充公，賣給有錢的商人，或改建成舒適的鄉間別墅，內心難過極了。這可不是他們的先人寧願將土地和財產捐給教會，而不留給下一代（最終傳給他們）的用意。

教會在十一世紀為了維護和平所做的各種努力，現在都付諸流水。國家之間因為天主教和基督教的區別互相對立，而國家內部因為宗教分裂引起內戰，人民無不惶恐度日。俗話說得好：「通往地獄的路是由善意鋪成的。」路德只是想制止教會內部的貪腐，這是人人都贊同的理想，但他引發的不只是歐洲百年的戰爭；歐洲政府接下來的三百年，不間斷地處決少數的宗教，有些地方的宗教迫害甚至持續到今日。看看十六世紀發生的衝突就夠清楚了：第一波抗爭是一五二四到二五年德國農民戰爭，受到路德和多瑪斯穆瑟教派的鼓舞所引起的廣大社會暴動。這次起義受到德國王侯無情的鎮壓，基督徒和天主徒都一樣；接下來恐怖的迫害更預示了浴血的起義，包括天主教徒在英國的求恩巡禮事件（Pilgrimage of Grace，一五三六年）、祈禱書起義（Prayerbook Rebellion，一五四九年），基督徒自一五六六年起在低地國的起義，以及一五七二年在巴黎的聖巴托羅繆大屠殺（St. Bartholomew's Day Massacre）。

十六世紀後半，國家之間暴力的緊張關係又因宗教嫌疑更加惡化。外國探員的間諜活動造成大眾恐慌，政府也開始暗中監視自己的人民。從前敞開大門歡迎光臨的城市，現在紛紛劃分基督教和天主教集中區。一國之中居少數的宗教，被課以重稅或限制自由。當英格蘭和西班牙的艦隊在海上相遇時，也由於宗教差異成為敵人，正當地朝對方開火。原本堅持不實施政治迫害的英格蘭，也開始對天主教徒刑求，逼他們透露情報。在西班牙，宗教審判所擴大規模，以拔除基督教。特利騰大公會議強調天主教會的合法與正統，並希望透過一連串的內部改革復興，強化聖職人員紀律，禁止異端文獻。新成立的天主教耶穌會（Jesuit）特別鼓勵傳福音、謹慎管理教會，以及排除異端。天主徒與基督徒之間的仇恨隨著本世紀與日遽增。宗教與政治的差異兩相結合，就像一顆炸彈，威脅人們在世間的福祉，也威脅他們往天堂的道路。

宗教改革給予天主教會的政治權威重大一擊。數個世紀以來，教會高階的聖職人員總是若有似無地與統治者對立，不僅是給予建議，甚至也牽制統治者。在英格蘭最有名的例子是十二世紀坎特伯里的總主教托馬斯·貝克特，他對抗國王亨利二世，最終甚至為此付出生命。[5]大多數的國家，除了貴族與平民，高級教士也是其中一個階級，佔有較高的社會地位，因此在政府裡擔任要職。十三世紀的法國，王國十二個爵士中有六個是高級教士。在中世紀德國，有權選舉德國國王（通常也會登基為神聖羅馬帝國皇帝的國王）的人，七個當中有三個是總主教。而此刻，在許多地方的教會領袖和教會的霸權一起崩毀。一五五九年，信奉天主教的女王瑪麗一世（Mary I）逝世後，她派任的英格蘭主教全都拒絕改信基督教。改信基督教的話，他們將不准舉行彌撒，也不准與教宗結盟。繼任的伊利莎白一世（Elizabath I）當然就將他們解職，並將空無一人的主教職交給不僅願意服從她，也願意將價值不斐的教會土地交給她的聖職人員。這樣的人當然不會牽制他們的君主。一五二九年之前，英格蘭幾乎每一任總理大臣，也就是政府部門最高的職位，都由主教或總主教擔任。瑪麗一世在她短暫的在位期間（一五五三到五八年）任命三個高級教士繼任總理大臣，但她死後，玉璽就再也沒交付給聖職人員了。在天主教的國家，例如法國，高級教士仍會受命於政府職位，黎塞留樞機（Cardinal Richelieu）以及馬薩林樞機（Cardinal Mazarin）就是十七世紀高級教士任政府要職有名的例子，但他們只是國家的公職人員，不是主宰政府的人物了。因此，宗教改革掃除阻撓王室權力的障礙，更重要的是，宗教改革將政教合一，授予國王和女王全國教會領導者的頭銜，如同格言所示：「cujus regio, ejus religio」（字面之意：統治的人，他的宗教）。這是一五五五年《奧格斯堡和約》（Treaty of Augsburger）的結論，這個和約化解德國境內路德教派的邦國與神聖羅馬皇帝，也就是西班牙國王查理五世（Charles V）之間的敵對。意思就是，一國的國定宗教應為統治者的宗教。路德自己絕對想像不到，或意欲這樣的情況：他無意間引發這樣的連鎖反應，賦予國王絕對權力，而且反抗這樣的權力不僅叛國，還是異端。

## 令騎士龜縮的火槍

培根於一六二〇年說槍炮「改變了全世界事物的樣貌與狀態」，他指的當然不是十五世紀的火炮。火炮這一類的武器用於摧毀城堡或城市的圍牆，是中世紀投石機的進階版，因此，在大規模的衝突中具有重要性，卻不適用於私人恩怨。火炮的重要性反映在防禦工事的發展上。約在一五〇〇年，義大利的軍事工程師開始研發星形要塞（trace italienne），以厚實、陡峭的城牆築成多稜角的星形堡壘，使軍隊不僅能夠居中抵擋敵軍的加農炮，更能從各個攻擊角度部署火炮。但從很多方面來看，大型火炮和星形要塞仍然是中世紀投石機與城牆競爭的延續，反倒是手持的武器開創了新局面。一五〇〇年，就連可攜式的火炮仍是笨重的小加農炮，一個人幾乎舉不起來，也不可能快速且準確地發射。就算一個人可以靠自己舉起這樣的武器並且開火，等他上膛、瞄準、點燃炮彈時，敵人早就將他殲滅了。因此，還是古老的方法佔盡所有優勢——一組弓箭手，不僅組織便宜、訓練容易，也比一組火炮兵帶著早期的爪槍（arquebus）更容易行動、更準確出擊。比起英格蘭的長弓，爪槍在製作速度、發射速度和攜帶程度上也稱不上是對手。一五〇〇年，一百個炮兵若遇到一百個弓箭手，結果不言而喻。難以操控的爪槍發射第一輪，擊斃幾個弓箭手後，其他的炮兵早就瞬間被弓箭刺穿了。然而，十六世紀終於見到這種局面的逆轉。相同的兩軍若在一六〇〇年相遇，龜縮求掩護的就會是弓箭手了。

幾項科技創新造成這樣的逆轉。槍管發射口徑標準化，使子彈能以低成本大量發射，士兵之間也能通用。簧輪（Wheel lock）點火機制的引進，儘管昂貴，卻是發射手槍與長槍較有效率的方法，避免火繩不易引燃的問題。（譯注：簧輪是利用槍身內置的鋼輪摩擦黃鐵礦石而產生火花的點火方式）一五八四年，奧蘭治親王威廉（William, Prince of Orange）是第一位被手槍暗殺的君王，而十六世紀尾聲之時，西班牙與荷蘭交戰，兩方超過半數的軍隊都使用可攜式的長槍。[6]十六世紀初稱霸歐洲陸戰的瑞士傭兵在帕維雅之役（一五二五年）戰敗多次後，也必須改以滑膛步槍（musket）應戰。另一個火槍重要性攀升的指標就是全身盔甲在戰場上不復見，取而代之的是胸甲、背甲、頭盔，現代歐洲軍人也身著這樣的裝備。全套沉重的盔甲此刻麻煩多於貢獻，限制行動、視線與聽力，而且負擔得起如此昂貴裝備的貴族指揮官，很容易被發現然後被射殺。近距離之內，爪槍的子彈甚至能射穿最好的盔甲。

有些歷史學家認為，一五六〇年到一六〇〇年是「軍事革命」時期。他們主張這個世紀中，國會與稅收紛紛支持組織大批配槍的步兵，因而奠定現代國家的基礎。[7]事實上，軍事科技與策略數個世紀以來不斷發生變化，至少從第八世紀初期馬蹬發明、武士對決之後就開始。因此，過去一千兩百年，以軍事演化描述較為適當，而非斷斷續續發生的革命。[8]此外，這個時期「軍事革命」的概念源自一項瑞典與丹麥的歷史研究；但稅收、國會、使用拋射武器的步兵，這三種創新與結合，在兩百年前的英格蘭就發生了。[9]儘管如此，十六世紀火槍的發展改變了貴族主導的騎士世界，這一點是不容懷疑的。

當你分別想想一五〇〇年和一六〇〇年在戰場上的國王，便能發現這樣的轉變。在這兩個時間點，他的性命都是無比重要：如果國王被殺了，這場對決就輸了，而且很可能代表整個戰爭都輸了。先不管這一點，中世紀的思維中，國王一定要親自帶兵出征，當然也是因為他贏的時候，可以當下即刻宣布他的勝利是天主的決定。一五〇〇年的時候，如果一個國王想要降低在戰場上被殺的風險，他可以身穿盔甲，離敵方弓箭的殲滅區遠一點。假使他衝進混戰之中，十字弓手也不大可能認出他，在長距離之外刺穿他的盔甲。況且，他的隨扈會保護他，不讓敵人的騎士靠近。然而，如果一個國王騎馬衝進一六〇〇年的戰場，他冒的風險是某人掏出手槍，近距離對他發射。即使他埋伏在側翼，還是可能被滑膛步槍射中。經過一個世紀，戰場變得更危險了。戰場因火槍濃煙密布，爆破聲四起，戰況不明，使人驚慌恐懼。指揮官可能殺了一個貴族，甚至國王，卻毫不知情。因此，火槍的出現要求國王退出戰場，讓有經驗的職業軍人上場指揮。一五〇〇年，國王親自上場指揮並不奇怪：一四八五年英格蘭王理查三世戰死在博斯沃思（Bosworth）；法王路易十二（Louis XII）和法蘭索瓦一世（Francis I）分別在一四九八年和一五二五年在戰場被俘；蘇格蘭王詹姆士四世（James IV）於一五一三年指揮弗羅敦（Flodden）戰役時陣亡；一五七八年葡萄牙王塞巴斯提安（Sebastian）在摩洛哥的阿爾卡塞爾吉比爾（El-Ksar

El-Kebir）戰死。一六〇〇年後，君王就非常少靠近戰場了，於是這就產生了分歧。中世紀的國王親自帶領軍隊上戰場時，如果戰況不對勁，他不能責怪任何人，這是天主的指示。但如果他只是交給一位將軍，那麼戰敗並不必然表示他不再享有王權，他可以歸咎於將軍無能。人們漸漸不再認為戰爭的挫敗是神的安排，戰爭也就越來越俗世化了。

火槍也對整個社會造成影響。愛德華三世率先使用大量長弓，並為他帶來勝利的果實，但在火槍面前，弓箭卻像從天而降的彩帶。士兵不再需要從孩提時期就開始訓練使用爪槍或長槍，只要幾週就能訓練完成。於是，陣丈龐大、武器精良的軍隊再度稱霸戰場，古老的交戰原則——陣丈越大、兵力越強——於是起死回生。一四七〇年，法國和西班牙的軍隊人數分別是四萬與兩萬人。到了一五九〇年，法國的軍隊是八萬人，而西班牙是二十萬人。[10]十七世紀初，軍隊人數持續擴大：荷蘭有十萬軍力，西班牙三十萬，法國十五萬。[11]整個歐洲國王與諸侯必須對人民收取高額的稅金，支付武器、訓練、人力等費用，讓他們能夠上戰場，達成統治者的軍事目的。受到侵略的政府也發現他們需要更精良的民兵，不能像以前一樣，鄉民看到信號就抓起劍和鐮刀。他們組成輕兵，配戴小型武器，並有火藥庫作為後援。港口入口處紛紛建立星形堡壘型態的碉堡。能夠徵收重稅，養得起大批軍隊的國家，便能橫掃地圖上的小國，因此小國也得準備防禦。結果，整個歐洲大陸形成一場軍隊競賽。戰爭不再是偶爾（或經常）發生的事件；對成千上百的人來說，備戰是每天的事務，即使是休戰期間，政府也必須強化軍力，為下一回的交戰準備。

槍枝發展產生的影響亦超出歐洲大陸之外，歐洲國家藉此稱霸海洋，十六世紀末期，更藉此深入新大陸。這一點必須特別說明：西班牙征服南美洲靠的並不是火槍，而是眾多因素的結合，包括當地的預言、迷信、內戰、天花，還有石槌與短弓無法抵抗托雷多刀劍的事實。然而，西班牙航向新世界的時候，確實靠著加儂炮保護他們的艦隊。英格蘭與摩洛哥的水手，對毫無防禦又載滿金銀財寶的船隻虎視眈眈。這也造成海事武器的競爭，激烈程度不下手持武器。為了捍衛海上帝國，葡萄牙比西班牙更加依賴火槍。十六世紀葡萄牙作者蒂歐格．都．科托（Diogo do Couto）指出，他在印度洋和遠東的同袍遇到的對手，武器竟然和他們的一樣精良。[12]無論他們在哪裡設立貿易據點或「工廠」，都需要堡壘、加儂炮和小型武器保衛。如此一來，一五〇〇年尚未控制任何世界海洋的國家，到了一六〇〇年紛紛成為海上霸主。於是他們主導長途的國際貿易，儘管他們也各自對立。而且，多虧他們海上強大的火力，他們也會一路統治海洋，進入二十世紀。

## 血氣方剛的人為何不打架了？

你可能認為手槍的發明會導致他殺死亡率提高；事實上，正好相反。在中世紀，暴力像傳染病一樣，可說是日常生活的一部分。一般而言，他殺的機率大約是每十萬人中有四十至四十五人受害，但有時候會更高。一三四〇年間，在牛津大學城，十萬個居民中被殺害者高達一百一十人，這個數據和美國西部最危險的城市道奇市（Dodge City），盛行牛仔決鬥的時候差不多。[13]暴力的情況通常根本不是預謀。婦人吵架或是酒館鬧事都很常見。歷史學家曼努埃爾．艾斯納（Manuel Eisner）針對這項主題研究，發現一二七八年在倫敦審理的一百四十五件殺人案件中，

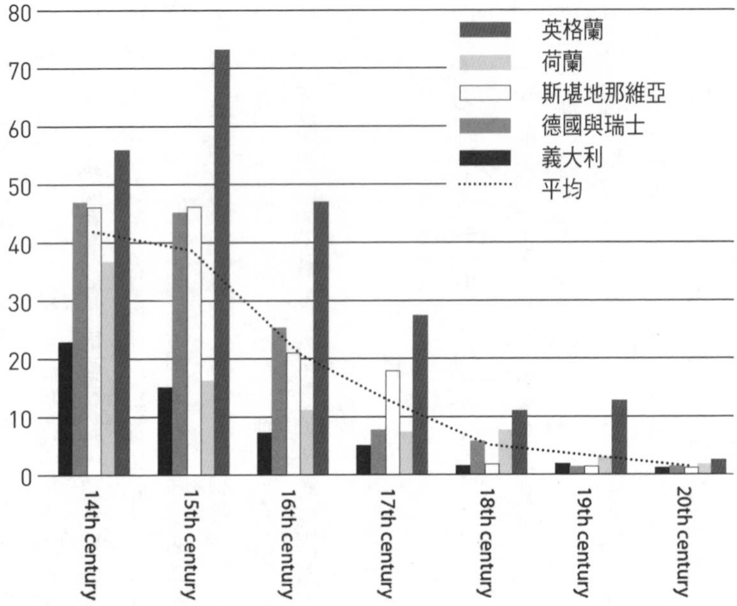


他殺死亡率（每十萬人）[15]

有兩件是在下棋後發生的。[14]但在十五世紀，他殺死亡的數字開始減少，十六世紀時，忽然減少一半。如上圖所示，從一五〇〇年到一九〇〇年，平均他殺死亡率持續顯著下降，每一百年下降約百分之五十。

下降的情況令人好奇：為什麼？什麼原因讓歐洲人停止互相殺害？有兩個傳統說法。第一是根據德國社會歷史學家諾伯特・埃利亞斯（Norbert Elias）在他的著作《文明的進程》（*The Civilizing Process*，一九三九年）提出的解釋，認為現代時期的初期，透過社會規範以及強調禮儀，人類野蠻的行為已被馴化。過去貴族的暴力情況比平民更普遍，也因逐漸轉型為決鬥而減少，或受到「紳士」的行為準則約束。新興的城市階級認為自己已開化，以憎惡暴力的宗教生活為榮，並開始在教堂對工人宣說道德，間接控制他們。漸漸的，人們愈加接受文明的行為規範。第二個傳統的說法就是政府懲處犯罪者越來越有效率，達到嚇阻的效果，於是暴力的案件減少。

幾年後，心理學家史迪芬・平克（Steven Pinker）在著作《人性中的天使》（*The Better Angels of Our Nature*）討論這個問題。他多半採用「文明的進程」理論，認為暴力減少的兩個根本原因是：「經濟革命」（他的意思是，人們互相交易的過程中受到好處），以及國家權力的提升。[16]有關前者，如他所言：「如果與某人交易使你受惠或獲利，對你而言，交易的對象活著自然比死掉更有價值。」[17]平克的書中提出很多有趣的觀點，但近距離檢視，他對現代時期初期暴力減少的解釋是有瑕疵的。最接近這種「經濟革命」的時期是十三世紀；然而，十六、十七世紀英格蘭和德國他殺死亡率下降幅度最大的時候，兩個國家的人均收入不是停滯就是下降。英格蘭的國內生產毛額（GDP）下降百分之六，而在德國，驟降將近三分之一。[18]經濟衰退對英格蘭的勞工階級影響尤劇，他們實際的收入少了將近一半。[19]十六和十七世紀，經濟與民間暴力減少其實沒有什麼關連。

平克也強調另一個傳統的解釋：國家權力的提升。他倒沒有直接說國家越來越常把人吊死；他認為中央集權的國家較能遏止武士之間的鬥爭，因而開始文明化的過程。如他所言：「一個人通往富貴之門的入場券，不再是當個地方上最凶狠的武士，而是前去國王的宮廷朝聖，贏得他和他身邊的人喜愛。」[20]但領主數百年來一直都在討國王的歡欣，回到他們的莊園又恐嚇農民。討國王歡欣並不代表停止恐嚇。此外，從前頁的圖表可見，文藝復興時期的義大利，當時也是禮儀的誕生地，這段期間他殺死亡率反而上升。雖然平克是對的，國家權力的提升是暴力減少的原因，但平克對國家機制的解釋有誤導之虞。要瞭解這個過程，我們必須將傳統的解釋放一邊，先問人們為什麼會接受國家的權力。

假設你有一方絕佳的果園，結出最鮮脆欲滴的蘋果。果實甜美，很多鄰居不時就來偷摘。一段時間以後，你再也無法容忍他們的偷竊行為，只要逮到他們偷摘蘋果，就拿棍棒打他們。大部分的小偷都知難而退，但還有少數幾個持續偷摘，於是你決定埋伏等待，一旦下一個蘋果賊出現，就拿磚塊砸他的頭。小偷們聽到這件事，害怕遇到你和你的磚塊，終於不再偷蘋果了。這個故事跟暴力有什麼關係？如果你容忍偷竊，就只會有犯罪，不會有暴力。當你採取有限的行動對付小偷，就同時有犯罪和暴力。磚塊的威脅下，顯然犯罪和暴力都同時終止了。根據平克，我們應該把第三階段歸類為非暴力，因為沒有人打來打去了。然而，如果沒有暴力的威脅，小偷還是會回來。暴力還是在，不過是潛在。這多少說明十六世紀的情況：較少的暴力實際出現，但更多轉成潛在的形式。

平克並沒有考慮潛在的暴力，他主張各種形式的暴力隨著人類歷史的過程逐漸減少。這個觀點最近這幾年獲得非常多支持，近期一篇評論寫道：「許多不同領域的學者，在同一時間紛紛同意，（普遍來說）戰爭與暴力在近代，甚至在整個歷史，大幅地減少……。」[21]若純粹將暴力定義為實際發生的行為，排除其他形式的暴力，這個陳述是合理的。但是，如同果園的故事所示，僅將暴力視為實際發生的行為，只是說明了一半。若我們想要瞭解人類為什麼不再互相攻擊，則必須考量所有形式的暴力。

潛在的情況下，暴力可以從一方轉嫁到另一方，例如從委屈的受害者轉嫁到法治系統。有攻擊意圖的人，想到被害人可能會把他討回公道的權利轉嫁到能力更強大的一方，例如報復手段更恐怖的國家，便可能放棄暴行。如果沒有國家這麼做，潛在的加害人就沒什麼好怕，他想怎麼施暴就怎麼施暴。這樣的情況，就如同我們在原始社會中見到嚴重的攻擊，或黑死病期間，佛羅倫斯法治崩壞，出現一群人稱「貝奇尼」（bechini）的人，四處燒搶擄掠卻無罪。然而，當國家願意擔任暴力的制裁者，就會同時遏止暴力的施加者，包括有錢有勢的人。這就是領主逐漸停止恐嚇、虐待佃農的原因：和平克認為的逢迎上位沒有關係，而是他們害怕若違反法律，會受到國家處罰。當人民知道國家準備要懲治暴力，他們動粗之前就會三思。

在十六世紀，是什麼使國家願意付諸行動呢？當然不像傳統的說法：國家準備吊死更多人。從十二世紀開始，就有很多小偷及其他重罪的罪犯被判處絞刑。促成十六世紀改變的原因，反而是讀寫能力的普及。書寫加速了權力集中的國家與地方官員的溝通。如之前說的，十六世紀產生數量龐大、各式各樣的文件紀錄。最重要的是，文件紀錄的對象是該地區的每一個人。幾十年下來，受害人逐漸相信國家會擔負法律與秩序的責任。從前，被侵犯的人為了榮譽，會拔出腰間的刀；現在他會想：「我才不要冒著項上人頭落地的危險而去報仇；我會去找治安官，循法律途徑討回公道。」他選擇轉嫁他報仇的權利，有三個主要原因。第一，法治體系越來越有效率，令他願意相信。第二，他知道法治系統比他擁有更多能力、更多資源進行報復。第三，如果他殺了始作俑者，他怕自己也觸犯法律，或挑起家族世仇。同時，法治系統的效率提升，加害人越來越瞭解系統的運作方式，也會遏止犯罪情況。原本要攔路行搶的人現在心想：「如果我被抓了，不是那個倒楣鬼來找我報仇，而是國家。」因此社會上訊息傳遞的速度加快，法治系統便能同時阻止受害人報仇的衝動，以及潛在罪犯的惡行。

若僅把以上作為民間暴力減少的原因，就太簡化了。在一旁推波助瀾的還有強化的個人主義，也是形成「文明進程」的要素之一。自我意識的提升，可由十六世紀後半人們在日記中表達的內在感受一窺端倪。人們越來越重視自己，以及自己的苦難，顯然也使他們意識到他人的苦難：我們發現莎士比亞的作品以及十六世紀後期的文學，比他們中世紀的前輩蘊含更多同理心。同時，個人主義與自我意識也緩慢地改變社會上自我尊重的態度。想想一三四〇年牛津的高殺害率，部分原因如同道奇市，有一大票血氣方剛的年輕人腰間掛著刀，而身旁的朋友不停慫恿。威廉・哈里森的《英格蘭描述》一書提到，一五七七年，幾乎每個倫敦的年輕人腰間一定要配把短刀，但哈里森非常唾棄這種習慣。品格端正的男人現在如果被侵犯，應該要尋求法律途徑。伊利莎白時期初的英格蘭是虔誠的清教派（puritan）社會，出於宗教的理由，不容許暴力情事，也難怪打擊帶著短刀在城裡行走的男人的自信。從前男人親自報仇是一件光榮的事，現在則是更尊敬將此視為暴力，絕不沾染的男人。（譯注：清教是基督教的一支，信奉加爾文教教義，提倡勤儉忍耐，反對奢華縱欲）

最後我們必須注意，國家持續以直接的手段遏阻民間暴力，最常見的就是將其轉為公共事業，包括戰爭。中世紀的國王將暴力的對象指向境外的敵人，因而控制王國內的派系，例如發動東征，或與鄰近王國的戰爭。現代也可見到類似的現象：二十世紀中期二次大戰期間，美國國土內的殺人事件大幅減少。[22]因此政府降低殺人案件的方式，就是幫年輕人找一個社會大眾尊敬的理由，消耗他們具破壞性的精力。因此這個世紀出現矛盾現象，見證手槍與大軍興起，同時又見證民間暴力銳減。國家本身展現了文明的影響——勉強稱得上是文明——延攬民間力量，實現公共目的。

## 黃金國的悲歌

哥倫布首航後數十年間，歐洲的探險者陸續發現數量驚人的土地。托爾德西里亞斯條約將未知的世界劃分給西、葡兩國，而這兩國也馬不停蹄拓展各自的利益。哥倫布第四次航行中，於一五〇二年發現中美洲東岸。同年，以及一五〇四年，佛羅倫斯的銀行家亞美利哥・韋斯普奇（Amerigo Vespucci）和貢薩洛・科埃略（Gonçalo Coelho）替葡萄牙前往巴西探險兩次，往南遠至里約熱內盧。巴斯克・努涅斯（Vasco Nuñez）越過中美洲，於一五一三年發現太平洋。同時，葡萄牙持續往東方探險，於一五〇七年抵達模里西斯，一五一一年抵達麻六甲，一五一三年抵達中國。西班牙竭盡所能，為了不在這場全球競爭中失利，一五一九年派遣葡萄牙船長麥哲倫（Ferdinand Magellan）和兩百七十個男丁、五艘船，往西尋求前往中國的路徑。他們發現南美洲的最南端，並繞過南端橫越太平洋，到達菲律賓。麥哲倫和絕大多數的船員在這次的航行中都死了，但一五二二年，十八個人在胡安・塞巴斯蒂安・埃爾卡諾（Juan Sebastian Elcanó）的帶領下，乘著殘破的船隻歸來，完成環遊世界。短短三十年內，歐洲的水手從不知大西洋上有何物，到後來竟繞了地球一圈。

探險的速度並沒有停緩。相反的，每一次的探險都會帶來下一次。埃爾卡諾回到西班牙前，埃爾南．科爾特斯（Hernando Cortes）已經摧毀阿茲提克帝國，印加帝國不久後也淪陷。一五三六年西班牙以布宜諾斯艾利斯為殖民據點。西班牙歷史學家弗朗西斯科．洛佩茲．哥馬拉（Francisco López de Gómara）一五五二年宣布：「全都橫渡了，全都知曉了。」[23]到了一五七〇年，亞伯拉罕．奧特柳斯製作首張大西洋地圖時，北美洲和南北洲的輪廓都是確知的，包括南美洲內陸的細節，以及北美洲的東岸。地圖上的歐洲、亞洲和非洲，和我們今日認識的相去不遠，僅有澳洲和南極洲尚未被發現。奧特柳斯的地圖確實包括「澳洲」大陸——他假設火地群島（Tierra del Fuego）是南極大陸的北端。（譯注：實際上是南美洲最南端）不久後，澳洲大陸就在一六〇六年被發現了。毫無疑問，歐洲發現最多新世界，就是在十六世紀。

地理探索對西方生活造成的變化相當巨大。首先，基督宗教世界的地理版圖大為擴張。過去邊界的限制非常嚴格——只要越了界，天主教會毫無影響力，旅行者只能接受外地的規則。雖然探險家在一五〇〇年就橫越大西洋，但仍花了幾十年時間才將新大陸收編納入基督宗教世界。一六〇〇年，拉丁美洲成為歐洲的殖民地，由歐洲人治理，說歐洲的語言，將黃金和物資直接運送到歐洲。在非洲與遠東，儘管領土的主權仍屬於當地的統治者，葡萄牙人的貿易活動遍及多國，西班牙人也建立國際貿易帝國，經由他們於一五七一年發現的菲律賓馬尼拉，直接從拉丁美洲輸送銀子到中國。從前，威尼斯人在他們的市場看見世界各地的人，對西班牙與葡萄牙人來說，世界各地都是他們的市場。

隨之而來的社會與經濟變化，不僅影響西班牙與葡萄牙。歐洲首次出現長期的通貨膨脹，原因是大量的金銀從拉丁美洲湧入西班牙的財庫，再從那裡轉往歐洲的經濟市場。著名的「黃金國」（el dorado）傳說，對應的就是一五四五年西班牙發現的銀礦礦坑波托西（Potosi，譯注：波托西位於玻利維亞。傳說南美洲古老部落的族長會將自己全身塗滿金粉，到山中的聖湖洗滌，將黃金獻給神靈）當然，這類的故事與事蹟鼓勵更多探險家和征服者動身尋求財富。英格蘭的探險家追隨對手西班牙的腳步。約翰・霍金斯（John Hawkins of Plymouth）出海三次從事三角貿易，先在非洲購買或捕捉黑奴，再到伊斯帕尼奧拉島與西班牙交易金或銀，接著返回英格蘭。法蘭西斯・德瑞克（Francis Drake）曾參與約翰・霍金斯的第三次遠航，他在一五七七到八〇年之間，完成史上第二次環球航海；托馬斯・卡文迪什（Thomas Cavendish）則是第三人。這兩人皆帶著大筆財富歸來，但他們只是最成功的幾個，其他的寶藏獵人尚有上萬，不乏半官方的武裝民船、凶狠的土匪與無情的海盜。到了這個世紀的尾聲，法國與荷蘭也加入葡萄牙、西班牙、英格蘭行列，準備大舉掠奪全世界的資源。

探險家帶回來的不只是金和銀，他們還帶回許多異國的植物與動物標本。新的糧食中，火雞、馬鈴薯、胡椒、蕃茄、玉蜀黍、可可是最廣為人知；除此之外，尚有香草、多果香（allspice）和辣椒等香料。歐洲出現了橡膠和棉花，還有一些從前難以取得的染料，例如巴西紅木、胭脂蟲。菸草的引進更為從前不吸菸的歐洲帶來天然植物全新的攝取方式。從前中世紀從東方運送到歐洲的昂貴香料，諸如丁香、肉桂、胡椒、豆蔻和糖，現在都經由船隻大量運輸，價格大幅下降。東方進口的許多貨物，像是絲綢、椰子、茄子，也是一樣。一五七七年，威廉・哈里森在書中以驚嘆的語氣寫道：「好多奇怪的香草、植物，還有一年才見一次的水果，每天都從西印度群島、美洲、塔普拉班（斯里蘭卡）、加那利群島，以及世界各地送到我們面前。」國王、貴族和富有的商人紛紛收集遙遠國度的珍奇百寶，在他們的宅邸展示，供賓客觀賞，諸如美洲原住民的獨木舟、印地安人的匕首、中國瓷器、阿拉伯樂器。貿易商也把不同的人種帶進歐洲。美洲原住民被當成奇人，而來自撒哈拉的非洲人則被當成奴隸交易。葡萄牙是第一個交易奴隸的國家，而英格蘭與西班牙也加入這項事業。伊利莎白女王一世於一五六〇年間，便曾贊助約翰・霍金斯奴隸交易的遠航。諷刺的是，十一世紀時，威廉公爵稱為野蠻並禁止的奴隸交易，到了十六世紀竟受到王室繼承人的支持。

## 結語

十六世紀改變你可能吃的食物，以及你用餐的時間。十六世紀改變你閱讀的書籍，見證許多人從鄉村移居城市。在歐洲北部，居家環境大為改善，你被殺害的機會也大幅降低。同時，十六世紀也揭開數個人類內心深處的憂慮：身體的內部是什麼樣子；地球在宇宙中的位置；造物主創造的世界比人以為的更大；你該怎麼做才能拯救你的靈魂。然而，思索這個世紀最重要的變化時，我心中有兩個特別突出的選項：具有讀寫能力的社會，以及世界版圖的擴張。從這兩者在一五〇〇年的狀態看來，要選出其中之一，作為一六〇〇年影響西方最重要的因素，幾乎是不可能的任務。這樣的兩難，也顯示十六世紀是多麼令人驚嘆的世紀。

再次想想摩爾登漢普斯德這個小鎮發生什麼事，也許會有幫助。我們發現，本章所述的變化無所不在。堂區的記事理所當然出現了，摩爾登以及鎮上居民相關的紀錄都保存在埃克賽特和倫敦。摩爾登第一本印刷書籍很可能出現在十六世紀，火槍可能也同時傳進摩爾登。當地的民兵徹底重組，而且一五六九年的部隊名冊記載著當地的軍隊配戴長槍。宗教方面，亨利八世與羅馬天主教會決裂的時候，整個社會惶恐不安，造成一五四九年祈禱書起義，地點就在山佛考特尼（Sampford Courtenay，離摩爾登二十二公里），一連串的抗爭造成五千人死亡。德文郡是兩面靠海的郡縣，有很多男人跟著德文郡出身的船長約翰．霍金斯、法蘭西斯．德瑞克和理查．格倫維爾（Richard Grencille）一起航向非洲，帶回奇異的動植物，也帶回黑奴，賣到有錢人家當僕人和小廝。至於家庭生活，煙囪和玻璃窗問世之後，很快就遍及英格蘭。史東寧家族在我現在住的房子裡蓋了一座堅固的壁爐，煙囪通向屋外，藉此向鄰居炫耀。窗戶上的直櫺，可能曾裝上含鉛玻璃，留下他們舒適生活的證據。

雖然發生這麼多變化，最重大的，也許還是人們瞭解社會不斷地改變。過去的世紀，人們認識了戰爭、飢荒、黑死病和瘟疫，這些事件來來去去，對他們的改變只是一時的。但十六世紀的尾聲，人們回頭看，發現生活打從根本改變，而且再也回不去了。他們不能「不發現」新大陸，新的書籍和新的發現每年都不斷出現在他們眼前。在歐洲北部，人們到處可見修道院的斷垣殘壁，於是知道修道院的時代已經過去了。他們看到荒廢的城堡——自從加儂炮出現後，城牆就不再是堅不可摧了，於是瞭解騎士的時代也過去了。城鎮和國家開始出版自己的歷史，意識到時運的興衰。確實，歷史書寫也開始起步，歷史學家綜整豐富的資料，分析過去的事件，而非逐字重複摘錄老舊的編年史。見證重大變化的不僅是十六世紀，人們首次意識到變化持續地發生。這樣的意識相對於中世紀和現代的思維，是另一個重大的變化。

## 推動改變的主角

十六世紀造就許多家喻戶曉的人物：達文西於一五〇三年完成世界上最有名的畫作《蒙娜麗莎的微笑》；隔年，米開朗基羅的《大衛》，堪稱世界上最有名的雕刻。我們提過麥哲倫、科爾特斯、哥白尼、埃拉斯木、第谷、培根、維薩流斯，但也是諾斯特拉達姆士（Nostradamus，譯注：法國猶太裔預言家）、馬基維利（Machiavelli，譯注：義大利哲學家）、帕拉塞爾蘇斯（Paracelsus，譯注：瑞士醫生、占星師）的時代。伽利略和莎士比亞都在一五六四年出生，他們生命的前三十六年也屬於這個世紀。本章提出的五個變化中，雖然有四個無法歸因於個人，有一個卻可以。教會的分裂與馬丁路德密切相關。此外，路德不僅發起宗教改革，他的布道、讚美詩、翻譯、神學著作和信件，以及他個人的生命——第一位結婚、組織家庭的牧師，皆形塑了宗教改革。他不是唯一一位改革天主教的人，但少了他，其他改革者的神學是否夠清楚、穩固、包羅萬象，並且吸引如此廣大的群眾，就不得而知了。其他人的魅力能否獲得那麼多俗世統治者的支持，這一點更令人懷疑。能夠確定的是，一五一七年路德挺身而出領導的宗教起義，是這一千年來最劇烈的。因此，十六世紀推動改變的主角，這個頭銜是他應得的。

1 見Asa Briggs and Peter Burke, *A Social History of the Media* (2005), p.13

2 同上，p.15

3 見Roy Porter, *The Greatest Benefit to Mankind* (1997), p. 132

4 見W. B. Stephens, 'Literacy in England, Scotland and Wales 1500-1900', *History of Education Quarterly* 30, 4 (1990), pp. 545-71, at p. 555

5 英格蘭其他的例子包括赫里福德和林肯主教，都激烈反抗愛德華二世；坎特伯里總主教John Stratford也嘗試抵抗愛德華三世；坎特伯里總主教Thomas Arundel反對理查二世；約克郡的總主教Richard Scrope反對亨利四世的政府；樞機Beaufort想使亨利四世退位。

6 見William P. Guthrie, *The Later Thirty Years War* (2003), p. 16; Geoffrey Parker, 'The Military Revolution 1560-1600, a Myth?' *Journal of Modern History*, 48, 2 (1976), pp. 195-214, at p.199

7 這個辯論是Michael Robert起頭的。見*The Military Revolution 1560-1660* (Belfast, 1956)

8 馬蹬的引進，請見Lynn White Jr, *Medieval Technology and Social Change* (OUP Paperback edn, 1964), pp. 1-39, esp. p. 24

9 此外，日本的例子表示（至少在那個國家），野心勃勃和強勢的政府會帶動對火器的需求，而非相反的情況。見Stephen Morillo, 'Guns and Government: A Comparative Study of Europe and Japan', *Journal of World History*, 6, 1 (1995), pp. 75-106

10 見Parker, 'Military Revolution', p.206

11 見Geoffrey Parker, *Global Crisis: War, Climate Change and Catastrophe in the Seventeenth Century* (2013), p.32

12 見C. R. Boxer, *The Portuguese Seaborne Empire* (1969), p. 49

13 每十萬人中的一百一十人，大約相當於道奇市的數據，每十萬人中的一百六十五個成人。見Carl I. Hammer Jr, 'Patterns of Homicide in a Medieval University Town: Fourteenth-century Oxford', *Past & Present*, 78 (1978), pp. 3-23, at pp. 11-12; Randolph Roth, 'Homicide Rates in the American West', http:// cjrc.osu.edu/homicide-rates-american-west-randolph-roth。二〇一四年一月二十日下載。

14 見Manuel Eisner, 'Long-term Historical Trends in Violent Crime', *Crime and Justice*, 30 (2003), pp. 83-142, at p. 84

15 這張圖表根據Eisner, 'Long-term Trends'一文的數據。這張圖表中英格蘭的數據是一四〇〇年和一六〇〇年的簡單平均數，義大利一七〇〇年的數據是一六五〇年和一七五〇年的簡單平均數。

16 見Steven Pinker, *The Better Angel of Our Nature* (2011), pp.77-97

17 同上，pp.91-2

18 見Stephen Broadberry, Bruce Campbell, Alexander Klein, Mark Overton and Bas van Leeuwen, *British Economic Growth 1270-1870* (2011)。完整的統計，請見後記頁三六八的人均GDP表，出處亦同。

19 見B. R. Mitchell, *British Historical Statistics* (1988, paperback edn, 2011), pp. 166-9

20 見Pinker, *Better Angels*, p. 89

21 見Azar Gat, 'Is War Declining-and Why?' *Journal of Peace Research*, 50, 2 (2012), pp. 149-57, at p. 149

22 見Eisner, 'Long-term Historical Trends', p. 107, 引用Randolph Roth, 'Homicide in Early Modern England, 1549-1800: The Need for a Quantitative Synthesis', *Crime, History and Society*, 5, 2 (2001), pp.38-68

23 引用Henry Kamen, *The Iron Century: Social Change in Europe 1500-1660* (1971), p. 6

# 十七世紀（一六〇一～一七〇〇年）

十七世紀呈獻給我們的，是巨大的矛盾。一方面，這是黑死病之後最悲慘的世紀。飢荒導致上百萬人死亡，許多國家飽受內戰摧殘。三十年戰爭期間，德國部分地區死亡率高於百分之五十。法國在一六四八到五三年的投石黨亂（Fronde）中喪失近百萬人生命。英格蘭也因一六四三到五一年的內戰一分為二。許多國家，在海上或路上都陷入難解的紛爭。（譯注：一六一八到四八年的三十年戰爭，是神聖羅馬帝國地區的內戰，英國內戰則為國王與國會因政治、宗教的衝突）然而，儘管這些衝突與破壞，多數的歐洲國家回顧十七世紀時，仍認為那是個「黃金年代」。有人說，西班牙的黃金年代是從一四九二年收復失地運動結束後開始，並持續到一六四八年三十年戰爭結束。在英格蘭，擊敗西班牙無敵艦隊（一五八八年）到莎士比亞逝世（一六一六年）這段期間也常被稱為「黃金年代」。荷蘭的黃金年代與法國的黃金年代都是十七世紀。這些國家在藝術與文學上的成就，在本世紀達到顛峰。法國有凡爾賽宮，以及普桑（Poussin）與克勞德．洛蘭（Claude Lorrian）的畫作，還有莫里哀（Molière）的劇作。西班牙以維拉斯奎茲（Velázquez）、牟利羅（Murillo）與艾爾．葛雷柯（El Greco）的繪畫自豪，以及賽凡提斯

（Cervantes）與洛佩・德・維加（Lope de Vega）的文學著作。在荷蘭，有林布蘭、弗蘭斯・哈爾斯（Franz Hals）、維梅爾（Vermeer），以及眾多的風俗畫家。

在羅馬，巴洛克風格大放異彩，卡拉瓦喬（Caravaggio）將繪畫中的明暗對照法發揮得淋漓盡致。由此可見，全球危機與文化爭豔，這兜不太起來的組合令人想起奧森・威爾斯（Orson Welles，譯注：一九一五到八五年，美國電影導演，以電影《大國民》聞名）在《黑獄亡魂》（*The Third Man*）的名言：「在義大利，波吉亞家族（Borgia）統治的三十年，他們有戰爭、恐怖、謀殺、血光，但他們培養出米開朗基羅、達文西和文藝復興時代。在瑞士，他們友好四方，他們有五百年的民主與和平，但他們創造了什麼？——咕咕鐘。」雖然事實上瑞士並沒有享受「五百年的民主與和平」，但威爾斯提到戰爭與文化成就攜手並進，確實可以用來形容十七世紀。

若我們思考造成這個艱難時代的背景，也許就能瞭解這樣的弔詭。生活富裕的人也許住在有煙囪、玻璃窗戶、舒適家具的房屋；比起營養不良的祖先，飲食也許獲得改善，但十七世紀末的巴黎，出生時平均餘命也不過二十三歲。如果你是日內瓦中產階級之子，那麼你大概能活到三十歲，女兒可能活到三十五歲。英格蘭的出生時平均餘命數字一直維持在三十歲左右，這之間的波動，最差的時候是二十四・七歲（一六五八年），好的時候是三十五・三歲（一六〇五年）。相較於上一個世紀，有時會超過四十歲，卻很少低於三十歲，可見十七世紀的數據大幅下降。[1]

這片低迷景象背後最根本的原因是氣候變遷。過去四十年，歷史學家將十七世紀稱為「小冰期」（Little Ice Age），但直到最近，氣候造成的全面影響才為人重視。我們在十二世紀那一章提過，平均溫度下降攝氏〇・五度，代表第一道與最後一道結霜會比平常提早與延後十天，破壞整個收成。[2] 溫度稍微下降，連續歉收的風險就會急遽上升，在緯度較高的地方更是如此。此外，豪雨也會損壞穀物，減少三分之一，甚至一半的收成。如我們在十四世紀那章所見，不需到完全歉收的地步，就足以讓一個農夫沒有任何東西可以帶到市場出售。產量一旦不能維持五比一，下降到三比一，他就無法儲存任何糧食。無論是因為土壤過度耕作而缺乏氮，或是夏季氣候過於潮濕寒冷，結果都一樣：如果他需要百分之七十的穀物收成餵養家人和牲畜，並為來年儲存種子，只消一次歉收百分之三十，他就沒有東西可賣了。這就是連鎖效應的開頭。住在市場城鎮附近的人民欠缺穀物。麵包則因為供給量少，更多人爭相購買，造成價格上升。而隨著人們花在糧食上的費用增加，他們購買非必需品，例如家具、工具、裝飾品，數量就相對減少。這些非必需品的需求不再，價格便下跌，製作藝品的工匠需要花更多錢買食物的時候，偏偏收入就減少了。最後，食物鏈尾端的人越來越虛弱，落得生病去世。這只是單次產量減少百分之五十的影響。連續歉收殺死的人更多達上千，包括農夫和農夫的家庭，毫無穀物可供種植或食用。即使沒有嚴峻的霜期，夏季平均氣溫下降兩度就會毀壞百分之三十至五十的穀物。這就是一六四〇年間歐洲北部的情況。[3]

這種壞天氣的結果是很恐怖的。一六三七年，一位法國的評論家表示：「後代子孫不會相信：人們靠荒野的植物為生，甚至翻找動物的屍體。路上躺滿屍體……最後是，吃人。」可惜那位評論家錯了，後代子孫真的會相信。一六五一年聖康坦（Saint-Quentin）觀察：「居民無法救濟四百五十個生病的人，其中兩百個被趕出去（城外），我們看著他們一一死去，躺在路邊……。」十年之後，另一個法國人又寫道：「野外的狼群找到馬匹、野驢，以及其他死掉的動物，靠那些腐爛的肉維生，而教徒就吃那些野狼。」[4]一六九二年法國的冬天特別寒冷，導致一六九三到九四年的大飢荒，造成兩千兩百萬人口中，一百三十萬人死亡。一六九五到九六年的冬天殺死百分之十的挪威人，也許還有百分之十五的蘇格蘭人。芬蘭三分之一與瑞典十分之一的人口，也在一六九六到九七年的飢荒中受難。

在食物短缺的災難中，人們還得與多變的疾病搏鬥。歐洲大城市爆發數次嚴重的瘟疫：一六二九年在米蘭；一六三〇年在威尼斯；一六四七年在塞維爾；一六五四年在奧斯陸；一六五六年在拿波里與熱那亞；一六七九年在維也納。倫敦在一六〇三、一六二五，以及一六六五年出現大流行，阿姆斯特丹也一樣，於一六二四、一六三六、一六五五，與一六六三到六四年發生瘟疫。天花——以前常被認為是小兒疾病——約在一六三〇年殺傷力大增，成為成人與兒童第二害怕的疾病。飢餓與疾病的陰影籠罩，死亡的威脅在生活中又更逼近了，奪走年幼的手足、父母、孩童，人們只能更加指望神的幫助。

飢荒與流行病多少能夠解釋這個世紀的矛盾，以及同時興起的「黃金時代」。人們遭受巨大的苦難，但後世記得的不是苦難本身，而是人們為求生存千方百計付出的努力。男人若無法再靠土壤維生，養活挨餓的家人，他們就離開餵養歷代祖先的土地，搬到城市：每年約有六千人搬到倫敦。由於大量的人口外移，美洲的殖民地人口在一七〇〇年已超過二十五萬人。五分之一的蘇格蘭男性離開家園，很多人去了波蘭或其他地方闖蕩。約有二十五萬個葡萄牙人離開出生地，到葡萄牙的殖民地帝國尋找生機。[5]對很多法國與葡萄牙人而言，戰爭就是他們的朋友。一六九〇年間，路易十四的軍隊中有二十五萬人不到一百七十公分高，他們的生長從兒童時期就受到妨礙。但既然他們摧毀萊茵蘭所有的城市，想必也很高興不需回到巴黎，過著長年沒有麵包的生活。[6]至於荷蘭人，他們的「黃金時代」不只歸功於與西班牙八年戰爭的勝利，還有他們帝國眾多的富裕人士。

每個國家懸殊的貧富差距也鼓勵文化成就，造成人際之間的競爭——從商人與建築師，到作家與音樂家——為後世留下不朽的資產。這個時代的藝術家，面對一雙雙飢餓又空洞的雙眼，以及新興資產階級潔白的笑容，無法不產生同情與輕蔑。這個時代流傳給未來世代的是生命的爆發力。這是一個人人都在生存與失業邊緣掙扎的世界，不容許有能力的人保留實力，只能奮力一搏。重述十七世紀英格蘭詩人安德魯．馬維爾（Andrew Marvell）著名的詩，人們知道他們沒有「足夠的時間和空間」，因此必須抓緊每一次眼前的機會，創新、實驗，才能幫助自己。〔譯注：出自〈致羞怯的情人〉（To His Coy Mistress）首句「Had we but world enough, and time」。〕

## 遙遠的星球有天主的子民嗎？

在上一個世紀，學者開始發覺他們敬重的古典時期作者不完全是對的。我們在十六世紀那一章談過蓋倫的解剖學與人體實際的差異，以及古典地理學者在地圖上留下的空白。這兩門學問都需要漫長的實驗過程，才能發現古典知識的不足。洲際之間的航海員對於科學發現貢獻良多：他們需要精確的數學計算，才能決定航海的位置、方向與速度；他們在新大陸發現從前未知的植物群，因此促進植物學家研究世界的植物。這些新發現也引發新的科學問題。那些亟欲瞭解事物本質的人（有別於遵從古典學派的人），開始採用不久之後為人熟知的科學方法：提出研究問題，尋求適當的資料形成假說，接著測試假說，若證實假說不適合，則捨棄，另成立新的假說。這個研究模式由法蘭西斯·培根於一六二〇年的《新工具》中提出，但一六二〇年的時候，這個方法已經受到歐洲科學家廣泛運用。歷史學家通常將這段轉變稱為科學革命。

人們重新思考所有可觀察的現象，運用創新的方法研究。其中，最吸引人的是天上星辰。一五七二年，第谷觀察到「新星」或超新星並沒有進入地球的大氣。意思就是，超新星在一個新的，變動的蒼穹之中。這個現象與亞里士多德的學說相斥，亞里士多德認為星辰是圍繞著地球和其他星球的水晶結構。第谷成立一個實驗室，列出他所知的所有星星，嘗試解釋天空的結構。一六〇一年，第谷過世之前，一位年輕的德國天文學家，也是一位數學家，名叫約翰內斯·克卜勒，加入第谷的實驗室。克卜勒於一六〇四年也發現一個「新星」，他利用第谷的數據，得到克卜勒行星運動定律的前兩條，並發表在《新天文學》（*Astronomia Nova*）（一六〇九年）。這些理論經過科學驗證：克卜勒計算火星運行的數據，得出橢圓形軌道的概念；這樣的結果使他能夠預測火星未來的運行路徑。從前，星球的運行只是奇觀與信仰，如今成為科學研究與知識。

當克卜勒正在醞釀發表他的手稿時，一個荷蘭米德爾堡（Middelburg）出身的鏡片師漢斯·李普希（Hans Lippershey），製作一座望遠鏡，能將影像放大三倍。一六〇八年，他為此望遠鏡申請專利。很快的，他的發明傳到國外。隔年在英格蘭，托馬斯·哈里奧特（Thomas Harriot）製作了觀測月球表面的望遠鏡。而在義大利，伽利略打造的望遠鏡能夠將影像放大三十三倍，並以此發現木星的四個衛星。他在一六一〇年發表他的成果《星際信使》（*Sidereus*

*Nuncius*）。題名非常巧妙，因為這些望遠鏡就像船隻，帶回從前人類作夢也未及的影像和知識。克卜勒也加入伽利略，研究木星的衛星，並在一六一一年改良望遠鏡，同年發表他的研究。一六二七年，他根據自己與第谷觀測超過一千顆恆星的資料，著作《魯道夫星表》（*Rudolphine Table*）。這些成果引發其他天文學家思考，天體是否如克卜勒所稱，圍繞太陽運行。

接續以上的成果，這個世紀天文學的狂熱與實驗如雨後春筍湧出。歐洲各地紛紛成立觀測站：萊登（Leiden，一六三三年）、格但斯克（Gdansk，一六四一年）、哥本哈根（一六三七到四二年）、巴黎（一六六七到七一年）與格林威治（一六七五到七六年）。約翰・赫維留斯（Johannes Hevelius，譯注：一六一一到八七年，波蘭天文學家）從折射望遠鏡實驗的過程發現，望遠鏡越長，能見的細節越多。一六四七年，他製作三・六米長的望遠鏡，能將影像放大五十倍。一六七三年，他又製作四十五・七米的望遠鏡，並將透鏡裝在木質鏡筒中。這個碩大的產品不大實用，因為只適用於戶外，而且必須用繩子吊在二十七米的柱子上，微風一吹就會晃動。但藉著這個望遠鏡，天文學家也發現所需的觀測工具太長，需要有個天才來改良。那個天才就是牛頓，他在一六六八年發明了反射望遠鏡；僅需要三公分就能將影像放大四十倍。有了這樣的工具，天文學家開始系統性地探索太空，其中不乏至今仍家喻戶曉的人物：協助成立巴黎觀測站並發現土星衛星的熱那亞人喬凡尼・卡西尼（Giovanno Cassini）；首任英國皇家天文學家約翰・佛蘭斯蒂德（John Flamsteed），他編錄的星體是第谷的三倍；以及荷蘭博學的克里斯蒂安・惠更斯（Christiaan Huygens），他致力於改良鏡片與望遠鏡，能夠清楚看見土星環，並測量得到地球與太陽之間的距離是地球半徑的兩萬四千倍（誤差僅為百分之二・三）。

所以呢？外太空並不影響地球上的生活，這些研究的價值是什麼？事實上，十七世紀初許多人相信，星星確實直接影響地球上的生活。天文學不只是找人解讀星座運勢的迷信之舉，人們相信星辰和萬事萬物的本質息息相關。如果你生病了，內科醫師會想要知道什麼時候開始的，他便可以尋找那個時候位於上升位置的行星。同樣的，外科醫師會建議你在幸運的星星出現時放血。歐洲王室的宮廷內都有天文學家，就連自然哲學家也嚴肅地看待天文學：克卜勒開始研究星星的其中一個理由，就是想更準確地占星。因此，古時候凝望星辰，與新時代科學觀測，兩者相碰撞的時候，造成的影響不容小覷。人們現在可以看見星星循著可預測的軌跡運行，不是人類福禍神秘的主宰；也可以看見月亮其實是一塊貧瘠的大石頭。這樣的東西怎麼會影響人的健康安危呢？有些人開始好奇，遙遠的星球會不會也住著像自己這樣的人。神是否也在其他的世界造物？而且既然星辰顯然不是固定在水晶球的結構上，亞里士多德還說錯了什麼？原本在遙遠星空那頭的天堂，到底又在哪裡？我們會望著天空詢問「所以呢？」代表一六〇〇年以來在科學知識上的大躍進。

天文學也推動其他領域的科學研究。由於對行星的興趣，英格蘭的內科醫師威廉．吉爾伯特（William Gilbert）在個人著作《論磁石》（*De Magnete*，一六〇〇年）一書中，提出太空是真空狀態，「電」是力，地球是一塊巨大的磁石，中心是鐵，每日繞著中軸旋轉。在義大利，伽利略不僅喜歡觀察夜空，他對地球的物理法則也非常感興趣。他年輕的時候就以觀測比薩主教座堂的吊燈聞名，並發現即使吊燈擺動的幅度縮短，來回一次所需的時間還是相同。之後，對擺動性質的研究使他設計出鐘擺推動的時鐘。雖然伽利略並沒有實際製作，克里斯蒂安．惠更斯得知這個概念後，於一六五六年就製作出來了。鐘擺時鐘比過去的計時工具更準確，也是日後三百年時鐘製作的模式。一六七五年，英格蘭自然哲學家羅伯特・胡克（Robert Hooke）提出時鐘的鐘擺或許可以用來測量引力；一六七一年，讓・里歇爾（Jean Richer）進行相關的實驗驗證這項假說，並證實這個理論。惠更斯共事的對象包括設計第一個機械計算機的德國數學家暨哲學家萊布尼茲（Gottfried Wilhelm Leibniz），微積分便是由萊布尼茲與牛頓同時分別發展的。

這些人都是博學之士，感興趣的不只是光學、物理和數學，很多人也研究化學、生物與植物學。一六七五年，勞勃・波以耳（Robert Boyle）延伸吉爾伯特對於電的研究，以氣體實驗得到波以耳定律：氣體體積與壓力成反比。望遠鏡的進步順勢帶動顯微鏡的發明。伽利略從李普希和他的同事查哈里亞斯・楊森（Zacharias Jansen）獲得顯微鏡的靈感，發展出更好的版本，他稱為「小眼睛」。羅伯特・胡克在一六六五年的著作《顯微圖譜》（*Micrographia*）繪製了植物「細胞」（他稱之為「細胞」）與蒼蠅的放大圖。荷蘭微生物學家雷文霍克（Antonie van Leeuwenhoek）在微生物研究上專美於前，他利用兩百倍的顯微鏡發現細菌、精蟲細胞、紅血球、線蟲、微藻，以及寄生蟲。從前普遍認為某些微小的生物只能進行自我複製，現在證實即使最小的生命形式也能進行有性生殖。放大鏡的運用，對人類看待自然世界的眼光造成極大的影響。

這些領頭的科學知識在牛頓一六八七年發表《自然哲學的數學原理》（*Philosophiae Naturalis Principia Mathematica*）時達到顛峰。雖然這本書花了一些時間才廣為接受，後來卻成為有史以來最偉大的科學成就之一。裡頭闡述牛頓的萬有引力定律——傳說是蘋果掉到他頭上的時候想到的——所以，「行星在軌道上運行的原因」辯論也終止了。書中還提供多個引力作用下的計算比例，因此引力可被量化，不再只是單純研究其性質；另有測量行星與太陽相對密度的工具，證實哥白尼的日心說，並解釋月球運動軌道，地球潮汐的變化，以及彗星運動的理論。這部著作也包括牛頓三大運動定律。除此之外，他從一六七〇年間開始研究光學，終於在一七〇四年發表。這些發現無不顛覆亞里士多德對於自然世界許多錯誤的推論，也示範嚴格的科學方法。

另一項使得以上科學發現如此重要的原因是，這些研究快速地在自然哲學家之間傳開，因此一個學者的研究能建立在另一個學者的知識之上。他們不是關起門來安靜的神秘主義者，用手謄寫研究結果，未曝光就塞進科學檔案櫃中。他們接二連三出版著作，並在全歐洲演講。當時的有識之士都應瞭解最新的科學議題，百科全書也隨著研究結果更新。精心描繪微小有機物的印刷書籍也能成為暢銷書——就是胡克的《顯微圖譜》。當時主要的自然哲學家也開始成立自然科學機構。一六〇三年，義大利猞猁之眼國家科學院（Accademia dei Lincei）在威尼斯成立，伽利略也是會員；一六五二年，一群自然哲學家在巴伐利亞成立自然科學學院（Academia Naturae Curiosorum）即後來的利奧波第那（Leopoldina）科學院，並在一六七七年獲得神聖羅馬帝國的認可；倫敦皇家學會於一六六〇年成立，於一六六二年獲得首張皇家特許狀；法王路易十四於一六六六年成立法國科學院（Académie des sciences）。這些科學機構定期對會員及訂閱者發行最新研究發現：皇家學會在一六六五年開始發行《自然科學會報》（*Philosophical Transactions*）；利奧波第那科學院於一六七〇年發行第一本《星曆表》（*Ephemeriden*）。當時普遍認為，尚有無限的知識等待被發現；反而沒人認為，經過幾次重大突破後，自然就會產生穩定的局面。從此刻開始，科學知識將永遠不斷流動。

毫無疑問，科學發現對當時的哲學造成重大影響。首先，科學方法的本質其實是經驗。過去以神學為基礎的科學，以《聖經》解釋自然現象的成因與意義，到了十七世紀，法蘭西斯·培根與其他人發現經驗主義宛如棺材蓋的釘子，將過去的科學釘在棺材裡面。理性主義的興起也同樣重要，其主張知識可以純粹靠理性推論獲得。此學派最有名的代表人物是笛卡兒，直到今日，他演繹得來的結論──「我思故我在」，仍受人津津樂道。然而，笛卡兒與之後的理性主義者，例如萊布尼茲，都是科學家，也同時是哲學家，因此從事科學研究的人，以及提出科學方法的人（獲得、驗證科學知識的方法），兩者有了密切的關係。這也是連結經驗主義與理性主義之間的橋樑，人們自然想要以經驗來驗證透過理性獲得的知識。只有非常偶然的情況，才會見到偉大的思想家任理性隨著想像起舞。克里斯蒂安·惠更斯的最後一本著作《天上世界》（*Cosmotheoros*，一六九八年），其中討論土星和木星的生活環境，以及這些星球上的居民是否住在房子裡，有水、植物、樹和動物。他推論答案為「是」。經過三百年的研究，他的主張對今日的我們而言，看似有違他的理性主義，但當時普遍認為能力優秀的人可以思索任何科學問題，因此能力稍差一些的人相信他們也不奇怪。

這就是科學革命的關鍵。造成重大改變的不只是新知識，還有決定知識的權威。中世紀的教會領袖與民俗專家一度擁有這項權威，然而十六世紀中期之後，自然哲學家開始接手。想想伽利略的例子。一六一三年他受托斯卡尼（Tuscany）公爵夫人之邀，寫信解釋哥白尼的「日心說」，這封信被公開後，伽利略因此於一六一六年被帶到羅馬的宗教審判所。他被告知，談論以太陽為中心的宇宙是荒唐且邪惡，地球每日自轉一周更是荒謬。當時他只是受到警告然後被釋放，但一六三三年，他又被指控教授異端學說，這一次教宗烏爾班八世（Urban VIII）將他終身監禁。但過了幾十年，教宗對科學問題的意見已經無關緊要：人們仰賴學者為他們解惑，不再是神學家。這就是真正的科學革命。一六三三年，教會仍穩坐科學知識的權威，到了一六七〇年，科學機構完全稱霸。

這項權威的轉移也常被視為宗教與科學對立的開始，認為兩者從此分道揚鑣。這樣的想法是不正確的，所有在科學發現締造偉大成就的人，幾乎對宗教都非常虔誠。正是眾人的虔誠，不斷探索神造物的本質。法蘭西斯・培根寫了一本小冊，輕蔑地攻擊無神論者。萊布尼茲在《神義論》（*Théodicée*）中試圖為他的基督信仰與科學哲學和解，寫到神創造這個世界時，已經創造出「所有可能的世界中最好的一個」。牛頓也是信仰虔誠的人，他窮盡一生在《聖經》裡尋找科學真理，包括末日的預言。宗教目的與科學研究的結合彷彿十七世紀醉人的雞尾酒，而且宗教的影響力絕不容低估。這一點在許多試圖瞭解神的創造而進行的科學實驗中更是真實，科學研究便是為了打擊那些他們眼中，不僅錯誤而且對神不敬的迷信。過去，宗教和迷信同時並存好幾個世紀，如今，宗教與科學結盟，破除反對宗教的思想，教導歐洲人民神的真理。

科學知識很快地滲透進入日常生活。迷信的行為逐漸終止，例如將貓埋在房屋的煙囪。（譯注：傳說可破除惡靈）人們不再使用含有動物遺骸粉末、糞便的藥物，反而尋求可以看見效果的處方。最有趣的是，他們不再相信巫術。十六世紀期間，在英格蘭和威爾斯有數十個女巫被吊死，幾百個在其他地方被燒死。（只有在英格蘭與威爾斯，以及後來的美國，將巫術視為一般犯罪，而非視為宗教異端而焚燒）十七世紀初期，由於一六二〇年在德國發生一波嚴厲的處決，導致被殺的女巫高達數千人。最惡名昭彰的是班貝格（Bamberg）的采邑主教，設立了女巫審判所，很多人被囚禁在內，不停地被虐待，直到坦承實施巫術，並舉發其他施行巫術的人。受害者被綁在木樁上焚燒，如果他們把所有的財產交給采邑主教，就處以斬首。整個歐洲有上萬人被殘忍地虐待並殺害，但巫術審判的行為在十七世紀完全終止。最後一個被焚燒的女巫是在一六七九年，法國的佩隆尼．戈桂隆（Peronne Goguillon）和她女兒。在英格蘭，最後一個被吊死的女巫是一六八二年在比迪福德（Bideford）。在美國，一六九二年賽勒姆（Salem）的女巫審判後就結束了。在蘇格蘭，最後一個女巫的處決則在一六九七年的佩斯利（Paisley）。

人們揚棄巫術，當真是因為科學革命嗎？如同一位學者所言：「很難看出究竟為什麼，牛頓在一六八七年的《原理》一書說的運動物體路徑，會讓巡迴法官較少判處女巫罪名，也讓村民不太願意互相指控對方做法。」[7]這個觀點不無道理，因為根據估計，牛頓發表《自然哲學的數學原理》的時候，全歐洲可能只有七個人懂得他的理論。如果科學知識確實減少迷信的現象，尤其是巫術，又是怎麼發生的？

得到答案前，首先要瞭解為什麼人們相信巫術。世紀以來，女巫一直是歐洲文化的特色，但十五世紀末的時候，女巫逐漸被視為異端，紛紛被帶上教會法庭。類似的案例越多，女巫的傳聞也越多。這類的新聞逐漸成為政治宣傳，警告人們可能的危險。雖然許多指控是出於對女性的貶抑或純粹仇恨，但巫術的存在表示人們相信自然界有一些看不見也無法解釋的力量。日心說、電的發現，以及其他科學知識，使人們相信有許多雙眼看不見的事物存在。如約翰．迪伊（John Dee，譯注：英國人，一五二七到一六〇八年，女王伊利莎白一世的顧問）這樣的數學家仍然可以同時相信煉金術與占星學，甚至覺得透過通靈可以瞭解天使的意志。誰又真的知道該相信什麼？太多的科學發現，似乎反而讓人們懷疑自己真的瞭解這個世界。因此，恐懼開始增長、蔓延，最後終於控制大眾的心理。然而，十七世紀中期，科學家總算穩定社會的疑惑，開創平衡的局面。如我們提到的，星球不是人類命運的主宰，而是依循固定的軌道繞著太陽，這樣的科學知識成為正統，也就破除迷信。受到王室認可的科學機構，提供自上一個世紀初便欠缺的保證。你不需要瞭解牛頓的數學定理，但會對牛頓和皇家學會的其他院士有信心，你知道這些人能夠解釋從前令人不安的宇宙。帶著這樣新興的自信，完全缺乏經驗證據的巫術也就不難理解。只是不可避免的，即使自首的女巫也會直接被焚燒或吊死。

## 神療癒人類的管道

十七世紀的醫學發現，從許多方面來說是科學革命的一部分。然而，醫學革命的意義特別深遠。醫學知識攸關每個人的利益，因為病痛遲早會找上每個人。問題不只是整個社會在醫療方面應該相信醫生還是教會，甚至深及個人的信仰。你真正相信的是什麼？你或你的家人生病的時候，你應該尋求醫療協助，還是禱告？

我們之前提到，內外科醫師、藥師從中世紀就存在了，醫學訓練也從十二世紀就開始。也許你會因此認為，人們生病的時候就是去找內科醫生，發生外傷的時候就是去找外科醫生。但並沒有這麼單純。我們能從英格蘭地區的遺囑帳戶資料，統計人們面對病痛或外傷臨終前採取的作

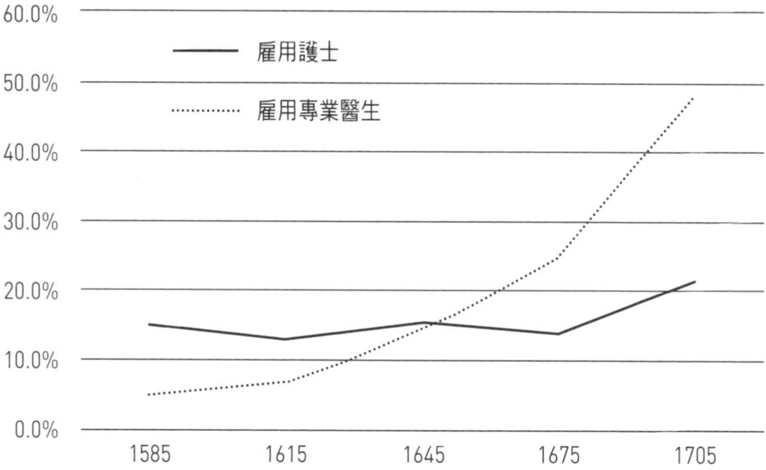


在東肯特郡，動產價值100到200鎊的人士，臨終前花費雇用醫生或護士之比例[8]

為。絕大多數的人沒有花錢尋求醫療協助，而是找來司鐸為他們的靈魂禱告。而且，如果他們的家人無法照顧他們，就花錢請當地的護士幫他們減輕疼痛、清洗衣服和床鋪、煮飯。結果發現，一六〇〇年，中等財力的人當中不到五分之一在臨終前付費聘請專業醫生，但到了一七〇〇年，大約有一半會這麼做。

上圖是目前資料留存最完整的區域，但其他地區的帳戶，如伯克郡（Berkshire）和西蘇賽克斯等英格蘭南部，從雇用護士到醫生的情況，也有類似的轉變。另一項研究顯示，全國有財產的人士大約這個時候開始較規律地付費使用醫療。[9]即使在偏遠的摩爾登漢普斯德，十七世紀車輛運輸仍未可及的地方，也有一個執業醫師約書華．史密斯在一六六二年獲得執照，成為鎮上第一個醫生。[10]有趣的是，雖然可得的醫療品質很明顯的和財力有關，有錢人——動產超過兩百鎊的人——看醫生的比例也只比上表多出一點點。在光譜的另一端，負擔不起醫療的窮人，則由堂區教會付錢請醫生。公允地說，某方面來看，需要專業醫療的人在一七〇〇年大多可以獲得了。

人們轉而尋求醫療協助背後的原因是醫藥方式的改變。倘若你在一六〇〇年的時候生病，你的母親、妻子或護士會調整你的飲食，或從藥草、動物和其他就地可得的材料調製藥方。如果情況沒有改善，才去找內科醫生或堂區司鐸。內科醫生可能只是兼差，依據尿液的顏色和你生病當時星星的位置開立昂貴的處方。所以一六〇〇年超過百分之九十臨終的人，直接找司鐸。很多人相信，人臨終前唯一需要的醫療是基督這位醫生。重點不在康復，而是藉由病痛的苦難救贖你的靈魂——所謂的「善終」。

經過世紀的推移，臨終的情況開始改變：人們漸漸同時找來醫生和司鐸。改變根本的原因是醫療的方法變得更加嚴謹。內科醫生不再只是研讀蓋倫的文獻，而是採取科學的態度看待人體。威廉・哈維（William Harvey）於一六二八年發表血液循環的理論《心臟與血液運動》（*De Motu Cordis*），也是人體研究重大的里程碑。整個世紀另有許多醫學文章發表，但改變真正的催化劑是一五四一年過世，一位自負的瑞士天才，他的名字是Phillipus Areolus Theophrastus Bombastus von Hohenheim，歷史上稱他帕拉塞爾蘇斯（Paracelsus）。〔譯注：他自稱為帕拉塞爾斯，其中「para」有超越之意，因為他自認為比羅馬醫生賽爾蘇斯（Celsus，二〇到五〇年）更偉大。〕十六世紀初期，他遊歷歐洲，幫人醫病與占星，發表許多文章，與當時普遍的教學牴觸，而且提倡使用以金屬基底的藥和化學複方治病。一五九〇年間，整個歐洲開始接受他的論點。逐漸的，歐洲的藥師開始採購金屬及自然藥方。內科醫生也開始被稱為「博士」（doctors），彷彿他們都有博士學位，這也意味人們相信他們的專業。許多醫生開始定居在小型市場城鎮，到了一六五〇年，要找到醫生便不是一件難事了。於是，少數的專業人士提供大量的醫療需求，面對與日漸增的病人，他們針對特定疾病開處有效的藥方，而不再根據星象觀察、迷信、病人血液的味道或尿液的顏色，心態複雜的治療方法了。

很重要的一點是，臨終的男人和女人會同時找來醫生和司鐸。對醫生的信任並不代表對神的信任減少。甚至，對神的信任仍是十七世紀醫藥改革重要的部分。有執照的內外科醫生，道德操守更需要受到檢視，確認他們是神療癒人類的管道。此外，在世界偏遠各地紛紛發現奇異的動植物，這些發現令人相信神創造世界時，同時孕育全世界各種疾病的解藥。一六〇八年，朗利特（Longleat）的爵士湯馬士·泰恩（Thomas Thynne），在病榻上收到妻子瑪莉亞·泰恩的信，寫著：「記得我們在道德上需盡可能維持生命，而且雖然神能夠示現奇蹟，我們不能因祂能夠、祂將會，而依賴奇蹟，否則祂不會說，為了人類創造出藥草。」[11]十七世紀初在秘魯發現金雞納樹的樹皮，證實了這個信仰：人類歷史上最大的殺手——瘧疾，就靠這個樹皮治療。此外，還有其他自然的藥物——石榴治療消化問題，番紅花治療痛風。看來有太多疾病的解藥恰巧就在自然界，因此給你處方的醫生和處方本身都有其宗教脈絡。吃下醫生開立的藥方雖然不完全等於禱告，但同樣是將自己交付給神。

因此，談到醫藥革命的時候，我們不能想成人們忽然從禱告變成吃藥。他們的行為改變是逐步的。一開始他們只相信禱告，後來禱告的同時也接受宗教的醫生治療；接著受到道德操守正直的醫生，身為神治療的工具，開立各種處方；到最後才是醫生純粹開立處方，毫不涉及宗教。並不是所有人都同時從一個階段進入另一個階段，一七〇〇年的時候，仍有一些人相信禱告勝過醫生，只是那個時候多數人都願意接受專業醫療的照顧。若你回想一下，在那之前為了治病而興建的寺廟、禮拜堂、教堂、聖壇，以及為了病患所走的朝聖之旅，所給的聖人遺物，就會瞭解人類身體健康的希望從神轉而寄託在醫藥專家身上，這番變革於人類社會非常重大。確實，這也是歐洲人由中世紀高度虔誠、以團體為重的社會成員，轉變為謹慎、現代的個人，其中一個重要的階段。

## 去西部吧，年輕人！

光看著地圖，很少人不去注意有多少歐洲以外的地方，是以英格蘭、德國、法國、西班牙的地名命名。新約克（New York，之前是新阿姆斯特丹）、新罕布夏（New Hampshire）、新英格蘭、新倫敦（現在是百慕達）、新荷蘭（現在是澳洲），以及新西蘭（New Zealand）等地，命名都有些異曲同工之妙。北美沿岸許多地方也是，舉幾個例子：波士頓、約克鎮（Yorktown）、普利茅斯（Plymouth）、澤西（Jersy）、多佛（Dover）和杜倫。（譯注：皆為英國城市名稱）還有其他為紀念英格蘭或法國統治者的地名：路易斯安那州（Louisiana，紀念路易十四）、詹姆士鎮（Jamestown，紀念詹姆士一世）、卡羅萊納（Carolina）和麻薩諸塞州的查爾斯鎮（Charlestown，紀念查爾斯一世）、南加州的查爾斯頓（Charleston，紀念查爾斯二世）、威廉斯堡（Williamsburg，紀念威廉三世）、馬里蘭（Maryland，紀念瑪莉二世）。以上地點，全都在十七世紀時命名。十六世紀見證了歐洲人發現北美大陸，十七世紀則見證他們為其命名、定居、以法律文件伸張所有權、築起圍籬，並用長槍抵禦這些地方。

英格蘭女王伊利莎白一世在一六〇三年去世的時候，統治的範圍不超過不列顛群島。唯一的兩個例外是維吉尼亞州的洛亞諾克（Roanoke），但那裡的居民不是死了，就是被美洲原住民打敗；另一是紐芬蘭，一四九七年首次聲稱所有權，一五八三年再度聲稱，但始終無人居住。她的繼承人詹姆士一世，於一六〇六年頒給倫敦的維吉尼亞公司特許狀，隔年在詹姆士城建立首次長期移民。一六〇九年，在一次救濟詹姆士城移民的任務中，艦隊在百慕達沿岸外損毀，生還者於是建立聖喬治斯市（St George's），成為英格蘭第二個殖民地。一六一一年，又在維吉尼亞州建立亨利科縣（Henrico），以詹姆士國王的長子亨利命名。從一六一六年起，維吉尼亞州的菸草種植一直是多災多難移民之路的主要依靠，即使經歷一六二二年北美原住民的屠殺，菸草事業仍屹立不搖。那個時候，來自布里斯托的商人已經在紐芬蘭多處定居，而英格蘭清教徒的組織，人稱為前輩移民（Pilgrim Fathers），也在普利茅斯建立殖民地。從維吉尼亞出口的菸草數量急速上升：一六二八年，已有超過兩百五十公噸運往英格蘭。同年，另一批英格蘭的拓荒者建立麻薩諸塞灣殖民地。那裡雖然沒有金礦可淘，卻可以從捕獵毛皮、耕作和菸草大賺一筆。

新世界賦予某個程度歐洲沒有的自由。一六五〇年，超過五萬的歐洲拓荒者住在美國東岸的自治社區，包括一千六百個買來種植菸草的黑奴。到了一七〇〇年，人數增為二十五萬，奴隸人數也超過兩萬七千人。[13]對於那些夢想自由的人來說，重要的是那裡有大片土地。一六六三年，國王將卡羅萊納省賜予八個英格蘭領主，土地從大西洋延伸到太平洋，總計超過兩百六十萬平方公里（約是英格蘭二十倍大）。雖然絕大多數的土地還沒有被拓荒者進駐，但到了一七〇〇年，北美東岸將近十九萬平方公里的土地受他們控制。[14]哈德森灣（Hudson's Bay）南方以及紐芬蘭，甚至有更大片的土地被佔領。十七世紀末期，北美殖民地有兩所高等教育學院——哈佛（一六三六年成立），以及威廉與瑪麗學院（一六九三年成立），和英格蘭本身的大學數量一樣。

英格蘭並不是歐洲唯一將北美洲視為自由與機會的國家。一六一四年成立於阿姆斯特丹的新荷蘭公司獲得荷蘭共和國的特許，賦予他們三年的貿易權利。他們希望從現在的加拿大獲得毛皮的利益。後繼的荷蘭西印度公司在一六二一年獲得特許，持續擴大他們在北美洲的毛皮交易。同時，在大西洋，從非洲西岸到北極任何有利可圖的事業，他們也擁有權利。很快的，他們就控制美國德拉瓦河（Delaware）、非洲黃金海岸，以及西印度群島的領土。然而，荷蘭本地的政治問題使他們無法在北美洲大量投資，保衛他們的領土，於是一六六四年只好降服於英格蘭。同時，西班牙抓緊他們對佛羅里達與新墨西哥的控制，並往德州深入。數個法國的公司佔領加拿大東部，包括部分紐芬蘭、大湖區周圍，以及通往密西西比河與路易西安那的核心帶狀區域。你若把西班牙與葡萄牙在中、南美洲的領土算進去，便會發現，歐洲人在美洲統治的土地比歐洲本身還大。早在霍勒斯・格里利（Horace Greeley，譯注：一八一一到七二年，美國知名報紙創辦人、政治運動者。他所說的這句話帶動美國西部拓荒）對他的朋友說「去西部吧，年輕人！」之前，往西擴張，追求更好的生活，這個念頭老早就在歐洲人的心中了。

年輕的歐洲人有所選擇，他們可以在北美洲或南美洲追求全新的生活，或是隨著往東方的船隻進入貿易的世界。發現東方貿易好處的是荷蘭人。尼德蘭聯邦（United Provinces，包括荷蘭共和國與其他小國）人口僅約一百五十萬人，卻重挫葡萄牙帝國。他們成功的主要關鍵是一六〇二年成立的荷蘭東印度公司。隔年，他們在遠東爪哇建立第一個永久哨站。一六〇五年，他們又取得香料群島（Spice Islands）；一六一一年，在巴達威亞（Batavia，今雅加達）設立東方總部，總部總督於此主導絲綢與香料貿易。葡萄牙人還能控制巴西以及部分非洲的據點，但在遠東，他們只能抓住幾個貿易站：澳門、小巽他群島（Lesser Sunda Islands），以及果阿邦（Goa）。取得葡萄牙人的港口同時，荷蘭也發現其他尚未曝光的世界，包括一六〇六年發現澳洲，一六四二到四四年發現紐西蘭、塔斯馬尼亞（Tasmania）、東加（Tonga）、斐濟（Fiji）。一六五二年，他們也在南非建立殖民地，提供他們的船隻補給。一六六八年，他們帝國範圍最廣大的時期，一名法國的觀察員認為荷蘭有六千艘船在海上航行，尚不包括單桅的小船。一位葡萄牙的天主教耶穌會教士，在一六四九年提出的數據是一萬四千艘船，並且強調這些船隻都比葡萄牙的船隊大。[15]今日歷史學家普遍同意，一六六〇年間荷蘭船隻的總頓數大約是六十萬噸，就和其他歐洲船隻全數加總起來一樣。

最後，我們必須看看英格蘭在東方的進展，主要圍繞著一六〇〇年成立的東印度公司。一六一二年，該公司成功的遠洋貿易高達九次，帶回可觀的財富。同年，在孟買北方的蘇拉特（Surat）設立貿易基地。不久之後，平易近人的英格蘭外交官托馬斯·羅伊（Thomas Roe）穩固該公司在印度內陸買賣的權利，並明智地訂立政策，不允許英人以武力強迫交易。東印度公司也小心翼翼地和在印尼的荷蘭人交易——一六二三年，幾個英國人因為謀反而被荷蘭人殺害後，該公司更加小心。一六六一年，葡萄牙人將孟買作為凱撒琳公主（Catherine of Braganza）的嫁妝，獻給英格蘭國王，英國獲得意外的擴張機會。此舉使英格蘭首次取得印度領土主權，很快的也成為東印度公司的總部。接二連三的王室特許狀，授予該公司在印度多項權利：他們能發行自己的錢幣，對當地英人行使仲裁，與當地統治者締訂和約。英格蘭在爪哇萬丹（Bantam）的貿易據點失守後，該公司便放棄與荷蘭在印尼的競爭，專心在印度的貿易上，帶回棉布、香料、絲綢、靛藍染料、硝石（火藥原料）。一六八四年，東印度公司買進的印度貨物，價值高達八十四萬英鎊，在歐洲銷售的總額是四百萬英鎊。[16]

現代的讀者可能寧願忘記這段殖民的時期，但不能否認這段時期改變了世界，包括歐洲本身。一開始，一五八〇年到一六四〇年西班牙兼併葡萄牙的期間，西班牙和葡萄牙的領土是世界上第一個「日不落國」，據點遍及五大洲。憑藉這個廣大的網絡，科技發展也拓展到歐洲大陸以外的地區。荷蘭與葡萄牙之間的戰爭，在拉丁美洲、印度、非洲與遠東引發軍事衝突，牽連西班牙、法國、英國、丹麥以及當地的統治者，堪稱首次世界大戰。這個世紀的殖民擴張也為日後的大英帝國立下基礎，特別是取得印度、西印度群島與加拿大領土的主權最為關鍵。但不容忽視的是，殖民地也舒緩人口上升的壓力。十六世紀期間，歐洲人口成長超過三分之一，總數約為一億一千一百萬人，整個歐洲大陸的人數和一三〇〇年的時候一樣稠密。當政府無力餵養嗷嗷待哺的人民之下，歐洲社會轉向暴力的時機也趨於成熟。歉收的時候，人民絕望之際，只好冒險偷竊牲畜和麵包。在法國，領主開始在領地上行使霸權，程度有如暴君。在義大利與西班牙，封建領主開始組織強盜。歐洲各地到處可見革命與叛亂：俄羅斯的博洛特尼科夫起義（Bolotnikov

Rising，一六〇六到〇七年）、匈牙利暴動（一六一四年）、上奧地利農民戰爭（一六二六年）、英格蘭內戰（一六四三到四九年）、拿波里革命（一六四七到四八年），以及法國的投石黨亂。此外，在許多國家，居少數的天主教、基督教或猶太人都被處決。因此，航向新世界、居住在自由自治的土地、不需擔心飢荒與宗教迫害的想法，自然非常誘人。儘管這個世紀實際外移的人口仍是少數，但在人們心中埋下希望的種子。接下來的兩個世紀，就會見到人口的壓力閥完全打開，上百萬名歐洲人飛奔前往新世界，他們建立的社會終有一天成為他們家鄉的強勁對手。

## 有錢沒錢都是人

非洲與美洲看似較不精緻的當地文化，引起歐洲知識份子思考一個重要的問題。沒有形式化的婚姻、金錢、書寫和土地所有權的社會，似乎和《聖經》故事裡，人類曾經在「伊甸園」的原始形式相符。歐洲人只要看看自己的社會——槍炮、印刷書籍、過去一百年科學與航海的成就，就會發現他們距離原始狀態有多遙遠。更重要的是，已發展的社會與原始的社會同時並存這項事實，使歐洲哲學家重新思考法律與道德的概念。治理所有人類的自然法是什麼？人類在道德上，又是如何從自然狀態：男人和女人依循個人慾望，發展到同意遵守社會的共同規則呢？

針對這個問題，湯瑪斯．霍布斯（Thomas Hobbes）是首先提出答案的重要人物。在著作《利維坦》（*Leviathan*）中，他提出社會的興起完全是人類互動的結果，而非神的干預。他認為人類在自然狀態中擁有自然權利，然而又處於暴力的狀態。經過多年，他們為了維護相互的利益，於是同意向其他人妥協部分的權利。例如，一群男人可能同意放棄互相殺害的權利，轉而選擇互相保護，抵禦外人入侵。如此「同意」的想法，形成社會契約，國家和政治體哲學上的正當性也由此而來。霍布斯主張國家只有三種形式：君主制、民主制、貴族制，而且三種之中，君主制是最佳的。唯有強力的集權國家，也就是「利維坦」，能夠維持和平與公民的團結，並保護個人以及他們的財產。因此，即使統治者的行為違背人民的利益，反抗軍王的暴動永遠是不合理的。此外，宗教無論在哪一方面的權力都不允許高於國家，所以個人的信仰也不得與君王的地位或公民的法律競爭。

與霍布斯同時代的人卻持不同見解，特別是理想的政府形式，以及人民可以向統治者問責到什麼程度。但幾乎所有人都同意自然權利，這個概念特別吸引激進人士，並以此指控政府官員和地主侵犯庶民的自然權利。許多哲學家也受到吸引，其中最重要的是約翰．洛克（John Locke），後來他在著作《政府論》（*Two Treatises of Government*）中更進一步發展這個概念。洛克認為在自然狀態中人人平等，享有三項自然權利：首先也是首要的，生命權；第二，自由權，在不與第一項權利衝突的情況下，得以為所欲為；第三，不侵犯第一、第二項權利的情況下，享有財產權。洛克並不同意君主制必然是最好的政府形式，甚至提出，若君主不保護人民的權利，人民有權利罷黜他。確實，他認為英格蘭的光榮革命（一六八八年）就是體現這項原則。他也贊同之後的《權利法案》（Bill of Rights），限制國王的權力。從此之後，君王不能干預法律或國會運作。未經國會同意，他不能組織自己的軍隊或徵收自己的稅收，也不得進行或授權「殘酷且不尋常的懲罰」。然而，洛克確實同意霍布斯的主張，認為個人的宗教信仰不得凌駕社會契約。對洛克來說，不容異己的宗教就是侵犯人的自由權。無人能證明某個宗教為真，而另一個為假，因此，無法容忍其他宗教的理由是謬誤。

由此可見，發現新大陸也刺激歐洲人跳脫宗教階層規定的框架，想像全人類的自由——富有與窮苦，天主教和基督教皆同。諷刺的是，他們發展這些理論的期間，歐洲人在非洲與美洲正如火如荼地剝奪原住民的自由，逼迫他們為奴。儘管這樣的慘劇，新世界的繁榮景象傳到歐洲人的耳裡，啟發他們在歐洲建立清新、自由的生活。這樣的觀念到了十八、十九世紀又會傳回北美洲與南美洲，促使他們奮戰，從英國、西班牙殖民者的手中取得自由。

## 憂慮的布爾喬亞

一七〇九年，威尼斯藝術家馬可・里奇（Marco Ricci）畫了三幅畫，描繪倫敦海馬基特女王劇院練習室中歌劇排練的景象。這三幅畫裡頭的世界，和一個世紀前的倫敦生活截然不同。畫中描繪的事物在一六〇〇年是不會見到的。歌唱家的服飾新潮，戴著又長又捲的假髮，不像一個世紀前圍著襞襟，練習室牆上掛著肖像畫和風景畫。在法國藝術家克勞德・洛蘭（一六〇〇到八二年）之前，除非是宗教場景，畫家並不畫風景畫，也很少人把畫掛在牆上。至於歌劇，一六〇〇年以前，倫敦並沒有這種音樂形式：首部歌劇公演在一五九七年的佛羅倫斯，而且直到一六八〇年間，亨利・普賽爾（Henry Purcell）才創作第一部英文歌劇。里奇的三幅畫中，其中一幅出現當時義大利最著名的閹伶尼科利尼（Il Niccolini），也點出當時一項發展：一六〇〇年的時候，歌唱家並不進行國際巡迴演出，也沒有人為了保持男孩的童音要他們去勢。坐在椅子上的觀眾也是相對新奇，因為一個世紀前，單人座椅並不普遍。其中一幅畫裡，一名站著的觀眾端著瓷杯和茶碟，正喝著茶。最後，里奇畫中最重要的主題：室內場景，無關乎任何神話、傳說，在十六世紀是不可能找到的。繪畫反映出改變的世界、改變的人、改變的品味和改變的觀念。

這些改變的源頭是布爾喬亞的興起。從遠東運往歐州的絲綢和香料不是窮人要買的，而是新的品味引領者：富裕的中產階級。幾個世紀以來，由於商人在城鎮從事買賣並獲利，他們的人數逐漸上升。但從前「上層中產階級」（譯注：在英國，傳統上這個階級意指高收入，但並無繼承祖先頭銜或產業的階級）並不是一個顯著的社會族群。當商人的財富累積到仕紳或貴族的程度時，他們就在鄉間置產，此舉使他們晉升頂層階級。在十六世紀的英格蘭，律師和官員是收入最優渥的行業，但仍有少數的佼佼者會購置地產，象徵他們的成就。然而，一六〇〇年之後，都市的中產階級人數以及他們的財富急速增加。統計學的先鋒喬治・金（George King）估計，一六九五年除了貴族、高級教士和有世襲徽章的仕紳（袍徽），英格蘭有一萬人從事辦公室工作（不包括神職與軍官），集體收入約一百八十萬鎊。此外，國際貿易商的人數是一萬人，收入總計兩百四十萬鎊：一萬名律師的收入是一百四十萬鎊，以及一萬兩千名無袍徽的仕紳，總收入是兩百九十萬鎊。在全國總收入是四千三百五十萬鎊的年代，上層中產階級佔了將近五分之一，收入大約是貴族和仕紳相加的三倍。

很顯然，這些人不是每一個都能假裝自己是貴族，但他們大多試著從各方面強調自己的社會地位已經提升。他們穿著時髦，竭盡所能在公開場合亮相——欣賞戲劇或歌劇，搭乘馬車出席社交聚會。家中設置各種他們找得到的流行物品：寬大的玻璃窗、畫作和裝飾圖樣、樂器、木刻，或象牙的桌上遊戲、書籍、邊框鍍金的鏡子、地毯、靠墊、窗簾、帷幔、刺繡桌巾、精巧的銀製燭台、鐘擺時鐘、威尼斯酒杯、遠東進口的瓷器、烙上家族袍徽的拋光錫盤、雕刻、鑲嵌或旋轉的家具。他們也以教育自豪，四處遊歷以增廣見聞。許多人甚至設置「奇珍異寶」展示櫃，收藏來自古埃及或新大陸古代生活奇形怪狀的物品。他們也享受山珍海味、瓊漿玉露。十七世紀引進了茶、咖啡、檸檬水、柳橙汁和烈酒，例如白蘭地、阿夸維特、荷蘭琴酒。對於法國新興的葡萄酒，他們也培養出品味：拉圖酒莊（Château Latour）、拉菲酒莊（Château Lafite）、瑪歌酒莊（Château Margaux）、侯貝酒莊（Château Haut-Brion）。倫敦的日記作者塞繆爾·皮普斯（Samuel Pepys）就品嚐過最後一個酒莊的酒。香檳也在這個時候引進倫敦和巴黎的社會。[18]

從很多方面來說，正是這個都會階級創造了現代生活的模式。他們不住在廣闊的廳堂，而是住在分層格局的房屋。一六六六年倫敦大火之後，興建的三層樓紅磚房屋成為往後兩百五十年的都會建築藍圖。這些房子裡頭有會客室、飯廳，以及臥室；採用小而效率較好的壁爐，也常用煤礦來加熱。以前廚房常在分開的樓房，這時也進入室內，離飯廳不會太遠，並為所有清洗的工作專設洗滌區，例如洗碗盤、刷鍋子、處理魚肉與蔬菜。理想上，所有的東西都井然有序。同時，荷蘭藝術家的風俗畫顯示平民的客棧有多麼不同，室內昏暗，老舊的橫樑垂掛，壁爐殘破不堪，地板上滿是水坑，器皿缺角，人們衣衫襤褸，而富裕的中產階級，家裡明亮整潔。

從那些荷蘭的繪畫中，你不能不注意到那些布爾喬亞總是嚴肅、憂慮的神情，而窮人總是紅著鼻子酒醉嬉鬧。也許他們擔心生意，或公務繁忙。或者他們希望被描繪成負責的樣子。畢竟，要想在社會上步步高升，可不能隨便開玩笑，而且這些人想要爬的階梯可都很高。雖然十七世紀英格蘭、荷蘭、法國的中產階級，已經不再急於追上那些家裡養著四十或更多僕人的貴族生活，卻在其他各種面向模仿上流社會。越來越多家族認為自己有資格佩帶袍徽，也常把兒子送去大學取得文憑。此外，他們也要求其他尊貴的象徵。一六五〇年，一名法國觀察家寫道：「這個世紀以前，還不知道要稱呼秘書、律師、公證人、貿易商的妻子為『夫人』。」[19]在英格蘭，男性越來越堅持被稱為「先生」，而女性被稱為「女士」，從一六六〇年開始，未婚的稱為「小姐」。新式的稱呼逐漸成為社交禮節。路易十四在一六六九年接待奧圖曼大帝的使節，土耳其的事物一時之間蔚為風潮——喝咖啡、閱讀土耳其的故事、戴頭巾、躺在地毯和成堆的靠墊上。接下來的世紀總有大批急於趕上流行的人，就是從這裡開始的。法國劇作家莫里哀於一六七〇年寫了一齣諷刺喜劇，嘲諷汲汲營營的中產階級。《貴人迷》（*Le Bourgeois Gentilhomme*）描述中產階級的布商之子儒爾丹先生，想方設法讓自己躍升為貴族，過程中也讓自己成為笑柄。

但我們不應認為中產階級一夕之間從麻雀變鳳凰。從許多方面來看，十七世紀末的消費主義只是十八、十九世紀社會流動的序曲，但十七世紀見證了歐洲社會中產階級的壯大。即使在社會控制這條緊實的腰帶束縛之下，仍然膨脹起來。

## 結語

基於人類對身體健康的寄託已從神轉為他們的同胞身上，實在令人很想說，這個世紀是古代和現代世界的分水嶺。這個世紀從霍布斯的社會契約到戰爭的方式，各方面皆反映出俗世的物質主義。先前的世紀，戰爭的結果被視為天主的旨意，到了十七世紀，則取決於指揮官可運用的資源與當天表現的好壞。在其他方面亦同，似乎隨著迷信急遽衰退、科學理性提升，以及暴力案例持續減少，十七世紀也逐步邁入現代世界。

話雖如此，並非所有的新奇事物都將十七世紀帶往現代世界。英格蘭與美國的清教徒開始熱烈追求道德與神學的改革，反而造成巨大的不公不義。一六三六年，麻薩諸塞灣殖民地的清教傳教士約翰・卡頓（John Cotton）擬定法律，根據那項法律，夫妻若在妻子月經來潮期間行房，兩人需判處死刑。[20]一六五〇年五月，英格蘭通過《通姦法案》（Adultery Act），對婚姻之外的性行為判處死刑。讀到德文郡的女子蘇珊・邦提犯下通姦罪的事例，無不令人震驚。她的小孩出生時，小孩交到她懷裡一會兒，小孩被帶走，她就立刻被吊死了。六年後，查理二世即位，他雖已婚，卻有至少八個私生子出於六個情婦。這真的相當令人困惑。更令人困惑的是讀到一六九二到九三年賽勒姆的女巫審判，十九個人被判絞刑，還有一人因為不肯求饒而被壓死。你再想想，所有因為飢荒與社會不公引起的內戰、革命和起義。儘管出現科學思想、自然權利和中產階級，事實是，現代世界不會輕易誕生，反而必須經歷一場奮戰才會出現，像個新生兒一樣全身是血，飢餓、尖叫、拳打腳踢。若我們認為十七世紀最偉大的成就是對於世界的理性思考，我們也必須記得在歐洲有上萬人喪失生命，無論是在女巫監獄、木樁或刑台底下。

## 推動改變的主角

十七世紀有三個主要的候選人角逐這個頭銜：伽利略、牛頓、洛克。但我們別忘了其他人，特別是威廉・哈維、克里斯蒂安・惠更斯、雷文霍克。六人當中，人們通常認為牛頓塑造了現代世界。然而，我們也說過，人們理解他的理論，還得花上一些時間。選出每個世紀推動改變的主角，重點不是強調那個人逝世多年後造成的影響，如果標準是這樣的話，那十二世紀的主角就會是亞里士多德，而不是彼得・亞貝拉。因此，我將伽利略列為第一名。他不僅將科學方法普及，在科學工具製作、基礎物理、計時與天文，也都是領頭羊。他更是比同時代的任何人還有膽量，敢挑戰佯裝博學以維護權威的教會。為表現自己對科學研究的堅定信念，不惜以人身自由為代價。他捍衛的不只是幾個科學真理，他捍衛的是真理本身。

---

1 見Henry Kamen, *The Iron Century: Social Change in Europe 1550-1660* (1971), p. 13 (Geneva and Paris); E. A. Wrigley and R. S. Schofield, *The Population History of England 1541-1871: A Reconstruction* (1981). pp. 532-3

2 見Geoffrey Parker, *The Global Crisis: War, Climate Change and Catastrophe in the Seventeenth Century* (2013), p.17

3 同上，pp. 17, 57

4 見Cecile Augon, *Social France in the XVIIth Century* (1911), pp. 171-2, 189, 引用自Inthernet Modern History Sourcebook, http://www.fordham.edu/halsall/mod/17france-soc.asp。下載日期二〇一四年一月二十二日（兩百人死於路邊）；Kamen, *Iron Century*, pp.34-5（腐爛的肉）。

5 見Parker, *Global Crisis*, p.100

6 軍隊的身高，同上p.22

7 見James Sharpe, *Instrument of Darkness: Witchcraft in Early Modern England* (1996; paperback edn, 1997), pp.256, 257

8 這個圖表的資料取自Ian Mortimer, 'Medical Assistance to the Dying in Provincial Southern England, circa 1570-1720' (University of Exeter PhD thesis, 2 vols, 2004), pp.92-3的表2.3與2.5。圖表的樣本是選自坎特伯里教區，九千六百九十八名死亡男性的遺囑帳戶。圖表中的日期是以下日期的中間點：一五七〇到九九年、一六〇〇到二九年、一六三〇到五九年（一六四九年）、一六六〇到八九年，以及一六九〇到一七一九年。請注意，並沒有一六五〇到五九年的資料，因此「一六四五年」實際上代表的是一六三〇到四九年。為反應亡者情況而製成的圖表，資料請見出版論文：Ian Mortimer, *The Dying and the Doctors: The Medical Revolution in Seventeenth-Century England* (Royal Historical Society, 2009), pp. 19-20

9 見Teerapa Pirohakul and Patrick Wallis, 'Medical Revolutions? The Growth of Medicine in England, 1660-1800', LSE Working Papers no. 185 (January 2014) http://www/lse.ac.uk/economicHistory/workingPapers/2014/WP185.pdf。下載日期二〇一四年四月二十九日。

10 見Ian Mortimer, 'Index of Medical Licentiates, Applicants, Referees and Examiners in the Diocese of Exeter 1568-1783', *Transactions of the Devonshire Association*, 136 (2004), pp. 99-134, at p. 128 約書華・史密斯不只是摩爾登漢普斯德的合格醫師，他兒子在一六六六年受洗的紀錄，以及他於一六七二年安葬在這

裡，表示他也住在堂區。他的兒子名字也叫約書華，一七〇〇年獲得外科醫師的執照。

11 引用 Ralph Houlbrooke, *Death, Religion and the Family in England 1480-1750* (Oxford, 1998), pp. 18-19

12 見 Ian Mortimer, *Dying and the Doctors*, p.211

13 http://www2.census.gov/prod2/statcomp/documents/CT1970p2-13.pdf。下載日期二〇一四年一月二日。

14 http://www.lib.utexas.edu/maps/historical/ward_1912/america_north_colonozation_1700.jpg。下載日期二〇一四年一月二日。

15 見 Fernand Braudel, *Civilasation and Capitalism. Vol. 3: The Perspective of the World* (1979), p. 190; C. R. Boxer, *The Portuguese Seaborne Empire* (1969), p.114

16 見 Braudel, *Civilasation and Capitalism*, p. 522

17 見 Joan Thirsk and J. P. Cooper, *Seventeenth Century Economic Documents* (Oxford, 1972), p. 780

18 見 Jancis Robinson, *The Oxford Companion to Wine* (Oxford, 1994), p. 363

19 見 Kamen, *Iron Century*, p. 167

20 見 Faramerz Dabhoiwala, *The Origin of Sex* (2012), p.43

# 十八世紀（一七〇一～一八〇〇年）

一七三八年，德文郡一個名叫邊斐爾．慕爾．卡魯的流氓因為遊蕩被捕。他是一個混蛋、惡棍，還自稱「吉普賽之王」。他假扮船隻失事的船員，向旅人詐騙，結果被拘捕。開庭審理的時候，法官要求他說出去過的地方；聽到答案是「丹麥、瑞典、俄羅斯、法國、西班牙、葡萄牙、加拿大和愛爾蘭」，於是將他驅除到美國馬里蘭州。卡魯謝謝法官把他送到「美麗蘭」，至於法官判他終身奴役這一點，他一抵達新大陸後就逃跑了。他很快又被抓到，這次戴上沉重的鐵環。頑強的他再度脫逃，並且和幫他鋸掉鐵環的原住民結為好友。之後，吉普賽之王徒步前往紐約，沿路乞討詐騙，隱姓埋名又回到英格蘭。他回來不久後，牽著他吃苦多年的老婆，在埃賽克特的碼頭漫步時，竟巧遇將他送往新世界那艘船的船長。場面頓時尷尬，因為法律規定，被判驅逐出境的逃犯應被吊死。船長會舉發他嗎？還好他有舉發。但卡魯很幸運，不但沒被吊死，又被送往「美麗蘭」。當然，他又逃跑了，一路冒險犯難再度回到家鄉。一七四五年，五十二歲壯年之際，他寫下回憶錄，竟成為全國暢銷書。一百年後，英格蘭的居民還津津樂道，將這位「惡名昭彰的德文流氓、偷狗賊」和羅賓漢相提並論。

卡魯就和十八世紀人稱黑鬍子的海盜愛德華・蒂奇（Edward Teach），以及「海盜王」亨利・埃弗里（Henry Every）屬於同一類型。查爾斯・約翰（Charles Johnson）的著作《史上最惡的海盜》（*A General History of the Robberies and Murders of the Most Notorious Pyrates*，一七二四年）寫到這兩人和其他重大罪犯。你也可以將攔路行搶的迪克・特平（Dick Turpin）列入這種英雄盜匪的人物。一七三九年他被處決後，他的故事馬上就出版。這個時代的通俗文學中可見上百個這類的罪犯大行其道，戲劇方面還有約翰・蓋伊（John Gay）紅透半邊天的諷刺作品《乞丐歌劇》（*The Beggar's Opera*）。這些歌頌犯罪的景象可能會讓你遲疑。畢竟，這個世紀是啟蒙的世紀，是政治經濟與科學實驗的世紀；是講究幽雅、和諧、秩序的時代；是韋瓦第、巴哈、韓德爾、海頓、莫札特的時代；是洛可可建築的時代；喬治・赫普懷特（George Hepplewhite）、湯瑪斯・齊彭代爾（Thomas Chippendale）和湯瑪斯・謝拉頓（Thomas Sheraton）誕生的時代（譯注：此三人為英國十八世紀三大家具設計師）；景觀建築師能手布朗（Capability Brown）和亨弗利・雷普頓（Humphry Repton）的年代；卡諾瓦（Canova）的雕刻；威尼斯畫家迦納萊托（Canaletto）和瓜爾迪（Guardi）；法國畫家華托（Watteau）、福拉哥納爾（Fragonard）、布雪（Boucher）的年代。就連英格蘭，等了好久，終於誕生享譽國際的畫家——約書亞・雷諾茲（Joshua Reynolds）、托馬斯・庚斯博羅（Thomas Gainsborough）、約瑟夫・萊特（Joseph Wright）、喬治・斯塔布斯（George Stubbs）、喬治・羅姆尼（George Romney）、威廉・霍加斯（William Hogarth）。

除此之外，更重要的這是革命的年代——美國革命、工業革命、法國革命。然而，這些十八世紀的罪犯儼然成為名人，也不像一開始那樣格格不入。今日的社會也有許多邊緣、反社會、惡棍、造反的名人。約翰．蓋伊也有他的繼承者：犯罪小說成為非常受歡迎的文體，而且以真實犯罪集團為題材的電影，例如義大利黑幫，也有上百萬個觀眾。卡魯、黑鬍子、埃弗里、特平等人的故事代表刺激與自由，因而受到十八世紀大眾的喜愛。十八世紀這樣的矛盾確實透露出現代作風——秩序規範當中，揉合浪漫衝動與逃脫渴望。生活幾乎所有的面向皆是如此，從性愛與犯罪，到宗教與歌劇。前幾個世紀的滋味是鹹的、酸的、苦中帶甜，或如同大環境，只是苦；十八世紀嚐到一點碳酸飲料的滋味——是人類悲劇的泥沼底下，嘶嘶冒出的煙火與四重奏。

## 快速移動的年代

軍用的旗語在本世紀末期發明前，訊息傳輸的速度仰賴人們移動的速度，而影響的因素如下：時今日照時間的長短；當時的路況，這往往也和季節有關；發出訊息之人的財力，這關係到一路上能雇用幾匹精壯的馬；最後，目的地有多遙遠。如果全程都是好走的路，信差只要換幾匹馬就能快速行動——夏季一天能走上一百九十公里。但一七〇〇年的時候，好走的路不多。若目的地是偏鄉僻壤，例如摩爾登，冬季的沼澤和沿路的巨石會嚴重耽誤行程，信差一天可能只能走三十公里。依我目前所查到的，一八〇〇年之前走最遠的信差是羅伯特．凱利（Robert Carey）爵士，在一六〇三年三月為了通知蘇格蘭王詹姆士六世，英格蘭女王伊利莎白一世的死訊。羅伯特爵士從里奇蒙（Richmond）到愛丁堡六百四十公里的路程，只花不到三天時間。第一天他走了兩百六十公里，第二天是兩百一十八公里。之前的一年，理察・波義耳（Richard Boyle，譯注：一六九四到一七五三年，愛爾蘭王國科克伯爵）從科克（Cork）到倫敦僅花兩天時間，不僅越過海洋從科克到布里斯托，更不用說一月份糟糕的路況。[1]但是坦白說，絕大多數的長途旅行都不可能接近這樣的速度，夏季一天能走四十八公里就算幸運了。

歐洲在十七世紀末開始認真改善交通網絡。首先發明有避震器的車廂以及輕型的四輪馬車。更重要的是，各國紛紛改善公路建設。在英格蘭，過去舊的法令規定道路由地方人民維護，而新規定採使用者付費的原則，要求道路使用者支付維護的規費。建造新的道路時，必須依據國會的《收費道路法案》（Turnpike Act），成立維護道路的基金會，向國會申請許可。國會核准後，基金會便獨佔道路收費的權利，將所有基金花費在維護。一七五〇年，英格蘭大約有一百五十個收費道路基金會，大大改善往東南與中部的交通。十八世紀中期，赫然見到道路興建的熱潮，一七五〇到一八〇〇年之間，超過五百五十個新的基金會成立，全國各地皆迎向車輛運輸的時代。一七七〇年，收費道路法案興建一條由埃克賽特通往摩爾登漢普斯德的道路，不久後第一台車就來到鎮上。十年後，橫越達特慕爾的道路也興建完成。到了一七九九年，摩爾登一家名為懷特哈特的客棧，為他們單匹馬車的租賃生意打起廣告，遊客可以乘車遊覽原野。回想一六四六年英國內戰的時候，費爾法克斯（Fairfax）將軍的軍隊試圖將加農炮拉到這個偏遠地方卻失敗，此時是多大的轉折啊！

道路興建最重要的影響是訊息傳遞的速度。從十六世紀起，英格蘭便有郵政系統，但只涵蓋四條路線：倫敦到愛爾蘭、普利茅斯、多佛，以及愛丁堡。東西向的路線要到一六九六年，埃克賽特到布里斯托的郵政服務建立後才新增。一七三五年，又新增蘭開夏郡（Lancashire）到西南地區的服務；一七四〇年則有布里斯托到賽里斯伯里。[2]以倫敦為中心四散的輻條連接起來後，意味著信件不必非得經由倫敦，因此信差移動的速度更快。鋪滿細石的道路也加速訊息傳遞到倫敦。新的紀錄由海軍上尉拉潘那提爾（John Richards Lapenotière）締造，他於一八〇五年十一月四日登陸法爾茅斯（Falmouth），帶著英國艦隊在特拉法加海戰擊敗法國的消息前往倫敦。他花了三十七小時走了四百三十六公里，換了二十一次馬，花費是四十一磅十九先令一便士。

一般人也會注意到道路品質的改善。十六世紀時，從普利茅斯到倫敦三百四十六公里的路程通常要花一星期。十九世紀初，馬車公司為與對手競爭，打著只要三十二個鐘頭就帶你到目的地的廣告，平均時速是十．八公里，和拉潘那提爾上尉十一．八公里不會差太大。[3]驛站馬車的費用也比一百年前便宜很多。一七五〇年之前，自由的農民從普利茅斯到倫敦必須自費食宿以及馬廄、飼料。一週下來，所費不貲。五十年後，花費減少了，舒適度提升了，速度也變快了。一八〇〇年，載客急馳到倫敦的驛站馬車公司標榜「超低價」。馬車設計也改良了，特別是約翰．貝贊特（John Besant）在一七八七年取得專利的郵務馬車。行駛途中不長時間休息，因此不需要每晚都停留在客棧，而馬匹的費用則由乘車的人分攤。

在法國，旅行同樣也經過大改造。工程師特列賽傑（Pierre-Marie-Jérôme Trésaguet）在路面凹處鋪上碎石，達到自行排水的功效，大幅提升馬車運輸品質。改革派的法國政府官員杜爾哥（Anne-Robert-Jacques Turgot）於一七七五年重整全國的郵務馬車系統，大幅減少訊息傳遞全國耗費的時間。一七六五年，一封信從巴黎寄到馬賽要花費十二天，到土魯斯要十五天；一七八〇年，這兩個地方訊息傳達都在八天以內。[4]這對如法國這般的大國而言，國內的行政效率大幅改進。問題或消息傳到首都需要八天，命令或指示回傳也只需八天。訊息往返土魯斯的時間減半，表示解決方法也會提前兩週抵達。

訊息傳播的速度也隨著十八世紀另一項進步而加速──報紙。過去的世紀，偶有報紙流通，但很少固定發行。法國的《法國公報》（*Gazette de France*）一六三一年首次發行；一六六一年西班牙《公報》（*La Gazeta*）；一六六四年義大利的《曼托瓦公報》（*Gazetta di Mantova*）；一六六五年英格蘭的《倫敦公報》（*London Gazette*，前身是《牛津公報》），但以上雖固定，但只是週報。第一份英國的地方報紙《諾里奇郵報》（*The Norwich Post*）於一七〇一年出現，而第一份每日出版的報紙《每日新聞報》（*The Daily Courant*），隔年也在倫敦的書報攤問世。報紙在大西洋的兩端如雨後春筍。新大陸第一份固定發行的報紙《波士頓新聞通訊》（*The Boston News-Letter*）始於一七〇四年。到了一七七五年，共有四十二種報紙在美洲殖民地販售。其中幾份──《紐約新聞報》（*New York Journal*）與《費城晚郵報》（*Philadelphia Evening Post*），甚至採取激烈的反英態度，力求獨力。一名到美國的法國人評論：「少了報紙，美國革命不會成功。」到了一八〇〇年，每週發行的刊物高達一百七十八家，每日的報紙則有二十四家。法國大革命更可見記者的重要性：一七八九年最後六個月多了兩百五十種報紙。[5]當然，報紙透過甫經改善的道路系統送到讀者手中。印刷和交通的結合，意味著過去世紀緩慢、偶爾的新聞，由涓滴細流變成洶湧潮水。政府與人民之間的大眾傳播由此開啟，就連最乏人問津的角落也感受到了。例如拉潘那提爾上尉在一八〇五年十一月四日經過夸克威爾（Crockernwell），十一月六日，特拉法加的捷報就隨之傳到摩爾登漢普斯德。拉潘那提爾上尉十一月六日趕到倫敦，《倫敦公報》正好發行勝利的消息，報紙在九日送到摩爾登。因此，政府的公告在三、四日以內，就會傳遍整個不列顛群島。那樣傳播的速度和從前比起來相差甚遠，以前就連國王駕崩的消息，過了好幾個禮拜都不一定能傳到偏遠地區呢！[6]

新建的道路裨益旅行，水路則裨益貨物運送。一六〇〇年的時候，在法國運送貨物最容易的方式就是利用河川，例如盧瓦爾河（Loire）、塞納河（Seine）、索恩河（Saône）以及隆河（Rhône）。但問題都一樣，貨物要從這條河移動到那條並不容易。一六四二年，五十六公里的布里亞爾運河（Briare Canal），共有四十組船閘，可上升三十九公尺，下降八十一公尺，連接塞納河及盧瓦爾河。一六六六到八一年，甚至興建了溝通地中海與大西洋的米迪運河（Canal du Midi）。十八世紀初在德國，奧得河（Oder）、易北河（Elbe）、威悉河（Weser）都靠運河連接。在英格蘭，布里奇沃特公爵（James Bridgewater）受到米迪運河啟發，發現透過水路將他的煤礦從沃斯利（Worsley）運到曼徹斯特的種種好處，於是指示工程師詹姆斯．布林德利（James Brindley）監督布里奇沃特運河（Bridgewater Canal）興建，並於一七六一年啟用。運河的成功更促使英格蘭接下來五十年期間，興建總計約六千四百公里的運河。以運河這項便宜的運輸工具，載送工業擴張必要的燃料，正好是歐洲經濟發展的關鍵。中央運河（Canal du Centre）於一七八四年開啟後，塞納河、索恩河的流域結合，並加入隆河流域，沉重的貨物得以直接從魯昂（Rouen）、巴黎，以及英吉利海峽通往地中海。

若說航空起源於十八世紀，也許會令人訝異。數千年來，人類一直嘗試飛行，而現在終於成功了。一七八三年十一月二十一日，約瑟夫—米歇爾（Joseph-Michel）以及雅克—艾蒂安・孟戈菲（Jacques-Étienne Montgolfier）兩兄弟在巴黎創造第一架載人的飛行器。兩位勇敢的人，一位叫作皮拉特・德羅其爾（Pilatre de Rozier），另一位是阿隆德侯爵（Marquis d'Arlandes）坐在麻袋布和紙做成的熱氣球裡。十天後，雅克・查爾斯（Jacques Charles）與尼古拉斯－路易・羅伯特（Nicolas-Louis Robert）在巴黎開發出第一架載人的氫氣氣球飛行器。那些站在中世紀教堂樓塔上，綁上翅膀，猛力在空中揮動，不顧生命安危的人；那些自然哲學家，至少從十三世紀羅吉爾・培根以來，試圖設計各種奇妙的裝置，讓人能像鳥一樣飛行。他們相信人也能飛行，這個信念終於受到證實，雖然和他們想像的不太一樣。

整個歐洲都陷入氣球的熱潮。那些飛行員勇敢的名聲很快傳遍全歐洲。在英國，詹姆斯・泰特勒（James Tytler）於一七八四年八月首先在愛丁堡成功飛行；九月的時候，文森佐・盧納爾迪（Vincenzo Lunardi）把氣球帶到倫敦；到了十月，讓—皮埃爾・布蘭查德（Jean-Pierre Blanchard）乘著氫氣氣球在英格蘭南部航行一百一十二公里。然而，《倫敦雜誌》（*The London Magazine*）的編輯帶著極懷疑的態度報導這個氣球狂熱，他的結論是：

> 不管這類的展覽滿足多少社會上無所事事的閒人，參展的生意人腦袋不知道在想什麼。簡直不敢相信，從頭到尾，多少時間就這樣流逝在展覽這些粗糙、畸形、冒煙的袋子。[7]

不久，布蘭查德在一七八五年一月七日和一位美國的贊助商約翰・傑佛瑞司（John Jefferies）

博士，一起飛越英吉利海峽，飛行高度一．三公里。兩個半小時後，除了自己，籃子裡的東西全都被他們扔出去了，總算飛過了加萊。這是一項驚人的成就。一月十一日布蘭查德抵達巴黎時，沒有人說那是「粗糙、畸形、冒煙的袋子」，相反的，報導是：

（布蘭查德的）出現就像打了勝仗。旗幟飛揚、搖鈴鳴槍。地方官爭相見他，並須發榮譽市民的頭銜給他及同伴。他被帶到凡爾賽宮晉見國王，國王賜給我們這位勇敢的冒險家一萬兩千里弗（五百二十五鎊）的賞金，以及一千兩百里弗（五十二鎊十先令）的養老金。[8]〔譯注：里弗（livre），法國古代貨幣單位。〕

上百個熱氣球展在歐洲與美國舉行。一七九七年，安德烈．迦納林（André Garnerin）率先使用折疊的絲布製成降落傘，作為熱氣球緊急逃生的器具，又掀起一波驚豔大眾的熱潮。但《倫敦雜誌》的編輯說的也沒錯，熱氣球飛行始終只能觀賞，像是遊樂園的新鮮事，並無太多的實際運用。非常諷刺的是，人們夢想飛行這麼多個世紀，對於這個新發明，卻只能夠兩眼發直，傻傻盯著。

## 地主與佃農皆大歡喜

任何一位捧著本書努力讀到這裡的讀者，現在應該知道，長久以來我們祖先面臨最大的挑戰，無非就是不穩定與不充足的食物供給。十八世紀並沒有徹底解決這個問題，但在農業管理上確實有卓越的進步，增加穀物和牲畜的產量，減少來自飢餓的恐懼。傳統上認為，農業革命源於英格蘭幾個聰明的發名家。傑叟・杜爾（Jethro Tull）發明數個農業機械，例如在他一七三三年的著作《馬耕農事學》（*Horse-hoeing Husbandry*）中描繪的播種機。與他同時代的還有湯森勛爵（Lord Townshend），發明「諾福克輪耕法」，將蕪菁、苜蓿、小麥、大麥接續耕作，故得到「蕪菁湯森」的綽號。接著是羅伯特・貝克韋爾（Robert Bakewell）以及查爾斯與羅伯特・柯林斯兄弟（Charles and Robert Collings）提倡牲畜選種。這些似乎構成了群雄積極改良農業的美好圖像。事實上，今日的歷史學家真的想得太美好了。根據其中一個歷史學家的說法，這些根本是「極大的誤導」。貝克韋爾由於其中一個配種接二連三死掉而被除名。再來是湯森勛爵，使用蕪菁增加土壤的肥沃度，顯然並非他本人的功勞。同一個歷史學家也不屑另一位有名的農業改革家——萊斯特伯爵湯瑪斯・科克（Thomas Coke, Earl of Leicester），認為他不過是個「宣傳高手」（尤其對於他自己的成就）。[9]

過去人們也許過度褒揚這些農業改革家，但他們應得的功勞，還是比現在這些修正主義歷史學家給的要多。首先，想在由來已久的傳統農業中推動全國的改革，確實需要「宣傳高手」。而且，傑叟・杜爾的著作第四版中，編輯在前言承認，本書並沒有造成農民蜂擁搶購播種的機器，但確實使人們意識到機具的改良是可能的。「蕪菁湯森」說他在諾福克引進蕪菁，也許是大話，但事實上，世襲的貴族以簡單的方式改良土壤，這樣的故事對其他地區的地主和佃農，無非是很好的宣傳手法。簡而言之，農業革命的出現是由於一連串的改革，使人對務農的獲利改觀。若你想想貝克韋爾的羊群和柯林斯兄弟的牲畜得到的獎金，你就不會在意他們其中一個配種死掉。造成改變的並不是他們特別的育種技術，而是農夫們瞭解，動物並不需要維持像諾亞方舟擱淺當時的大小。如果你能把羊養得更大、更胖，賣到更好的價錢，又何必讓牠們皮包骨呢？貝克韋爾開始出租他得獎的公羊，每回八十畿尼（約八十四鎊）或更高的價格，整個業界都在談論這件事。對農業技術進步來說，是多棒的宣傳哪！〔譯注：畿尼（guinea）是英格蘭王國以及後來的大英帝國，與聯合王國在一六六三至一八一三年發行的貨幣。〕

如同十六世紀的探險家和十七世紀的自然哲學家，農業改革者和同儕分享成果。當然，他們也不忘吹捧自己。為什麼他們要洩漏自己的商業機密？他們之中，很多人視自己為科學家，有幾位甚至獲選為皇家學會的院士。我們甚至可以懷疑，有些人做生意賺了不少錢，然後在鄉間置產，投身農業技術改革，如此一來，在地主階級的仕紳當中更容易佔有一席之地。有一位農業改革者就是這樣，從商人變成地主，在埃賽克斯（Essex）買了一塊土地並努力改良，他的名字是約翰．莫蒂默（John Mortimer，與本書作者無親戚關係）。他於一七〇五年十二月獲選為皇家學院院士，比湯森侯爵早了五個月。莫蒂默的兩冊著作《莫蒂默的農業藝術或土地管理改良法》（*Mortimer's The whole Art of Husbandry, or the way of Managing and Improving of Land*）於一七〇七年問世，一七一六年發行第四版。他觀察諸多農業改良的方法，提出冬季以蕪菁餵養牲畜，種植苜蓿滋養土地，以及作物與牲畜混合式農場等好處。[10] 他推薦容易種植的馬鈴薯，特別適合餵養乾瘦的豬隻。他也詳細說明如何以動物的糞便、苜蓿，以及裸麥草改善每個郡縣的土地。農業革命是由像莫蒂默這樣系統化、科學化、用心的地主推動的，向眾多地主與少數農夫推廣他們個人的突破。

另一個將功勞歸於改革者的原因是，他們引進企業化農業的概念。從此以後，土地可以帶來穩定的收入。儘管你還是無法從土地賺大錢，卻可以為其他方面得來的財富錦上添花。擁有土地的改革者想要從土地上回收更多利益，而且準備要投資。他們可不是半吊子。想想英格蘭東南方地勢低窪的羅姆尼濕地（Romney Marsh），數個世紀以來只能養蚊子，而且當地人飽受瘧疾之苦。這個地區的地主將這塊陰暗恐怖的死地，變成英格蘭最肥沃的牧草地。他們這麼做可不是為了把瘧疾趕走，而是為了獲利。在產量提升的誘惑下，其他地主也試行蕪菁湯森四種作物的諾福克輪耕系統。有了這個方法，就不需像從前那樣為了恢復土壤中耗盡的養分而休耕。苜蓿能增進土壤中的硝酸鹽，也是牲畜的飼料來源，同樣的，蕪菁也能作為牲畜冬天的食物。利潤這項動機也驅使擁有土地的農夫，於這個世紀末採用新式的重犁。[11]金錢不一定總是從事某事的誘因，但在十八世紀，生產更多食物總是帶來這個令人歡喜的結果。

對於佃農，獲利的形式不只是鎊、先令、便士，還有安全感。從這方面看來，不起眼的馬鈴薯扮演極重要的角色。十七世紀末起，馬鈴薯成為英格蘭西北方工人的主食，並逐漸傳到南方，在十八世紀末穩居重要地位。在摩爾登周圍的地區，馬鈴薯往往用來鬆開土壤，為播種玉米而準備，其本身也能提供營養，為穀物歉收的風險提供極大的保障。馬鈴薯不只是便宜、容易種植，相較於小麥，更能提供二．五倍的熱量。當你生活在等待救濟的邊緣，又需要餵養一大家子的時候，馬鈴薯絕對是一項值得開發的產品。

改革者的重要性不能光靠某一個人的名聲而定義，而是得看接下來的農業產量。中世紀的英格蘭，四百二十五萬公頃的土地每年可生產一百八十萬公升的小麥；一八〇〇年，四百六十五萬公頃的土地可生產約五百萬公升。[13]此外，土地能養育的牲畜多出百分之一百三十三，多出百分之三十三的綿羊，以及百分之五十的豬隻。這些動物比起中世紀，體型都要大多了。中世紀平均每隻牛能提供七十六公斤的肉，現在是兩百七十二公斤；中世紀的綿羊平均能提供十公斤，現在是三十公斤；豬隻則從二十九提高到四十五公斤。[14]額外的羊毛和皮革也是副產品，而多出的糞便也能再度回到土壤，維持耕作的週期。選育的動物成熟得較快，提供肉的速度也較快。鄉村的市集會舉行競賽，頒發獎金給體型最大的牛、豬、羊。地主雇用的畫家描繪自己育種計畫培育出的動物，可見他們多麼驕傲。積極提高產量的地主取得圈圍的公有土地，進一步增加農業的效率。食物供給改善，英格蘭的人口隨之上升，整個世紀下來，從五百二十一萬上升到八百六十七萬，大約提高百分之八十。

農業革命不限於英格蘭。全歐洲都出現改革，人口以前所未見的規模上升。人口上升的原因，不只是更多的食物幫助人們熬過冷酷的寒冬。許多女孩由於飲食改善，初經年齡下降，女性因而得以生產更多孩子。[15]法國、義大利、西班牙、葡萄牙和丹麥的人口都上升將近三分之一；瑞典和挪威則上升三分之二；愛爾蘭上升百分之九十。全歐洲的人口則上升超過百分之五十，從一億兩千五百萬到一億九千五百萬，總數較以往大幅提升。這也彰顯地主與佃農共享觀念和價值的重要。他們在同一條路上，對地主而言通往更多財富，對農夫而言無挨餓之憂。

## 廢除死刑成為潮流

康德描述「啟蒙」為不受傳統與教條限制，自主思考的能力。既然其定義如此寬廣，也無怪乎「啟蒙」被視為非常靈活的詞彙。啟蒙也常被用來區分十七世紀焚燒女巫的恐怖，以及珍・奧斯汀愉悅、幽雅的世界。啟蒙像一個智性的水桶，人們不經意地投進科學概念與理性思想，還有新興的政治經濟與衰退的迷信風俗。大體而言，啟蒙始於十七世紀初法蘭西斯・培根與伽利略，於其整體注入科學革命，直到一八一五年拿破崙戰敗。但是，這顯然太不明確，時間也太長。因此，就此書的目的而言，有兩項變化常被視為啟蒙運動的要素，在這裡分開來談：自由主義與經濟理論。

啟蒙運動的代表著作是一部二十八集的《百科全書》（*Encyclopédie*），由德尼・狄德羅（Denis Diderot）與讓・勒朗・達朗貝爾（Jean le Rond D'Alembert）在巴黎編輯。這部大作歷經將近二十年的出版期間（一七五二到七一年），像熊熊烈火吸引好幾位如蝴蝶震翅般的天才，他們是孟德斯鳩、伏爾泰、盧梭、杜爾哥、若古（Louis de Jaucourt，他一人單獨貢獻了四分之一）。這部著作的意義不僅是冊數眾多，而且試圖將人類與自然世界的關係，不憑藉魔法、迷信或宗教，僅以理性重新結合。所有的知識區分為三個分支——記憶、理性與想像：編輯群創造知識分類系統，不容神聖的旨意或靈性介入。他們的目的可以用一個標題總結，也是整部作品服膺的宗旨：求知。

支持編輯與作者編著《百科全書》的理念，是「社會進步」這個自我持續的概念。杜爾哥在他一七五〇年的著作《以哲學觀點論人類心靈相繼進步》（*Philosophical Review of the Successive Advances of the Human Mind*）中解釋了這個概念。他從自然神論的前提出發：神是宇宙的「始因」。這是十三世紀湯瑪斯．阿奎那天主存在的論證。用啟蒙運動的語言來說，神是製作時鐘的師傅，祂創造了世界後，任其發展。慢慢的，人類從自然狀態中興起，經過三個階段——狩獵採集、放牧、農業——直到最後，也是第四階段：商業。一路走來，人類於農業與製造業不斷創造盈餘，因而順利轉換到下一個階段。對杜爾哥而言，「進步」的證據在於人類不斷在現存的社會中注入新的知識。依照他的推論，由於探究事物是我們的天性，因此人類將永遠不斷進步。

進步也能應用在政治歷史。孟德斯鳩、伏爾泰、盧梭三人深受英格蘭一六八八到八九年建立的君主立憲制度影響。伏爾泰由於政治因素流亡英格蘭三年，這段期間他除了學習英文，對這個國家也產生好感。他在評論強納遜．史威弗特（Jonathan Swift，譯注：一六六七到一七四五年，英國作家，以《格列佛遊記》聞名）《一只桶子的故事》（*A Tale of a Tub*，一七〇四年）時說：「我真愛英格蘭人的大膽！」「我真喜歡他們想什麼就說什麼！」[16]但不幸的是，他如此熱愛英格蘭的政府理論，並且如此激烈地反對法國的專制君主，回到法國後，他的著作《哲學通信》（*Lettres philosophiques*）就被皇家劊子手焚燬。伏爾泰明白這是什麼意思，於是再度離開法國，從此之後就獲得思想前衛、叛逆等名聲，儘管他在一七四〇年間一度擔任宮廷史官。一七六〇年起，他發表文章抨擊國家壓迫人民，以及不公義的虐待與殺戮。這些憤慨的行為，加上他大為流行的諷刺小說《憨第德》（*Candide*，一七五九年），不遺餘力批評萊布尼茲的樂觀主義、天主教會與政府，使他成為自由的鬥士以及全國的風雲人物。（譯注：萊布尼茲的樂觀主義，意指「這個世界是所有可能的世界中最好的一個」）

另一位更勇於批評社會不平等的人，是與伏爾泰同時代的盧梭。如同上一個世紀的霍布斯與洛克，盧梭的著作《論人類不平等的起源與基礎》（*Discourse on the Origin and Basis of Inequality Among Men*，一七五四年）出發點也是自然狀態中的人類。然而，霍布斯認為人類在自然狀態中沒有理解道德的能力，因而是邪惡的，盧梭卻不這麼認為。他主張在自然狀態中，人類稱不上道德或非道德，但本質上是好的，因為自然狀態中沒有從社會興起的惡魔來誘惑人類。盧梭自然狀態的人沒有表達仇恨的語言。他只對生存感興趣，以及確保足夠的食物、睡眠和女性伴侶。他也不能理解死亡。因此對現代人來說，盧梭自然狀態的人是個開心幸運的傢伙。但他必須對抗惡劣的天氣和野獸的威脅等災難。不只是為他自己，也為他的同胞。盧梭的結論如下：

> 從一個人開始為了幫助另一個人挺身而出的那一刻；從一個人最好擁有兩人份物資的那一刻，平等就消失了，財產出現了，工作變得不可或缺，大片森林變成微笑的原野，人類必須以眉間的汗水灌溉，而奴役與悲慘很快就會隨著穀物萌芽生長。[17]

在他最重要的著作《社會契約論》（*The Social Contract*，一七六二年），盧梭闡述社會中自由的界線。全書從一句名言開始：「人生而自由，但卻無所不在枷鎖之中。一個人認為自己是其他人的主人，卻反而比其他人更是奴隸。」盧梭繼續論證，若國家不當壓迫個人自由，就是不公義。一個正當的國家必須包含兩個要素：主權，代表所有人民，表達公共意志並制訂法律；執行者，也就是政府，執行法律與公共意志。對盧梭而言，人民必須參與國家政府，而非僅僅接受政府代表。國家對個人的要求，無論是什麼，都必須立刻執行，不容質疑。但是，除非基於公共意志，否則任何對個人的要求都不是正當的。國家應該將財產所有權，以權利的形式回歸所有人。這本書產生巨大的影響。盧梭與伏爾泰的著作論證自由主義與民主理性，因此成為法國大革命最有力的理論基礎。剛好，這兩位作者過世的時間相隔不到幾週。伏爾泰是一七七八年五月三十日，盧梭是七月二日。

啟蒙運動的社會理論還有一個不可或缺的結論：社會對其異議應予以容忍。我們必須記得，這個世紀初，迫害少數宗教的情況仍然持續上演。南特赦令（The Edict of Nantes，一五九八年）允許法國的基督教徒宗教自由，但路易十四於一六八五年卻又廢除赦令。休京諾派（Huguenot，譯注：十七世紀以來的法國基督徒）所有的教堂都被拆毀，學校也關閉，數十萬人被迫流亡。依據一六八九年英格蘭的《寬容法案》（The Toleration Act），非基督徒得以在自己的教堂中禮拜，但同年卻發生一連串迫害天主教徒的事件，將他們趕出倫敦十幾公里外。一七〇〇年在英格蘭，甚至通過更多反天主教徒的措施。但在十八世紀中期，隨著伏爾泰、盧梭、杜爾哥的倡議，在法國與海外大受歡迎，風向開始轉了。路易十六終於在一七八七年賜予法國人民宗教自由。四年後，天主教也得以在英國從事宗教活動，雖然他們還是不得任公職和上大學，但至少是個開始。

自由主義逐漸在社會瀰漫的另一個指標是，婚外性行為的態度轉變。雖然英格蘭國王在一六六〇年復辟之後廢除了通姦的死罪，但處決不正當的性行為仍持續到十八世紀。通姦者、娼妓在倫敦公開施以鞭刑，遊街示眾，並公告姓名，列入居住堂區的黑名單。每到週日，聖職人員會大聲唸出違法者的名字，並要他們公開懺悔逾矩的性行為，有些也會被地方官員判處勞役。十八世紀初十年，每年有超過一千起處決案例，以維護社會道德。[18]但憤怒逐漸減弱。不光是倫敦社會日益進步，對性的興味越來越濃，還因為這樣的處決往往只針對窮人，因此被視為不公。[19]自由的概念更為辯論火上加油。應該逮捕拉客的妓女嗎？不，因為拉客並不違反法律，逮捕她就是違背大憲章的條款。那麼通姦呢？無法容忍通姦是因為違反自然法，還是違反教會法規？因此啟蒙之士會說「laissez-faire」——隨他去吧。洛克自己就認為，如果一個有小孩的男人，在婚姻生活以外和一個或多個女人交往，這樣的行為並不違反自然法，但他要小心不要公開。這個辯論倒是由蘇格蘭的哲學家休謨在著作《人性論》（*A Treatise of Human Nature*，一七三九到四〇年）中巧妙化解，他在書中提到性慾是一種食慾，而「約束食慾是不合乎自然」。[20]確實，畢竟生殖是社會的根本。

到了一七五〇年，男人和女人私底下有自由從事欲求的肉體行為，這樣的想法開始獲得廣泛支持。受到這個原則啟發的文學作品，可見一七四八到四九年在英格蘭發行的小說：塞繆爾・理查森（Samuel Richardson）的《克拉麗莎》（*Clarissa*）以及亨利・菲爾丁（Henry Fielding）的《湯姆・瓊斯》（*Tom Jones*），兩本書的主題都是關於婚外情。同年約翰・克雷藍（John Cleland）出版《芬妮希爾》（*Fanny Hill*），更是一部大膽的情色小說，所有不道德的性行為都出現其中。在法國，一七四〇年後也出現同樣驚豔感官的繪畫，布雪的情色畫作裡頭盡是年輕美麗的裸女，呈現挑逗的姿態。對那些喜歡體驗肉體歡愉的人，召妓比過去兩個世紀更明目張膽。一七五七年起，在時尚的倫敦西區，所有好的、壞的，以及很糟的性交易服務還製成商業名冊，稱為《哈利的柯芬園芳名錄》（*Harris's List of Covent Garden Ladies*）。查理二世（Charels II）以及路易十四更是堅守王室包養情婦的傳統，英吉利海峽兩岸的貴族亦同。新興的中產階級也樂於採用這樣的習俗，對他們而言，性不過是一樣商品。歐洲南部的國家，對性行為的態度總是比較複雜。天主教的城市國家威尼斯，對於不法的性愛關係總是相對較為容忍。但你可以說他們在十八世紀更加開明了，因為出了個賈科莫・卡薩諾瓦。（Giacomo Casanova，譯注：一七二五到九八年，義大利冒險家、作家，以風流、追尋女色著稱）

自由的概念也在逐漸廣傳的人道主義中可見。俄羅斯女皇伊利莎白（Elizabeth, empress of Russia），在國人普遍不悅的情況下，於一七四四年廢除死刑。[21] 一七六四年在義大利，西薩爾・貝卡里亞（Cesare Beccaria）出版《論犯罪與刑罰》（*On Crimes and Punishments*），書中他提出，國家取走他人生命無論如何是不合理的，他認為，終身監禁反而較具阻嚇功能，因為時間很長。托斯卡尼的利奧波德二世（Leopold II）因而在一七八六年廢除死刑。伏爾泰於一七六六年引進貝卡里亞的著作，一七六七年本書也在英國問世。即使保有死刑的國家也減少判處死刑。阿姆斯特丹的死刑執行率減少六分之一，在倫敦也減少三分之一。[22]

啟蒙運動的自由主義在法律懲罰上的影響更是明顯。痛苦和虐待的刑罰如今彷彿只是強調國家的殘暴，而非違法者的惡意。在英格蘭，權利法案（一六八九年）中明訂廢除「殘酷與不尋常的懲罰」，終止過去砍斷手腳的刑罰。一七七五年起，戴上枷鎖並遊街示眾的情況也逐漸減少；鞭打女性也幾乎同時停止；烙印則在一七七九年改為罰款。英格蘭最後一個因輕叛逆罪（殺死丈夫或雇主）被燒死的女人在一七八四年處決；而最後一個因重叛逆罪被燒死的女人是在一七八九年。早在一七九一年焚燒懲罰完全廢止之前，就有個出於人道考量的不成文做法——被判刑的女人在火點燃之前就先被吊死。有些女人被宣判無罪，純粹因為法官認為這種駭人的懲罰不適用於她們的罪行；同樣的情況也發生在許多原本會被吊死的男人身上。英格蘭人越來越常被送到美國（直到一七七六年）或澳洲（直到一七八七年），而非送上刑台。一七七〇年間，約翰・霍爾（John Howard）提倡英國監獄改革，認為監禁是殘酷且有辱人格的對待。在法國，殘忍的刑罰也減少了。最後一個因雙方同意的同性性行為而被焚燒致死的法國人是在一七五〇年，而焚燒最後一個男性強暴犯是在一七八三年。一七九一年，法國甚至有意廢除死刑。但不幸的，建立更容忍的國家這個理想，不久之後隨著法國革命而煙消雲散。但從各方面說來，法國革命的殘暴仍應該被視為人道主義潮流中的例外，而非終點。

## 貨物的價格如何決定

十八世紀末期以前，多數歐洲國家遵循的經濟原則，整體而言稱為重商主義。其基本的想法是世界上的財富就這麼多，你累積越多，你的對手就獲得越少。因此各國政府便尋求利用貿易順差，限制他國可獲得的金錢；與此同時，他們也從國人的貿易活動中賺取利益。政府官員創造出獨家與經銷兩種權利——例如，對印度的獨家貿易權——然後將這個權利賜予或出售給公司，公司便能由此獨家權利中獲利。政府也以相同的方式剝削國內貿易，例如透過徵收通行費和關稅。在法國，這個系統於一六八三年財政大臣讓－巴普蒂斯特・柯爾貝爾（Jean-Baptiste

Colbert）死前達到高峰。柯爾貝爾主持龐大的官僚體系，厲行規費與罰款，透過法令有效地從每一筆交易中榨出油水。不久之後，人民開始批評這種約束的經濟政策。一六九〇年間，貝萊斯巴特（Seigneur de Belesbat）提議，與其把珍貴的資源拿去攻打荷蘭，取得獨家貿易權利，法國應該在商業上與他們競爭。這是一個嶄新的取向，不同意國家控制，認為自由與私人的投資才是王道。布阿吉爾貝爾（Pierre le Pesant, sieur de Boisguillebert，譯注：一六四六到一七一四年，法國經濟學家）也主張自由貿易，限制政府干預。然而，重商主義依舊屹立不搖。藉由鼓勵自由貿易追求經濟成長的想法，當時的政治領袖仍難以理解。

經濟的石牆在十八世紀初期終於出現裂縫。其中一道裂縫是透過創造紙幣增加金錢的供應，另一道裂縫是通貨膨脹理論——相信越多錢流通，整體來說越好。兩者的結合產生戲劇性的效果。蘇格蘭的通貨膨脹論者約翰．勞（John Law）於一七一六年受命擔任法國中央銀行總裁，任務是解決法國的國債。他利用自己在美國密西西比公司的職務，以新大陸的土地作為保證，發行股票。如此一來便可吸收大量現金，幫助政府償還國債。當時投資者持有的股票總金額極為龐大，甚至造出了新字「百萬富翁」來形容他們。[23]然而，無比堅定的信心和無止盡的天真，投資在無法實現的資產，這樣的計畫注定失敗。勞的系統在一七二〇年崩盤，同年，在英格蘭類似的計畫——南海公司，也應聲垮台。這些事件直接的反應當然就是嚇跑投機的商人，但其他人卻能看出，經濟理論在某方面應該能夠減少當時的傷害。於是，理解經濟系統變得更加重要。

統計學的興起也帶動人們對於經濟學的興趣。一六〇〇年，英格蘭政府開始收集倫敦與周圍地區的致死原因與數據，以便量化瘟疫爆發造成的影響。這些數據以每年為基準公告，約翰．葛蘭特（John Graunt）在一六六二年利用這些數據完成第一本統計分析的著作：《對死亡率表的自然與政治觀察》（*Natural and Political Observations Made upon the Bills of Mortality*）。同時，一位曾經擔任霍布斯私人秘書的政府部長威廉・配第（William Petty）寫了幾篇經濟學的論文，他稱自己為「政治算術」的先驅，或說自己的主張以「數字、重量與測量」為根據。他不僅開始計算全國收入，也發展量化貨幣理論的雛形，試圖解釋貨幣供應和價格的關係。配第想要瞭解一筆數量有限的貨幣潛力有多少，並得出貨幣的效用取決於轉手的速度。他的統計方法並沒有說服任何人。強納森・史威夫特反而在著作《一個小小的提議》（*A Modest Proposal*）諷刺配第，依他的算法，愛爾蘭的窮人養活自己的方法就是每年生養一萬個小孩賣給給富人吃。儘管如此，配第指出，利用數學方法，一個精明的經濟學家可以得到國家繁榮的途徑，就像天文學家計算行星未來的位置一樣。一六九六年，統計學家格雷戈里・金（Gregory King）進一步根據階級和宗教算出國家財富，詳細又準確的程度令人驚嘆，部分內容收錄在查爾斯・達芬南（Charles Devenant）一六九九年的著作《論貿易平衡》（*Essays upon the balance of trade*）。這也是頭一次嘗試嚴謹地計算國家財富。

啟蒙時期首位主要的經濟學家這時也登場了。理察・坎蒂隆（Richard Cantillon）出生於愛爾蘭，天生特異獨行。他參與約翰・勞在巴黎的計畫，買賣價值荒唐的密西西比公司股份，但勞摔跤的時候，坎蒂隆使了奸巧的把戲。他知道這些膨脹的股票會有什麼結果，於是在不可避免的崩盤發生前就兌現了。因此，他是少數沒有損失金錢的「百萬富翁」。後來他搬到倫敦，在一七三八年被殺害之前，他完成著作《商業性質概論》（*An Essay on the Nature of Commerce in*

*General*），被認為是第一部完整的經濟學論文。這本書一直以手稿的形式流傳，直到一七五五年終於正式出版。坎蒂隆採用布阿吉爾貝爾的抽象分析法，這個方法中，經濟學家建立一連串的實驗標準，並維持「其他條件相等」的情況，在理論的實驗室裡檢驗單一因素。他發展出一個理論說明貨物的價格如何決定，並主張關鍵的因素不是生產的成本，而是貨物的需求，也就是我們今日「供需原理」的先驅。他提出企業家應承擔風險，而利息就是風險的報酬。他進一步發展配第的量化貨幣理論。在這過程中，他也開始擺脫長久以來束縛歐洲經濟的重商主義。

坎蒂隆的書終於在法國出版，對新一代的思想家造成巨大影響。這一群思想家就是首批的經濟學理論「學派」，歷史上稱為重農主義。該學派以法蘭索瓦・魁奈（François Quesnay）為首，激情宣揚自由貿易和「laissez-faire」——不受政府干預的商業。他們將經濟理論與洛克的自然權利結合，提出稅收應只有一種：土地稅，因為土地是所有財富的源頭。重農主義學派的學說是一張複雜的數學圖表——《經濟表》（*Tableau Economique*），由魁奈於一七五八年繪製，用以表示經濟如何運作。當時即將成為法國大革命主要領導人的米拉波伯爵（Mirabeau），將此譽為世界上最偉大的三大成就，與書寫和貨幣並列。其實，大多數人後來發現這張圖根本無法理解。然而，當時《經濟表》強化了經濟研究系統化的想法。眾多統治者採用重農主義，包括第一任巴登大公卡爾・弗里德里希（Carl Friedrich），以及托斯卡尼公爵利奧波德二世。從前政府大臣玩票經濟的景象有了重大轉折：現在讓經濟專家來指導歐洲政府。

寫下自由市場經濟學《聖經》的人是亞當斯密，也從此將重商主義的棺材蓋釘牢了。亞當斯密讀過坎蒂隆的著作，遇過幾位重農主義者。他也是休謨的朋友，休謨自己也寫過關於貨幣量化理論的書。亞當斯密的巨著《國富論》（*An Inquiry into the Nature and Causes of the Wealth of Nations*，一七七六年）海涵一整個世紀的經濟思想，主題包括勞動分配與優點、貨幣使用、價位、利率與勞動成本、經濟發展本質、新大陸殖民的經濟影響，以及各種政治經濟學。重點是，亞當斯密主張國家不需防備圖利自己的商人，因為隨著商人的財富增加，國家的財富也就增加。他清楚地提出，支持自由貿易的論證：高額的進口關稅會導致走私，關稅低廉表示不值得走私茶和烈酒。他也表示，過去累積財富的想法根本是錯誤的：若只是堆積金條，什麼也不做，國家是不會獲利的。他的著作立刻獲得廣大迴響。更重要的是，這本書引起政治家的注意。當時的首相諾斯伯爵（Lord North），將亞當斯密的理論運用在對愛爾蘭的稅收與自由貿易。諾斯的下一任小威廉・皮特（William Pitt the Younger）更是全心擁抱自由貿易，並於一七八六年與法國簽署協議書，落實亞當斯密的理想。（譯注：指的是一七八六年英法簽署的「Eden Treaty」，兩國互相降低貨物關稅，但此和約於一七九三年告終）

然而，十八世紀新的經濟思想不完全是政治經濟學，也關乎個人獲利。如我們之前提過的農業革命，人們開始投資土地，以便回收更多產量。對這樣的投資而言，資本是非常重要的。為了購買土地，或引進灌溉、改善其他設施，企業家就必須借錢。因此十八世紀也見證銀行的勢力壯大。一七五〇年，英格蘭大約有十二家私人銀行。一七八四年是一百二十家，一七九三年則是兩百八十家。[24]到了一八〇〇年，光是埃克賽特就有五家銀行，借貸給摩爾登漢普斯德和其他地方的人——和本書一開始所提真是天壤之別，當時英格蘭西南幾乎不用貨幣呢！[25]這些銀行提供的貸款，比起約翰・勞這類通貨膨脹主義者發行的股票來得有用。如果數個存款人在一家銀行存了一千英鎊，而銀行的政策是保留存款的百分之十，那麼就有九百英鎊可以借出。假設那九百英鎊投資在興建磨坊，而賣方把收到的總金額存入另一家銀行，那一家銀行的政策也是保留百分之十，那麼第二家銀行就有八百一十鎊可以出借。經過兩次存進與借出後，原本的一千鎊現在面額價值兩千七百一十鎊。利用這種方式，銀行可以讓資本繼續累積，而眾多的農業與工業發展便有資金可運用，大幅促進國家的興盛。

在此，不能不提到這個世紀另一個重量級的思想家：托馬斯．羅伯特．馬爾薩斯（Thomas Robert Malthus）。馬爾薩斯是一位英格蘭的聖職人員，深受亞當斯密與休謨的影響。一些啟蒙運動的思想家，例如杜爾哥，以及英格蘭的威廉．戈德溫（William Godwin），似乎認為進步將永遠持續。面對這些一派樂觀的人，馬爾薩斯將新的經濟理論應用在一個最根本的問題：所有人都吃得飽嗎？在他影響深遠的著作《人口學原理》（*An Essay on the Principle of Population*，一七九八年）第一版中指出，縱橫整個歷史，社會中有一部分人總是無法脫離悲慘的貧困，而且到現在還是如此。但啟蒙運動的樂觀主義者並不能解釋為什麼，以及如何解決。如馬爾薩斯寫道：

> 我很高興讀到關於人類與社會諸多的美好，他們描繪的圖畫總是令我感到心醉喜悅。我熱切地欲求這般快樂的進步，但依我的瞭解，我見到巨大難解的困難，阻擋在他們面前。

馬爾薩斯發現人口以幾何速率快速增長，而食物供給卻呈算數速率增長。因此，並不是只有飢荒的時候才會發生食物短缺。馬爾薩斯說明，如果一個七百萬人的國家能輕易飽足，那麼該國人口便會上升，直到原本餵養七百萬人的食物必須餵養七百五十萬人，甚至八百萬人為止。食物價格也因為需求而上漲。然而，窮苦的勞工會發現，由於他們的人口增加，勞動價值便會因供應過剩而下滑。因此，自然增加的過程中，社會一部分的人口就會缺乏食物。然而現實中，某些事件會限制人口成長。馬爾薩斯觀察到，回顧歷史上人口過剩的情況，往往會經由飢餓、疾病和暴力而減少。人們也會採取預防手段抑制人口成長，包括晚婚、節育、禁欲以及墮胎。無論哪一種方式，啟蒙運動的改革家往往自鳴得意，認為全體社會正經歷前所未有的進步，但馬爾薩斯認為，事實上正好相反。

不管是彼時或爾後，很多人不喜歡馬爾薩斯的看法，即便是今日，不同意他的人，光聽到他的名字就反應激烈。當時，他受到許多抨擊，並被批評為冷酷無情。相信進步的人誤把他視為眼前的絆腳石，宣說末日的詛咒。當然，他們只是在射殺信差：經濟衰退的責任不在悲觀主義的經濟學家身上，他們的傷害甚至比樂觀主義者小多了。至於冷酷無情，馬爾薩斯更不可能。他是少數真正關心窮人困境，不關心獲利的經濟學家。他認為若要達到全體，不只是部分人類的進步，必須解開貧窮的束縛，此言不假。他悲觀的預言沒有成真，不是因為預言本身錯誤，而是由於發明家與企業家利用化石燃料，發現滋養土壤與運送食物的方法，因而將新的因素導入公式中。如我們所見，欲阻止馬爾薩斯預言成真，便需依賴化石燃料不斷的供應。因此，在所有經濟學家中，他的地位非常重要。預測人口成長與經濟趨勢的人，必定一再提到他的名字以及「馬爾薩斯抑制」的概念。不過在這裡，身為十八世紀最不關心獲利，但最關心窮人的經濟學家，他代表經濟學的思維已經從重商主義與王室壟斷的日子中脫離了。

## 踏上永遠改變的未來路

今日普遍接受「工業革命」始於十八世紀的英格蘭。因此，你若知道這個詞首次出現在一七九九年，一位法國駐柏林的外交官用來形容法國，也許會感到驚訝。這個似非而是的說法，背後的解釋是：「革命」其實是一個漸進的過程。一開始幾乎感覺不到；在英格蘭許多完全不同的地方各自開始，緩慢地擴散，直到遍及全歐洲。到了這個世紀末，人們才發現革命的特徵。如同歷史學家艾瑞克・霍布斯邦（Eric Hobsbawm）提到：「工業革命不是一齣有開頭和結尾的戲……因為其精華就是從此以後，革命性的變化成為常態。」[26]

今日我們傾向將工業革命與蒸汽動力聯想在一起。首先，蒸汽只是改變的其中之一，而且是相對不重要。一八〇〇年的時候，大約只有一千兩百座蒸汽引擎運用在工業和採礦；水車反而更普遍，也產出更多動力。確實，水力直到一八三八年，仍然提供全英國三分之一的動力。[27]工業化真正的起因是商業競爭。如果你是一位磨坊主人，希望贏過對手，就必須減少製造成本，並徹底利用手邊可得的資源。你必須改變你的工作方法，適應新的挑戰，投資人力、機器和廠房，以獲取最大利潤。從這個面向看來，工業革命和農業革命是一體兩面：提升工作效率，賺取更多利益。

尋求工業革命的根本原因時，我們發現兩個不同的新興市場：一個是對棉花與羊毛布料的需求，另一個是煤礦和金屬製品。這兩個看似無關的產業革命，當我們思考能源的來源時，就會發現兩者最終屬於同一個脈絡。最早的紡織廠在一七四〇年間興建，動力來源是動物或水力；一七八〇年前，沒有任何紡織廠使用蒸汽。既然這樣，為什麼煤礦生產整個世紀下來成長這麼多？為什麼需要蒸汽引擎將礦層深處的水抽出來？一七三〇年是九十米，二十年後深達一百八十米。

28 為何世界第一座鐵路橋〔堤道拱門（Causey Arch）〕，為了將煤礦從杜倫郡載送到泰恩賽德（Tyneside），早在一七二六年就完工？

這些問題的答案就是，一七八〇年以前，煤礦供應工業需求，但紡織業需求很少。鐵匠和冶煉工需要煤礦；啤酒廠、威士忌和琴酒廠、製鹽廠、磚頭、瓦片、玻璃，也都需要煤礦。這些手工業都需要高於木頭能提供的溫度。傳統上他們會使用木炭，但品質優良的煤礦更好。價格上，煤礦也較便宜，況且英格蘭自十六世紀以來就面臨柴火短缺的情況。木材往往利用在興建房屋、船運、製作家具和多數的餐具，但中世紀拓荒時砍了很多木頭。十六世紀人口激增時，又因為房屋的需求砍了更多。缺乏木頭的情況下，人們自然就轉向煤礦來滿足燃料的需求。房屋若有磚頭搭建的煙囪便能以煤礦取代柴火來燒熱水，用於洗衣和其他家用。早在一七〇〇年之前煤礦就成為倫敦主要的燃料，整個十七世紀下來，倫敦的人口大約從二十萬增加到七十萬。首都多數的燃煤——每年四十四萬三千八百七十五公噸——從新堡（Newcastle）運送到英格蘭東岸。這條固定的運輸路線提供倫敦永遠無法滿足的燃煤。到了一七七〇年，需求又倍增。城市與城郊的人口持續成長，到了一八〇〇年，已經超過一百萬。同時，整個國家其他地區也轉為使用燃煤。一七〇〇年英格蘭煤礦產量大約是兩百六十萬公噸，到了一八〇〇年已是四倍多。隨著採礦產業由許多小型、勞力集中的煤礦工廠，轉型為數個大型、深入的煤礦企業，燃煤價格也變得更便宜。這些煤礦企業的業主整合海洋、河川、運河等運輸系統，提升效率，並減低運輸成本到每公噸、一英里只需一法新。[29]（譯注：即每公噸運送一．六公里只需〇．二五便士）低廉的價格進一步鼓勵人們使用煤礦，維持供需的循環。到了一八五〇年，英國全國煤礦產量已高達每年五千萬公噸。

對許多不同的產業來說，十九世紀燃煤需求急速攀升的原因是，使用蒸汽引擎儼然成為必要。但在十八世紀，蒸汽引擎不過是把水從礦層底下抽出來的機器——燃燒煤礦以生產更多煤礦的機器。據說，蒸汽機的創意是南德文郡莫德伯里（Modbury）的湯姆士　塞維利（Thomas Savery）的智慧結晶。他在一六九八年申請的專利是「抽水，經燃燒推動，引發各種動力工作的發明」。從這句描述可知塞維利很清楚他的裝置不只能夠運用在採礦，但在他的著作《礦工的朋友》（*The Miner's Friend*）中，他又強調主要用途是採煤抽水。一六九九年，他向皇家學院展示他的機器，並在同年獲得國會法案承認，保護他的智慧財產。他當然希望此舉能為他帶來財富，不幸的，他的機器效率不夠。但他德文郡的同鄉湯瑪斯．紐科門（Thomas Newcomen）發展的機器效率好。於是兩人同意合夥，並於一七一二年在達德利（Dudley）附近的科倪格瑞礦廠（Conygree Coalworks），安裝並啟用世界第一座商用蒸汽引擎。

紐科門的發明並沒有一夜之間改變世界。安裝他的引擎所費不貲，並且需要消耗大量的燃煤。但最需要蒸汽引擎的確實就是深層的煤礦，問題只在是否比馬匹便宜。一開始，蒸汽引擎只便宜百分之十一，但這也足夠說服一些業主投資。[30]煤礦層越深，省得也越多。紐科門的引擎在英格蘭上百家煤礦廠設置，甚至還出口：一七二七年在瑞典有一座，到了一七四〇年，維也納、德國卡塞爾（Kassel）、斯洛伐克遜尼茲（Schemnitz）、靠近列日的默茲（Jemeppe-sur-

Meuse），以及靠近巴黎的帕西（Passy）都有。[31]到了一七五〇年，蒸汽動力的價格已經是馬匹的百分之六十，到了一七七〇年，甚至只有百分之四十——相較每小時馬匹動力，省下一．五便士。蒸汽引擎此刻快速傳遍全歐洲，都是英國工程師安裝的。一七六七年，工程師約翰．斯密頓（John Smeaton）造訪英格蘭東北方的礦場，至少有五十七座紐科門蒸汽引擎正在運作，但他發現，全體的動力產出只有一千兩百馬力，於是他決定重新設計，提升效率。接著在一七七五年，馬修．博爾頓（Matthew Boulton）和詹姆斯．瓦特（James Watt）合夥，共同製造瓦特所設計，效率更高的蒸汽機。透過分離的冷凝器，瓦特的蒸汽機比起紐科門的蒸汽機節省百分之七十五的燃料，更吸引那些無法就近取得大量煤礦的工業家。一七七五年，約翰．威爾金森（John Wilkinson）使用博爾頓和瓦特的蒸汽機生產鐵製品。一七八〇年間，理查．阿克萊特（Richard Arkwright）在位於德比郡（Derbyshire）的紡織工廠也安裝一台。從這時候開始，蒸汽動力的革命延伸到工廠系統，我們認為的工業革命由此誕生。

紡織工廠的發展是一連串技術改進的結果，生產成本低廉、粗細均勻的布匹。約翰．凱（John Kay）在一七三三年取得飛梭的專利，一七四〇與五〇年間廣泛受到紡織工人採用，生產量倍增，絲線的需求量也提高。一七四一年，路易士．保羅（Lewis Paul）和約翰．懷亞特（John Wyatt）以保羅發明的混紡機在伯明罕開了一家紡織工廠，雖然工廠在四年後關閉，理查．阿克萊特改良保羅的設備，製造出水力紡紗機，並於一七六九年取得專利。阿克萊特和保羅不同，他是個精明的生意人，在他的主導下，紡紗機成為用來獲利的機器，他在一七九二年死去的時候，財產價值五十萬英鎊。比起珍．奧斯汀《傲慢與偏見》中，達西先生每年一萬英鎊，賓利先生每年五千英鎊的收入，對於一個負擔不起第一筆專利費用的人來說，相當可觀。[32]（譯注：一些證據指出，水力紡紗機事實上是Thomas Highs發明，卻因財務困難無法申請專利。而理查．阿克萊特竊取他的發明而致富，一七八五年法院判定阿克萊特非發明者）他的財產來自設立在英格蘭各地大規模機械化的紡織工廠：諾丁罕（Nottingham）、克羅姆福德（Cromford）、貝克韋爾（Bakewell）、梅笙（Masson）、威克斯沃斯（Wirksworth）、利頓（Litton）、羅斯特（Rocester）、曼徹斯特與其他地區。這些工廠每天運作二十四小時，以工業革命之火照亮夜空。許多人都說，早在亨利．福特（Henry Ford）之前，理查．阿克萊特就發明生產線的概念。另一個同樣累積大筆財富的工業家是約書亞．威治伍德（Josiah Wedgewood），他設立高品質陶瓷工廠，並以他的名字作為品牌。（譯注：中文品牌名稱是「瑋致活」）謹慎周全的個性使他將工廠設置在斯塔福德郡的伊楚利亞（Etruria, Staffordshire），以利用當地的運河運載原料到工廠，同時配送產品。他堅持使用高品質原料，維持工作場所整潔；雇用的兩百七十八名員工都是專家，厲行編組作業。[33]他不僅提供員工住宿，還發放生病津貼，確保員工效忠工廠。同時，他也不斷提升他心目中的工藝水準。夏綠蒂王后（Queen Charlotte）與俄羅斯的凱薩琳女皇下的大筆訂單，證明他的工業革命不只大量生產，同時兼顧品質。

從一七八〇年起，工業化在英國散播開來，並開始引起歐洲商人的注意。十八世紀前五十年，紡織業的年成長率是百分之一．三七，一七六〇到七〇年是百分之四．五九，一七七〇年間成長到百分之六．二，一七八〇年間上升到百分之十二．七六。工業產量明顯的轉變，幾乎在所有產業都可發現。英國生鐵產量從一七六〇年每年三萬公噸，到了一八〇六年增加為二十四萬四千公噸。人們競相創新，期望獲得財富。一七〇〇到〇九年，英格蘭只核發三十一件專利；一八〇〇到〇九年，超過九百二十四件申請成功。[34]下一個世紀將見到更多工業變革，更多燃煤使用，更多發明。一八九〇年間，英國專利辦公室收到二十三萬八千件申請。十八世紀整體的工業革命具有「哥倫布效應」：不僅帶來永遠的改變，也示現一條通往未來的路。

## 斷頭台上的王后

我們前面提過，一六八八年英格蘭的光榮革命對全歐洲的政治思想家帶來深遠影響。國會身為人民的代表，能夠放逐國王，另選他人，並對新君主的權力加諸各種限制，動搖王室政府堅不可摧的觀念。然而，光榮革命在乎的是君王和國會的關係，以及政府和人民的關係，而非公民個人之間的關係。一直到十八世紀末的政治革命，個人平等的概念才會成形，並影響政治。

美國革命起於殖民地人民，試圖解決殖民地缺乏政府代表的問題。在英格蘭，長久以來有個原則，國王若想增加額外稅收，就必須尊重、同意國會議員提出的法案。而在美國的殖民者，他們的心聲無人傾聽，對於政府立法也沒有影響力。他們納稅給英國政府，在西敏市卻沒有任何人代表他們。從一六八九年的權利法案來看，這樣並不符合憲法。在殖民地選舉議員到英國國會開會的想法，雖然常常討論，但總是因為不可行而作罷。一七六五年的《印花稅法》（The Stamp Act）針對美國殖民地的人民又添一筆稅收，引起當地人民強力反對；他們認為自己身為英格蘭王國的子民，權利受到侵害。而一七七三年的《茶葉法》（The Tea Act）又對運往美國的茶葉課稅，但是茶葉是來自免繳出口關稅的東印度公司，波士頓茶葉黨因而抵抗。調解無效後，十三個殖民地紛紛發展自治體制（維吉尼亞、麻薩諸塞灣、馬里蘭、賓夕法尼亞、德拉瓦、南卡羅萊納、北卡羅萊納、喬治亞、新罕布夏、新澤西、紐約、康乃狄克和羅德島），各自宣布成立州政府，並聯合成立大陸議會。一七七六年七月，殖民地藉由這個組織宣布脫離英國獨立。他們的宣言開頭如下：

在人類事務發展過程中，當一民族必須與另一民族終止政治關係，世界各國之間，基於自然法與神賦予之獨立與平等地位，以及對人類意志之合理尊重，他們因而宣布驅使獨立的原因。

吾等認為以下真理不證自明。人生而平等，造物主賦予個人若干不可分離之權利，即生命、自由與追求幸福。為保障此等權利，人民組織政府，政府因被統治者之同意而獲得正當權力。凡任何形式之政府危害上述目的時，人民有權利改變或廢除之，建立新政府；新政府建立之根基及權力組織形式，應為增進人民最大安全與幸福。

英國政府並不同意，並派遣軍隊表達他們的立場，於是戰爭持續到一七八三年九月三日，雙方簽署巴黎條約（Treaty of Paris）為止。根據條約，英國放棄這些殖民地，而這些殖民地現在改稱為美利堅合眾國，範圍由密西西比河以東，以及五大湖以南，並在另一個和約中，將東西佛羅里達讓給西班牙。

這些事件不僅對美國及其後續發展產生深刻影響，革命宣揚的共和體制在其他地方的迴響更是浩大。過去曾有些短暫的共和國家——英格蘭聯邦（一六四九到六〇年）、科西嘉共和國（the Republic of Corsica，一七五五到六九年）——除了這兩個之外，歐洲穩定的共和國家都非常小，例如義大利的城市國家，以及瑞士各州。像喬治．華盛頓這樣宣誓就職，擔任五百萬人的總統，是史無前例。整個西方國家都收到暗示，而法國感受最強烈，他們也是美國獨立的支持者。

在法國，對平等的呼喚，其脈絡與意義是不同的。美國獨立宣言撰寫者所謂的「平等」，表達的是他們有權利與英格蘭人享有相同自由，但這只限於納稅的公民：多數的美國建國者並不相信美國人彼此之間是平等的。奴隸依舊被視為財產，而且在一七七六年，財產權仍凌駕於奴隸的權利。早期有部分解放奴隸的呼籲。一七八〇年，賓夕法尼亞州通過《逐步廢除奴隸法案》（Act for the Gradual Abolition of Slavery），依據法案，所有奴隸的子女都獲得解放，如此奴隸制度在世代推進之中得以逐漸結束，不會有任何人被迫喪失財產。然而，美國南部蓄奴的主要各州並不跟進。在一七八九年時，法國革命者渴望的不僅是自由，他們也渴望平等。要求自由的人也想要與否認他們權利的人平起平坐。因此，法國大革命的基礎與美國是不同的——他們反對的是自己的政治體制，而非遠方的專制帝國。

法國的革命始於財務危機。為了獲得經濟改革的許可，法國國王一百七十五年來，首次召集三級會議。第三級的代表，也就是人民，集結之後宣布，無論貴族與教士階級同意與否，他們將自組國民議會，推動政府改革。國王為了阻止他們而解散會議。於是在一七八九年六月三十日，這五百七十七名國民議會的成員轉移陣地到一個網球場，在場除了一人以外，其他人皆宣誓將會繼續集會，不制訂憲法絕不解散。兩週後，一七八九年七月十四日，巴黎的人民攻佔巴士底監獄

——巴士底監獄由巴黎的古堡改建，象徵王室暴政——並殺了監獄官。重要的貴族紛紛走避，首都爆發暴動，蔓延到鄉村。一開始希望國王與政府接受憲法的行動，轉為大規模的革命。

一七八九年八月，米拉波伯爵提出《人權和公民權宣言》，國民議會於八月二十六日通過。宣言的內涵主要是社會契約，以及盧梭與諸多政治思想家擁護的自然權利；此外，也受不久之前美國獨立運動影響。其中包括十七條宣言，以「人生而自由，平等享有權利」開始，宣布「所有政治結合的目的是保障人民自然且不可動搖之權利……自由、財產、安全，並抵抗壓迫」，而個人自由的限度只能由法律規定。其中也明訂，法律「對所有人民皆同，無論是保護或懲罰」，以及「所有公民在法律之前平等，並平等地依其能力擔任公共官職與職務」。此宣言也指出，除非經由法律指示，人民有免於受到逮捕的自由，禁止殘忍刑罰，以及新聞自由、言論自由、向政府官員問責，以及財產權之保障。

如果沒有接下來的發展，這些可能只是啟蒙運動政治理論的大集合。革命越演越趨暴力。一七八九年十月五日，巴黎地區的暴民，帶著火炮遊行至凡爾賽宮，要求國王與王室回到首都，情況從這一刻開始失控。一七九〇年，貴族階級遭到廢除，而教士依法也必須臣屬於俗世政府。許多地方的法律與規定紛紛崩毀，甚至發生多起官方或民間的大屠殺。法國王室不久之前還是歐洲最強大的王國，此刻完全遭到廢除。國王由於叛國遭到起訴並處決，許多貴族，包括王后瑪麗．安東妮特（Marie Antoinette），也在他之後上了斷頭台。教會的土地被沒收，巴黎聖母院重新奉獻給理性崇拜派（Cult of Resaon，譯注：法國大革命時期的無神論信仰），還採用全新、革命的曆法。一七九三年，恐怖統治時期開始，九月十七日嫌疑犯法令（Law of Suspects）頒布後，許多人被逮捕。革命無法無天的恐怖像大火蔓延。國家逮捕並囚禁數十萬人，處決上萬人——唯恐人民的自由被這些人侵犯。

嫌疑犯法令的濫用造成全國悲劇，但切勿因此模糊了重點：法國大革命不是隨便一個革命，這個革命考驗了一個一千年以來遙不可及的概念：一個人的價值和任何其他人是相同的。這個概念在古典時期並不存在，西元一千年時也不存在。而且即使這個概念源於基督宗教，卻沒有任何一個基督宗教的王國試圖實踐。然而，西方社會數個世紀以來，逐漸往社會平等的方向邁進。本書在每個世紀提出的變化，都反映出《人權和公民權宣言》所列的十七條條款。第一條就提出十一世紀終止蓄奴的風氣——「人生而自由」。十二世紀法律的進步預示了對自由唯一的限制只有法律，法律為維護公共善而執行。十三世紀對問責權的需求呼應宣言中公僕應為其行為負責，以及政府不應無故囚禁人民。十四世紀國家主義與國會代表興起，勾勒出公民與國家互動的關係；而個人主義，這個我們在十五世紀提到的重要概念也呼應了宣言。十六世紀的宗教分裂，在「免於宗教處決的自由」之條款中得到認同。洛克的思想、英格蘭一六八九年的權利憲章、盧梭的社會契約，都顯示在第二條款中，與自然權利的概念相互共鳴。當然，我們不應把這些視為社會持續不斷的邁向所謂完美的「平等」。平等本身是一個模糊的概念——除非對照特定的價值，否則缺乏真實意義。但如果你將一個凡人的權利，對照社會中的其他人，隨著過去的每個世紀繪成一張圖，大抵的趨勢會是一個頭尾拉開的「S」型：從中世紀奴隸終止開始，在黑死病時期緩慢的上升，持續到十八世紀初，接著在法國大革命爆發的時候忽然往上衝，持續一個世紀後又轉而趨緩，並持續在此坡度上行進，直到二十世紀中期達到平等或接近平等後，才逐漸停止。

法國大革命對其他國家的直接影響眾多且不一。為了牽制革命勢力，奧地利與普魯士於一七九二年對法國發動戰爭；英國沒多久後也加入衝突。極端主義恐怖份子的暴力與不公，使溫和的改革者失利。許多組織，例如想要擴大國會裡工人階級勢力的倫敦通信社（London Corresponding Society），也必須接受這樣博愛的願景尚未成熟。譴責革命的書籍中，埃德蒙・伯克（Edmund Burke）的著作《對法國大革命的反思》（*Reflections on the Revolution in France*，一七九〇年）大受歡迎，但托馬斯・潘恩（Thomas Paine）以《人權論》（*The Rights of Man*）強力反擊，卻更加成功，顯示出當時的輿論分裂甚深。法國大革命未提及女性權利，這一點也由瑪莉・沃斯通克拉夫特（Mary Wollstonecraft）在《女權辯護》（*A Vindication of the Rights of Woman*，一七九二年）重新點燃女性社會地位的問題。因此，法國大革命只是我們平等趨勢圖上，最陡的那一段的開端而已。然而，如同本書討論的許多發展一樣，革命開啟一條道路，向人民展現種種可能。若無法國大革命，下一個世紀的歐洲思想家就不可能以個人平等的方向思索社會改革的問題，公民平等在西方社會也不可能是預設的道德立場。

## 結語

若你鳥瞰一八〇〇年的歐洲風景，眼光銳利的你將會發現，從一二〇〇年以來沒有太大的變化。城市確實是大了些，數量也更多，但整體而言，景觀還是以鄉村為主。即使你凝神關注英格蘭，你也幾乎不會注意到紡織廠和工廠的增加。也許這裡那裡銀色的運河，或者奇怪的磨坊和礦場，反而會引起你的注意。但到現在為止，英格蘭最明顯的變化應該是大多數的土地圈圍。英格蘭的地形不再像衣服補丁一樣，大片土地上布滿一條條不同佃戶的耕地。現代的小圈地模式成為主流。但我們不應該期待最重要的變化必然留下明顯的痕跡，就像十八世紀，許多重大的發展對土地的影響，並不如對人們想像力的衝擊。

話雖如此，我們還是應該將那些土地的變化放在心上，因為那代表糧食供給，以及「祖先輩從未停止的威脅」。面臨這個威脅，一路走來，十八世紀徹底改變了人類、環境與神的關係。自中世紀以來，人們對鄰居的道德行為十分詬病，因為他們相信社區中若有不道德的情事，天主會懲罰整個社區，例如歉收。因此，若社區的人不在乎鄰居不檢點的行為，他們同樣有罪，應受懲罰。然而，隨著糧食供給增加，一七一〇年後，越來越少人挨餓，人們的恐懼與隨之而來的教化也消逝。同時，對環境的認識越多，人們也不再將災難的原因歸因於信仰。一七八〇年間，法國糧倉再度見底時，人們責難的是他們的同胞，而不是天主。從這樣的觀點看來，十八世紀農業的發展不僅使人口增加，提供工業革命的人力，農業也使社會更加容忍、寬大，較不殘酷了。

## 推動改變的主角

十八世紀的重大變化不是由某個人主導，至少不至於像：化學的進步是由安東萬．拉瓦節（Antoine Lavoisier）主導。他的名字到現在才被提起，似乎有意將他排除在推動改變的主角之外，但公允地說，他和牛頓可能是這個世紀影響我們認識自然世界最劇的人。但拉瓦節的事業也反映這個世紀的暗流。他將化合物分解，並分析構成的單位，建立粒子與物體的關係，取代亞里士多德提出的四元素：土、空氣、火、水。這就和政治思想家一樣，例如盧梭分析社會，瞭解個人和社會的關係。拉瓦節的「燃燒與氧氣」實驗，自然也引導他將呼吸視為化學過程，他也示範呼吸是氣體的交換，因此是緩慢的燃燒形式。他揭開人體運作神秘的面紗，不以宗教的方式理解生命，就像《百科全書》的編者一樣。他也建立質量守恆定律，任何密閉系統中的化學反應，反應前後物體組成元素質量不會改變。這樣的量化方法令人聯想到，同一時期嘗試計算國家財富的經濟學家。如此一來，拉瓦節的研究肯定了孔多塞侯爵（marquis de Condorcet）在《人類精神進步史表綱要》（*Sketch for a Historical Picture of the Progress of the Human Mind*）一書中所說的：科學的進步必然帶來藝術、政治與道德的進步。不幸的是，無論是拉瓦節的聰穎，或和他成就相當的人，或是社會改革家，都救不了他。法國大革命的火藥碰上拉瓦節在擔任稅務官時曾經從中獲利的傳言，立刻爆炸開來。他於一七九四年五月八日被送上斷頭台，得年五十歲：羅伯斯比爾（Robespierre，譯注：一七五八到九四年，法國大革命時期雅各賓派的主導人及獨裁者）恐怖統治下的受害者。若康德對啟蒙運動的定義——「不受傳統與教條限制，自行思考的能力」，有任何意義的話，到此都無用了。

那麼誰是推動改變的主角呢？既然這個世紀首次出現風車以外新的動力形式，我們應該考慮帶動工業革命的工程師。由這個思路看來，當然是第一位蒸汽引擎工程師紐科門。雖然瓦特的蒸汽機更有效率，但他不過是改良近五百台紐科門設計的機器。紐科門的影響大得多，他在英國與全歐洲建造一千兩百座蒸汽引擎。再者，也是紐科門告訴大家蒸汽動力可在商業上獲利，這件事本身已夠了不起了。但像之前說的，一八〇〇年大多數的磨坊和工廠還是由水車帶動，這樣蒸汽引擎在十八世紀真的改變生活嗎？在我看來，一千兩百台蒸汽引擎取代水車，就像十四世紀加農炮取代投石機。這項科技的真正影響在未來才可見。

改變十八世紀人民生活最大的人，我會建議盧梭。他的著作也許充滿缺失，但他的思想啟發寬容、自由與平等，結合起來，將一七八九年的財務危機轉變為革命。毫無疑問，這場革命震撼了每一個西方人——國王、領主、貧民。

---

1 見 *Shakespeare's England: An Account of the Life and Manners of his Age* (2 vols, 1917), i, p.202

2 見 R. C. Tombs, *The Bristol Royal Mail: Post, Telegraph, and Telephone* (n.d.), p.11

3 例如，在一八二二年五月四日的 *Plymouth and Dock Telegraph and Gazette* 一書中，插畫頁就有一張這種廣告。

4 見 Fernand Braudel, *Civilisation and Capitalism. Vol. 3: The Perspective of the World* (1979), pp. 316-17

5 見 Asa Briggs and Peter Burke, *A Social History of the Media* (2005), p.81

6 傳說詹姆士二世退位的消息，Orkneys 地區三個月後才知道。J. H. Markland, 'Remarks on the Early Use of Carriages', *Archaeologia*, 20 (1824), p.445

7 見 *London Magazine*, 3 (July-Dec. 1784), p.313

8 見 *Gentleman's and London Magazine, or Monthly Chronologer* (1785), p.86

9 見Mark Overton, http://www.ehs.org.uk/dotAsset/c7197ff4-54c5-4f85-afad-fbo5c9a5e1eo.pdf（「極大的誤導」）；hrrp://www.bbc.co.uk/history/british/empire_seapower/agriculture_revolution_01.shtml（貶損的評論）。兩者下載日期皆為二〇一四年一月三十日。

10 見John Mortimer, *The Whole Art of Husbandry or the Way of Managing and Improving Land* (2 vols, 4th edn, 1716), I, pp.32-3, 131, 157-60; ii, p. 177

11 見Liam Brunt, 'Mechnical Innovation in the Historical Revolution: The Case of Plough Design', *Economic History Review*, New Series 56 (2003), pp 444-77

12 雖然馬鈴薯種植有所幫助，但一八〇一年恢復的土地少於二%。見Mark Overton, *Agriculture Revolution in England* (Cambridge, 1996), p.102

13 見E. A. Wrigley, 'The Transition to an Advanced Organic Economy: Halfd a Millennium of English Agriculture', *Economic History Review*, New Series, 59, 3 (August 2006), pp. 435-480, at p. 440

14 Wrigley, 'Transition', p. 451

15 Claude Masset, 'What Length of Life Did Our Forebears Have?' *Population & Societies*, 380 (2002), www.ined.fr/fichier/t_publication/474/publi_pdf2_pop_and_soc_english_380.pdf。下載日期二〇一四年一月二十七日。引用Élise de La Rochebrochard, 'Age at Puberty of Girls and Boys in France: Measurements from a Survey on Adolescent Sexuality', *Population: An English Selection*, 12 (2000), pp. 51-80; Peter Laslett, 'Age at Menarche in Europe since the Eighteenth Century', *Journal of Interdisciplinary History*, 2, 2 (1971), pp.221-36

16 見Ian Davidson, 'Voltaire in England' *Telegraph*, 9 April 2010

17 見http://www.constitution.org/jjr/ineq_04.htm。下載日期二〇一四年二月二十四日。

18 見Faramerz Dabhoiwala, *The Origins of Sex* (2012), pp. 57-9

19 同上，p.66

20 同上，pp.103（洛克），108（休謨）。

21 見Cyril Bryner, 'The Issue of Capital Punishment in the Reign of Elizabeth Petrovna', *Russian Review*, 49 (1990), pp. 389-416, pp. 391（廢除），416（不悅）。

22 一六五一與一六九〇年間，阿姆斯特單有八百二十四次處決；一七六一至一八〇〇年間有八百三十九。由於城市人口增加（十八萬到二十二萬），處決率下降了六分之一。見Petrus Cornelis Spierenburg, *The Spectacle of Suffering* (Cambridge, 1984), p.82。在倫敦Old Bailey，一六八〇到九九年這二十年之間，法官審問六千兩百四十四個案件，判處一千〇八十二件死刑（百分之十七．三）。一個世紀後（一七八〇到九九年），他們審了一萬四千九百七十一個案件，判處一千六百八十一件死刑（百分之十一．二）。數據來源http://www.oldbaileyonline.org//。下載日期二〇一四年四月二十七日。

23 見Murray Newton Rothbard, *Economic Thought before Adam Smith: An Austrian Perspective on the History of Economic Thought* (2 vols, 1995; 2nd edn, 2006), i, p.346

24 見Juliet Gardiner and Neil Wenborn (eds), *The History Today Companion to British History* (1995), p. 63

25 這些銀行是the Exeter Bank(1769)、the Devonshire Bank(1770)、the City Bank(1786)、the General Bank(1792)、the Western Bank(1793). http://www.exetermemories.co.uk/em/banks.php。下載日期二〇一四年四月二十七日。

26 見Eric Hobsbawm, *The Age of Revolution 1789-1848* (1962), p. 46

27 見A. E. Musson, *The Growth of British Industry* (1978), p. 60

28 見Gregory Clark and David Jacks, 'Coal and the Industrial Revolution 1700-1869', *European Review of Economic History*, 11 (2007), pp. 39-72, at p. 44

29 見Richard Brown, *Society and Economy in Modern Britain 1700-1850* (2002), p. 58

30 見Clarks and Jacks, 'Coal and Industrial Revolution', p.47

31 見Eric H. Robinson, 'The Early Diffusion of Steam Power', *Journal of Economic History*, 34 (1974), pp.91-107, at p.97

32 見J. J. mason, 'Sir Richard Arkwright (1732-1792), Inventor of Cotton-Spinning Machinery and Cotton Manufacturer' *ODNB*.

33 見Neil McKendrick, 'Josiah Wedgwood and Factory Discipline' *Historical Journal*, 4 (1961), pp. 30-55, at p. 33

34 這一段的統計來自Brown, *Society and Economy*, pp. 51（棉花）, 56（生鐵）, 48（專利）。一七〇〇到〇九年二十二個專利根據官方數據修改成三十一項。http://www.ipo.gov.uk/types/patent/p-about/p-whatis/p-oldnumbers/p-oldnumbers-1617.htm。下載日期二〇一四年二月二日。

# 十九世紀（一八〇一～一九〇〇年）

無論你在哪裡讀這本書，十九世紀的發明皆在你伸手可及的範圍內。若你在火車或捷運中，這樣的交通模式從十九世紀開始。公共汽車也是：巴黎、柏林、紐約、倫敦和曼徹斯特的第一條公車路線，都可追溯到一八三〇年。如果你在車裡，聆聽這本書的有聲版，要知道內燃引擎和錄音技術都在十九世紀末期發明。如果你在床上或在飛機上，閱讀這本書需要的電燈，就是在一八七〇年間首次出現。如果你帶著這本書，在浴缸裡放鬆泡澡；提醒你，浴缸的塞子源於十九世紀，廁所也是。對了，第一座可大量生產的沖水馬桶，就在一八五一年的萬國工業博覽會展出。事實上，「浴室」這個概念也是十九世紀的產物：巴利爵士（J. M. Barrie，譯注：一八六〇到一九三七年，蘇格蘭小說家，兒童文學《彼得潘》的作者）一八八八年一句描述英格蘭房屋的句子：「浴室水管爆開的政治見解是什麼？」我離題了。如果你閱讀的是實體書本，請注意紙張是木質紙漿做的，一八七〇年起，因為價格便宜，取代了亞麻製的布料紙。如果你使用英語鍵盤的電腦，會發現鍵盤最上面一排是「QWERTYUIOP」，這樣的排列法源於一八七一年問世的打字機。如果你戴腕表、穿牛仔褲或胸罩，就是把十九世紀的發明穿在身上。想擺脫十九世紀，你恐怕得裸體在叢林深處才行。但是如果你真是這樣，我會非常驚訝你還在讀這本書。

十九世紀是發明的世紀，甚至甚於二十世紀。如我們在十八世紀那一章知道，在一八九〇年間，英國的專利申請案件，一年平均有兩萬三千八百二十六件；一九九〇年的時候，數量已經減半到一年平均一萬零六百零二件。前者許多專利和我們的現代生活有關，特別因為我們還在買這些東西最新的一代。烤吐司機、電扇、縫紉機和燒水壺，都是在十九世紀發明。多虧北安普敦瓦斯公司的詹姆斯．夏普（James Sharp），第一台瓦斯爐於一八三四年開始販售。家門外，瓦斯街燈也於一八〇七年首次在倫敦出現；到了一八二三年，有四萬盞燈點亮倫敦街道，而且大多數的歐洲城市也安裝類似的系統。室內電力和瓦斯燈，在一九〇〇年成為普及。摩爾登漢普斯德這棟我寫這本書的房子，一八九〇年大火之後重建，門口和主要的房間都安裝瓦斯燈。我們很容易忽略人工照明為日常生活帶來的巨大轉變，不僅是天黑後外出安全，還有人們可以看見顏色，欣賞房間裡的事物。從前在燭光之中，這些是很困難的。此外，十九世紀還有其他發明。一八〇六年，法國人為了補給拿破崙的軍隊而發明罐頭食物。機關槍也在美國內戰期間（一八六一到六五年）發展而成。卡爾．賓士（Karl Benz）在一八八六年為他的三輪汽車「motorwagen」申請專利，成為第一部上市的汽車。一八九五年，盧米埃（Lumière）兄弟開始在里昂街上製作短片，隔年，紐約和紐奧良第一家電影院開幕了。一八〇五年納爾遜子爵（Admiral Nelson）對著敵軍發射加農炮，後來死在漏水的木頭船艦甲板上；如果是一八九〇年，他可以坐在電力發動的潛水艇內發射魚雷呢！（譯注：指的是一八〇五年英法特拉法加海戰）

然而，如我們在前幾章不斷看到的，發明並不等同改變。儘管詹姆斯．夏普費盡心思，十九世紀大多數人並不是用瓦斯爐煮飯，而是還在使用固體燃料。汽車和電影成為我們日常生活常見的事物，還要等上一段時間。就連胸罩普及也要花點時間，就和扣上胸罩一樣（請恕我這麼比喻）。評估社會上的重大改變時，眼光還是得超越這些新奇事物，並且明辨這些發明在西方世界的生活，究竟是造成深遠影響，或者只是讓我們每天的例行公事變得較容易而已。

## 生活不再只是生存

你心裡正想著，這本書快到結尾了：我們已經談了八個世紀，剩下兩個。但是，你可能會很驚訝，從歷史的觀點來看，我們談的可還不到一半。這樣落差的原因是：歷史不是時間，時間不是歷史。歷史不是研究過去本身，而是過去的人。時間若與人性分開來的話，就只是科學家和觀星者的事。若有一座無人知曉、無人居住的小島被發現，小島並無歷史可言；研究小島過去的，是自然史、植物學、地質學的專家們。人類覺得南極大陸具有重要性並前往探勘之前，我們也無法書寫南極大陸的歷史。歷史與我們的作為不可分割，無論是身為物種或個人。因此，有六千萬人口與豐富文化遺產的泱泱大國義大利，比人煙稀少的小島擁有更多的歷史。這麼說並非貶抑小島，僅是單純反應一個有六千萬人口的國家，每日所見的人類經驗，比起六十人的小島會多出一百萬倍：多一百萬次交易，多一百萬個社會態度，多一百萬個死傷病痛。我們考量的不只是流逝的時間，而是人類時間，意即一日或一年所代表的經驗量。

如此人類時間經驗量的取向，不僅可用於比較每個世紀，也可比較不同國家。若你把過去

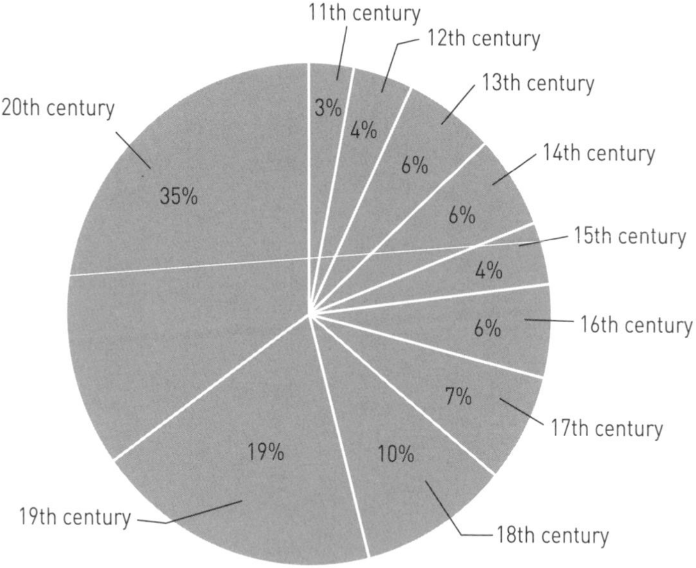


歐洲千年每一世紀人口比例（人／日）

一〇〇一年到二〇〇〇年人類生活的天數加總起來，千年人口的相對比例就會如圓餅圖所示。如果歷史等同於時間，這個圖就只會均分成十等分，每一份三十六度。然而，圖表顯示的差異非常重要。我們可以見到十一世記那一章討論的變化，歐洲過去一千年的人口中，實際上只有百分之三的人經驗到。

十六世紀那些驚天動地的變化，大約只有不到百分之六的人直接面對。這不是說我們應該簡短帶過那些世紀，那些世紀對後來的一切事物都帶來深遠的改變。但確實意味著，如果我們注重的是影響最多人的改變，那麼我們的判斷將會大幅偏重在最後兩個世紀。事實上，上圖還遠遠低估西方現代的偏重，因為上圖尚不包括美國、澳洲、加拿大、南非和紐西蘭，也沒考量在拉丁美洲、印度和遠東等地西化的人們。以全世界來說，過去千年的前八世紀大約只佔三分之一的歷史。如果任何變化的重要性是根據經驗的人口數量來衡量的話，那比重早已嚴重不均了。

並不是每個國家在十九世紀的人口變化都相同。在法國，人口從兩千八百七十萬增加到四千萬（增加百分之四十二），從一〇〇一年以來的成長來看，這個世紀只排名第四。義大利的成長更戲劇性，從一八〇〇年的一千八百零九萬，到一九〇〇年三千兩百九十七萬，增加百分之八十二，是其歷史上最大幅的成長。西班牙與葡萄牙分別成長百分之七十五與百分之八十六。德國則成長百分之一百三十，俄羅斯歐洲地區則成長百分之一百八十一。不列顛群島整體的人口成長是百分之一百五十三，但這個數據沒有反映出工業革命的搖籃——英格蘭的人口成長將近是百分之兩百四十六。在一個世紀前，這種現象是無法想像的。當統計學家格雷戈里．金在一六九五年計算全英國人口時，他估計倫敦人口在一九〇〇年會超過一百萬，而二三〇〇年，全英國會有一千零八十萬人。事實上，大倫敦地區人口在一八〇〇年就到達一百萬，而全英國人口在同年到達一千零八十萬，整整比格雷戈里．金的預言提前五個世紀實現。但這些成長，比起新大陸的人口，僅僅是九牛一毛。美國非原住民人口（包括奴隸）在十九世紀成長百分之一千三百三十五；加拿大百分之一千四百一十四；而新的移居地澳洲則成長百分之七萬兩千兩百，從五千兩百人到三百七十六萬人。

人口成長的驅力主要來自兩個因素的結合：大量的食物供應，以及交通改善。農業革命並沒有止於一八〇〇年：農業革命不斷改良農耕技術，並投資新式農業器具。穀物生產過剩，肉類與牛奶產量增加。新型且高效率的儲存與運輸工具紛紛在歐洲設立。到了一八六〇年，英國有百分之四十的食物透過進口獲得。飢荒仍然奪走上千條人命：一八一一到一二年在馬德里、一八四五到四九年在愛爾蘭、一八六六到六八年在芬蘭。然而，長途火車網絡成立後，食物短缺對平靖時期的西歐已是過往雲煙。過去，人們有幾個小孩，端看他們能餵飽幾個；現在，他們生下幾個就養育幾個。而隨著孕產婦死亡率下降，生育率也逐漸提高。一七〇〇年的時候，倫敦女性生產期間死亡的比例是每一萬人中有一百四十四人，到了一九〇〇年，下降到四十二人。[1]

這些多出的人口總得想辦法謀生。過去，他們大多數的人會到田裡工作，維持賴以維生的農業產量。但農業急速的發展意味著務農所需的人力越來越少。有了改良的輪耕系統、效率更好的犁具和蒸汽動力的機器，從前餵飽全家都很勉強的農夫，現在能夠供給很多人了。一七〇〇年的時候，歐洲約有百分之七十的人口在田裡工作。一八〇一年，根據英格蘭與威爾斯的調查，只有百分之十八的人口從事農業；一九〇一年，數量甚至下降到百分之三．六五。人們再也無法於鄉村討生活。他們離開家鄉，出發前往都市，那裡有工廠提供工作。同樣的情況也發生在美國與加拿大。十九世紀後半的新移民發現多數的土地都被佔據了，他們也得在都市落腳。

大西洋兩岸成長的人口都必須找地方住。成排的都市住宅興起，特別在高度工業化與急速都市化的英國。只有荷蘭在這段時間之前，也就是一七〇〇年荷蘭的黃金時代末期，曾見如此高的城市定居率。但在荷蘭，居住在城市的居民這時候反而減少：這個國家不產煤礦，因此工業化較緩慢。到了一八五〇年，英國已超越荷蘭，成為世界上都市化最高的國家。另一個高峰出現在一八七〇年，全英國居住在城市的人口比鄉村要多。但即使如此，也不足以顯示最大程度的改變。英格蘭從一八〇〇年百分之八十的人居住在鄉村，到一九〇〇年百分之七十的人住在都市。緊

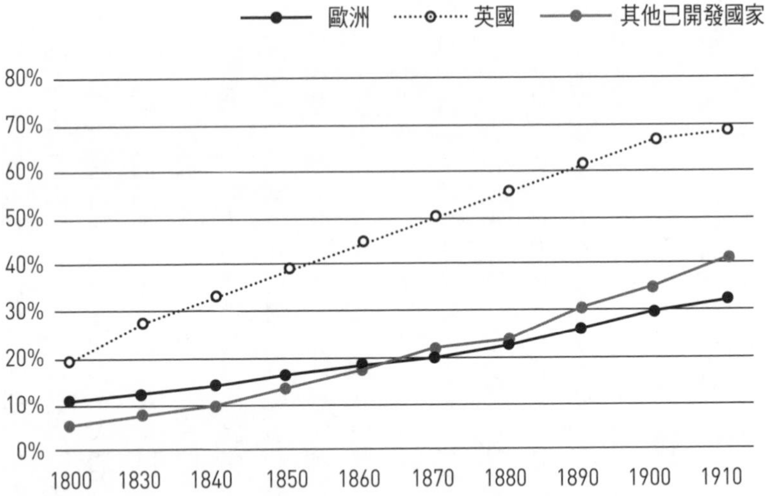


英國、歐洲、其他已開發國家（美國、加拿大、澳洲）居住在都市（超過五千人）之人口比例[2]

跟在後的快速工業化國家是比利時和德國（一九〇〇年分別是百分之五十二・三與百分之四十七・八），另外相距不遠的是大幅擴張的美國（百分之三十五・九）。

成長的都市不只是消耗較多的食物和飲料，同時需要更多的磚瓦、木質家具、鐵製工具、燃煤與瓦斯。還需要運送諸多原料，生產支持居民生活的基礎建設——鐵路、管線、船、四輪車與馬匹。城市推動許多新事物，也需要企業家從銀行借貸，擴張投資規模與效率。為了加入這個經濟循環，從鄉村新來的居民必須找到工作。在都市裡，不是從事勞力（當時的勞力供應已遠遠大於需求），就是做生意。這麼多人在城市居住工作，將時間投注在生意上的人勢必要與別人競爭，而競爭也促使他們創新。他們發現自己得向銀行借錢投資在工具上，才能贏過競爭對手。那些不想自己創業，於是進入工廠的人，也不再像他們的父執輩擁有全套技能，反而學會操作機器，進行特定、反覆的作業，徹底去除任何技術，成為產業中無足輕重的工人。一八〇〇年的時候，想要一樣新家具的工人會買幾塊木材，親手精心雕刻；到了一九〇〇年，他們會去百貨公司買工廠生產的。這一切創造出膨脹的循環：人口成長驅動都市化，都市化驅動工業與交通成長，回頭來又刺激人口成長、工業化與分工，如此下去。人口成長與都市化使得工業革命帶來的變化更為顯著，也結束了自石器時代與農業社會以來人與土地直接的關係。以經濟學家凱因斯（John Maynard Keynes）的話形容，對歐洲迅速成長的多數人口而言，生活不再是生存的問題，而是決定什麼方式的問題。

## 旅行的自由

城市若無相當的交通建設支持，便不可能成長。因此十九世紀以我們在十八世紀那一章討論的道路與運河交通為基礎，持續新建運河，擴張收費道路網絡，其中最重要的就是鐵路的出現。

鐵路世紀以來皆用來運送重物，特別是以馬拖拉的四輪車，早在一八〇〇年以前便常用來運送煤礦。一八〇四年，理查・特里維西克（Richard Trevithick）首先將蒸汽引擎動力與南威爾斯及東北英格蘭的鐵路煤礦運輸結合。一八一二年，一具名為「薩拉滿加」（Salamanca）的引擎建造完成，用來運輸里茲（Leeds）附近的煤礦；一八一三年，威廉・赫德利（William Hedley）和托瑪斯・黑克沃斯（Thomas Hackworth）為新堡附近的韋蘭（Wylam）礦區打造「噴射比利」（Puffing Billy）引擎。接下來的十年，父親在韋蘭礦區工作的喬治．史蒂芬生（George Stephenson）製造出數個工業蒸汽引擎，拉動煤礦。一八二五年，在史托頓（Stockton）與達靈頓（Darlington）盛大的鐵路開幕典禮上，史蒂芬生駕駛一台他製造的引擎，名為「動力」（Locomotion），以時速三十八公里，拉著載滿乘客的車廂前進。他另一台更有名的引擎──「火箭」（Rocket），在一八二九年的鐵路競賽中，於利物浦到曼徹斯特五十六公里的路程獲得勝利。這條路線在一八三〇年九月十五日啟用時發生了一些插曲。利物浦的國會議員，也是剛辭去軍政大臣的威廉．赫斯基森（William Huskisson）不小心跌落在「火箭」前面而被輾過，斷了一條腿並且大量失血。史蒂芬生以時速五十八公里狂飆，想載受傷的議員到埃克爾斯（Eccles）就醫。但是，唉！赫斯基森先生就這樣成為鐵路烈士。國內每一份報紙和許多外媒詳細報導他的犧牲，締造另一個「哥倫布時刻」，每個人又可見到通往未來的大門打開了。

史蒂芬生的「火箭」帶動英格蘭的鐵路狂熱。上千人蜂擁投資這門生意，想把鐵路帶到他們的國家。這是一項花費龐大的事業。一家鐵路公司必須先取得國會的許可才能建立一條新的路線，光是這件事就要花上上千鎊。首先，他們可能要和上百個地主洽談，買下鐵路鋪設的地段。接著要建造鐵道車輛、引擎、引擎機棚、車站，然後雇用適任的工程師和行政人員來營運。然而這個概念激勵了不少人。當鐵路終於完工時，並沒有如預期般帶來大量的利潤，但確實提供快速、長途、價格低廉的運輸。到了一八四〇年，不列顛群島共有兩千四百一十公里的鐵路，一八五〇年有一萬零六百五十五公里，一八六〇年有一萬六千七百九十公里，一九〇〇年有三萬五千一百八十五公里。或以使用程度來說，一八三八年，鐵路運送五百五十萬名乘客；一八四二年，兩千四百五十萬名；一八四五年，三千萬名。鐵路運輸已然起飛。一八四四年《鐵路法案》（Railways Act）要求鐵路公司每日必須行駛一條路線載送經濟艙旅客，價格不得超過每一．六公里一便士。一八五五年的年乘客總數為一億一千一百萬名乘客，到了一九〇〇年，數量更上升到十一億一千萬。[3]

鐵路改變世界的說法絕對不誇張。美國首條載客鐵路於一八三〇年啟用；比利時與德國第一條鐵路在一八三五年開張；加拿大是一八三六年；奧地利、俄羅斯、法國與古巴是一八三七年；義大利、荷蘭、波蘭是一八三九年。一八四一年第一條國際鐵路開通，連接史特拉斯堡（Strasbourg）與巴賽爾（Basel）。（譯注：分別位於法國和瑞士）一八五〇年，巴黎有六個中央車站：聖拉薩站（Gare Saint-Lazare，一八三七年）、蒙帕那斯站（Gare Montparnasse，一八四〇年）、奧斯特利茲站（Gare de Austerlitz，一八四六年）、巴黎站（Gare de Nord，一八四六年）、巴黎東站（Gare de l'est，一八四九年）、里昂東站（Gare de Lyon，一八四九年）。這項新科技裨益最多的是住在廣闊的北美地區的人。到了一八三五年，美國人鋪設的鐵路已是英國人的兩倍——快馬郵遞（Pony Express）沒多久就會問世（譯注：快馬郵遞是一八六〇到六九年，以馬匹傳送美國東西岸之間郵件的公司）——東西兩岸終於在一八六九年連接起來。到了一九〇〇年，美國已鋪設三十五萬四千公里的鐵路，這個長度是英國、德國、俄羅斯、法國與奧匈帝國鐵路長度的總和。一八八三年起，你就可以搭乘東方快車從巴黎前往君士坦丁堡。鐵路已經連接世界各地了。

| | 1840 | 1860 | 1880 | 1900 |
|---|---|---|---|---|
| 法國 | 496 | 9,167 | 23,089 | 38,109 |
| 德國 | 469 | 11,089 | 33,838 | 51,678 |
| 比利時 | 334 | 1,730 | 4,112 | 4,591 |
| 奧匈帝國 | 144 | 4,543 | 18,507 | 36,330 |
| 俄羅斯 | 27 | 1,626 | 22,865 | 53,234 |
| 義大利 | 20 | 2,404 | 9,290 | 16,429 |
| 荷蘭 | 17 | 335 | 1,846 | 2,776 |
| 西班牙 | 0 | 1,917 | 7,490 | 13,214 |
| 瑞典 | 0 | 527 | 5,876 | 11,303 |

1840～1900年歐洲鐵路線道長度（英里）[4]（譯注：1英里＝1.6公里）

鐵路大量擴張的結果不只是便利，也為社會帶來某種程度的統一性。從前，全國各地的時鐘沒必要校正為同一時間。利物浦的下午五點不完全等於曼徹斯特的下午五點，如此的差異並不是那麼要緊。但一旦火車連結兩個城市，依照同一張時刻表行駛，兩地的時鐘就得同步。同樣的，鐵路普及以前，各地地名並沒有標準的拼法，如今各站站牌都發展出官方拼法。統一性也延伸到建築物。鐵路出現之前，房屋都以當地建材興建而成。摩爾登和達特慕爾使用花崗岩，科茲沃爾德（Cotsworld）使用石灰岩，蘇賽克斯使用燧石，肯特則用木材。鐵路能運送便宜、耐用的磚頭到全國的城市，於是傳統的建材很快就被擱置在一邊，建築物的地方風格也是。標準的「現代」設計開始出現。鐵路在其他方面也摧毀了地方特色。很久很久以前，每逢趕集的日子，通往城鎮道路上充滿驅趕牛羊的農夫，準備將牲畜賣給地方上的屠夫。自從鐵路在一八六六年伸及摩爾登漢普斯德後，農夫改把牛羊送到靠近車站新的牲畜市場，接著賣給中盤商，中盤商再將牲畜以火車載到牛頓阿伯特（Newton Abbot）等更大的城鎮。最後農夫也不透過中盤商了，直接把動物以鐵路送到屠宰場，地方市場只好結束營業。德文郡一度有七十個小型市場城鎮，此時只集中成為二十個中、大型，鐵路可通達的城鎮。

今日，我們將鐵路的出現視為一項非常正面的發明——偉大的成就——但我們也要知道，「現代生活」對當時好幾十萬人來說，其實是慘痛的經驗。他們被迫離開成長的故鄉，也無法融入城市的生活，因為他們只熟悉鄉村社區中互助互信的文化。上千人喪失他們的社會功能。一八四五年，英格蘭每個郡縣都必須設置精神療養院，如果家中某個成員無法適應新的生活，家人可以把他們送過去。翻閱這些療養院的入院資料，你會見到許多令人難過的個案。上百個女人只是面無表情盯著房間角落，或撕破自己的衣服、歇斯底里說著自己見到的神蹟；而男人則是幻想在城市賺進大筆錢財，或者熱切地想要和維多利亞女王顛鸞倒鳳。[5]即使是精神正常的人，也承受著社區繁榮的光景不再，家人和朋友搬離等等的淒涼。參加教堂禮拜的比例從一八五〇年百分之四十，到了一九〇〇年下降到百分之二十。一些郊區的教堂關閉了，社區也隨之瓦解。城市和大型城鎮吸取英格蘭鄉村的血脈，而鐵路是壓倒駱駝的最後一根稻草。

然而，對很多人而言，火車帶來無數的機會。年輕男女能夠能夠輕易地在國內各地通行，上千家飯店與旅館如雨後春筍成立，接待這些旅客。一八五〇年以前，多數的英格蘭人與社區的人或隔壁堂區的人結婚。一八五〇年以後，嫁娶其他郡縣的人，甚至其他國家的人大量增加了。以我自己的家族為例，我的曾祖母凱薩琳．泰瑞，就是一個鐵路創造的新世代。她的母親於一八三二年出生在薩福克的斯托馬基特（Stowmarket），她自己則於一八六三年出生在她父親的堂區，肯特郡的伍德曲奇（Woodchurch）。一八八三年，她和父親來到普利茅斯，認識了我曾祖父約翰・法蘭克・莫蒂默，因而定居在德文郡。擁有中等資產的人發現，人生頭一遭，他們可以為了買賣、樂趣、休閒，還有愛情而長途旅行。此外，他們也隨時可以回到出生的地方。從普利茅斯到倫敦這三百四十六公里的路程，在十七世紀要花一個禮拜，到了一八二二年就算搭乘公共馬車也要三十二小時，但到了一八八三年，只要花六個小時搭火車就可以抵達了。我曾祖母婚後不久，寫下一行關於旅行的紀錄：「從普利茅斯到滑鐵盧（Waterloo，譯注：位於倫敦市中心的火車站）的火車下午四點十四分開車，大約晚上十點半抵達滑鐵盧。」

除了鐵路以外，蒸汽動力也改善其他交通方式。威廉・斯明頓（William Symington）被譽為一八〇三年首艘蒸汽船的發明者。接下來十年，美國哈德遜河（Hudson）的蒸汽船克萊蒙特（Clermont）深深擄獲大眾的心。但直到一八三八年，伊桑巴德・金德姆・布魯內爾（Isambard Kingdom Brunel）建造了「大西方號」（Great Western），蒸汽船才成為固定往返海洋的交通方式。在這之前，船隻穿越大西洋還是得依賴風力。如果沒有風，或者逆風，船就動彈不得；如果風向不甚正確，雖然船長可以搶風轉向，但移動速度會非常緩慢。蒸汽船改變了這一切。一八四三年，布魯內爾的「大英國號」（Great Britain）啟航：首艘鐵製船身、螺旋槳驅動的蒸汽船，也是當時世界上最大的船。雖然「大英國號」最後都是載客往澳洲，蒸汽船的創新發明縮短橫越大西洋的時間——一八三八年大西方號要花十四天半，一八五五年是九天半，到了一九〇〇年是五天半。上百萬人從歐洲移出，到新大陸定居，展開新生活。由於旅行時間縮短、船隻載客量龐大，因此他們負擔得起這樣的花費。一八六九年隨著蘇伊士運河（Suez Canal）開通，從歐洲前往印度、東非的旅程變得快速、安全又便宜。旅行的進步刺激朱爾・凡爾納（Jules Verne）寫下《環遊世界八十天》（*Around the World in Eighty Days*，一八七三年）。書中的主角費利亞斯・福格（Phileas Fogg）跟倫敦改良俱樂部的朋友打賭，他能環遊世界，並在八十天內回到俱樂部；他也在期限抵達前最後一刻完成了。這個故事出版的時候，靠著印度鐵路以及蒸汽船的航線，這樣的旅程在現實生活中是可能的。一八八九年，一位美國記者娜麗・布萊（Nellie Bly）就以七十二日的時間擊敗故事的八十天。比起上一個世紀，環繞地球一週要三年，此刻真是大不同了。

十九世紀也見證道路交通的革命。一個名叫尼可拉斯—喬瑟夫・居紐（Nicholas-Joseph Cugnot）的法國人在一七六九年發明蒸汽汽車，但並沒有流行起來。十九世紀初，又有人嘗試製造蒸汽推動的道路車輛與鐵路競爭，但機器的燃料是一件骯髒的事：有錢買蒸汽汽車的人通常不願意動手鏟煤。然而，一八六〇年起，幾項發明使蒸汽動力車輛得以實際運用在大眾生活。蒸汽壓路機將馬路建設得更為平整。牽引引擎可以在這些道路上拉重物，例如木材。憑著蒸汽拖曳機和重犁引擎，農夫不再需要馬匹。

真正的道路革命倒不是來自引擎，而是人力。一八六〇年間，第一部自行車——腳踏二輪車出現了。一開始，自行車完全是木頭製作的，但很快就由金屬車架和橡膠輪胎取代木頭。到了一八六九年，前輪大後輪小的腳踏車開始生產。但由於看似危險，一八八五年約翰・斯塔利（John Kemp Starley）製造出安全的自行車，取代前輪大後輪小的腳踏車。一八九〇年自行車開始裝設齒輪傳動裝置，有齒輪鍊條、剎車桿、充氣輪胎。對數十萬人來說，自行車意味著自由。不需飼養馬匹、維護馬廄的費用，一天也可以騎四、五十公里，前往火車沒有到的地方。或者，他們也可以帶著自行車上火車，從火車站接駁到目的地。如此一來，男人或女人不需要花大錢就能獨自出門，前往上百公里遠的地方。提到旅行的自由，最大的變化不是二十世紀，而是十九世紀。

## 通訊無障礙的年代

在上一個世紀，我們已經談過交通和通訊密不可分的關係。寄信人雖然不一定要親自騎著馬把信送出去，但總得要有個人身體力行做這件事情。到了十九世紀，這個關係不復存在。在我們進入電信時代的世界之前，有必要先談談老派通訊方法的改革。

一八三七年一月，一位不起眼的學校老師以及低階的公僕羅蘭．希爾（Roland Hill）向英國政府遞交一本自己的著作：《郵政制度改革：其重要性與實用性》（*Post Office Reform: Its Importance and Practicability*）。在這本小冊子中，他批評國家昂貴且效率不彰的郵政系統。寄送兩張紙，郵局的收費竟是兩倍，寄送一張紙才應該收兩倍，而且價錢隨著距離增加，由收件人付郵資。收件人往往拒絕付費，於是寄送的費用被迫轉嫁到其他使用者身上。希爾於是提出一個統一的系統：十四公克以內的信件，寄到全國各地皆收取一便士，並由寄件人付費。郵戳即為付費證明。你可能會想，真是好主意！誰會拒絕這樣的系統？這個系統主要的反對者就是郵政總局的秘書威廉．理德．馬伯利（William Leader Maberly）。他比較在乎郵局維持獲利，而非訊息傳遞的便利與便宜。雙方對戰中，希爾獲得第一輪的勝利，獲得引進「便士郵政」這份工作。世界上第一張郵票——「黑便士郵票」在一八四〇年開賣的時候，證明希爾是正確的，有數十萬人使用郵票。一八三九年時，每人一年平均只寄三封信，到了一八六〇年，數據上升到十九封。[6]但馬伯利反擊了。儘管寄信量大增，郵局卻開始虧損，於是一八四三年，希爾丟了郵局的工作。同年，在幸運之神眷顧下，蘇黎世和巴西紛紛採用他發明的黏貼郵票。結果，一八四六年政府改組後，希爾又復職，而且成為國民英雄。

希爾努力改善郵政效率的同時，諸多發明家也在發展即時、遠距離傳輸訊息的方法。電報傳輸系統由弗朗西斯・羅納茲（Francis Ronalds）於一八一六年首先發明。他在漢默史密斯（Hammersmith，譯注：位於英國倫敦）家中的後院綁了一條十二公里長的電線，成功從電線的兩端傳輸搏動，這些搏動再轉化成英文字母。但這樣的方法只能在晴天進行，於是羅納茲將系統移至地下室，並以玻璃管包覆。他瞭解長途即時傳輸訊息的重要性，於是寫信給海軍秘書處，表示願意示範。海軍秘書處的回信，署名者為約翰・巴洛（John Barrow）上將。這封信可能是科技史上最大的絆腳石。巴洛表示「任何形式的電報完全是不必要的」。[7]雖然聽起來很不可思議，但上將顯然相信當時他們的採用的信號系統──旗語，更具有優勢。驚人的是，羅納茲並未被打倒，反而在一八二三年發表他的實驗，並進一步發明自動謄錄訊號的工具。許多年後，電報技術逐漸成熟，他寄出一封請願信，希望能正式成為電報的發明者。但請願信石沉大海，直到一八七〇年，當時的首相威廉・格萊斯頓（William Gladstone）才承認對羅納茲不公，並因他的貢獻授予他爵位。

一八三〇年代末期電報首次應用在實際生活。在美國，塞繆爾・摩爾斯（Samuel Morse）與阿爾弗萊德・維爾（Alfred Vail）發展出電報系統，於一八三八年發出第一封電報。到了一八六一年，美國電報系統已經能夠連接東西兩岸。另一方面，英國的發明家也發動相同的革命。查爾斯・惠斯通（Charles Wheatstone）與威廉・福瑟吉爾・庫克（William Fothergill Cooke）申請電報系統專利，並與大西部鐵路公司的鐵軌串連。一八四三年，派汀頓（Pattington）與斯勞（Slough）之間已有電報管線相連。兩年後，育有兩名幼兒的母親莎拉・哈特在斯勞附近的索特丘（Salt Hill）被人以氰酸毒死。凶手冷靜地走到車站，搭上往倫敦的列車。鄰居聽到尖叫聲，發現哈特太太喪命，趕緊求救。牧師錢賓先生跟隨凶手走到車站，發現他登上火車後，隨即要站長利用電報發出以下訊息到派汀頓：

> 一名凶手方才在索特丘犯案，嫌疑犯搭乘下午七點四十二分由斯勞往倫敦的頭等艙。他身穿貴格會的道袍，棕色大衣，長至腳踝。他在第二節頭等艙最後一個包廂。

凶手在派汀頓被辨識出來。他上了公車，沒多久後就被逮捕了，最後因殺人罪被吊死。報紙大幅報導，強調電報在逮捕行動中的關鍵角色。人們忽然意識到新世紀的曙光。軍方也許有旗語系統，但沒有任何一套旗語系統能與這項革命性的發明相提並論。在歷史上，一般百姓首次能以超越旅行的速度長途傳輸訊息。凶手也許會在利物浦搭船去紐約，逃過法律的制裁，但從一八六六年起，海底電纜鋪設後，法律之手已經能在他們抵達的時候抓住他們。一八七二年，你就能發送電報到澳洲，一八七六年到紐西蘭。

電報線路擴展開來以後，訊息幾乎能夠立即傳送到世界任何城市。電報辦公室到某人家門之間這幾公里的距離，也許還是得派一個小廝親自跑腿，但整體來說，只是些微的延誤而已。便宜又快速的訊息傳遞方式，對個人、商家、治安的好處十分明顯，對國家來說更是重要。回想上一個世紀，杜爾哥將巴黎與土魯斯之間的交通時間從十五天縮短為八天，而今，同樣距離的訊息傳遞已經是即時了。若土魯斯發生重大情事，當地官員能立刻將事件傳達到巴黎，等待首都的回應。不只如此，現在他們必須與中央政府保持聯繫，沒有做到的話，還可追究責任。這對統治世界各地的英國來說格外重要：倫敦現在能夠直接對印度總督、加拿大高級專員或南澳的總代表發號施令。隨著政府越來越禁不起反對黨、報章與民眾的批評，他們發現指派信任的人擔任決策代表是不行的，直接治理反而更加重要。

一八七六年，貝爾（Alexander Graham Bell）在英國與美國取得「用電報說話」的專利，通訊又更進一步。貝爾指的就是電話。那一年的三月，貝爾打翻一瓶裝著化學溶液的罐子，對著電話呼叫他的助理華生（Thomas Watson）：「華生先生，過來，我找你！」一八七八年，從倫敦撥打到一百八十五公里外諾里奇的電話成功接通。同年，紐哈芬（New Haven）就出版第一本電話簿了。兩年後，電信公司也出版倫敦第一本電話簿，裡頭有兩百五十家用戶。由於用戶數量不斷增加，接線生應付不來，電話號碼不久之後也因應而生。一八六六年，電話亭開始設立，每三分鐘收取兩便士。到了一九〇〇年，在美國每一千人中有十七．六具電話。[8]通訊經歷第二次革命：首先是電報即時傳達長途單向的訊息，接著電話又帶來雙向溝通。一九〇〇年，古列爾莫．馬可尼（Guglielmo Marconi，譯注：一八七四到一九三七年，義大利無線電工程師）傳了一則從英國越過英吉利海峽到法國的無線電電報。而一九〇一年底，他傳了一則穿越大西洋的訊息。一八九九年東古德溫燈塔船（East Goodwin）收到第一封海上「SOS」訊息，因此德國籍船隻「易北號」（Elbe）的船員在拉姆斯蓋特（Ramsgate）獲救。拉潘那提爾上尉從法爾茅斯快馬加鞭，三十七小時抵達倫敦遞送特拉加法捷報的時代已經改變了。

## 不再腐化的現代城市

城市之中有三件事情，所有的世紀皆同：惡臭、擁擠和乞丐。如果任一城市少了其中一項，你可以確信那不是自行發展成熟的城市，而是根據某個慈善家或獨裁者的奇想建造。十九世紀初期，乾淨的城市在西方是異想天開。每個城市都很臭，到處可見許多脆弱的窮人。城市街道汙穢；貧民窟房子底下的糞坑，散發出的臭味更是糟糕。社區之間總是盛行傳染病。貧窮養大疾病，疾病惡化貧窮，把城市的窮人拉進悲慘的漩渦。貝夫諾格林（Bethnal Green，譯注：位於倫敦東區）在一八四二年勞工的平均死亡年齡是十六歲，倫敦較富裕的區域是四十五歲。[9]但若談到改善這個情況，整個社會顯得漠不關心。多數有識之士心中的解決方法就是到森林茂密的郊區買棟房子，將你自己和你家與惡臭和貧民窟隔離。窮人為什麼需要改變他們的生活方式，又該如何改變，這些問題與公共利益無關。找出他們為什麼容易生病的原因，也不是醫學的優先議題。一個法國的外科醫生好奇，巴黎某條街的窮人死亡率為何比下一條街的中產階級高出百分之五十，他的結論是因為窮人的道德淪喪。如果有人能教導窮人減少放蕩的行為，他們和他們的小孩就會活得比較久。[10]那些懷疑道德矯正有效的人，則傾向主張古老的瘴氣一說，認為腐爛的東西產生各種臭氣，進入人體使人生病。在他們的眼中，窮人都很邋遢，所以才會生病。另一個解釋，例如吉羅拉莫．弗拉卡斯托羅（Girolamo Fracastoro，譯注：一四七八到一五五三年，義大利醫生），在他的著作《論傳染病》（*De contagione*，一五四六年）中提出，患病的原因是由於「疾病的種子」散播，這種說法則完全被遺忘了。[11]疾病預防的觀念完全無用。

無用之中卻有個重大的例外：疫苗。一七九〇年間，內科醫師愛德華．詹納（Edward Jenner）發現許多擠牛奶的女工都曾得過牛痘，反而產生對天花的免疫力。一七九六年五月十四日，詹納刻意將擠牛奶女工的牛痘接種在一名八歲男孩詹姆斯．費普斯（James Phipps）身上，於是男孩生病了。六週之後，詹納又將可怕的天花病毒接種在男孩身上，沒想到費普斯沒有受到感染。詹納欣喜若狂，積極說服皇家學院發表他的發現，但這個實驗的證據太少，皇家學院不願意發表。於是詹納在一七九八年又進行更多實驗，同年出版著作《關於牛痘預防接種的原因與後果》（*An Inquiry into the Causes and Effects of the Variolae Vaccinae*）。他的著作立刻引起注意。到了一八〇三年，已有拉丁文、法文、德文、義大利文、荷蘭文、西班牙文、葡萄牙文的版本。西班牙國王查理四世（Charles IV）讓他自己的小孩接種疫苗，還將御醫弗朗西斯科．巴爾密斯（Francisco de Balmis）和二十個孤兒院的小孩送到天花盛行的哥倫比亞。在穿越大西洋的旅程中，小孩一個接一個感染牛痘，保持病毒的活性。靠著這個方式，巴爾密斯在加勒比海與拉丁美洲替超過十萬人接種。逐漸的，越來越多國家要求嬰兒出生後就接種天花疫苗，不過英國直到一八五三年才開始實施。儘管如此，其他的疾病仍然繼續奪走人命，尤其在人口擁擠的歐洲和新大陸。

在這灰暗的醫學發展階段，匈牙利的內科醫師伊格納茲．塞麥爾維斯（Ignaz Semmelweis）出現了。一八四六年，他在維也納兩所免費的產科診所其中一所工作。他常遇到孕婦央求他讓她們到另一家看診，理由是在他的診所死亡率大約是百分之十，另一家診所的死亡率卻只有百分之二．五。沒有人知道為什麼。兩家診所除了員工以外，其餘幾乎一模一樣。塞麥爾維斯所在的診所有幾位受過專業訓練的內科醫生，另一家則只有助產士。一八四七年三月，塞麥爾維斯的同事在解剖過程中，不小心被一個學生的手術刀刺傷，因此死了。塞麥爾維斯發現他死去的同事表現的症狀和在診所死去的婦女相似，於是提出一個理論：「死屍微粒」。在解剖過程中，死屍微粒從學生的手術刀轉移到他同事身上，殺了他的同事。塞麥爾維斯發現，這也許就能解釋為什麼，孕婦在合格的醫師照顧之下容易死去，受到助產士照顧的反而不會——因為醫師還從事解剖。因此，他要求診所內的醫護人員使用漂白粉溶液洗手。實施之後，死亡率立刻下降，和另一家診所差不多。

塞麥爾維斯的學生大感驚奇，立刻將這個消息宣傳出去。然而，大多數的回應都是負面的。內科醫師認為他的做法只是過時的傳染理論，就像弗拉卡斯托羅說的「疾病的種子」。也有人擔心「死屍微粒」這種理論太接近神魔一類的說法，恐為科學的敵人。塞麥爾維斯任職期滿後，診所不再與他續約，又回到過去不乾淨、危害生命的做法。塞麥爾維斯之後執業的醫院，透過洗手和器具消毒的方式，同樣降低婦人的死亡率，但醫療的當權者還是不採納他的建議。一八六一年，他終於發表自己的發現，但批評的聲浪只是增加他的挫敗。在乎自己的名聲多於病人福祉的醫師不斷攻擊他，最後他精神崩潰，被送進精神療養院。在院中，他遭到警衛毆打，死於敗血症，得年四十七歲。二十年後，路易．巴斯德（Louis Pasteur）發表一篇文章，證明塞麥爾維斯「死屍微粒」理論，本質上是正確的。

塞麥爾維斯努力拯救威尼斯貧窮的孕婦時，社會改革者埃德溫．查德威克（Edwin Chadwick）投身改善倫敦窮人的生活。他推動一八四八年的《公共健康法案》（Public Heath Act），鼓勵城鎮設置地方健康委員會，改善貧民窟住宅、下水道、城市屠宰場和供水情況。並不是所有人都覺得這很重要，《泰晤士報》便有一篇文章說：「所有衛生改革者皆不敵霍亂。」[12]然而，查德威克的立意在一八五四年霍亂爆發時，獲得意外的支持。住在倫敦的醫師約翰．斯諾（John Snow）調查新增的病患並繪圖，發現所有的感染者都從布洛德街（Broad Street）的井取水。於是他把那口井關閉，以免感染擴散。後來又發現源頭是距離那口井只有幾公尺的汙水池。更重要的是，他向下議院遴選專責委員會證明，霍亂不是經由直接傳染，也不是惡臭的瘴氣引起，而是透過水傳播。他還說，解決之道就是改善城市的排水與下水道。一八五八年，倫敦出現大惡臭事件——未處理的汙水溢出，產生臭氣，刺鼻程度迫使國會休會——政府於是任命約瑟夫．巴澤爾杰特（Joseph Bazalgette）全面重建首都的下水道系統。他為此事日不暇給，忙到一八七五年。同年，第二次公共健康法案通過，明訂新建的房屋必須提供自來水，連接下水道，並規定各地的健康委員會必須雇用醫療人員。同時，喬治—歐仁．奧斯曼（Georges-Eugène Haussmann）也在重建巴黎，在輻射狀街道底下建設全新的下水道系統。現代城市從此不再因人類的侵蝕而腐化。

儘管約翰．斯諾在經驗上的研究指出霍亂經水傳播，他卻想不透布洛德街的那口井怎麼會致病。一八六一年，路易．巴斯德跌跌撞撞的研究之路最後會走向答案。巴斯德把肉湯灌進培養皿中，發現暴露在空氣的肉湯過沒多久就發黴了，沒有接觸空氣的肉湯則不會。他也發現，肉湯接觸過濾後的空氣不會發黴，但會發酵。意思就是肉湯被空氣中的某些粒子傳染，而不是肉湯自行長出黴菌。巴斯德的研究啟發另一個法國人，這個人是卡西米爾，達文（Casimir Davaine）。在這之前，他發現感染炭疽病的羊血液中有炭疽桿菌。一八六三年，達文發表一篇文章，指出炭疽病和他發現的微生物有關。在蘇格蘭，外科醫師約瑟夫．李斯特（Joseph Lister）也注意到巴斯德的研究，因此懷疑空氣中的粒子就是造成病患傷口感染的原因。一八六五年，他開始在敷料和切口上使用碳酸，殺死引起壞疽的微生物，獲得很好的效果。在德國，羅伯．柯霍（Robert Koch）利用達文發現的炭疽桿菌研究炭疽病的病原體。一八七六年，他建立理論，認為微生物產生孢子，動物吸入孢子，或者進入血液當中繁殖，最終殺死宿主。一八七八年，柯霍繼續研究引發敗血症的細菌，並於一八八二年發現歷史上數一數二的致命疾病：肺結核的細菌。巴斯德自己則進行炭疽病、家禽霍亂、狂犬病的接種實驗。一八八五年七月六日，他意外將疫苗接種在一個被狂犬咬傷兩天的九歲男孩約瑟夫．梅斯特（Joseph Meister）身上。約瑟夫活下來了，三個月後，另一個想保護其他孩子而被狂犬咬的男孩也活下來。巴斯德所謂的「細菌理論」正式成立。

所有的醫學發現，某方面來說，都是公共健康的事務，在此還有很多醫學進步可以提出。其中一項是一八四〇年間引進的麻醉，另一個是成功的剖腹生產手術。十九世紀初，手術總是最後不得不採用的方法，因為結果往往是母親大量失血而死。十九世紀初的內科醫生通常會選擇胎兒開顱術——擊碎未出生孩子的頭骨，從產道將胎兒的碎片取出，以保全母親的生命。極少數成功的剖腹生產，其中一件約在一八二〇年間由英國的軍醫詹姆士・貝瑞（James Barry）執行。這位醫生死後，人們才發現他在職業生涯中一直都是女扮男裝。然而，一八八〇年間開始，剖腹手術越來越常施行，母子均安的機率也越來越高。整個世紀下來，全歐洲出生時平均餘命大約從三十歲提高為五十歲，可見上述的醫學進步造成的重大改變。十九世紀是西方發現大多數疾病的原因，並想出預防方法、治療方法，以及控制傳染的世紀。

## 鎂光燈下的故事

不久之前，我接受電視節目採訪，主題是中世紀。後來，一位圖片研究者打電話問我，訪談中我提到某位人物，是否可能找到他的圖片。我回答，恐怕沒有任何圖片存在，於是她說，這樣的話，他們完全無從討論這個人。這件事完全透露出我們集體對過去的意識，以及我們的知識普遍來說，是透過視覺材料形塑的。

歷史圖像是有階層的：我們理解過去的能力和留存的圖像數量、種類、範圍密切相關。想像十六世紀的人比中世紀的人要來得容易，因為我們可以從肖像中看見他們的臉。十八世紀又更容易辨認，因為我們不只有肖像，還有描繪街景以及室內的繪畫。但所有的歷史圖像中，相片產生的影響是最大的。比起拿破崙戰爭，第一次世界大戰對今日的大眾更有意義，就是因為我們能從相片中看見泥土與壕溝，看見面帶笑容前往戰場的軍人，我們也能從相片中看見那些軍人前往的戰場布滿屍體。當我們看到一次大戰的彩色相片，例如保羅・卡斯泰爾諾（Paul Castelnau）拍到一名身穿藍色制服的法國軍人從壕溝上方偷瞄敵方，真實的畫面帶給我們的衝擊遠大於繪畫或雕刻中呈現的早期戰爭場景。

話雖如此，對歷史學家來說，十九世紀的攝影在這裡被視為重大改變的原因，並不是未來的價值，而是因為攝影比起其他描繪形式，更深刻地改變社會本身的形象。你可以說，攝影之於社會，就像十五世紀的鏡子之於個人。這樣想好了：如果你看到一幅描繪拿破崙戰爭死傷的繪畫，你立刻會感到畫家為了某個特定的理由選擇描繪某一個人物。主角八成是一名軍官，你也可以頗有把握地認為這幅畫是為了表達他的勇猛。繪畫的過程要花很長一段時間，因此只能在「當下」過去之後完成，也就是我們的英雄不再因受傷而表情猙獰，傷口也都包紮好了。於是你便懂了，畫家精心構思這張圖畫，決定露出多少傷口，遮掩其他的部分。為了突顯差異，拿一些一百年前拍攝的一次大戰相片來說，呈現的是赤裸的恐怖：平民百姓，或男或女，支離破碎的屍體與房屋的殘骸，炮彈爆炸時泥土猛烈噴濺，迫擊炮降落在婦幼醫院，一個半裸的女人抱著嬰兒，被炸掉一半。[13]這些相片呈現的是死亡的當下，以及立即的後果。在鏡頭面前揭露事物的模樣，也包括許多攝影師按下快門時沒注意到的細節。雖然攝影當中必定包含許多意圖，而且很多相片帶有政治宣傳或公開的目的，人們逐漸相信照相機能捕捉真實的場景。在鎂光燈下，事物本身就會說故事，再也不需透過藝術家想像或回憶了。

攝影緣起於一八二〇年間與一八三〇年間一群先驅各自的努力：在法國，約瑟夫・尼塞福爾・涅普斯（Joseph Nicéphore Niépce）與路易・達蓋爾（Louis Daguerre），在英格蘭，亨利・福克斯・塔爾博特（Henry Fox Talbot），以及在巴西，赫克勒斯・佛羅倫斯（Hercules Florence）。

一八三九年，法國政府買下達蓋爾的技術作為贈送給世界的禮物，達蓋爾攝影法便成為攝影主要的形式。但那不是可以輕易放進皮夾的照片，是一片銅板塗上硝酸銀，放在玻璃底下保存。曝光時間也很長，所以不容易拍攝成功。儘管如此，還是大受歡迎。生平第一次，不敢想像找人來畫自畫像的人竟然可以坐著拍照。達蓋爾攝影法問世後，一八五〇年間演變為同樣是一片玻璃在前方的安布羅法，大約在一八六〇年又出現在一片金屬板上的濕版攝影，然後是同一個影像可以複製在好幾張紙板上的名片照（carte de visite）。最後一種照片就可以放進你的皮夾了。許多中產階級的男人和女人都會將照片送給親朋好友，就像從前的世紀，富有的人會坐著，請人畫小張肖像，送給親愛的人一樣。

若不是出版攝影相片的技術，攝影的發明終將只是中產階級驕傲的象徵。從這個面向看來，達蓋爾在攝影棚裡的人像攝影影響力就不如亨利．福克斯．塔爾博特可製成蛋白相紙的負片技術。第一本攝影集就是福克斯．塔爾博特的《大自然的鉛筆》（*The Pencil of Nature*，分成六部分，在一八四四到四六年出版）。他複製萊科克修道院（Laycock Abbey）的影像，以及其他靜物與地標，例如巴黎街道以及奧爾良（Orléans）的橋樑。雖然當時還無法量產高畫質的相片，還是能在限量的植物學工具書插入植物標本的蛋白相紙，不只是雕刻的繪畫印刷了。適當的時候，這項科技將相紙插入書籍，也能裨益當時的社會科學。約翰．湯森（John Thomson）在一八六二到七一年在遠東地區四處遊歷，之後出版他在中國與柬埔寨的所見所聞，首次向英格蘭的讀者呈現中國的街道、吳哥窟，以及柬埔寨宏偉的寺廟、叢林的全景。文字不足以將這些景象如此生動地帶回家鄉。雖然過去有些旅行者盡其可能描繪街道和風景的細節——我想到威廉．亨利．巴特利特（William Henry Bartlett，譯注：一八〇九到五四年，英國雕刻版畫藝術家，作品以街景著稱）——他們的圖畫終究是藝術的成果，而非物體本身的光線落在塗了硝酸銀的金屬片上。圖畫的「真實」和相片的真實不同。從一八四〇年間開始發行的《倫敦新聞畫報》（*Illustrated London News*），可見大眾對報紙裡頭鋼板雕刻的插圖興趣濃厚，顯示人們多麼想要看到與新聞有關的圖畫：如果他們能看見相片該有多好。眾多出版品，例如《倫敦新聞畫報》開始放入相片，一開始以雕刻製版的方式，盡可能逼真地模仿原圖。之後，於一八九〇年間，科技終於使其可能，以半色調的技術複製相片。一八八〇與一八九〇年間，旅遊書籍中呈現叢林、寺廟遺跡，和遙遠的異國人民的相片成為一種規矩。只是旅行然後講述冒險是不夠的，你要讓讀者看見你的所見所聞。這類書籍出版後，歐洲那些坐在家裡的旅行者，憑著想像也能拜訪世界其他地方。

到了一九〇〇年，攝影成為出版與新聞的必要內容。既然能夠攝影，將真實場景的影像呈現給讀者自然也成為一種義務。一八五〇年間，《倫敦新聞畫報》以雕刻印刷的方式刊登羅傑・芬頓（Roger Fenton）拍攝克里米亞戰爭（Crimean War）的相片。接下來的十年，馬修・布雷迪（Mathew B. Brady）雇用一群攝影師，全程記錄美國內戰（一八六一到六五年）；他們的作品也在《哈波週刊》（*Harper's Weekly*）以雕刻印刷出版。故事中附上呈現戰爭細節的照片，報導內容也變得更深刻。平靖的時候，相片也影響大眾對社會變遷的意識，例如美洲原住民的生活方式逐漸消失，或貧民窟的居住環境。確實，攝影與文字報導都致力於描述社會不公與弱勢真實的處境。亨利・梅休（Henry Mayhew）的著作《倫敦勞工與貧民》（*London Labour and the London Poor*）是一部詳細書寫倫敦貧民的文字著作，不遺餘力描述骯髒、惡劣的生活環境。約翰・湯森的《倫敦街上生活》（*Street Life in London*，一八七八年）呈現弱勢人口在生存邊緣的景象。托馬斯・安南（Thomas Annan）的《格拉斯哥老舊街巷》（*The Old Closes and Streets of Glasgow*，一八七二年）在政府拆除城市的貧民窟之前留下紀錄。雅各布・里斯（Jacob Riis）的《另一半人的生活》（*How the Other Half Lives*，一八九〇年）結合文字與影像，呈現紐約最底層的居住生活，從客棧七分錢的吊床，到躺在地下室的流浪漢。

因此，相片重新定義我們對證據與真相的瞭解。相片動搖了藝術家說故事的權威，藝術家的畫面比照相機多了一層主觀。目擊的一刻現在可以直接被捕捉下來，與數百萬人分享。某人是否希望出現在畫面中已無關緊要。犯罪現場以相機保存不法行為的證據；監獄記錄進入鐵幕的人；美國邊境城鎮張貼的通緝令上有亡命之徒入獄的照片；警方手中握有上千張嫌疑犯的影像。發明相片之前，僅能以姓名、年齡、眼睛顏色與身高辨認罪犯，而且很難證明一個一百八十公分、灰藍眼珠、中年、稀疏棕髮的男子就是這個人，而不是另一個。一八五〇年起，科學家也大量使用相片，特別是天文學。一八八〇年拍攝到星雲層，一八八三年拍攝到肉眼可見的星空。到了一九〇〇年，轉變已成為習慣。一八八〇年，「真相」完全依賴於目擊者的覺察與描述，而這樣的情況已經完全被以客觀證據為基礎的系統取代，攝影實在功不可沒。

## 社會進步的力量

我們在本書中提過許多形式的政府，除了革命期間的法國以外，這些政府都有一個共同點：

政府應保護公民，少讓社會變動。他們都很保守。法國大革命之後，他們變得更加擔心政治改革，傾向盡可能維持現狀。一八三〇年十一月，英國首相格雷伯爵（Lord Grey）在國會的《改革法案》（Reform Bill）上批示：「我改革的原則就是避免革命的必要……我的原則，不多不少，改革是為了維護，不是為了推翻。」[14]一八三二年《改革法案》總算通過，只是稍微增加選舉權：從五十一萬六千個有土地的男人，增加到八十萬零九千個，而當時的人口是一千三百三十萬人。[15]要見到民主的倡議者對歐洲的國會施加壓力，開啟參政權利，還得等上一陣子。

一八四〇年代尾聲，改革的大浪來襲。一八四六年的飢荒引起國際財務危機，導致各界呼籲改革。法國在大革命期間，一度施行成年男性公民皆具投票權，此刻又再度要求重新實施。一八四八年二月，一場改革人士的宴會被國王取消，上千名抗議者於是走上街頭。國民自衛軍（National Guard）和軍隊也加入抗議，最後國王遁逃。全歐洲湧起革命的浪潮：柏林、維也納、布達佩斯、布拉格、羅馬，以及其他城市。然而，所有的起義都不成功。看來法國男性公民重獲普選權，是這一波革命唯一的成就。事實是，從前最勇於倡導改革，具專業身分的中產階級：律師、醫生、銀行家，現在受到自利驅使，對於權利下放大眾變得格外謹慎。他們當然不願冒著革命爆發、無法無天的風險，穩定的王室至少保障他們繼續享受辛苦獲得的財富和地位。

從某個重要的角度看來，一八四八年的革命並沒有失敗。他們提醒全歐洲的保守主義者，一七八九年的革命可能會重演，而且不只在法國。每一波革命都像漲潮的沙灘，留下水位的高點，不斷提醒世人，革命可能會再度發生。在英國，雖然一八四八年並沒有發生革命，但改革的壓力日漸升高。激進團體中最活躍的是憲章派（Chartists），最有名的運動是保障成年男性普選權的人民章程。一八四八年，卡爾．馬克思（Karl Marx）與弗里德里希．恩格斯（Friedrich Engels）的著作《共產黨宣言》（*The Communist Manifesto*）出版，為革命帶來新的思維框架。馬克思於書中簡短地說明歷史過程中，中產階級與工人階級之間的鬥爭，以及共產主義社會的建立過程。此書造成深遠的影響。書中宣揚勞工，而非土地，是財富的主要來源，因此生產工具應由工人階級集體擁有。一八四八年之後，對很多工人來說，全歐洲如巴士底監獄象徵的暴政，開始顯得不堪一擊。

儘管一八四八年各地的革命造成影響，十九世紀前半社會改革的主力不是革命，而是個別的社運人士。在英格蘭，類似埃德溫．查德威克這樣的人投身改善窮人的生活環境。第七代沙夫茨伯里（Shaftesbury）伯爵安東尼．阿什利－柯柏（Anthony Ashley-Cooper）致力改善精神病患照顧，以及工廠與礦坑的女工、童工處境。愛爾蘭人丹尼爾．奧康奈爾（Daniel O'Connell）的名字將永遠與一八二九年的《天主教解放法案》（Roman Catholic Act）連結在一起，從此以後，天主教徒得以進入英國國會。可惜這裡的篇幅不夠詳述各種對於殘酷、忽視與不公不義所做的努力。因此，我們把重點放在十九世紀社會改革主要的四個面向：奴隸、選舉權、女性權利，以及教育。這四項加在一起，應可看出對於改變，政府如何從抗拒到積極推動。

首先談最大、最古老的社會問題：奴隸。啟蒙運動的思想顯示奴隸和自然權利兩者是完全矛盾。然而，一七七六年宣布他們有權利不效忠外國政府的美國人，卻束縛他們自己的人民。一七八〇年，甫獨立的美國有百分之二十的人口是黑人，而大多數的黑人都是奴隸。令各州政府尷尬，也寧願視而不見的原因是，奴隸是私有財產，而美國憲法保障私有財產。這和中世紀財產與自由兩相競爭，導致奴隸制度延續的理由是相同的。賓夕法尼亞州的廢除奴隸法案解放黑奴的後代，但受到啟蒙運動影響的思想家與改革者逐漸無法滿足，要求終止束縛人類。無論如何，只有幾個州採取相同的政策；在美國南方和其他大陸，人口買賣的情事仍不斷上演。這個議題引發的情緒不斷攀升。在英國，廢除奴隸販賣協會於一七八七年成立。一七九四年，大革命期間的法國廢除國內奴隸制度，各種跡象顯示奴隸在西方即將邁入歷史，然而一八〇二年拿破崙又恢復此制度。一八〇七年，英國和美國都立法禁止奴隸販賣，三百年來大西洋兩岸的奴隸貿易畫下句點。一八一一年，西班牙也廢除國內奴隸制度。在英國，一七九一年首次在國會提出廢除奴隸的議員威廉・威伯福斯（William Wilberforce），不斷在國會中施壓，英國於一八三三年，也廢除統治島嶼的奴隸制度，當下解放奴隸。國會同意支付兩千萬英鎊賠償奴隸所有人。在美國，奴隸的問題是一八六一年南北戰爭的主因，北方獲勝並重新選舉林肯為總統後，美國的奴隸制度在一八六五年全面廢除。四年後葡萄牙廢除所有殖民地的奴隸，西方奴隸制度於是正式告終。

選舉權是多數歐洲國家中產階級社運人士的主要目標。在英國，一八三二年的《改革法案》通過後，少數地主不得再將自己人安插到下議院。而且，正如格雷伯爵希望的，稍微解除一些特權，就能避免「革命的必要」。法案帶給擁有土地的仕紳三十多年的安寧，十九世紀後期又開放部分選民資格。你必須承認，英國的地主確實善於維護他們的政治優勢。即使一八八四年第三次改革法案通過，對照總人口兩千四百四十萬，還是只有五百萬個男性擁有選舉權。（譯注：英國在一九一八年人民代表法通過之前，選舉皆有財產資格限制）其他西方國家在這方面領先英國。一八二〇年，美國除了羅德島、維吉尼亞與路易西安那州以外，所有的白人男性皆可投票。

一八七〇年，美國所有成年男子，無論膚色或來自哪一州，都擁有選舉權。雖然在南方，白人可能會以威脅、毆打等方式防止黑人投票。如之前提過的，一八四八年法國男性重新獲得普選權。一九〇〇年，瑞士、丹麥、澳洲、希臘、西班牙、德國、紐西蘭與挪威的成年男子皆有權投票。雖然多數西方國家到了下一個世紀才有普遍男性公民權的政策，但從十九世紀看來，也是指日可待。

那麼女性投票權呢？英國女性投票權首次的請願於一八六七年送到國會，但是被拒絕了。法國女性投票權的呼籲也差不多同時再現，但也是令人失望的結果。有些國家實施有限的女性投票權：瑞典從一八六二年起，允許納稅的單身女性參加地方選舉。直到一八九三年，才有一個國家的全國女性獲得公民權，這個國家就是紐西蘭。南非在一八九四年跟進，澳洲一九〇二年、芬蘭一九〇七年，以及挪威一九一三年。多數的歐洲國家在第一次世界大戰之前，並未賦予女性投票權。

為何女性在十九世紀立法者的眼中地位如此低下？其中一個理由是政府覺得他們不用太害怕女人。他們知道不大可能有大批女人扛著路障去抗議，也不會有一群男人走上街頭為他們的妻子和女兒爭取投票權。但更重要的理由是，在歐洲盛行的性別歧視。所到之處，男人和女人在法律上的起點都不平等，因此爭取女性各方面的權利遠比爭取投票權還重要。女人不能上大學，不能擔任法律或醫療的執業人員，也不能任公職。英格蘭的法律，同時也是美國、加拿大、澳洲和紐西蘭法律的基礎，規定已婚女性的動產自動歸屬她們的丈夫，包括任何她們賺的錢。未經丈夫同意，女人不得出租或出售任何繼承的不動產；未經丈夫同意，女人不能立下遺囑；未經丈夫同意，妻子不得請任何人進家門；但妻子若離家出走，丈夫有權進入妻子的娘家帶她回來。法律上允許男人毆打妻子，只要不打死。妻子在法庭上不得為丈夫作證或指控丈夫，法律不允許妻子離開丈夫。在英格蘭的偏遠地區，民間有個不成文的離婚形式，男人可將妻子賣給出價高者，而且往往只是多幾便士或先令。在德文郡就有幾樁這種販賣妻子的情事。[16]當社會認為一個男人可以毆打，甚至出售妻子，對許多女人來說，不能投票又怎樣。

從卡羅琳・諾頓（Caroline Norton）夫人的角度思考，她說：「我不是要求我的權利。我沒有權利，我只有不義。」[17]你可以想想這個幸運的女孩。她美麗、活潑，繼承劇作家祖父理查德・布林斯利・謝里丹（Richard Brinsley Sheridan）的才智。但他父親於一八一七年在南非過世，沒留下任何財產，當時她只有九歲。接下來幾年她和母親，以及兩個姊姊住在漢普敦宮（Hampton Court Palace）「高雅可愛」的房間。當她二十一歲，該是結婚的年紀，因為缺乏嫁妝，意味著她在婚姻市場的前途不樂觀，於是她接受唯一一個門當戶對，又向她獻殷勤的喬治・諾頓（George Norton）勳爵。這段婚姻不僅失敗，更是場災難。蜜月後沒多久，他們吵架的時候，她愚笨的丈夫開始毆打她。他們的關係充滿怨恨，經常為了金錢爭吵。她丈夫把三個孩子從她身邊帶走，不讓她見孩子，其中一個孩子不久之後死了。她母親死後留下一筆小小的遺產，也被她丈夫奪走，這是他法律上的權利。她從寫作中得到安慰，也獲得不少收入，卻全都進入她丈夫的口袋。毆打、公然侮辱，以及驅逐、剝奪天倫，並且被迫將辛苦工作的酬勞拱手送給這個帶給她不幸的男人——她決定挺身而出對抗體制。她發行一系列的手冊，宣揚將年幼的孩子與母親分離的不公，成功要求國會於一八三九年通過《兒童監護法案》（Custody of Infants Act），該法案賦予母親小孩七歲以前照顧的權利。完成這項任務後，她又將心力轉向離婚。

當時，在英格蘭離婚唯一的方法是先由教會法庭宣判婚姻無效，之後再由國會頒布婚姻無效的法令。整個過程花費甚鉅，只有非常有錢的人家才負擔得起：一七〇〇到一八五七年，英格蘭每年只有兩起離婚獲准。不只是諾頓夫人負擔不起，她丈夫也不想讓她獲得自由。一八五七年，部分由於她的努力，巴麥尊子爵（Lord Palmerston，譯注：時任英國首相）不顧之後的首相威廉．格萊斯頓（William Ewart Gladstone）以及劍橋主教塞繆爾．威爾伯福斯（Samuel Wilberforce，提出反奴隸運動的議員之子）反對，通過《婚姻訴訟法案》（Matrimonial Causes Act）。從此以後婚姻成為俗世的契約，在離婚法庭中即能分手，而且花費合理。

卡羅琳推動一系列的運動，減輕女性苦難，逐漸獲得重視。一八七〇年，國會通過《已婚女性財產法案》（Married Women's Property Act），女人有權利擁有自己的財產，並保有自己的工資。一八七八年，法蘭西絲．帕爾．科布（Frances Power Cobbe）在《當代評論》（*Contemporary Review*）發表一篇學術文章：〈英格蘭妻子虐待〉（Wife-Torture in England），文中她以圖表詳述工人階級男性，因微小的理由經常對妻子施暴的情形，有時甚至致死。這篇文章起了作用。同年第二次《婚姻訴訟法案》通過，規定受家暴的婦女得以訴請離婚。到了一九〇〇年，對於卡羅琳．諾頓及無數婦女所受的苦難，以及法律不公平的對待，總算除去了。

然而，英國的經驗不能代表西方世界。雖然美國各州在相關議題的立法與英國並駕齊驅：擁有自己的財產（一八四〇年間）、自由管理財產（一八七〇年間），以及離婚（南北戰爭後最普及），但是多數天主教國家，在二十世紀以前仍不允許離婚。儘管如此，女性仍在各地爭取自己的權利。一八五〇年起，美國每年固定舉辦全國女性權利會議，德國女性協會也於一八六五年成立。同年，法國女性權利訴求會成立。隔年，美國平權協會成立，以促進全國公民平權為宗旨，不論種族、宗教、性別。一八六九年，伊麗莎白・卡迪・斯坦頓（Elizabeth Cady Stanton）與蘇珊・安東尼（Susan B. Anthony）成立全國女性選舉協會，爭取美國女性投票權。兩年後，女性聯盟也在巴黎發動女性投票權的訴求。一八八一年在米蘭，安娜・瑪莉亞・莫佐尼（Anna Maria Mozoni）成立女性利益促進聯盟。一八八八年，在某次全國女性選舉協會的會議中成立國際女性協會。約在同時，也出現「女性主義」這個詞。過去一百年，自由與平等的觀念促使改革者轉變男人和政府之間的關係，現在女人也在多次抗爭運動中獲得認同。

十九世紀女性最大的突破可能就是上大學，獲得專業文憑。雖然十六世紀末有少數女性具有內科或外科醫師的資格，十七世紀的社會卻又無法容忍女性擔任專業的職位。[18]一八八〇年，世界上沒有任何一所大學、醫院或醫學院願意錄取女性，但這樣的情況逐漸開始改變。位於美國俄亥俄州的奧伯林技術學院（Oberlin College）從一八三三年起接受女性聽課，一八三七年後，更頒發學位證書給她們。一八四七年，固執的伊麗莎白・布萊克威爾（Elizabeth Blackwell）成功進入紐約日內瓦醫學院，並於一八四九年畢業。六年後愛荷華大學成立，是一所男女合校的大學。一八六一年，三十七歲的記者茱莉——維克多・道比埃（Julie-Victoire Daubié）在里昂取得學士學位。一八六四年與一八六五年，兩位俄羅斯女人成功通過蘇黎世大學的醫學院入學考試，其中一人娜潔日達・薩斯羅瓦（Nadejda Souslova）更於一八六七年通過博士學位考試。在英國，伊麗莎白・加勒特・安德森（Elizabeth Garrett Anderson）靠著自學通過考試，一八六五年獲得藥劑師協會的開業證書。接著她在倫敦女子醫學院教書，該學院由蘇菲・傑克斯—布雷克（Sophie Jex-Blake）於一八七四年成立。一八七五年，第一位獲得醫學博士學位的法國女性也在此任教。

因此，在醫學學科這個領域，女性開始逐漸移除高等教育獨尊男性的路障。劍橋大學第一所女性學院：格頓學院（Girton College），以及紐納姆學院（Newnham Hall）分別在一八六九年與一八七一年成立，儘管劍橋大學遲至一九四八年後才肯授予女性學位。倫敦大學學院在一八七八年成為英國第一所頒發學位給女性的學校，同年，牛津大學成立第一所女子學院：瑪格麗特夫人學院（Lady Margaret Hall）。瑞典與芬蘭的大學於一八七〇年起開始招收女性，紐西蘭是一八七一年，丹麥是一八七五年，義大利與荷蘭則是一八七六年。到了一九〇〇年，英國的大學中，女學生佔了百分之十六，瑞士的大學中則有百分之二十的女性，而且多數來自俄羅斯。[19]

在教育上的突破並不意味一九〇〇年的時候，女性在專業領域也獲得平等地位。頒發開業證書給伊麗莎白・加勒特・安德森的藥劑師協會之後就修改章程，不讓任何女性獲得資格。英國醫學協會也禁止女性入會長達十九年。女性醫師發現很多醫院和工作往往拒她們於門外，因此在一九〇三年，諾貝爾委員會原本要將諾貝爾獎頒發給與妻子共同從事研究的皮埃爾・居禮（Pierre Curie），後來直接將居禮夫人列在得獎名單上，此舉無疑是女性成就的里程碑。瑪麗・居禮（Marie Curie）在一九一一年再度獲獎，成為史上獲得兩次諾貝爾獎的第一人。居禮夫人無疑是女性教育貢獻社會最佳的代言人。諷刺的是，居禮夫人進入巴黎大學，接著結識她的丈夫，理由正是因為家鄉的學校，波蘭的克拉科夫大學（Krakow University）拒收女性學生。

雖然高等教育是女性證明自我的場域，卻不得不說，這些突破藩籬的女性多數來自富裕的家庭，也接受良好的基礎教育。對很多人來說，社會改革不只是獲得文憑，反而是有乾淨的供水和足夠的食物，而且學會讀寫。而這其中，教育的順位又是最後。這也是為什麼在一八〇〇年，儘管文字已經存在大約五千年，已開發國家仍有超過半數的人口不識字。

免費義務教育的模式來自普魯士王國，一七一七年由腓特烈・威廉一世（Frederick William I）建立，並於一七六三年受到他的兒子腓特烈二世採用。奧匈帝國於一七七四年也採用這個系統。賀拉斯・曼（Horace Mann）於一八四三年將這個系統引進美國；一八五二年麻薩諸塞州成為第一個以小學教育為免費義務教育的州（賀拉斯・曼是教育委員會秘書）。西班牙於一八五七年追隨美國的腳步，義大利也於一八五九年跟進。英格蘭和威爾斯在佛斯特（W. E. Forster）提倡的《教育法案》（Education Act）於一八七〇年通過後，各地也紛紛設立學校委員會，但直到一八八〇年，五至十歲的兒童才有受學校教育的義務。在法國，茹・費理（Jules Ferry）於一八八一年提倡義務教育立法。逐漸的，經過一個世代之後，歐洲與美國皆從絕大多數文盲，轉變為絕大多數識字了。有些地方，例如葡萄牙，在這方面還是相當落後：一九〇〇年男性識字率是百分之三十六・一，女性是百分之十八・二。但在法國，十八世紀末男性與女性的識字率分別為百分之四十七與百分之二十七，到了一九〇〇年已升高為百分之八十六・五與百分之八十・六。英國於一八〇〇年與一九〇〇年的識字率，則分別是男性百分之六十升高至百分之九十七・五；女性百分之四十五升高到百分之九十七・一。一九〇〇年美國的男女識字率，是百分之八十九・三以及百分之八十八・八。這項發展非常驚人，尤其是女性識字率在這個世紀幾乎和男性一樣高。確實，在加拿大，一九〇〇年女性識字率（百分之八十九・六）比男性（百分之八十八・四）還高。[20]毫無疑問的，若無教育的普及，在法律、道德與財務等面向，性別或全體社會成員平等幾乎是免談，更不用奢望實現的一日。

## 結語

十九世紀改變的浪潮銳不可擋。儘管仍有部分短暫的限制，各方面的變化令人嘆為觀止：從鄉村到城市的生活；從文盲到識字；從農業到工業；從坐在馬背上到坐在時速一百六十公里的火車上；從花上六週從英國寄一封信到澳洲，到瞬間發送一封電報；從理所當然的性別歧視，到女性挺身而出捍衛權利。每日生活的改變如此劇烈，以致於無法決定哪一項才是最重大的變化。若要找一個代表所有改變的原因，那便是蒸汽：蒸汽火車、輪船、磨坊、拖曳引擎，將世界的面貌徹底改變。但影響最遠的改變恐怕還是社會改革，或如同早先提過的，逐漸接受一個觀念：一個人的價值和其他人是相同的。

這個轉變的面向，有一項我們尚未討論，就是休閒時間變多了。人們必須在衣食無缺的情況下，才會從事遊戲和嗜好。十九世紀末期，英國的人均所得忽然增加。越來越常見到男人和女人工作之餘，白天觀賞或從事運動，晚上欣賞戲劇、音樂或歌劇。他們閱讀小說，彈奏鋼琴，甚至假日時前往國內或海外旅遊。如果你曾想過，為什麼許多世界最受歡迎的運動：足球、橄欖球、板球，都在英國發明？不只是因為英國曾經統治很多國家，也因為英國的工人率先擁有足夠的休閒時間從事運動競技。到了一九〇〇年，西方許多地區的工人階級有錢也有閒，能夠放下工作去踢球。若你回想過去飢荒侵襲的世紀，這確實是件了不起的事。

## 推動改變的主角

十九世紀比任何一個世紀都難選出推動改變的主角。過去幾年我經常與人討論，得到一個十人名單：貝爾、路易・達蓋爾、達爾文、愛迪生、法拉第（Michael Faraday，譯注：一七九一到一八六一年，英國物理學家，主要研究為電磁感應）、佛洛伊德、羅伯・柯霍、馬克思、詹姆斯・克拉克・馬克士威（James Clerk Maxwell，譯注：一八三一到七九年，蘇格蘭物理學家，主要貢獻為電磁學），以及巴斯德。多數人常把重點放在人物之間的競爭：發明家（貝爾與愛迪生）、醫學家（柯霍與巴斯德）、物理學家（法拉第與馬克士威）。提到達爾文的時候，常會想起阿爾弗雷德・羅素・華勒斯（Alfred Russel Wallace）也曾提出類似的想法，但我們總是記得達爾文，因為他在《物種起源》（*On the Origin of Species*，一八五九年）一書闡述了這個概念，後來引發宗教、科學、演化等討論。達蓋爾也有個競爭對手：福克斯・塔爾博特，他對於攝影發展的貢獻也不容忽略。多年來，提到十九世紀哪一個思想家最重要，往往引起熱烈的討論，甚至到拍桌的程度。

就我的看法，兩位最值得這個頭銜的人是達爾文和馬克思。我考慮達爾文的原因和信仰有關。如我們在十六世紀那一章談過，不管你相信什麼，你的信仰有個對象——是神造物的能力，或原始海洋中化學反應演化而來的物種。然而，相信你的存在是神意志的產物，以及相信你的存在來自自然的發展，無關乎靈性力量，這兩者根本上是不同的。你會虔誠地對著你的創造者祈禱，但不會對著上述海洋中的化學物質祈禱。你相信應該服從與崇敬造物主，但不會對演化的力量產生相同的信念。從前相信，藉由禱告就能夠影響地球的環境，倘若我們認為達爾文摧毀了這樣的信念，那麼這個有史以來數一數二的改變，當然就是達爾文造成的。然而，在這方面，他真正產生多少影響又是高度爭議。一八五〇年，《物種起源》出版前九年，英格蘭教堂禮拜的出席率已下降到百分之四十。此外，《聖經》讀者的理解力已足夠成熟，知道即使〈創世紀〉造物的故事不正確，也無損其他典籍，特別是新約《聖經》。因此我們應該如對十七世紀內科醫生那樣的方式，思考達爾文對宗教的影響。因為藥物讓你恢復健康，不是奇蹟救了你，並不代表神沒有使上力。無論你在醫藥（或天擇）是否見到神的手，都取決於個人的信念系統，而這個信念系統比起接受某一個科學理論要複雜多了。

因此，我選擇馬克思作為十九世紀推動改變的主角。這不代表我也將歷史視為階級之間的鬥爭，或我相信資本主義注定失敗，「無產階級」注定成功。其實正好相反，本書的結尾會談到。馬克思將產業勞工視為歷史主力，進而促使大量的勞工解放運動。這樣的概念主導本世紀後半段。他的思維不只是哲學或經濟理論，也是實際革命行動的基礎。馬克思超越社會主義，以喬治．歐威爾（George Orwell，譯注：一九〇三到五〇年，英國左翼作家，著有《動物農莊》）的話來說，階級的社會，本身有種「神秘」，讓人們隨時願意誓死奮戰。[21] 馬克思的思想影響勞工的政治組織，引發罷工與產業衝突；但政府阻止革命浪潮的同時，也促成社會福利立法。他將歷史視為經濟力量競爭的觀點很有說服力。雖然我們不同意他的預言，但對於歷史觀，他無疑是對的。人類是造物主創造或演化而來，這個問題很重要卻也十分抽象。然而，社會上與經濟上，規範我們的規則就和社會本身一樣古老。邁向一九〇〇年之際，有這樣的認知並準備改變社會的人，影響力更甚。

---

1 見Robert Woods, 'Mortality in Eighteenth-Century London: A New Look at the Bills', *Local Population Studies*, 77 (2006), pp.12-23, table 2 (1700, 1800); Geoffrey Chamberlain, 'British Maternal Mortality in the Nineteenth and Early Twentieth Centuries', *Journal of the Royal Society of Medicine*, 99 (2006), pp. 559-63, figure 1 (1900)。一九〇〇年的數據是英格蘭，並非僅為倫敦。

2 這張表是根據Paul Bairoch and Gary Goertz的數據，'Factors of Urbanisation in the Nineteenth Century Developed Countries: A Descriptive and Econometric Analysis', *Urban Studies*, 23 (1986), pp. 285-305, at pp. 288, 291

3 見B. R. Mitchell, *British Historical Statistics* (1988, paperback edn, 2011), pp.545-7

4 本表的資料從the Internet Modern History Sourcebook下載，http://www.fordham.edu/halsall/mod/indrevtabs1.asp。下載日期二〇一四年二月五日，資料來源為*The Fontana Economic History of Europe*, vol. 4. Part 2。其中英國的統計與*British Historical Statistics*數據的不同，因此不在這張表上。

5 這些幻想取自位於埃克賽特Bowhill House的精神療養院St Thomas Lunatic Asylum入院紀錄。現存於Devon Record Office, ref: 3992F

6 見C. R. Perry, 'Sir Rowland Hill', *ODNB*

7 見http://www.theiet.org/resources/library/archives/featured/francis-ronalds.cfm。下載日期二〇一四年二月六日。

8 美國的資料取自http://www2.census.gov/prod2/statcomp/documents/CT1970p2-05.pdf。下載日期二〇一四年二月九日。英國的資料取自英國電信公司網站，http://www.btplc.com/Thegroup/BTsHistory/Eventsintelecommunicationshistory.htm。下載日期二〇一四年二月九日。

9 見Roy Porter, *The Greatest Benefit to Mankind* (1997), p. 410

10 同上，p. 407

11 見Vivian Nutton, 'The Reception of Fracastoro's theory of Contagion', *Osiris*, 2nd series, 6 (1990), pp. 196-234

12 見Porter, *Greatest Benefit*, p. 412

13 這些影像可在*Daily Mail*的刊物*Covenants with Death*找到。

14 這段常被錯誤引用的話是葛雷一八三〇年十一月二十二日的答辯。見*Hansard's Parliamentary Debates*

15 見Neil Johnston, 'The History of the Parliamentary Franchise', House of Commons Research Paper 13/14（二〇一四年三月一日）。http://www.parliment.uk/briefing-papers/PR13-14.pdf。下載日期二〇一四年二月十三日。

16 見Sabine Baring-Gould, *Devonshire Character and Strange Events* (1908), pp. 52-69

17 見K. D Reynolds, 'Norton [née Sheridan], Caroline Elizabeth Sarah', *ODNB*

18 一五六八年，Mary Cornellys of Bodmin獲得在埃賽克特堂區外科執業的執照，請見Ian Mortimer, 'Index of Medical Licentiates, Applicants, Referees and Examiners in the Diocese of Exeter 1568-1783', *Transactions of the Devonshire Association*, 136 (2004), pp. 99-134。Margaret Pelling也告知我，一位名為Adrian

Colman，以及另一位名為Alice Glavin的女性在十六世紀末獲得執照。見Margaret Pelling and Charles Webster, 'Medical Practitioners', in Charles Webster (ed.), *Health, Medicine and Morality in the Sixteenth Century* (Cambridge, 1979), pp. 165-236, at p. 223。約克郡的Isabel Warwike也於一五七二年獲得執照。十七世紀中期，當「博士」(doctor）一字逐漸與「醫師」成為同義字，正規教育被視為醫學專業的必要條件，女性反而無法獲得醫學執照。

19 見Deborah Simonton, *The Routledge History of Women in Europe since 1700* (2006), pp. 118-19

20 見Robert A. Houston, 'Literacy', EGO: European History Online, http://unesdoc.unesco.org/images/0000/000028/002898eb.pdf。下載日期二〇一四年二月十四日。UNESCO, *Progress of Literacy in Various Countries: A Preliminary Statistical Study of Available Census Data since 1900* (1953)。英國的數據來自*Sixty-fourth Annual Report of the Registrar General* (1901), lxxxviii

21 見George Orwell, *Homage to Caralonia* (Penguin edn, 1989), p. 84

# 二十世紀（一九〇一～二〇〇〇年）

二十世紀初，我的曾祖父約翰．法蘭克．莫蒂默在相片中穿著一套和今日樣式非常相似的西裝。想著我的曾祖父，我發現比起他的曾祖父，他和我的共同處多太多了。他的曾祖父生活在一八〇〇年，甚至沒有相片。我的曾祖父曾在國家與地方選舉中投票，他年輕的時候晚上偶爾去滑冰場滑冰，喜歡賭馬，集郵是他的嗜好，娶外地的女人為妻，而且他的孩子（一九〇四到〇八年出生）有泰迪熊和娃娃玩偶。他有一台腳踏車、留聲機。家裡有一台電話、室內照明、自來水，和一體成形的烤箱與瓦斯爐。比較特別的是，他還有一台機械運作的滾筒洗衣機，因為家族的事業就是洗染衣服。家鄉普利茅斯的街道夜晚有燈光照明，也有警察巡邏。他和妻子凱薩琳假日時會搭著火車和輪船出國，週末時會到達特慕爾乘船兜風。他們兩人閱讀很多書，參觀博物館，出席時尚名人舉辦的活動。他活到七十二歲，妻子活到八十二歲。當然，他的生活和我還是有許多不同。我不會滑冰、不上教堂、不賭馬，也無意繼承他集郵的嗜好。我完全不懂怎麼染衣服，家裡沒有僕人，我的小孩也不是奶媽帶大的；但除此之外，我們兩人生活型態大致上相同。我的娛樂是彈吉他，倒不是集郵；我不去滑冰場，會去電影院；我寄電郵，不發電報。不過生活與休閒的比重、需求和慾望、自由與責任、獨處和社交、教育與經驗，當時和今日都相去不遠。

記住這一點，我們可能會問，二十世紀到底發生了什麼？什麼樣的改變如此之大，以致於很多人不能接受其他世紀的改變勝過二十世紀？這個問題尚有爭議。有一個故事：一九六〇年代初期，一群在索美塞特郡的退休農夫聚在一起，爭論他們人生中哪一項發明對務農產生最大的影響。拖曳機、載牲畜的卡車、聯合收割機、肥料、農藥、電力抽水馬達、電網圍牆、穀糧倉。以上全討論過後，他們的結論是，橡膠長靴的影響最大。[1]造成生活改變的，不總是最戲劇性的變化，也不一定代表最偉大的成就。尤其在二十世紀，我們覺得真的帶來重大改變的事物，往往和舒適、效率、速度，以及奢侈有關。

這也難怪。我們看了之前的世紀，攸關我們生存最重要、最基本的改變，都發生過了。十六、十七世紀的時候，社會的暴力大幅減少；從十八世紀中開始，我們的生活環境相對安全（先不管開膛手傑克的故事）。對於社會改革，十八世紀那一章結尾的平民男性權利圖，在西方社會就像一個拉長的「S」形。西方許多社會改變都循著相似的曲線：一開始緩慢的傾斜，到中間突然上升，直到影響遍及整個社會，不大可能更進一步改變時，便呈現持平。這樣的發展可稱為「文明曲線」。若我們畫出社會飲食均衡的比例、城市居民的成長、成年人口使用汽車的比例，都會見到類似的文明曲線。文明曲線的形狀從下頁鐵路建造長度圖可明顯看出。如你所見，雖然長度的顛峰在一九二〇年，但二十世紀的變化並不如十九世紀大。同樣的，當我們考量糧食供應、都市化、識字率與他殺死亡率時，文明曲線的最高點都是在二十世紀，但最陡峭的攀升反而又是之前。

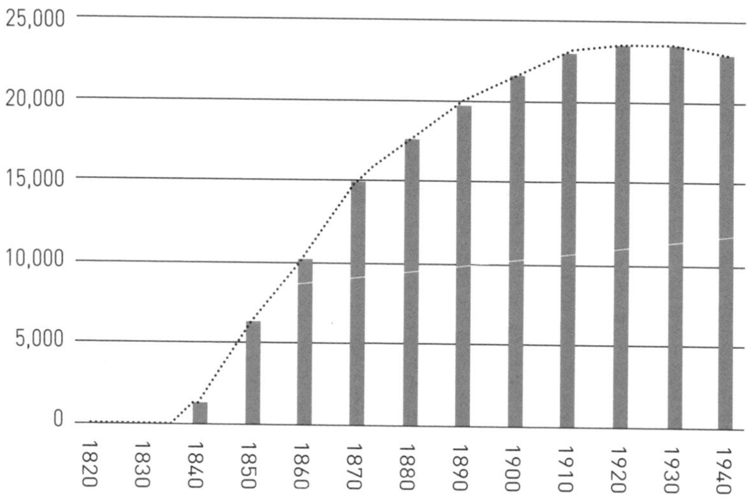


1825～1940年英國與愛爾蘭營運鐵路英里長度[2]

話雖如此，養活西元二〇〇〇年七億兩千九百萬的歐洲人口，和一九〇〇年四億兩千兩百萬人，還是非常不同。一九〇〇年，和大西洋對岸的家庭相隔兩地也許令人擔心，但二〇〇〇年的時候，飛機飛行數小時就到了。一九〇〇年，英國的種族歧視問題比起二〇〇〇年輕微，因為當時受害的人較少，公開的人更少。更明顯的是，一九四〇年以前不會有原子彈掉落你的國家（那種東西還不存在），但經歷過一九六二年十月的古巴飛彈危機可就不同了，那是可能成真的。考量二十世紀時，時空背景是很重要的。大幅改變的倒不是我們的生活，而是我們居住的世界。

## 交通改變了社會關係

本書討論的是「西方」，而在二十世紀，

「西方」像濺得到處都是的墨水。多數國家由於國際交通種類、範圍與連結大幅進步，而逐漸接受西方文化。放眼二〇〇〇年，相較紐西蘭、阿根廷、日本和中國的人每日都穿西裝這個事實，我的曾祖父在一九〇〇年和我今天都穿類似的西裝，這件事根本沒那麼驚人。英語在二十世紀成為世界上第三大語言以及國際通用語言，這個語言整個二十世紀幾乎沒改變又何妨。一八〇〇年的市場純粹是地方性，到了一九〇〇年成為全國性，二十世紀甚至是國際性。供應與需求在一九〇〇年之前是國與國之間的關係，二〇〇〇年則是全球的關係。造成如此全球化背後最重要的因素是內燃引擎的普及。

內燃引擎約在一八六〇年由艾蒂安．勒努瓦（Étienne Lenoir）發明，很快就運用在三輪車上。一八八六年，卡爾．賓士向家境良好的妻子貝爾塔（Bertha）借了一筆錢，為他以汽油作為動力的三輪車申請專利後，內燃引擎開始出現商機。卡爾也許是個優秀的工程師，卻是個笨拙的業務。一八八八年八月，貝爾塔決定在銷售上幫她丈夫一把。她背著他開著他的車，載著兩個年少的孩子從曼海姆（Mannheim）到一百零五公里外的普福爾茨海姆（Pforzheim）探望她母親。這趟旅程來回共兩百一十公里，是汽車首度長途行駛的距離。人們看到沒有馬的車子在路上移動，紛紛覺得驚奇；看到駕駛竟是名女子，更加驚奇。這趟旅程中，貝爾塔自己當起機械工：用髮夾清理油管，找了鞋匠在木製的煞車釘上皮革，改善煞車。但這趟旅程極為成功，她的遠遊證明新的發明是可靠的。一八九四年，卡爾開始製造四輪車「維羅」（Velo），締造銷售佳績。到了一九〇〇年，他的公司是世界上最大的汽車製造商，每天生產將近五百輛。

汽車產業早年的成長驚人。一九〇四年，光是英國的路上就有八千輛汽車、五千輛巴士，以及四千輛貨車。一九一六年，英國摩托車的數量高於汽車（十五萬三千台摩托車，相對於十四萬兩千輛汽車），到了一九二五年，私用汽車的數目就超過摩托車（五十八萬輛汽車，相對於五十七萬兩千台摩托車）。二次大戰後，汽車生產比率甚至更高。到了二〇〇〇年，英國路上有兩千三百二十萬輛汽車，八十二萬五千輛摩托車。[3]

當然，以全世界來說，擁有汽車的情況並不平均，特別是二十世紀初期。但是到了二〇〇〇年，數字普遍增加。一九六〇年美國每一千人就有四百一十一輛私用車，澳洲兩百六十六輛，法國一百五十八輛，英國一百三十七輛；但在義大利只有四十九輛，以色列二十五輛，日本十九輛，波蘭八輛。對照二〇〇二年的數據，在美國每一千人擁有八百一十二輛汽車，澳洲六百三十二輛、法國五百七十六輛、英國五百一十五輛，其他國家不平均的情況改變了：義大利每一千人擁有六百五十六輛汽車，日本五百九十九輛，以色列三百零三輛，波蘭三百七十輛。非西方地區的國家擁有車輛的人仍是少數：中國每一千個居民只有十六輛車，印度十七，巴基斯坦十二。全球汽車數量從一九六〇年一億兩千兩百萬輛，到二〇〇二年八億一千兩百萬輛。[4]

二十世紀另一個重大的交通轉變是出現航空旅行。首架比空氣重的飛機——不使用瓦斯或熱氣上升的飛行器——在萊特兄弟不懈的努力下誕生。一八九九年到一九〇二年之間，他們不斷實驗機身滑翔的方式，接著在一九〇三年，他們將汽油引擎和自製的螺旋槳裝在第一架飛機「飛行者」（Flyer）。一九〇三年十二月十七日，奧維爾．萊特（Orville Wright）駕駛飛機起飛，十二秒內飛行三十六公尺。你讀完這個段落可能不用十二秒，但是這十二秒卻是這個世紀最重要的十二秒。萊特兄弟在飛機發展的領域中一直是先驅，而且經常冒著生命危險親自上陣，改善飛機的穩定性。一九〇五年底，他們的飛機可以飛行三十八公里。一九〇八年，他們甚至載一個乘客。一九〇九年，好幾個參賽者為了一千英鎊的獎金在巴黎排隊，比賽誰是第一個飛越英吉利海峽的人；七月二十五日，路易．布萊里奧（Louis Blériot）贏得獎金。

第一次世界大戰期間，許多政府紛紛投入重金發展飛機。這個工具是目前為止偵察敵軍動態、定位炮彈，與海軍船艦最佳的工具。但飛機仍然是較不可靠的交通工具，直到戰爭的末期，飛機仍然太小又不穩定，無法裝載沉重的炸藥，執行有效的炸彈攻擊。戰爭結束後，本來想用來投擲炸彈的飛機，成為運送長途郵件的工具，而且終於突破大西洋這道難關。一九一九年六月十四到十五日，約翰．阿爾科克（John Alcock）、亞瑟．布朗（Arthur Brown）駕駛改裝的維克斯維美（Vickers Vimy）飛機，從紐芬蘭橫越大西洋，飛行到愛爾蘭。哥倫布時刻再現，告諸世人未來的世界：有一天，他們也能在兩大洲之間飛行。確實，同年第一輛民用飛機開始營運，從倫敦載客到巴黎再返回。政府開始贊助國家航空公司，尤其是外國的公司逐漸佔領國內的天空成為威脅的時候。然而，首架規律載客往返大西洋的是德國的齊柏林飛船（Zeppelin balloons）。直到一九三九年，才有固定往返美國與歐洲的客機。

二次大戰期間於飛機設計、無線電通訊、雷達技術的進步，更提升飛行安全。美國各家航空公司之間的競爭為飛機帶來營利的壓力，也促使二十一人坐的客機DC－3於一九三五年首航。此時，飛越北美洲只需要十七個鐘頭，橫越大西洋需要二十四個鐘頭，航空旅行的需求也因應而生。一九三七至六七年間，英國航空的表定航班從每年八萬七千次上升到三十四萬九千次。同時，客機的容量增加，意味著可載旅客隨比例上升：從二十四萬四千增加到一千兩百三十萬。

[5] 一九七〇年間，大型客機如波音七四七可以運送超過三百二十名乘客，越來越多人能夠飛行。人們越來越想要快速旅行，無論是因公搭乘國內班機，或到異國的小島度假。他們也想要快速將貨物與資源送往世界各地。不同種類的交通工具也為了增進便利而整合：鐵路延伸到港口和機場，機場連結各大城市，停車場在各地也可得，於是造就了我們今日的全球交通網絡。

這項轉變的結果非常重大。有時令人驚嘆，有時又難以察覺，而對某些地方卻又造成創傷。世界逐漸商業化，政治邊界由於貿易與旅行的網絡一再重劃。古時候的權力平衡受到西方資本的洪流衝擊，被迫重新調整。從前不知道自己境內蘊含高價資源的國家，例如石油與鈾礦，現在也能出口到外地。佔據主要交通路線的國家，開始懂得利用這一點。資源豐富或地理位置優越的國家成為國際上的富翁，而

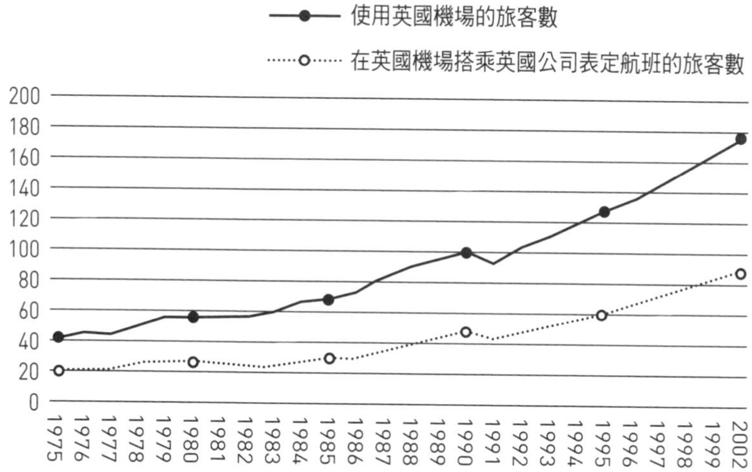


1975～2000年間，經過英國機場的旅客人數（百萬）[6]

富翁在國內外的消費也刺激收入較差的產業成長。隨著貿易打開了資源的通道，多數的國家越來越繁榮。

這些交通連結，也使機械出口的效率與速度提高。人工肥料和農藥經由交通網絡快速配送，農業產品大量湧進市場。只要能夠進口農產品，國家就不再害怕歉收。這對全球人口的影響是驚人的。上一個世紀，全球人口成長六億七千九百萬人，百分之四十五來自發展中國家。[7] 非歐洲地區的人口在一二〇〇到一五〇〇年，均維持在三億零七百萬至三億五千六百萬之間，十六世紀只成長百分之三十一、十七世紀百分之十八、十八世紀百分之三十七、十九世紀百分之六十；而在二十世紀，忽然上升了百分之三百四十二。貨車和卡車對人口成長的貢獻，不只透過配送食物、肥料和機械，他們也促進偏遠地區的醫療救助，特別是抗生素。交通大力促進世界的財富和安康。然而，我們也別忘了在這連結網絡中蒙受其弊的人。豐收的時候，食物供應來源不穩定的國家想要以低價出口剩餘的食物，求得低廉的利潤。但當他們面臨食物供應危機時，卻沒有足夠的資金從國際市場購買因食物短缺而價格上漲的糧食。有些貧窮的國家仍然受到缺糧和飢荒的侵襲。儘管如此，還是有很多國家能夠降低歉收帶來的負面影響。二〇〇〇年，世界上定期遭遇飢荒的國家，比起一九〇〇年減少了許多。越來越多等著吃飯的嘴巴，這個絕對的事實是由於世界人口戲劇性的成長——從十六億三千三百萬增加到六十億九千萬。

源於西方世界的交通網絡轉型，出口的不只是資本主義和西裝。多數的西方國家在文明過程的高峰發現自己俗世、民主、物質、平等主義、道德自由等價值，並想將這些推銷到世界其他地區。開發中國家的商人和政客發現，有時候採取西方的做法，或至少接受這些做法，有益自己的

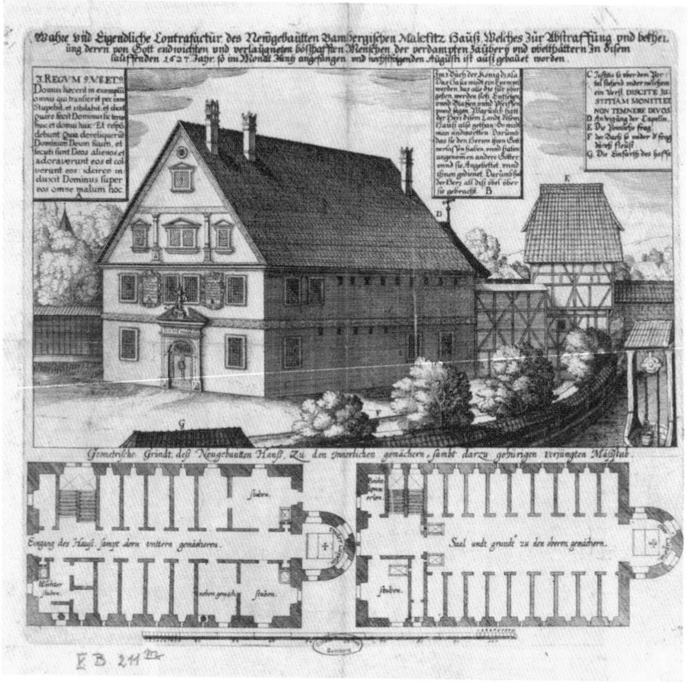

對那些認為社會歷史代表進步的人來說，16世紀末與17世紀初的女巫恐怖值得省思。班貝格的采邑主教設計了這樣的房屋，用以統一囚禁、虐待、焚燒女巫。

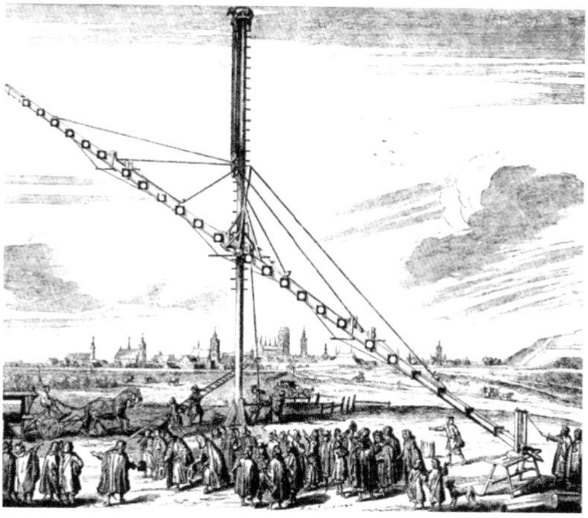

最初認為望遠鏡越長，放大倍數越高。約翰・赫維留斯在但澤（Danzig，今波蘭格旦司克）建造45米的望遠鏡，確實展現出天文學家的決心。

牛頓告訴天文學家，望遠鏡的尺寸不是最重要的。牛頓的反射望遠鏡雖小，卻能放大40倍。

馬可 · 里奇於1708年所繪的倫敦歌劇採排。紳士的假髮、牆上的畫作、樂器的種類，以及歌劇演出，在在展現中產階級的高貴場合，這是一個世紀以前的倫敦難以想像的。

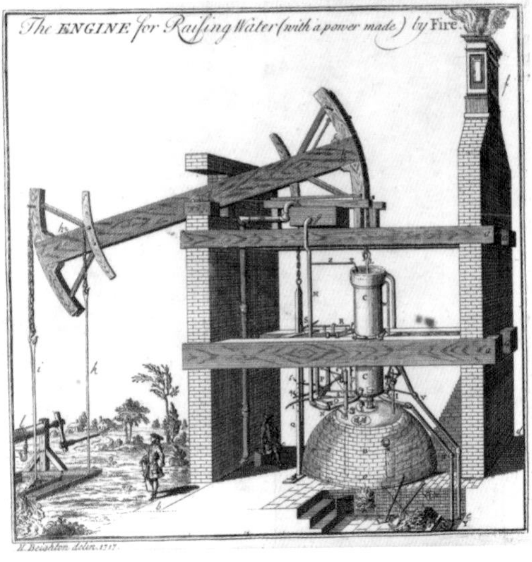


現在的達特茅斯並不是工業重鎮，但這是湯瑪斯 · 紐科門的出生地。紐科門發明並製造第一座運用於商業的蒸汽引擎。這張照片是1718年全歐洲1200座機器其中之一。

網球場宣言，是賈克－路易・大衛（Jacques-Louis David）未完成的素描。1789年6月20日，法國國民議會577名代表宣誓將持續集會到王國立憲為止。這張圖描繪法國大革命集會的一刻，法國大革命也成為各地革命思想的試驗場。

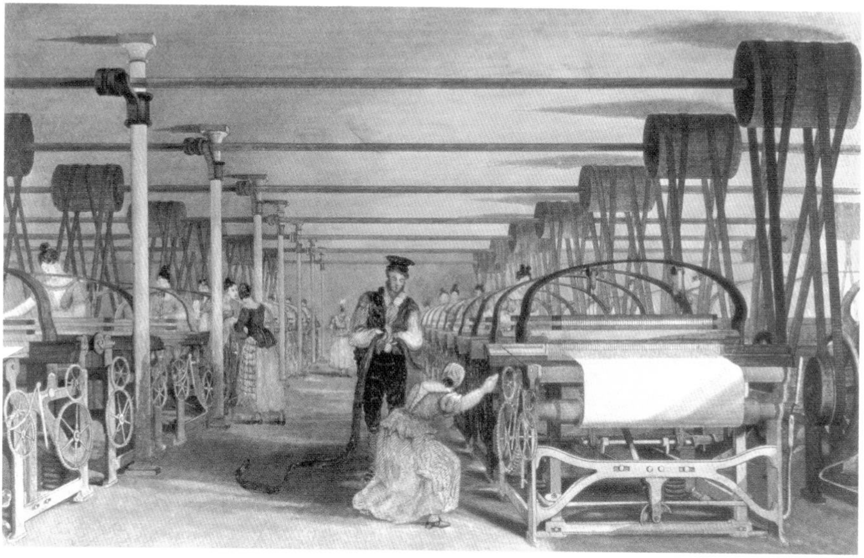

湯瑪斯・阿羅姆（Thomas Allom）1834年的畫作，描繪動力織布機。由於企業需與同業競爭而帶動工業革命。動力織布機由愛得蒙・卡特萊特（Edmund Cartwright）於1785年發明，這幅畫完成之時，光是英國就有10萬台在運作。

Plymouth to London in 32 Hours
WEAKLEY'S HOTEL, DOCK.
Extraordinary Cheapness combined with Safety and Expedition.

1822年地方報紙廣告從普利茅斯到倫敦的公共馬車，32小時可行駛346公里。旅行的速度早在鐵路發明前就大幅改善；1700年，這樣的旅程要花5天。訊息傳播也加快：1700年之前沒有英格蘭的報紙；到了1800年，已有幾份報紙每日在英國發行，包括《晨間郵報》（*Morning Post*）、《晨間紀錄》（*Morning Chronicle*）、《晨間快報》（*Morning Herald*）和《泰晤士報》。

法國政府買下路易・達蓋爾的攝影技術送給全世界。因此直到1850年代之前，「達蓋爾法」是最普遍的攝影法。這張攝於1838年巴黎的《坦普爾大街街景》（*Boulevard du Temple*）以首張有人的相片聞名：擦鞋的人因為站得夠久，超過10分鐘的曝光時間，所以出現在相片中。

在英格蘭，攝影的先鋒是亨利 · 福克斯 · 塔爾博特。這張照片是伊桑巴德 · 布魯內爾的船「大英國號」，1844年停靠在坎伯蘭流域（Cumberland Basin）。這是第一艘鐵皮船身、螺旋槳驅動的蒸汽船，1843年啟航時是世界上最大的船。

萊特兄弟鐵了心要飛。他們先實驗滑翔翼，再實驗引擎。這張照片於1902年12月17日，由一位目擊者拍下首架比空氣重的機器：飛行者，在天空中飛行了12秒、36公尺。

保羅・卡斯泰爾諾（Paul Castelnau）於1917年6月23日拍下一個法國軍人在萊茵河上游執行瞭望任務的彩色相片。攝影在許多方面擊敗藝術家的權威：戰爭或貧窮相片裡頭的寫實主義，比起精心安排的繪畫更難以忘懷。

永井隆醫生（Dr. Takashi Nagai）是日本長崎一位醫生暨X光專家。1945年8月，他站在原子彈轟炸過後的斷垣殘壁之間，不久後也因輻射疾病過世。20世紀戰爭影響的不只是軍人，而是整個社會。

紐約公園街大樓，1900 年時以 119 公尺為全世界最高的大樓。

馬來西亞的雙子星塔在 2000 年時為全球最高的建築，是公園街大樓三倍之高。

《地出》，首次從太空拍攝地球，可能也是史上最重要的相片。1968年，沿著月球的軌道行進的阿波羅八號太空人在聖誕節前夕的歡樂中拍下這張相片。這張相片首次從客觀的角度呈現地球；而且惱人的是，我們的星球顯得小而孤立。

利益。快速的現代化使開發中國家的公民，經歷歐洲與美國十九世紀技術專精的過程。許多非西方國家，在短短幾十年間被迫進行科學、醫學、農業與工業的革命。交通網絡擴張的同時，食物產量增加、人口數量上升、都市化與識字率提升，這些並非巧合。一九〇〇年，世界百分之十三的人口住在都市，大約百分之二十的人口擁有讀寫能力。到了二〇〇〇年，世界半數人口住在都會地區，超過百分之七十的人識字。整個世界被迫在由交通網絡創造，流動著資本和商品的市場中競爭。資本主義來襲的難民便是政治阻斷經濟競爭的國家，或是少數地理位置不利交通與全球貿易的國家。

之前的章節曾指出，交通是城市發展的必要條件。顯然的，食物和其他資源必須被運送到市中心，越大的城市就越需要機械化的交通工具。因此交通建設的優先性便高於人行道、花園、單車用道，以及個人居住空間，對生活環境也就造成重大影響。到了二〇〇〇年，許多人終其一生住在都市環境中，不知鄉村的模樣，頂多在電視或電影裡看過。世界上一半的人口住在城市，忍受噪音汙染、光害、空氣汙染，不斷受到擠滿大街小巷的汽車與貨車、公車與腳踏車、摩托車與卡車的騷擾。即使在夜晚，車輛仍佔據都市景觀，行駛在把人類生存劃分成街廓的柏油路上，暫停在閃爍的交通號誌底下。在城市裡尋求寧靜，是一件既困難又氣餒的事。在大型城市中，要見到祖先居住的鄉村風景，往往要搭上超過一小時的車。可能因為這樣，許多人乾脆不移動了。埃德溫．查德威克在城市中看見貧民窟和剝削，到了二〇〇〇年，人們在此看見所需要的一切：工作和生活，而且覺得沒必要搬走。

交通系統從城市中心發展，向外擴張腹地。在二十世紀，人們爭相前往的地區房價也隨即上升。在受歡迎的地區，為了盡可能容納所有尋覓住所的人，建築物開始越蓋越高，尤其是商業地區。一九〇〇年，世界最高的建築是巴黎的艾菲爾鐵塔，高約三百公尺，這是非住宅建築。最高的住宅建築是紐約的公園街大樓（Park Row Building），高約一百二十公尺。到了一九三一年，最高的辦公室位於紐約的帝國大廈，距離街道上方三百二十公尺，而其知名的瞭望台又高出五十三公尺。許多類似結構的建築物紛紛完工，到了二〇〇〇年，你可以從吉隆坡的雙子星塔俯瞰腳底下三百七十五公尺的地面；不只比帝國大廈的瞭望台稍微高一些，也比許多摩天高樓還要高。一九七〇年間，巴黎西方的天際線被商業區拉德芳斯（La Défense）的摩天樓觸及。一九〇〇年，英國最高的建築物是倫敦聖潘克拉斯（St Pancras）火車站的米蘭德大酒店（Midland Grand Hotel，八十公尺）；二〇〇〇年，則是同樣位於倫敦的加拿大廣場一號（One Canada Square，兩百三十五公尺）。

交通不僅改變周遭環境，也改變社會關係。我們在十九世紀那一章提過，鐵路使社區分崩離析。在二十世紀，汽車又施加更大的打擊。一九四五到六〇年間，便宜的道路交通興起，扼殺許多地方鐵路，導致上千個小鎮的市場或通往商業中心的火車站紛紛關閉。偏遠地區的居民被迫離群索居，或加倍依賴汽車。對老人來說，一輩子生活的家園竟難以繼續居住。因為他們衰老得無法開車，於是只能搬遷到城市。同時，他們的孫子為了找到工作，也得搬到城市。到了二〇〇〇年，西方大多數的人與陌生人比鄰而居。從前，他們熟識家門以外方圓四、五公里的三百人；現在，他們的家人和熟人散布在不同鄉鎮，甚至遍布全球。

類似的疏遠過程，也發生在商家和顧客之間。在小社區裡，客戶對商家如數家珍，商家若出錯，便可能傷害商譽。在大城市，人們對商家的選擇眾多，但客戶與店家的關係也相對薄弱。商人為了生意削價競爭，服務品質也可能因而下降。這一點反映在醫療上，差異更加顯著。在小社區裡，居民一起長大，和家人同住，對於老病的支援比起城市要強烈得多。在城市，所謂社區互助，就是成立昂貴又缺乏人情味的機構。

最後，交通不只運送食物到全世界，也將工具與設備快速送到農田與土地，造成農業專門化。全球的交通連結迫使農夫面對全球的競爭。英格蘭人如能買到便宜的美國堪薩斯州小麥，為何要買德文郡的呢？為了最大化效率，農夫立刻就放棄農業革命後的輪種慣例，改為集中生產單一農作物，例如種植小麥或飼養牲畜。在美國，一九一〇到二〇年間拖曳機大量生產後，就開始施行集中農業。在法國，許多地區完全只生產葡萄酒。在英格蘭，丘陵地區專門生產食用肉。到了二〇〇〇年，摩爾登漢普斯德堂區三十一平方公里的範圍內，完全沒有耕作地或酪農場，即使農業是當地第二大雇主（次於觀光業）。所有的農地都只生產牛肉或羊肉。史上頭一遭，大多數的已開發國家放棄自給自足，食物需求至少有一部分來自國外進口價格較低廉的農產品。一九五〇年間，英國的食物，國內生產的比例不到百分之四十。[8]當然這個數據是全國的數據，都會區根本不能生產任何東西。英國於一九七三年加入歐洲經濟共同體後，國內自給自足才恢復到超過百分之七十。

到了二〇〇〇年，西方國家已經無法脫離其交通基礎建設。國內生產食物的機械需要化石燃料推動，配送食物的車輛也是。每個國家的命脈都繫於十幾座煉油廠，穩定且持續供應汽油和柴油（英國只有七座）。不妨想想，如果我們此刻失去汽油和柴油，管他農業革命後農耕有多麼進步，西方絕大多數人口恐怕要面臨兩百年以來首次的飢荒。

## 人類暴力習性難以控制

毫無疑問，二十世紀的戰爭已經徹底改頭換面。一開始還恪守軍人的傳統，「列隊前進，集體陣亡」；坦克、壕溝、毒氣、制網鐵絲，很快就會改變陣亡的模樣和規模。二次大戰使用戰鬥機、炸彈、潛水艇和原子彈，往往連死傷都不見。二十世紀後半期，令人恐懼的情況，最好的是整個城市人間蒸發，最壞的是，世界上每個人都緩慢死於飢餓和核能輻射的屠殺。然而到了二〇〇〇年，戰爭許多傳統的要素仍然存在，某些地方的內戰中，人間蒸發反而是種福氣。前南斯拉夫內戰中殘酷的暴行，包括姦辱、虐待百姓與孩童，看得出世紀以來，戰爭的極端凶殘並未減少。我們在十六世紀談過民間暴力減少的情況：倘若停止更高層次的暴力——遏止人民互相攻擊的公權力——他們一定會回歸到更激進、野蠻的狀態。人類殘忍和無情的潛力從未改變。

然而，這裡的重點不是二十世紀的戰爭本身有什麼改變，而是戰爭如何改變西方社會。我們必須檢視許多改變，如同我們評估黑死病造成的衝擊一樣。戰爭帶來的科技進步，對民眾的生活產生重大影響。二次大戰對科技的貢獻直接且多元，包括電腦、噴射引擎、紙盒牛奶容器、雷達，以及抗生素和殺蟲劑。德國的V－2火箭，成就的不只是現代戰爭的飛彈，還有向外太空發射火箭的技術，以及天文學的進步。當然，任何或全部的發明也可能在太平時代出現，戰爭不一定就是催化劑。儘管如此，戰爭在同一時間促使許多重大發明誕生，改變二十世紀後期的生活方式。重大戰爭必定影響社會與經濟，以及全球政治的反動，例如國際關係組織。但戰爭一旦開始，重大的改變就開始了，意思是，戰爭與社會之間的關係從根本上已經改變了。

一九〇〇年之前的戰爭，影響平民的情況只有在軍火工廠工作，或居住在靠近前線，或軍隊與補給行經的地方。第一次世界大戰的參戰國，見識到歷史學家所謂「全面的戰爭」一詞，意思就是整個國家傾全力在戰爭上。為了軍事目的而布署人力；為了最大化戰爭，後勤物資的生產打開了社會藩籬；實施配給制度；交通系統也為了加速軍事補給而重新規劃。事實上，二十世紀戰爭的「全面」程度，遠超過社會經濟相關的措施。航空的進步使每個人都成為攻擊的目標。第一次世界大戰時，齊柏林飛船的空襲造成倫敦超過千名居民死亡，二次大戰的倫敦大轟炸，更殺死超過兩萬八千人。華沙、鹿特丹和許多德國城市的空襲，奪走數十萬人命，更摧毀百萬生計。城市中心到處可見斷垣殘壁，某些地方甚至燃起火海，不管是人、動物或國家資產都難以倖免。英國皇家空軍轟炸漢堡和德雷斯頓（Dresden）的行動更是恐怖，殺死兩個城市將近一半的居民，相當於一九四五年八月廣島和長崎的罹難人數。原子彈的使用也是另一個「哥倫布時刻」。兩年後，為了提醒世人，科技即將帶來地球人類的滅亡，芝加哥的原子科學家設定了「末日之鐘」，時間是晚上十一點五十三分，象徵距離末日七分鐘。一九五三年，末日之鐘甚至重設為距離午夜兩分鐘。（譯注：該年美國與蘇俄頻繁測試核能裝置）一九六二年十月發生古巴飛彈危機，世界領袖決定公開討論核能戰爭這個「深淵」。會議中，雖然沒有按下紅色警戒的按鈕，但可能的衝突依然存在。地球上的每一個人，就算不住在戰亂的國家，也都可能成為戰爭的受害者。（譯注：紅色警戒為美國國土安全部警報系統最嚴重的等級）

戰爭的致死程度，無疑是人類文明最大的諷刺。過去世界末日的概念，來自《聖經》故事中的洪水與最後的審判。世紀以來，科學逐漸取代宗教對世界的解釋，並且一度用以破除宗教教條。如今，科學竟找到各種方法，實現《聖經》預言的恐怖與末日。豈不諷刺！更諷刺的是，這個世界末日善惡決戰的戰場，乃是科學家應民主選舉產生的領導者要求而精心規劃。過去由於絕對王權、社會階層，以及宗教教條等多重原因結合之下，導致許多戰爭與暴行，但從未有哪一次威脅要滅絕人類，反而是二十世紀在民主與科學的結盟之下見證這件事。然而，最大的諷刺是，規模不斷攀升的戰爭一再強調個人價值，裨益多數的西方人民。確實，全面的戰爭，尤其是二十世紀前半期，帶來許多社會與經濟改革，大幅提升政治權力、機會平等，以及西方公民的生活水準。

機會平等對二十世紀初的女性來得特別是時候。二十世紀初，女性在社會和經濟上想達到與男性平等的地位，還有一段路要走。一次大戰軍火工廠的勞力工作，給予女性比起從前多出許多自由。很多女性生平第一次受雇工作，成為家裡的一家之主，不需男性陪伴也能夠自由旅行。當然，她們丈夫回來的時候——如果回得來，難免要吵架好幾回，但普遍認為女性獲得更多自由。支持女性公民權利的社會輿論銳不可擋。每一次世界大戰後都會湧起一波立法潮流，希望女性及尚未有權利的男性可以投票。英國於一九一八年將投票權擴大至所有二十一歲以上的男性（參戰者又下降至十九歲）、三十歲以上已婚、擁有房產或大學畢業的女性。波蘭、捷克斯洛伐克、奧地利、匈牙利，都在同年賦予女性投票權；波蘭在一九一九年跟進，美國與加拿大則在一九二〇年。一九四四到四五年，女性於二次大戰的貢獻使她們在法國、保加利亞、義大利與日本獲得投票權；比利時則是一九四八年。女性與男性政治與經濟上的獨立，預示僕人階級的結束。曾經配置大群僕人的宅邸關門，而且往往不再開門。如同黑死病後，勞工短缺使得每一位勞工的價值受到重視，全面的戰爭迫使社會認識到每一位成人都是有用的，人人都有工作賺取薪資與投票的自由，以及（女性的情況）比起一九〇〇年之前更獨立的生活。

戰爭另一個對社會的影響，就是反對帝國主義、君王、世襲政權的浪潮。本世紀的前半段，六個帝國統治大多數的地球。最大的便是大英帝國，範圍包括加拿大、澳洲、紐西蘭、三分之二的非洲、印度、英屬蓋亞那，以及數個太平洋島嶼。法蘭西帝國，包括北非與西非大片的長條陸地、越南、柬埔寨，以及在印度、中國、太平洋的殖民地。俄羅斯帝國則從太平洋延伸到黑海。德意志帝國雖然較小，但也包括非洲與太平洋的陸地。奧匈帝國掌握的不只是奧地利與匈牙利的心臟地帶，還包括波西米亞、斯洛維尼亞、波西尼亞、黑賽哥維那、克羅埃西亞、斯洛伐克，以及部分的波蘭、烏克蘭、羅馬尼亞和塞爾維亞。鄂圖曼帝國握有土耳其、巴勒斯坦、馬其頓、希臘與阿爾巴尼亞北部。無論如何，這些帝國都結束了。俄羅斯帝國在一九一七年被革命人士推翻。德意志帝國、奧匈帝國、鄂圖曼帝國於一次大戰後紛紛瓦解。英國與法國都因二次大戰，國內的經濟壓力而同意殖民地獨立。至於王室，二十世紀初，只有法國、瑞士與美國不是由世襲君主統治的西方國家。雖然許多西方國家是君主立憲制，但多數的國王和執政的女王對政府的影響力仍然可觀。到了二〇〇〇年，只剩下幾個王室：英國、比利時、丹麥、荷蘭、挪威和瑞典的王室家族仍緊握皇冠，而西班牙王室在佛朗哥將軍讓位後，於一九七五年重新恢復。但即使保有王室的國家，他們仍從屬於民主選舉的政府。貴族階級同樣也幾乎連根拔起，即使是英國的上議院，自二〇〇〇年三月後，絕大多數也由指派產生。[9]十三世紀起，世襲統治者承擔的責任，經過漫長的時光，終究幾乎絕跡。

現代戰爭龐大的規模以及恐怖的本質，對國際法律與多國組織的發展貢獻良多，希望藉此降低未來衝突的可能性。早在一次大戰結束前，英格蘭、法國和美國的慈善家與政治家，便提出許多透過國際仲裁約束激進國家的方法，試圖減少衝突。一九一九年凡爾賽條約簽訂後成立國際聯盟（The League of Nations），卻因諸多原因以失敗告終。首先，國際聯盟排除新成立的共產主義國家俄羅斯，也無法吸引許多國家加入，包括新興的經濟強國美國。它並無設置軍隊，也不具權威，聯盟內所有的國家都具有否決權，也不願意與自己的盟軍敵對。國際聯盟竟做不到其成立最重要的宗旨——第二次世界大戰於一九三九年爆發。然而，其存在的二十年期間，仍然成功達成部分任務，展現國際關係組織化的可能。國際聯盟的後繼——聯合國，在一九四五年成立，主要任務也是阻止重大國際衝突再度發生。當然，聯合國實際的行動更進一步促進全球人類社會與經濟的福祉，並在海牙設有國際法庭。國際聯盟參與的國家不到全球國家的四分之一，但聯合國幾乎包括所有的主權國家。你可以說，戰爭在二十世紀，將所有的國家聚集在一起了。而且，一九四九年締結的《日內瓦公約》（Geneva Convention），旨在保護戰爭地區的平民、醫護人員與非戰人士、傷病士兵與船難者。這個公約在一八六四年就開始起草，試圖藉由國際道德規範而減少戰爭的傷害，其精神與十一世紀「天主的和平」與「天主的休戰」相同。有趣的是，這些公約代表人類對和平的渴望，但我們的暴力習性似乎卻難以控制。

## 不再恐懼英年早逝

如上文所述，現代戰爭與社會之間的關係充滿諷刺。一個特別明顯的例子是，戰爭對健康有非常正面的影響。當然，那些遭受槍擊、飢餓、毒氣、炮彈、火燒、被炸成碎片的受害者不會這樣想。但事情的真相是，戰爭需要健康、精壯的人口在前線奮戰、在後方工廠生產、運送食物與物資。第一次世界大戰期間，便見到政府對人力健康高度的投入。職業健康與安全成為重要的議題，鉛中毒、汞中毒與炭疽病是首先著手的疾病，之後是更重大的矽肺病與皮膚癌。一次大戰後，由於抗凝血劑、檸檬酸鈉、肝素的發現以及血袋的量產，輸血技術大為進步。同時，氨素產品以工業規格製造，繼而生產化學肥料；這項發明原本用來增強德國的作戰實力，後來竟餵養了全世界的人。蒙受炸彈爆破後心理創傷的病患，促使政府關懷受害者，並投入心理健康研究。到了第二次世界大戰，首次出現抗生素治療法：青黴素，並為一九四四年盟軍登陸法國而量產。今日我們將這些醫學發明視為理所當然，但仔細想想，抗生素發明前，光是擦傷手肘或膝蓋就可能導致敗血症。一九四四年以後，無數的疾病，從腦膜炎到淋病，忽然都有藥可醫了。一九二八年九月，亞歷山大・弗萊明（Alexander Fleming）注意到發黴的一角，以黴菌提煉出青黴素，竟成為現代世界最重要的救命藥。

兩次世界大戰過程中的醫學發展非常重要，但平靖時期的醫學與社會進步也不少。西方國家發展出國家健康照護系統，提供大眾醫療補助。國家的退休金系統也為老病成立照護體系，減少衰老對窮人的負面影響。失業和身心障礙者的福利社會改革，相較於十九世紀類似處境的人，弱

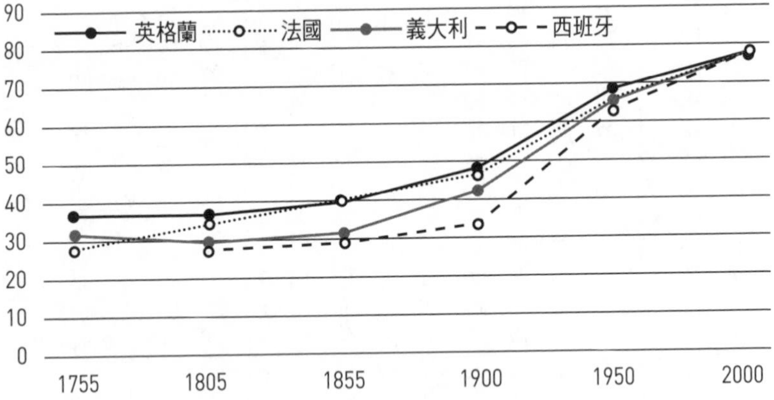


英格蘭、法國、義大利與西班牙出生時平均餘命

者的生活品質大為提升。此外，護理、產科學、產科手術普遍改善，大幅降低嬰兒死亡率。在英國，一九〇〇年所有分娩中百分之十四是死胎，到一九三〇年比例下降到百分之六．三，一九九七年則是百分之〇．五八。新生兒死亡率從一九三一年的百分之三．二，到二〇〇〇年是百分之〇．三九。[10]同時，產婦死亡率也下降。一九〇〇年，英國每一萬次分娩中，約有四十二個產婦死亡，在美國每一萬名則有八十個。到了二〇〇〇年，已開發國家中每一萬次分娩大約只有兩個產婦死亡。

上圖幾乎可以代表所有已開發國家的趨勢。二〇〇〇年在澳洲、加拿大、法國、希臘、冰島、義大利、日本、紐西蘭、挪威、新加坡、西班牙、瑞典、瑞士，男性出生時平均餘命是七十五歲，有些國家更高。英國是七十四．八歲，美國是七十三．九歲。上述國家以及奧地利、比利時、芬蘭、德國的女性，出生時平均餘命是八十歲或更多。英國是七十九．九，美國是七十九．五。[11]已開發國家的嬰兒，在二〇〇〇年預期的壽命是一九〇〇年的兩倍。當然，二十世紀早期嬰兒的早夭使平均餘命顯得不長，儘管如此，健康壽命的年限仍然顯著上升。一九〇〇年，美國二十歲的人口平均預期可再活四十二．八年，到了二〇〇〇年則可期望五十七．八年。意思是多出十五年的產能：科學家、醫師、聖職人員、政治家、學者多出十五年的經驗。這對於專業人士的訓練是擴大的回收。人們活到退休，所以產能較低的年紀——大約是一個人生命的最後百分之十——還是在工作。[12]在一九〇〇年，一個二十五歲獲得資格的醫師，平均壽命大約是六十二．八歲，若他在生命最後百分之十的時間因為健康因素停止工作，或僅僅兼職，那麼他的健康職業生涯是三十一．五年。在二〇〇〇年，這個人可以再多工作十四年，直到他七十歲。但說不定人們不再恐懼英年早逝，是個更重大的改變。哪一個五十六歲的人不願意健康地再活十五年呢？你可以合理主張，壽命的延長也許是討論至今最重大的改變之一。

## 窮人與富人收到同樣訊息

選一份一九〇一年的報紙，例如《泰晤士報》，你會立刻發現缺了頭版頭條：首頁幾乎被密密麻麻的廣告佔據。比起沒有照片，這可能令你更吃驚。受歡迎的英國報紙《每日郵報》字體較大，字形較多，但頭版同樣沒有照片，並佔滿廣告。到了一九一四年，情況開始改變。《每日電訊報》的頭版還是布滿廣告，其他報紙漸漸開始放上重要新聞。從我們的眼光看來，一九一四年八月二日的《格拉斯哥晚報》（*Glasgow Evening Mail*）就跟現代的報紙差不多，頭條是：「戰爭風起雲湧。德軍進攻，英國反擊？今日會議分曉」。這時候美國的報紙不只有頭條，還有半色調相片。報紙轉為引人注目、表達意見的形式，使得一次大戰期間的政治家不得不留意報紙的訊息，以及他們取材與呈現的方式。記者直接接觸政治家的機會越來越多，而政治家不只需要報紙的支持以利勝選，也希望他們的政策和決策以特定方式報導。政治和報紙的關係自此雖不至於緊張，卻開始緊密起來。

報紙銷售量蒸蒸日上的同時，電影工業提供娛樂也提供新聞。十九世紀最後幾年，第一部電影在英國的音樂廳或市集放映，短時間內便大受歡迎。一九〇六年，光倫敦的每日觀影人次就大約四千人。一九〇七年，首座專門播放電影的電影院在英國開幕，一年之中有四百六十七部英國電影上映。一九〇九年，《電影法》（Cinematograph Act）通過後，電影院必須取得地方政府核發的執照，但這並不妨礙戲院開張的速度。一九一一年底，普利茅斯市區（人口十一萬兩千零三十人）至少有十二座電影院，每座至少可容納三百人。[13]一九一〇年首次出現播放全國時事影像的新聞短片。一九三〇年間，由於畫外音比解說文字傳達的訊息快得多，於是人們很容易聽到各式各樣的政治、社會、道德訊息。到了一九三九年，英國每週有一千九百萬人造訪電影院。百分之三十一的觀影者一週去一次，百分之十三一週去兩次，百分之三一週去三次，百分之二去四次；只有百分之十二的人從沒去過電影院。[14]如果你感到很驚奇，再想想這個：二次大戰期間，看電影的頻率增加三分之二，高峰在一九四六年，每週有三千一百五十萬觀影人次。這相當於全英國每一個成年人每週上戲院一次。播放電影前會先播放新聞短片，國家東南西北的人都會同時看見新聞。電影院並不只是廣大又快速傳播訊息的工具，電影院也創造出國際巨星，不僅有上百萬人

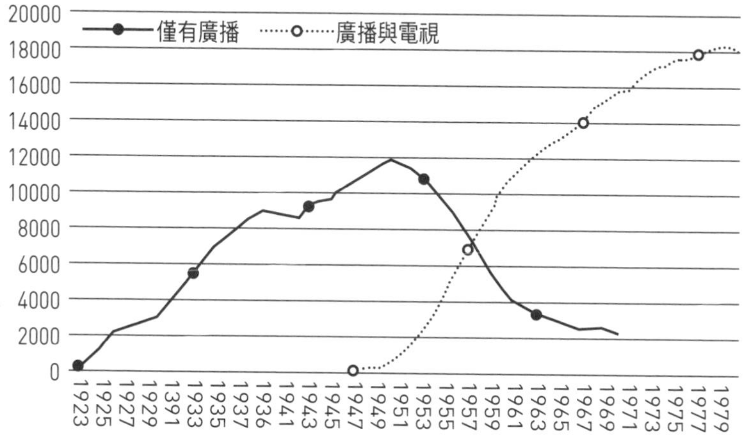


英國每年購買廣播與電視授權的家庭（千）[15]

認識那些臉孔，他們的一言一行也深深影響著粉絲。大量流通的報紙、雜誌、電影集合在一起，大眾紛紛注意重要的道德與政治訊息；一系列的全國辯論更凝聚全國國民。若說國家向心力在二十世紀比之前更強大，媒體在這個過程中絕對扮演關鍵的角色。

此外，收音機與電視機發明後，媒體又更上一層樓。自美國地方廣播於一九二〇年接力報導選舉結果後，從此電台開始以史無前例的速度傳播新聞。世界上最老的國家廣播公司：英國廣播公司，成立於一九二二年。一九三四年，除廣播外，也開始播放電視節目，儘管戰爭期間一度停播（法國與俄羅斯也是）。一九四六年，英國擁有廣播許可的家庭超過一千萬戶。二〇〇〇年，兩千三百三十三萬戶家庭擁有電視與廣播授權。（譯注：電視授權是指公眾必須付費取得授權才能觀賞無線電視節目的制度）

到了一九六〇年西歐每個國家皆固定播放電

視節目，而拉丁美洲與東歐國家也開始這項服務。雖然新聞不見得即時且連續，能在節目中插播新聞，意味著重大訊息得以快速散播到全國。有時全國性的活動就在數家電視台即時播出。上百萬人觀看同一齣連續劇，討論劇情中的道德爭議。全國觀眾不知不覺都在思考電視節目報導的議題。罷工、遊行、社會抗爭，在媒體報導下引起全國注意。道德事態，例如校園霸凌、恐同、男女薪資不平等，不論是透過戲劇或報導，都成為全國辯論的話題。即使你恰巧生長在一個偏遠、都是白人的社區，還是會被迫接收種族主義傷害、社會分裂，道德不正確等訊息。今天首都流行的事物，隔天馬上就變成全國流行的事物。媒體逐漸將人們的思想交織在一起。二〇〇〇年，首都的富商和鄉下的農夫共同知道的話題，比起他們一九〇〇年的前輩，可多太多了。

最後，二十世紀末越來越多人開始以網際網路作為資訊、教育與娛樂主要來源。然而，我們要記得，電子時代很晚才降臨在我們的歷史，遲至二〇〇〇年還是很多人沒接觸過。一九六九年美國四所大學將他們特別設計的電腦連接在一起，網際網路才因此成立。儘管數十項研究陸續加入他們，一直到提姆．柏納—李（Tim Berners-Lee）發明全球資訊網（World Wide Web），並在一九九一年八月上線，網際網路才正式成為熟知的大眾媒體頻道。由於全球資訊網不徵收專利費，因此成長速度飛快。如同十九世紀的鐵路，一窩蜂的熱潮反而無法獲得利潤，但在一九九五年底，全世界有超過一百萬個網站。二〇〇〇年十二月，三億六千一百萬人使用網際網路，佔全世界人口百分之五．八。在英國，百分之二十八的成人家中連結網際網路。[16]全球資訊網發明的前九年就造成巨大影響，如同報紙、電影、廣播、電視在二十世紀溝通全國一樣，網際網路溝通了全世界。到了二〇〇〇年，雖然其蓬勃發展的程度尚未使商店街讓位給網路購物，社群網站也尚未促成二〇一〇到一一年的阿拉伯之春，但當時人們已經可以預見不久的將來，網際網路將對世界造成的改變了。

## 改變，比想像複雜

當我寫作本書時，我和家人曾短暫住在薩福克郡的一棟老農舍。有天晚上，暴風雨把電線扯下來，之後幾天，電力公司努力維修，想要恢復供電，但都徒勞無功。這件事提醒我們對電力的依賴。房子裡的爐具是電力的，因此停電時無法加熱任何東西，連煮開水泡茶都無法，廚房的大小鍋具自然也無用。我們喪失了所有娛樂和通訊，電視和收音機都安靜無聲，沒過多久，筆記型電腦也沒電了。吸塵器變成一盒灰塵，冰箱一點也不冷靜——兩種意思都是，我們不能洗澡，洗碗機、洗衣機、烘衣機全都暫停服務。最慘的是，咖啡機也是。我不用電動刮鬍刀，可憐的是我根本不需要吹風機，否則這兩樣東西也會棄我而去。更不用說沒有燈。我坐下，在燭光中快速記下這本書的幾個想法時，我反省了我們完全依賴電力的生活。

二十世紀初，家庭的電器只有一樣：電燈泡。但即使只是電燈泡，也不是家家戶戶都有，當時多數的家庭用的是瓦斯燈。然而一次世界大戰之後，商人開始廣告漸漸流行的家電產品。電子燒水壺於一八九一年由坎普敦公司（Compton & Co）首先製造，一九二二年，斯望公司（Swan Company）製造出內建發熱絲的裝置後，開始突顯出價值。[17]如之前提過的，瓦斯爐在十九世紀就發明了，但因為必須接上瓦斯管而無法大量銷售。但二十世紀初，各城鎮都架設電網，新的公寓和房屋都改用電子爐。一九三〇年間興建的住宅區直接接好電線，並為驕傲的新屋主安裝電子爐。第一台家用電冰箱在一九二七年上市，新鮮的食物自此能夠保存更久。這時候電器產品的廣告都直接針對當時負責煮飯、打掃等家務的女性。一九三五年一月，一本銷售目錄的封面就是一位少婦和一位船長，寫著「每位主婦都想要瑪格內電器來為她省力」。目錄內有兩款燒水壺、一台吐司機、一台電熨斗、一台吹風機、一台直立式吸塵器、一台地板打蠟機、六款電暖爐、一台電子爐、一台「洗衣鍋爐」、一台震動機（一種用來運動的機器），以及汽車引擎暖氣片（天冷時放在引擎罩下，以免引擎受損）。[18]其他電器用品如潮水般跟進。到了一九七〇年，幾乎家家戶戶都備有這些用品以及其他各種電器：音響電視設備、電鑽和其他工具、電毛毯、果汁機、鬧鐘、定時泡茶機、割草機等等。今日多數的電器在一九七〇年代都已改良為較可靠的產品，之後的改變不大。然而在一九七〇年間，電器產品又有重大轉變，微晶片悄悄置入我們的消費產品。我在孩童時期第一次遇到的是一台口袋型計算機。我在七〇年代看見第一台電腦，不到十年，在學校就一定要使用電腦了。一九八六年起，我大學的報告都得用電腦打字。到了二〇〇〇年，微晶片無所不在，從汽車儀表版到小孩的玩具。微晶片也使辦公室越來越依賴電力。在六〇年代的辦公室，你會發現一台電傳機，在銀行會看到電子打字機。到了一九七〇年，影印機已經很普遍，還有卡帶式的口授錄音機、傳真機、碎紙機、口袋型計算機，以及二十世紀最後十年的電腦。到了二〇〇〇年，桌上型電腦、印表機、掃瞄機都是基本配備。政府和企業幾乎拋棄老舊的紙張作業系統。隨著網際網路出現，儲存、複製與傳送資料的新系統也來臨了。

你可以說這些改變並不大，那些電器、電腦、傳真機，並沒有改變我們從事的工作，只是讓我們進行較快速罷了。每天早上打開電暖爐比點燃灶台裡的煤礦快多了，但效果相差不遠。發一封電郵和寫一封信，不等到明天，當下立刻寄出去，也是差不多，但速度有差。家庭與辦公室裡省力的工具，能換取更多工作和製造的時間。訊息幾乎可以立刻傳送，送出去之前不需要再抄寫。靠著電腦搜尋資料庫，光是從前瀏覽索引卡片的時間，資料已經找到了，尤其是製作卡片的人筆跡潦草的時候。因為電子產品的緣故，我們在二十世紀完成的工作、處理的任務，比從前多出很多。

在薩福克農舍昏暗的燭光中，我又想到二十世紀我們依賴電力的其他方面。在家裡，我們經歷類似十九世紀工廠勞工「去技術化」的過程。工業革命之前，任何在工坊工作的人，不僅製作產品，也自製工具，這更是年輕學徒學習的內容。車輪工人懂得指導鐵匠製造他所需要的一切東西，從刨刀到大小剛好的輪框。多數的男人都學過修理門窗的木工，也能夠為家人製作家具。但是，當工廠老闆引進生產線，工人只要能夠操作他負責的機器就可以了。操作機器更不需要製作工具的經驗，也不是能帶著走的技術。生產於是成為一種去技術化的工作，使勞工沒有專長可言。二十世紀的家庭也經歷類似的過程。一九〇〇年，嫻熟廚房事務的主婦，能夠利用煤炭、荊豆木或乾柴生火，從火爐裡烤出麵包。她也懂得如何篩粉、混合、攪拌材料。你曾試過不靠任何電力製作高湯嗎？或用水果和鹿角片做果凍？整個二十世紀下來，我們喪失大量的家務知識，很多都是既基本又實際的，例如怎麼快速生火煮沸一大鍋水（和生火煮飯不同），不用電熨斗而燙出平整的衣服，不用冰箱而儲存食物好幾個月。我們對電力高度依賴的結果，就是沒有電我們什麼也不會做。

這種情形在工作場所更不用說。從翻查索引卡片到電腦搜尋資料庫的過程，表面上看來好像可以輕鬆倒轉，畢竟卡片索引根本不是什麼困難的技術。但改變比想像要來得複雜。當二〇〇〇年逼近的時候，專家警告我們，許多電腦可能無法從二位數的日期「九九」改為「〇〇」。人們開始意識到電子系統有多麼不堪一擊。從那時候開始，電腦化的複雜開始明顯：不只是資料儲存在一個不太穩健的系統，如果電腦真的不堪一擊，我們也無法回到非電子化的系統。要回到過去，你就得開始重新寫下所有的索引卡片。可見，電腦化是一條不歸路。

對於到處可見的事物，人們往往難以領會改變的重要。如同我們在十五世紀那一章談到的時鐘，當一項發明進入生活當中，我們很快就視為理所當然。然而，評估一項改變的重要性，可以問你自己，要恢復原狀有多容易？在薩福克農舍過了幾天沒有電的生活，我不禁心想，取消十九世紀那一章的所有變化：不要鐵路、重新蓄奴、壓迫女人、只准有錢人投票，這些都比放棄用電容易。我們所有的紀錄存檔都靠電。我們需要電力系統社會才能運作，從銀行戶頭、信用卡到醫師、牙醫、警察紀錄。沒有電，現代的火車也不能快飛：因為無法發出信號或運轉，飛機甚至可能相撞，股市停止運作，供應食物的物流也會崩盤。我們用來娛樂的電子產品都不能動，家庭必備的家電也如此。而且整個電力與電子系統本身即是脆弱的，倘若我們面臨像一八五九年卡靈頓事件（Carrington Event）那樣強大的太陽風暴——摧毀當時尚未成熟的電報系統，全世界都在極光照射之下——太陽風暴（solar storm）在移動過程中可能也會摧毀所有衛星、通訊系統、電腦、吹風機、咖啡機的功能。到時，二十世紀對電力的依賴就會不證自明。[19]（譯注：太陽風暴指的是太陽表面活動旺盛，散發輻射線、可見光與高能量電子束。其中的帶電粒子形成的電流衝

擊地球磁場，造成地球磁場的強度和方向發生急遽不規則變化）

## 未來的誕生

你可能會想起十四世紀那一章開頭，我解釋十四世紀的人不懂得社會史，更不用說他們對未來沒有什麼概念。了不起的羅吉爾・培根，十三世紀時就在修道院提出建造汽車、飛行器、吊橋和潛水服的可能，但他並沒有所謂對未來的願景，他的推論單純是因為這些工程還不至於不可能。中世紀的人心中只有不斷推進的現在，沒有未來與過去。然而，十六世紀的人們逐漸地意識到過去。到了十八世紀，西方社會不斷改變的事實，發展為啟蒙時代杜爾哥與孔多塞侯爵所謂「進步」的概念。黑格爾（Hegel）認為自由的價值會持續擴散，直到世界上每一個人都採納最大利益、相同形式的政府，而走到「歷史的終結」。對馬克思來說，這個政府當然就是社會主義的政府，他也不是唯一一個認為社會主義國家是人類發展最終欲求的政府。二十世紀末，歷史學家法蘭西斯・福山（Francis Fukuyama）檢視西方發展直到柏林圍牆倒塌的軌跡，發現世界其他地區也逐漸採用自由民主的價值。

未來不僅在政治分析與烏托邦的意識型態中可見。對馬克思與黑格爾完全不感興趣的人，也會在科幻小說碰到未來的概念。一八八〇年間，好幾部小說便是以主角睡了一覺卻在未來醒來的觀點，帶領讀者窺見未來。最有名的是愛德華・貝拉密（Edward Bellamy）的《回顧》（*Looking Backward 2000-1887*，一八八八年），書中想像美國在二〇〇〇年成為一個社會主義國家。還有威廉·莫里斯（William Morris）的《烏有鄉的消息》（*News from Nowhere*，一八九〇），表達作者個人對於未來社會主義社會的想像。這些作品都是以真實世界為背景，敘述作者對理想社會所懷抱的希望。很多提到「進步」的評論家，也戴上樂觀的眼鏡看待未來。小約翰·華金森（John Elfreth Watkins Jr）於一九〇〇年在《女性家庭月刊》（*The Ladie's Home Journal*）寫了一篇文章，預測西元二〇〇〇年的生活。他表示火車時速能高達兩百四十公里，自動車「會比馬匹還便宜」，農夫會使用「自動運草馬車」，相片會「用電報發送到全世界」，大學教育會免費開放給男人和女人，會有「航空軍艦和移動堡壘」，人們會在商店買「煮熟的食物」，就像在麵包店買麵包；還有，食物不會暴露在空氣中販售。比較不準的是，他預測水力發電會取代家庭的煤礦，蚊子和蒼蠅會絕跡，沒有野生動物，藥物不會再製成吞食的形式；還有，草莓會長得和蘋果一樣大。政治家預測未來這種不確定的事也傾向樂觀。一九三〇年伯肯黑德伯爵（Earl of Birkenhead）寫道，接下來的一百年，「戰爭不會在野蠻中增長。文明的世界會快速成為一個單一經濟體……一個國家的災難會牽連所有國家。」[20]

二十世紀初，各式各樣對於未來的想法——可能會發生什麼——常在文人、歷史學家、哲學家、政治家和他們的讀者心中。然而，如何預測唯一的未來——實際會發生什麼——還有好長一段路。常見的看法往往是：社會進步到達幸福的境地後，便會停止變化。確實，關於未來的想像多半是快樂的。但是第一次世界大戰緊接著爆發，震驚許多信心滿滿相信進步的人。怎麼會有這麼多文明的國家和帝國殘暴地互相毀滅？第一次世界大戰以後，再讀過去歷史學家的長篇大論，讚揚每一場革命都是為了帶來當今世界的秩序，只令人覺得尷尬。唯有在理應進步的現代，才能證明革命對人類生命的破壞遠大於過去五百年迷信、殘暴的階級體制。同時，人們開始面對一件事實：社會主義革命不必然會帶來愛德華．貝拉密與威廉．莫里斯所謂的社會主義天堂，更不會是馬克思的社會主義社會。於是反烏托邦的想法隨之興起，最有名的是奧爾德斯．赫胥黎（Aldous Huxley）的《美麗新世界》（*Brave New World*，一九三二年）、赫伯特．喬治．威爾斯（H. G. Wells）《未來事物的模樣》（*The Shape of Things to Come*，一九三三年），以及喬治．歐威爾的《一九八四》（*1984*，一九四九年）。最有先見之明的可能是E．M．福斯特（E. M. Forster）於一次大戰前完成的著作：《機器休止》（*The Machine Stops*，一九〇九年）。這本書想像地球受到嚴重汙染，表面生物無法存活，人類被迫住在地底的陋室，生活由類似網際網路的機器控制，才能互相溝通，輸送必需品。漸漸的，他們極為依賴機器，不再接觸自然世界，也不再感到生命的意義。當機器故障時，他們沒有資源也沒有技能得以依靠，於是滅亡了。

隨著一九五七年第一顆人造衛星史普尼克一號（Sputnik 1）進入地球軌道，開啟了太空競賽的時代，對於未來好壞的想像也像太空梭一樣一飛沖天。一九六九年七月，兩名阿波羅十一號（Apollo 11）的太空人登陸月球，同時引發以太空為題的科幻小說探索地平線以外的世界。然而，跨出「人類一大步」的同時，有另一個更重要的未來問題正在發生。一九五六年，地質學家哈伯特（M. King Hubbert）預測石油產量的數學曲線會呈現鐘形，起初會逐漸增加，接著急遽攀升到達頂點，之後因石油消耗快速又忽然下降，持續縮小，長時間過後資源終於殆盡。根據曲線的公式，哈伯特預測，一九七〇年當時已知的石油就會消耗殆盡。還好我們很幸運，之後又發現其他油田。但這個問題對其他資源：天然氣、煤礦、銅，來說也是一樣。使用的型態可以預測，可得的蘊藏量也可以預測，因此我們便能謹慎使用，減緩耗竭——至少理論上是這樣。但是，二十世紀末期，政府毫無減少剝削地球礦藏資源的決心；他們似乎相信能源短缺會造成價格上漲，到頭來刺激替代方案發展。儘管如此，地球資源是有限的，許多人意識到這一點，並對未來感到憂慮。

一九六八年十二月二十四日，阿波羅八號的太空人在月球軌道上從外太空首次拍攝地球的相片：《地出》（*Earthrise*）。相片公開後震驚許多人。看著那張地球的相片，無論你的宗教信仰是什麼，或者人類科技發展多麼傑出，這顆小小星球上的資源就是我們的全部，這個事實再清楚不過。同年更早的時候，保羅．埃爾利希（Paul Ehrlich）的著作《人口爆炸》（*The Population Bomb*）預測，根據馬爾薩斯數十年前提出的人口急速成長，數億人口在一九七〇年間便會死於飢餓。更精確地說，由八個經濟學家與其他學者組成的羅馬俱樂部發表一份報告，名為《增長的極限》（*Limits to Growth*，一九七二年），表示由於當今的資源使用每年仍不斷上升，因此，以此刻的資源使用量計算剩餘的值是不恰當的。這表示地球資源消耗的速度比人們想像的更快。此時，聯合國教科文組織（UNESCO）開始固定計算長期的人口數量。一九六八年，其統計專家估計二〇七五年時，人口數會到達顛峰並持平在一百二十二億；一九九〇年的時候，他們將人口持平的數字修正為一百一十六億，並認為二二〇〇年之前不會到達這個數字。同時，統計專家也發現錯誤的空間很大：他們承認，若高生育率持續，世界人口在二一五〇年可能達到兩百八十億；或者，若存活率低下，人口數將減少至四十三億。

在二十世紀的末期，許多行業都經常預測未來。除了聯合國教科文組織預測人口、都市化、老化、貧窮與教育以外，經濟學者也嘗試預測未來數月或數年的經濟趨勢，得到不一的結果。氣象學者預測天氣，準確度各有不同。機關組織監督民意，市場研究員什麼都預測，從選舉結果到超市架上商品銷售。人口統計學者計算某些都市的老化人口，規劃未來居住、教育、交通需求。地方政府事先勘查未來的住宅區、垃圾掩埋場、採礦地點，國家政府發展未來基礎建設與國防策略。在國際的層面，科學家嚴密監視地球的冰凍面積，發出全球暖化的預警。到了一九八八年，這件事果然成為嚴重的議題，北極冰層融化導致海平面上升，未來將淹沒許多濱海城市，更不用說造成許多物種絕跡。這個世紀由社會主義的烏托邦之夢以及人類進步的雀躍開啟，卻以上百萬人焦慮地面對未知的深淵結尾。

## 結語

決定這一章要寫什麼真的不容易。我選擇以上六項代表日常生活的面向，也代表一些令人不快的重要議題。一定會有人抗議，我應該分節討論太空梭和手機；其他人也會生氣，我竟然沒有強調俄國革命與美國大蕭條；一定也會有人失望透頂，完全沒看到任何貓王或瑪麗蓮夢露的片段。的確，我相信一定會有男人表示，比起之前談的那些文明曲線，瑪麗蓮夢露的曲線影響大太多了。但如同我在這一章開頭說的，我們生活方式的改變，以及當下時空背景的改變，兩者需要取得平衡。再說，若無戰爭或汽油引擎的影響，太空旅行也不會開始。登陸月球再怎麼不可思議，如果沒有發生，今天的生活並不會相差到哪裡。然而，如果兩次大戰沒有開打，或汽油引擎沒有普及，今日的生活可會大不同。

依我看來，二十世紀的西方，生活的時空背景有三項重大的改變：全球化、大規模滅絕的威脅、生活水準無法持續。面對交通帶來的全球化，戰爭帶來大規模的滅絕，以及最後兩節提到永續發展的問題，我希望我的呼籲足以獲得注意。我們可以說哪一個是這個世紀最大的改變嗎？唯一的方法，是我們在二〇〇〇年畫上一條線，這之後的所有的發展，都視為無關並且排除。二〇〇〇年的時候，世界並沒有被原子彈滅絕，電力系統沒有因太陽風暴而爆炸成灰燼，全球暖化和人口成長也沒有導致混亂與多人死亡。因此我不得不總結，一九〇〇到二〇〇〇年最重要的變化是交通和其帶來的影響。

無論如何，在現實生活中我們無法在兩千年底畫上一條線，就算是希望得到問題的答案也不行。就像我在十九世紀那章說的，歷史不是關於過去，而是關於人，研究不同時期的社會最重要的目的就是瞭解自己——我們在眾多不同情境的反應，我們為什麼這麼做，未來會發生什麼事在我們身上。另外兩個時空背景的變化仍然重要。儘管一九六二年古巴危機沒有成真，之後也沒有發生其他核武事件，我們還是不能輕忽核子武器的威脅：我們還是活在這樣的風險當中。我們也不能因為一九六〇和一九七〇年間曾發生飢荒，而不理會人口成長的問題。（譯注：此指中國、南亞、非洲地區的飢荒）確實，我們比從前更意識到我們的生活方式不利永續發展。因此我很清楚我選擇交通作為二十世紀最重大的變化，是一個空的選擇。對於過去的研究而言，也許是對的，但二十世紀改變的重要性，從歷史的觀點來說，仍然有待修正。如我們所見，如果一個災難性的太陽風暴明天就襲擊地球，摧毀世界經濟與交通建設，我們對上一個世紀依賴電力這件事，就會有不同的看法。當我們讀到本書的後記時，再次看待所有的變化對二十一世紀，甚至更久以後未來的我們有什麼意義，要牢記這一點。

## 推動改變的主角

除了一個例外，角逐二十世紀最佳主角的候選人很明顯。萊特兄弟鍥而不捨地努力，轉動他們的滑翔機，不僅向世界展向飛行的可能，他們不斷改良飛行，在研究飛航安全的領域上，更是領導全球。愛因斯坦提出相對論，成為本世紀最具代表性的人物。因為他的研究，戰爭變得更危險，放射性金屬變得如此貴重。他積極說服羅斯福總統同意曼哈頓計畫，因此造就原子彈的發明。第三個候選人是史達林（Joseph Stalin），他處決數百萬同胞，實施恐怖主義，建立蘇聯這個龐大的帝國，實施工業化，賦予他的帝國核子武器。無論是擊敗希特勒或挑起冷戰，他都扮演重要的角色。

最不明顯的人選，因此需要特此說明的人選，就是弗里茨・哈伯（Fritz Haber），一位猶太裔的德國科學家。他與卡爾・博施（Carl Bosch）共同發明「哈伯—博施法」，研發出化學肥料，餵養全世界的人口。因為這項發明而存活的人類，據估計有數億人，甚至上看十億。你可能會說，對人類而言，這是多麼大的恩惠，多偉大的救星！但同一個人也發明戰爭的化學武器。他不僅發明氯氣，甚至一九一五年在伊普爾（Ypres）親自督導德軍使用氯氣對抗英軍與法軍。馬克思・普朗克（Max Planck，譯注：一八五八到一九七四年，德國物理學家）認為，因為他發明硝酸炸藥以及氮素化學肥料，一次大戰足足延長一年。這個人的故事可能是你聽過最矛盾的。他希望自己對戰爭的貢獻能夠證明儘管他是猶太人，對德國仍忠心耿耿；但是他的妻子，同樣身為科學家，看見他致力於化學武器，內心痛苦不已（更不用說他瞧不起她的研究），於是在他晉升為隊長的那天舉槍自殺。更糟的還在後頭。一次大戰後，哈伯的研究團隊發明氰化物殺蟲劑——齊克隆B（Zyklon B）。這個殺蟲劑在二次大戰卻被納粹用來屠殺集中營的猶太人。這件事成為本章尾聲，最後一個戰爭的諷刺：救最多人的人，也要為上百萬人的死亡負責。如同拉瓦節是十八世紀的縮影，哈伯則是二十世紀的化身，充滿矛盾與悲劇。然而，無論如何我們還是要明白，他的發明淪為殺人工具並不是他本人的責任。他只是一個努力討好政治領袖的科學家，推動改變真正的主角是那個開啟種族屠殺大門的政治人物。

二十世紀推動改變的主角就是希特勒，第二次世界大戰的爆發是他的責任。他激進的種族優越主義與暴行，使歐洲施行數世紀的國家主義淪為為政治手段。他屠殺猶太人，造成戰場上無數生命死亡，以及歐洲、非洲、俄羅斯、中東、遠東地區重大的破壞。由於他威脅製作原子彈，愛因斯坦於是催促美國政府投入曼哈頓計畫。如同每片烏雲背後就是晴天，他挑起的戰爭帶來大量科技與醫學的進步，俾利二十世紀後半期，無論是太空探索或抗生素的發現。毫無疑問，如果他從沒出現，世界將會非常不同。

1 感謝來自Woodbarn Farm, Chew Magna的Nick Hasel提供這段軼事。

2 本圖的數據取自B. R. Mitchell, *British Historical Statistics* (1988, paperback edn, 2011), pp. 541-2

3 一九〇四到七七年的資料取自Mitchell, *British Historical Statistics*, pp.557-8；一九七七到二〇〇〇年的資料取自Vehicle Licensing Statistics, http://www.dft.gov.uk/statistics/series/vehicle-licensing/。下載日期二〇一四年二月十七日。

4 全世界的車輛數據取自Joyce Dargay, Dermot Gately and Martin Sommer, 'Vehicle Ownership and Income Growth, Worldwide: 1960-2030', *Energy Journal*, 28 (January 2007), pp.143-70, at pp. 146-47

5 見Mitchell, *British Historical Statistics*, pp.561

6 見http://www.caa.co.uk/docs/80/airport_data/2000Annual/02.3_Use_of_UK_Airport%201975_2000.xls。下載日期二〇一四年二月十八日。注意CAA的數據和*British Historical Statistics*中一九七五到八〇年的資料並不完全一致。

7 歐洲二億二千七百萬人，美國七千一百一十萬人，加拿大四百五十萬人，澳洲三百七十萬人，紐西蘭將近一百萬人。

8 見David Colman, 'Food Security in Great Britain: Past Experience and the Current View', http://www.agr.kyushu-u.ac.jp/foodsci/4_paper_Colman.pdf。下載日期二〇一四年七月一日。

9 上議院法案於一九九九年只允許九十二個世襲貴族留任上議院議員。

10 見http://www.parliament.uk/documents/commons/lib/research/rp99/rp99-111.pdf。下載日期二〇一四年二月二十日。

11 女性出生時平均餘命如下：澳洲（八十二・一）、奧地利（八十一・四）、比利時（八十・九）、加拿大（八十一・五）、芬蘭（八十・九）、法國（八十三・一）、德國（八十・六）、希臘（八十・八）、冰島（八十一・八）、義大利（八十二・四）、日本（八十四・七）、紐西蘭（八十・九）、挪威（八十一・四）、新加坡（八十・二）、西班牙（八十二・三）、瑞典（八十二・〇）、瑞士（八十二・五）。男性出生時平均餘命：澳洲（七十六・六）、加拿大（七十六・〇）、法國（七十五・二）、希臘（七十五・四）、冰島（七十七・一）、義大利（七十六・〇）、日本（七十七・五）、紐西蘭（七十五・九）、挪威（七十五・七）、新加坡（八十・二）、西班牙（七十五・四）、瑞典（七十七・三）以及瑞士（七十六・七）。資料來源：http://www.health.gov.au/internet/main/publishing.nsf/Content/FAEAAFF60030CC23CA257BF00020641A/$File/cm02002_17.pdf。下載日期二〇一四年二月二十日。

12 百分之十的數據是根據以下不同國家的數據：http://www.health.gov/au/internet/main/publishing.nsf/Content/FAEAAFF60030CC23CA257BF00020641A/$File/cm02002_17.pdf。這指出平均健康壽命大約為出生時平均餘命之百分之八十四・五（俄羅斯）到百分之九十二・八（丹麥）。多數國家大約在百分之九十一，英國是百分之九十一・三。

13 見Brian Moseley普利茅斯線上歷史百科，http://www.plymouthdata.info/Cinemas.htm。下載日期二〇一四年二月二十三日。其中提到一九〇九年四月十日Theatre de Luxe戲院於Union Street開幕；一九一〇年八月一日Andrew's Picture Palace戲院於Union Street開幕；一九一一年九月十一日，Belgrave Hall戲院於Mutley Plain開幕；一九一一年十一月二十七日Cinedrome戲院於Ebrington Street開幕；一九一〇年三月二十三日Theatre de Luxe戲院取得執照；一九一〇年五月二十一日Cinema Picture Palace於Saint Aubyn Street開幕；一九一〇年七月二十九日Empire Electric Theater於Union Street開幕；一九一〇年十月二十日Morice Town and District Picture Palace於William Street, Devonport開幕；一九一二年十二

月位於 Vauxhall Street 的 Paragon Picture Hall 取得執照；一九一〇年十二月十一日位於 Lower Street 的 Picture Palace 取得執照；一九一〇年五月九日 Theatre Elite Picture Plathouse 於 Ebrington Street 開幕；一九一一年一月二十六日 Tivoli Picture Theatre 於 Fore Street, Devonport 開幕；另外，一九一四年二月六日 Cinedrome 於 Mutley Plain 開幕；一九一二年一月之前 Electric Cinema 於 Fore Street, Devonport 開幕；一九一二年一月以前於 Cattedown 的 Picturedrome 取得執照。

14 見 http://www.screenonline.org.uk/film/cinesmas/sec3.html。下載日期二〇一四年二月二十三日。

15 見 Mitchell, *British Historical Statistics*, pp.569

16 見 http://www.ofcom.org.uk/static/archive/oftel/publications/research/int1000.htm。下載日期二〇一四年二月二十三日。

17 見 http://uk.russelhobbs.com/blog/kettles-guide/the-electric-kettle-a-brief-histirocal-overview/。下載日期二〇一四年二月二十四日。

18 見 http://collecitons.museumoflondon.org.uk/Online/object.aspx?objectID=object-739956&rows=1&start=1。下載日期二〇一四年二月二十四日。

19 二〇一二年十二月十八日，Sir John Beddington 對此做出有趣的風險評估，以及卡靈頓事件對英國的啟示。評估表示，因為英國的電線長度較美國短，因此風險較美國低。National Grid 估計約有百分之一的變壓器會損壞，阻撓電力供應長達數月，航空也會受到影響。對數位通訊的影響尚未明確。http://www.parliament.uk/documents/commons-committees/defence/121220-PM-to-Chair-re-EMP.pdg。下載日期二〇一四年七月二日。

20 見 The Earl of Birkenhead, *The World in 2030 AD* (1930), p. 27

後記

# 見證最大變化的世紀？

我感覺，有一個世紀會讓人想停留：你正要問，哪一個世紀會讓你希望全人類一直在那裡。

——盧梭《論不平等》，一七五四年

過去十個世紀像一群長相醜陋的選美佳麗列隊行經你面前，儘管她們缺了牙齒，臉上帶著瘟疫的瘡疤、飢荒與戰爭的悲傷、痛苦的革命，但每個人仍對著觀眾微笑。這麼多個佳麗，還是可能選出一個冠軍。很想依照年代順序排列，從十一世紀開始，因為若無十一世紀，十二世紀的變化就難以出現，而若沒有十二世紀，十三世紀也會非常不同……等等。然而，這種想法是要不得的，因為某一世紀的成就，即使對後來的世紀非常重要，不盡然代表大幅的改變。同理，我們也該抗拒對於現代的錯覺——覺得近年讓我們讚嘆連連、目眩神迷的成就，即是最大的變化。本書不是關於成就本身。人類存在不是為了追上星辰，連追求真理都談不上。反而像走鋼索，在細長的繩子上搖搖晃晃，不斷冒著墜落的風險，想要抵達美好的彼端，而且頻頻回頭看。

不管對不對，我自己的感覺是，對住在我這間房屋的前輩來說，十六世紀和十九世紀見證最大的變化。但是，我主觀的感受在此並不重要。我必須把自己的感受和可能的偏見擺一邊，才能建立一套標準來決定最終客觀的答案。這套標準不僅可以用來思考我們的問題，也能說明為什麼這個問題與我們相關。

然而，決定這套標準，本身又有其他問題。寫作這本書的期間，我在倫敦遇到一位銀行投資家，他向我保證，過去一千年最重要的發明絕對是電匯轉帳。他的理由是，如果沒有電匯轉帳，「我就無法快速抓緊商業機會，就不能從事我現在的工作。」即使我提出哥倫布、路德、伽利略、馬克思和希特勒，都可能對世界造成更大的影響，但他毫不動搖。這讓我想起一九九〇年八月，我曾在新加坡陰暗骯髒的後巷酒吧，聽一位伊拉克船的木工說，他船上的官員刻意開著船到處走，因為海珊才剛入侵科威特，如果他們回去，就會被徵召打仗。那位木工比較喜歡在遠東亂晃，賺取美金。他過去花了好幾年幫海珊攻打伊朗，他發誓再也不要這樣。我問他，如果他不在新加坡，世界上最想去的地方是哪裡？「倫敦。」他毫不遲疑回答。「為什麼？」「因為在那裡你二十四小時都買得到藥。」銀行投資家和船上的木工，兩人的優先順序顯然非常不同，但從他們兩人身上可以同時看出，我們對於生活事物的輕重之別，很自然是來自個人的經驗。

## 穩定與變化

普遍認為，社會的變化越來越大，也越來越快。然而，不妨想想，很多方面反過來才是真的：事物其實越來越穩定。說明這一點時，請想像你身在遠古時代的春天，前方有個高處，可能有遮風擋雨的地方。若從沒有人從你所在的地點前往高處，那麼任何一條路都是可能的。第一個走的人可能選擇最簡單的小徑，越過水池和斷木。如果後來又發現別條更快的小徑，舊的那條很快就會被廢棄。不出多久，就會有一條大家都選擇的小徑。用上幾個世紀後，逐漸成為一條道路。若是這樣，最終會有人取得道路某一邊的土地，清理開墾為農地或建築。於是所有其他的替代道路從此不通了，每個人都會依循眾人指示的路。未來改變將會非常困難。

我們社會的許多面向亦是如此。十八、十九、二十世紀提到的「S」形「文明曲線」，可見本書許多討論的變化，其趨勢皆是緩慢的開頭，驟然上升，最終又持平。新的行為普及之後，就會到達曲線的最終階段。當百分之一百的成人都有選舉權的時候，就不可能再增加了。某件事根深柢固的時候，改變便非常困難。每個新選出的政治家必定會想，這麼多慣例的侷限之下，他還擁有多少權力。從度量衡的單位到法律與專業的標準，這股趨勢都清晰可見。經過時間的推演，有些行為模式逐漸成為傳統，因此其他方式變得不熟悉、不喜歡，乃至於威脅秩序。一個採集部落倚賴的野生動物，遷移到五十公里外的草地時，他們也許將面臨巨變或滅亡，但正是因為他們缺乏固定的社會結構，因此適應快速。動物遷移，他們就跟著遷移。但在現代世界，若五十公里內的商店都沒有食物，會是個非常嚴重的問題。當社會被迫從根深柢固的行為模式改變時，往往會經歷最重大的變化。當新荷蘭重新命名為澳洲，新阿姆斯特丹變成紐約的時候，兩者易名快又直接。但想像今天要將澳洲和紐約改名，會造成運輸業的惡夢、政治動盪，以及溝通混亂。我們的行為模式越牢固，要棄絕也就越困難。在地球上，我們的腳步越輕，行為的改變也就越無關緊要，造成的影響也越小。

那麼，世紀以來，為何不見改變休止呢？如果我們的行為模式越來越明顯，照理說，改變也應該越來越少才對吧？要解釋這個矛盾，必須引用另一個矛盾：越是把事情刻在石頭上，事情就越是改變。穩定本身便是產生變動的原因。從經濟學的觀點來說，如海曼・閔斯基（Hyman Minksy）指出，穩定會導致自滿、過度借貸，產生繁榮與蕭條的泡沫循環。而關於人口，馬爾薩斯兩百年前就說過，穩定導致人口膨脹，到頭來造成食物供給的壓力。此外，長期剝削有限的財產與資源勢必導致耗竭，因此終將被迫改變。傳統漁場已經過度捕撈；在同一片土地上持續耕作，土壤因養分消耗而貧瘠。當礦物蘊藏逐漸被淘空，礦場就會廢棄。其中最重要的原因，就是許多人賺取薪資的方式就會引發改變。建商、建築師、都市設計師部分的工作就是改變地形。科學家、發明家、企業家塑造我們生活的方式。接著你也需要考慮文化衝擊。外來人口持續移入一座小島，一開始可能受到歡迎，但當他們的人數多到侵蝕島上文化時，態度就開始轉變了。抗拒改變本身也會導致新的行為模式。從前固定拆毀舊的樓房，建築新的取代，而今舊的樓房可能會保存，新的樓房得另覓他處建設，以免破壞古蹟。一個不會經常經歷變遷的社群，唯一的可能就是這個社群與世隔絕、自給自足；有足夠的資源滿足所有需求，沒有耗竭的風險；不需與他者爭奪，也不需任何科技發明來裨益社會，而且出生率相當於死亡率。今日這種社會不大可能存在，儘管一些亞馬遜雨林的部落仍然依循古老的方式生活。

話雖如此，既然我們能假設改變很少或不曾改變的社會需要的條件，我們也能假設某些標準一定會造成社會改變。關鍵字就是「需求」。如果一個社會沒必要從事當下沒有進行的事，那麼改變的機會相對就少很多。我們仔細想想，從過去十個世紀改變的結果而衡量改變的重要性，其中的核心就是，端看該變化多大程度符合社會最重要的需求。因此我們必須探究，這些需求是什麼。

## 需求的等級

造成重大社會發展的是什麼？並不是某人有個絕妙的想法，大眾接著跟進；從來不是那麼直接。一個絕妙的想法需要適當的社會脈絡才能生根。指南針用來橫越海洋前，早已發明好幾世紀了；馬丁路德出現以前，也有很多人曾質疑羅馬天主教會；弗朗西斯・羅納茲的電報系統遭到海軍拒絕……等等。我們在本書中經常見到，發明本身帶來的改變，不如很多人開始使用之後來得重大。足夠的需求才能使某項發明帶來改變。這也意味著，「需求」並不總是明確地表達出來。一九〇〇年的時候，幾乎沒有人「要求」長途快速飛行。然而，航空交通的優點卻立即可見；例如，軍事指揮官不需大幅侵略就能攻打敵國的首都；人們可以因商務或休閒旅行世界。驅動飛機的引擎發明後，一連串的發展潛能才能接著。若內燃引擎早個六十年，在一八〇〇年發明，載客火車說不定永遠不會發明，因為沒有需求。

需求的等級是怎麼來的，一項發明才足夠改變全世界？回顧過去一千年，在十三世紀似乎有個根本上的轉變。啟示錄的四騎士：征服、戰爭、飢荒和疾病，對整個人類歷史造成影響，在本書一開始討論的兩個世紀，社會對這些威脅又特別無力招架。十一世紀時，興建城堡、抵禦維京人、教會的擴張都與征服和戰爭的威脅緊密相關。十二世紀，人口擴張與食物供給有關，醫藥和法律的改變與疾病和「戰爭」（從社會秩序的角度來看）有關。到了十三世紀，金錢出現了，人們盡其所能避免財務損失（除非他們是托缽修士）。有些人努力賺錢，城市最成功的商人能力與地位甚至相當於世襲貴族。隨著歐洲開始國際化，專制君主和貴族不再獨領風騷，而商人和市場漸漸抬頭，人們開始不相信「神創造三個階級」（打仗的人、祈禱的人、工作的人）這個古老的格言。個人致富的慾望興起，從此成為改變根本的原因。十六世紀的探險家、十七世紀的中產階級、十八世紀的農業改革者、十九世紀的工業家，無不受到發財夢的驅使。二十世紀的時候，商人將個人致富轉換成藝術，運用世界各地的資產玩著「真人大富翁」。因此，我認為過去一千年改變主要的根本力量是：氣候及其對食物供應的影響、安全的需求、害怕疾病、個人致富的慾望。

這四個主要力量集合在一起，並不能直接指引我們決定那個世紀見證最大變化，但起碼幫我們開了頭。這四個多少與美國心理學家亞伯拉罕．馬斯洛（Abraham Maslow）於一九四三年提出的需求層次理論相關。[1]他對這些需求的定義：生理上的需求（即食物、水、空氣、溫暖）；安全，包括健康、愛、尊嚴、自我實現。順序是重要的，如果一個人沒有足夠的食物，同一個時代的人創作出更美的藝術或搭火車旅行就不重要。如馬斯洛所言：

對長期處於飢餓的人而言，烏托邦的定義很簡單，就是有很多食物的地方。他傾向認為，如果他確定一輩子都有得吃，他就會很高興，別無所求了。生命本身就是吃飯，其他的事情都不重要。自由、愛、歸屬感、尊敬、哲學都沒有用，放棄也不足惜，因為那些不能填飽肚子。

如果一個人有飯吃、有水喝，下一件關心的事就是安全；只有在安全和健康的情況下，他的心思會轉向愛、情感支持和尊嚴。最後，這些需求都實現了，他想的就是「自我實現」。關於最後這個階段，馬斯洛用好幾個方式解釋：對真理、美貌、滿足、意義的追求。而在此，我們用他的一句話總結：「音樂家就必須做音樂」。

馬斯洛的層次理論很大程度是時代下的產物，我們看待早期的世紀時，不盡然完全相關。我們許多先人將宗教信仰擺在安全或食物之前，例如十六世紀，寧願被燒死也不願否認信仰的人，中世紀寧願往東出征也不願在莊園安寧度日的領主。在這些情況下，自我實現凌駕一切。而馬斯洛將「不受歧視」歸納為自我實現，但在十七世紀自由主義興起之前，人們相信歧視是一種美德，當時自我實現的意義不太相同。儘管如此，馬斯洛的理論清楚顯示有些需求比另一些優先。受瘟疫所苦的時候，有沒有手機根本不重要。我們必須給予吃喝較高的重要性，溫暖、安全、健康也比奢侈和便利重要。意識型態的重要性相對而言難以評估：為政治理念絕食抗議的人，意識型態比食物的需求重要；挺身而出對抗種族歧視的人，他們的信念比個人安全重要。意識型態在層次理論當中的位置是變動的，有了這項認知後，我們便可以列出代表歷史的需求等級，並以此衡量社會的變化：

（一）生理需求：社群成員是否擁有足夠的食物、溫暖、住處，以延續生命；
（二）安全：社群中是否不會發生戰爭；
（三）法律與秩序：社群成員平靖時期是否安全；
（四）健康：是否有使他們衰弱的疾病；
（五）意識型態：社群成員是否不受道德要求、社會或宗教歧視，導致他們無法滿足下述需求，或使他們放棄以上需求；
（六）社群支持：所居社群之中是否有同伴，包括情緒上的支持；
（七）個人致富：他們個人是否擁有財富，得以實現理想，或自我實現；
（八）社群致富：他們是否能夠幫助其他社群成員上述任何一事。

一般來說，若上述問題其中一項的答案為「否」，那麼就無法再往下進行（但要記得意識型態的位置是變動的）。如果答案為「是」，那麼下一個標準就是他們的需求。顯然不是每個社會中的個人，在同一個時間點都面對同樣的需求。在中世紀，一個健康的貴族，他的王國也沒陷入戰爭，他也許會覺得自己八項需求都滿足了，但對耕田的農民而言，說不定連第一項都沒滿足。儘管如此，整個等級適用於每個人，不管他們是否對號入座。也因此，這個等級定義社會整體需求，也讓我們同時衡量許多重大的改變，畢竟不可能將改變全數量化比較。例如，衡量生理需求時，我們既可以同時衡量農業變革與交通，以及社會改革的項目。法律與秩序的變化使我們能夠判斷道德的發展以及正義的功效。如果某項改變和這些需求都無關，那麼用馬斯洛的話來說，就是「不重要」，可以捨棄。

## 社會變化和需求等級的關係

### 生理需求

社群成員是否擁有足夠的食物、溫暖以及住所來維持生命，最好的檢視方法就是看人口是否持續擴張。如果是，他們的生理需求就獲得滿足；如果相反，不必然表示他們沒有足夠的食物——節育、移民、疾病或戰爭都可能是原因——但面臨重大食物短缺的人口是不可能擴張的。食物供給增加相對容易量化。[2]

本書附錄的資料清楚指出，十九世紀歐洲人口發生最大幅度的增長（百分之一百一十六），而二十世紀位居第二（百分之七十三），接著是十八世紀（百分之五十六）、十二世紀（百分之四十九），以及十三世紀（百分之四十八）。並非所有歐洲國家人口成長的型態都類似。在英格蘭，十九世紀是目前為止人口增加最多的世紀（百分之兩百四十七），其次是十六世紀（百分之八十九），再來是十二世紀（百分之八十三）。在法國，十三世紀成長最多（百分之七十一），其次是十二世紀（百分之四十八）。但以歐洲整體食物的取得而言，十九世紀是最無虞的。[3]

那麼食物供給下降的時候呢？每個世紀都發生飢荒，即使是糧食無虞的十九世紀，一八四八年愛爾蘭也因馬鈴薯歉收而發生上百萬人挨餓的飢荒。但糧食不足較容易發生在早期的世紀，當時的交通管道較不發達。雖然我們不能量化一二〇〇年之前飢荒的嚴重程度，但一二〇〇年後，最嚴重的糧食短缺發生在一二九〇到一三二二年，以及一五九〇到一七一〇年這兩段時間的多次飢荒中。然而，由於飢荒會減損生活其他興味——如馬斯洛說的，對餓肚子的人來說，烏托邦就是有食物的地方——同時也就減損了社會的變化。你餓肚子的時候不會像達文西那樣畫上好幾個鐘頭。飢荒時期縱然悲慘，還好都只是短暫的期間，對社會長期的衝擊也不大。就生理需求而言，從飢餓中解脫就是生理需求主要的轉變，因此十九世紀見證最重大的轉變。

## 安全

比較歐洲社群面對的軍事危險，難度又更高。我們大可把每個國家戰爭的年數加總，但這樣並不能正確呈現早期世紀的情況，因為當時的戰爭是一連串短暫、血腥的動作，即使沒打仗的時候也無法安心。一〇〇一年，在多數地區，打鬥只是地方性的事件，後來為期較長的衝突發生，如英法百年戰爭與荷蘭獨立戰爭，戰爭一詞才有了較明確的概念，但仍是斷斷續續的對戰。從這些冗長戰爭可見，雖然當時不是沒有停火，但也缺乏長久的和平。或者，我們可以把戰爭的範圍設定在國土以內，但如此一來，從英國的角度來看，除了英格蘭南方曾受炸彈轟擊以外，兩次世界大戰的影響都不算在內。這樣衡量戰爭的影響，反而更不切實際。

我們真正想要測量的是安全感的改變：對軍事攻擊以及戰爭長度的脆弱程度。因此，可以參考社會學家皮特林·索羅金（Pitirim Sorokin）的理論。一九四三年，他試圖從各種方面衡量戰爭的相對衝擊。某次嘗試中，他計算四個國家所有的戰爭傷亡人數，並與全國人數比較，得到以下表格結果。

然而，使用索羅金的數據時，要注意幾個問題。他對早期世紀的傷亡人數估計是根據編年史，當時的編年史並不完整，而且早期人口的數據顯然太低。由於他著作的時間是一九四三年，二十世紀的傷亡數據只有前二十五年，沒有將二次大戰嚴重的傷亡人數計算進去。我們還要考慮的另一個問題是，這些數據表示的是軍人，不是百姓。但是儘管有這些問題，索羅金量化的評估對我們的問題是個好的起點。

首先來看索羅金低估早期世紀人口的問題：若他當時取得更正確的人口資料，軍事傷亡的比例會比上表更低。至於二十世紀沒有完全涵蓋的問題，看在該世紀前半段死亡人數很高，但後半段的死亡人數較低的份上，我們可以接受。至於百姓傷亡這一點，從軍事大量傷亡，可以合理假設百姓大量傷亡。除了一些例外（例如拿破崙戰爭），一九五〇年之前的軍方交

| 世紀 | 人口（百萬） | 軍事傷亡 | 軍事傷亡相對於百萬人口 | 比例變化 |
|---|---|---|---|---|
| 12 | 13 | 29,940 | 2,303 | - |
| 13 | 18 | 68,440 | 3,802 | 65% |
| 14 | 25 | 166,729 | 6,669 | 75% |
| 15 | 35 | 285,000 | 8,143 | 22% |
| 16 | 45 | 573,020 | 12,734 | 56% |
| 17 | 55 | 2,497,170 | 45,403 | 257% |
| 18 | 90 | 3,622,140 | 40,246 | -11% |
| 19 | 171 | 2,912,771 | 17,034 | -58% |
| 1901-25年 | 305 | 16,147,500 | 52,943 | 211% |

皮特林・索羅金估計英格蘭、法國、俄羅斯、奧匈帝國的軍事死傷

戰並不刻意避開百姓，而且能夠瞬間殺死大量軍人的武器，同樣也會殺死大量百姓。若我們將二次大戰的死亡人數加進索羅金的表格中，那麼無疑地，戰爭對社會的影響在二十世紀是最大的。至於脆弱度的增加，即滿足安全感的相反，「全面的戰爭」正好突顯這一點。第二名是十七世紀，除了上表顯示的軍事死亡人數，三十年戰爭的死亡總數，包括百姓，高達七百五十萬至八百萬人。多數的德國聯邦都損失超過百分之二十的人口，數個國家甚至有超過百分之五十的人死於這場前所未見的衝突當中。[5]

很多因素會左右戰爭影響社群的方式，但殺人武器的部署最為主要。雖然我們覺得中世紀好像很血腥，但他們的戰爭很沒效率，武士的裝備昂貴，道路崎嶇不平，海洋又凶險。這些武士殺人得靠雙手。只有住在靠近軍營地區的百姓會因暴力或戰爭相關的飢荒、疾病而死。指揮官指揮作戰時特別謹慎，因為他們承擔不起在國外損失軍隊的風險。故死亡人數相對較低。索羅金計算十二世紀到十六世紀的戰爭傷亡人數，從百分之二．五緩慢上升到百分之五．九。他注意到，因為十六世紀火藥武器革新，十七世紀立刻產生影響，傷亡人數忽然躍升到百分之十五．七。這個死亡程度維持到二十世紀才又再度攀升到百分之三十八．九。[6]軍隊擴張的規模與殲滅他們的武器有高度的關連，再加上二十世紀運送武器的能力提升，而且到了一九四五年靠著航空，便能將殺傷力強大的武器運送到全世界。毫無疑問，二十世紀是見證最大變化的世紀。這個項目的前兩名很容易決定。

利用索羅金的估計，十四世紀是戰爭死亡比例第三高的世紀。本世紀出現愛德華三世的長弓和英格蘭國家主義，更不用說義大利的戰爭（索羅金的表格沒包括）。但是，索羅金四個國家的採樣選了英格蘭與法國，因此反映出英法百年戰爭。再來，十四世紀之後是十六世紀。十七世紀死亡如此慘重的原因，正是由於一六〇〇年之前軍事與武器重大的變革。難以估計的十一世紀也應該考慮：城堡大量興建、封建領主形成的防禦力量、天主教會穩定全歐洲的角色，這些大大增加社群的安全，減少對鄰國的懼怕以及維京人的突擊。一〇〇一年的人面對無預警的攻擊毫無選擇，只能逃命；到了一一〇〇年，至少他們有個避難的地方，有人保護他們。這樣的改變從十二世紀上升的人口可見端倪。至於十九世紀，武器科技在那個時候大幅改變，但是多數的戰爭都是在歐洲大陸以外發生，因此歐洲國家享受一段長時間的和平。因此我認為，論社會安全或威脅，變化排行第三、四、五的世紀分別是十一、十六和十四世紀。

大體而言，內戰並未包括在以上的說明。索羅金確實想要估計政治動亂：他設計了指數方法，將動盪不安根據地方或全國、持續時間而分級。他將所有的動盪不安列出，檢視變化是增加還是減少。但是，他的結果對我們而言毫無用處，因為他的研究必須依賴資料的可得。一點也不驚訝，他得到最多資料的國家（英格蘭和法國）最容易發生動亂，資料最少的國家（古希臘羅馬）最和平。然而，值得注意的是，國家內部因階級引起的動亂在黑死病前很少。早期內戰發生的原因多半和爭奪王權有關。內戰顧名思義就是在國土境內的戰爭，較不涉及交通的困難，也較少產生特殊的發明。內戰往往是痛苦的，因為輸的一方毫無光榮可言；贏家直接殺掉輸家，這樣的做法並不稀奇。也許因為這樣，十七世紀以後，除了二十世紀初愛爾蘭的獨立運動，以及一九九〇年間南斯拉夫和喬治亞的戰爭以外，大規模的內戰相對較少。二十世紀最大的例外是俄國革命與接踵而來的內戰，以及西班牙內戰。時至今日，雖然暴動和社會動亂依舊持續，但是歐洲內部重大的死亡（超過人口數百分之一）人數大幅減少，與國際間衝突的傷亡相距甚遠。而且十七世紀的英格蘭和二十世紀的西班牙，內戰規模波及整個國家，如此看來，國際與國內的戰爭死傷，更突顯十七、二十這兩個世紀在這項評估上名列前茅的地位。

## 法律與秩序

許多國家直到十九世紀末期才開始保存報案紀錄，而且這些紀錄也不適用於我們的討論，因為違法情事的論定，各國不盡相同。有些現在被視為犯罪的行為，過去可能是容許的；而有些行為過去是違法的（例如同性戀），現在是合法的。犯罪的定義與社會變化的價值有關，但有一項犯罪並不相對於社會價值，我們也有不少統計資料，那就是他殺死亡。雖然我們沒有早期世紀的資料，但還是可以頗為自信、合理地說，那幾個世紀的殺人犯罪不會比十四世紀少。

如同十六世紀那一章提到的，大部分歐洲北部的基督教國家，從十五世紀末開始，直到一九〇〇年，他殺死亡率每一百年大約下降百分之五十。二十世紀前半期還是很少，一九六〇年後才又開始上升。十六世紀他殺死亡率下降幅度是最大的，其次是十七世紀。歐洲北方在十五世紀下降最多，但在義大利卻急速上升，南北的對比使得平均值有些錯亂，但他殺死亡率在這個世紀同時出現上升與下降。從統計看來，變化第四大的是十八世紀。而我們也要注意，十二世紀開始系統性地施行法律，把一些殘忍的凶手從社會上除去，必定也對他殺死亡率造成影響。因此從質性（qualitative）的立場，我認為比起變動不大的十九和二十世紀，十二世紀順位應該更前面，排在第五。

## 健康

測量健康的變化時，我們評估兩件事情：患病相對的傾向與協助康復相對的能力。對前者來說毫無爭議，變化最大的是黑死病。當時的醫療執業者也無力預防疾病，只能建議民眾快跑，以免感染。然而，雖然黑死病本身造成重大影響，當時出生時平均餘命在瘟疫前後其實相去不遠。十三世紀的法國大約在二十三和二十七歲之間浮動，十七世紀的數據也差不多。[7]在英格蘭，十三世紀末期的平均餘命只稍微高出二十五歲；十六世紀末期大約在四十歲上下，然後下降到三十五歲左右，直到十八世紀末。[8]雖然一三四八年的人覺得自己不可能活很久，但黑死病之前和之後出生的人壽命並沒有太大的不同。儘管瘟疫每八年左右又會重現，並奪走鎮上百分之十到二十的人命，大難不死的人會因生活品質和營養改善而延長壽命。因此，以出生時平均餘命測量健康面向，最大的變化是在現代時期。

顯然的，整個二十世紀，出生時平均餘命增加三十三年，遠遠超過之前的數據。以數字來說，十九世紀位

| 國家／年 | 1750 | 1800 | 1850 | 1900 | 1950 | 2000 |
|---|---|---|---|---|---|---|
| 瑞典 | 37.3 | 36.5 | 43.3 | 54.0 | 70.3 | 79.75 |
| 義大利 | 32 | 30 | 32 | 42.8 | 66.0 | 79.2 |
| 法國 | 27.9 | 33.9 | 39.8 | 47.4 | 66.5 | 79.15 |
| 英格蘭 | 36.9 | 37.3 | 40.0 | 48.2 | 69.2 | 77.35 |
| 西班牙 | (28) | 28 | 29.8 | 34.8 | 63.9 | 78.85 |
| 平均（未加權平均數） | 32.42 | 33.14 | 36.98 | 45.44 | 67.18 | 78.86 |
| 平均數變化 | – | 0年9個月 | 3年10個月 | 8年6個月 | 21年9個月 | 11年8個月 |

歐洲五國出生時平均餘命[9]

居第二。一八〇〇年之前，平均餘命的變化相對較小；因此瘟疫纏身的十四世紀在健康變化這一點，似乎贏得第三名。從質性上看來，第四和第五名應該分別給普遍運用醫學技術，終結蓋倫醫學的十七世紀，以及重新研究解剖學、使用化學藥方，在專業知識上進步良多的十六世紀。[10]

## 不受意識型態歧視

前四項需求都與生命和健康有關，某個程度都可以量化，但接下來的需求卻都很難量化。意識型態的歧視特別難以估算，又因其數量與變化，就連質性上的衡量也很難。我們必須想到十一世紀停止蓄奴、十九世紀正式廢除奴隸，還有中間禁止壓迫少數宗教的法律等趨勢。我們也要考量十八、十九世紀的人道主義，以及保護婦女及幼童的立法。特定的少數族群在不同時間曾經歷壓迫。十三世紀猶太人被趕出英格蘭，十七世紀被逐出西班牙，二十世紀更受到希特勒恐怖的報復性殺害。十五世紀起，歐洲諸國開始驅逐並迫害「埃及人」（吉普賽人）。一五三〇年英格蘭的《埃及人法案》（Egyptians Act）也要求他們離開英格蘭，而一五五四年的第二次法案更將他們處以絞刑。最後，我們也無法忽視對窮人、幼童、女人普遍的歧視。

為了決定所有情況下改變最大的世紀，我們考量種族、宗教、性別和階級等四個類別的歧視：

（一）種族歧視在中世紀的西方，大致針對基督宗教世界邊緣的地區以及猶太人；由於十字軍東征和反猶太主義引發種族歧視，但整體來說，大致發生在前五世紀。發現非洲大陸後，種族主義有了新面向，十六世紀後期，轉為對黑人的懼怕，這樣的懼怕又因為重新引進撒哈拉黑奴而放大。對黑人的種族歧視在十八世紀之前毫無減少的趨勢，二十世紀的時候，才更進一步減少。

（二）宗教歧視在中世紀時好時壞，例如對十三世紀阿爾比教派的征伐，十四世紀對羅拉德教派，十五世紀的胡斯戰爭（Hussite Wars）。在十六、十七世紀到達顛峰，虐待、焚燒異端，以及宗教戰爭。十八世紀宗教歧視才逐漸減少，十九世紀又更少。到了二十世紀末期，在俗世化的西方通常只是地方性的衝突。

（三）在中世紀，性別歧視多半附屬於階級歧視。例如一位貴族的女士，地位僅次於她的丈夫，也比其他男人還要尊貴。十五世紀時，由於階級歧視以及對女性的貶抑，經常發生對女性的侮辱行為，例如第戎鎮的半數年輕男子輪姦年輕女子。然而，雖然每個時代的性別歧視會因身分地位而不同，社會高層較少，社會底層較多，但對各行各業來說，性別歧視始終無所不在。如伊甸園的故事所訴說，在基督宗教的信仰中就暗示著性別歧視。十六、十七世紀時，女性識字率提升，加上女性主義刊物的發行，女性受壓抑的情況因而開始改變。但是同一時期，女巫的狂熱又處決許多女性，尤其是社會底層。十七世紀期間，由於性別角色逐漸僵化，男主外女主內的刻板印象又使女性喪失權力。在歐洲北部與美國，清教徒的教條導致女性若有性別逾越的情事，即受到道德審判與懲罰，極端的情況甚至是死刑。十八世紀後，女性所受的待遇才開始好轉，十九世紀後，女性能夠擁有個人財產，某些國家甚至賦予女性與施暴丈夫離婚的權利。但要到二十世紀，才會見到女性地位大幅改善。

（四）階級歧視在早期的世紀波動劇烈，許多國家首先停止蓄奴，接著改變農奴的條件。十三世紀城市的興起，更使許多非自由身分的農民逃離奴役的束縛。黑死病造成人口銳減，無形中賦予勞工更高的價值。十六世紀時，低下階級赤貧的處境突顯出貧富差距。英格蘭一般工人實際的財產在當時銳減（如下表所示），直到十八世紀才見回復。十九世紀後期，整個西方皆嘗試主張所有階級的男人均為平等。這道力量持續到二十世紀，致力打破階級藩籬。

若我們將所有的改變都納入考量，過去一千年社會底層的地位，整體而言的趨勢是往上的——從奴隸到農奴，到有條件保有土地的農奴，最終成為自由勞工。到了二十世紀，低下階級的工資與政治權力也逐漸提升。這樣的趨勢，儘管仍不平均，表示階級歧視經過漫長的時間逐漸減少。儘管減少，但種族、宗教、性別較嚴重的歧視，大約從一五〇〇年開始明顯，並循著鐘型曲線——稱為「歧視曲線」——從十六世紀開始往上攀升，於十七世紀到達頂點，十八世紀後才改變趨勢，並在十九與二十世紀急速下降。工人階級的財務困難也呈現類似的曲線。因此，意識型態的歧視，或免於受到歧視，我將十六世紀排行在第一（最陡峭的上升曲線），十九世紀第二（急速下降的曲線），十八世紀第三，接著是二十世紀與十七世紀。

## 社群支持

馬斯洛的第三層次，也就是愛，世紀以來並未經過巨大改變。男

| 年 | 1271-1300 | 1371-1400 | 1471-1500 | 1571-1600 | 1671-1700 | 1771-1800 | 1871-1900 |
|---|---|---|---|---|---|---|---|
| 平均價值指數 | 51.5 | 74.7 | 98.5 | 51.2 | 49.9 | 56.1 | 113.1 |
| 變化% | — | 45% | 32% | -48% | -2% | 12% | 102% |

英格蘭南部建築工匠實質薪資指數（1451－75＝100）[11]

孩遇見女孩，是千年來少數恆常的事實。其中影響的因素是：例如在中世紀，很多男人因為沒錢養家而不敢結婚。同時，不自由的農民結婚，往往受到封建制度加諸的各種限制。因此我們可以將十四世紀封建制度式微，以及十四、十五世紀農民收入增加，視為男人和女人較他們祖先更容易覓得愛情的徵兆。但是，封建制度的領主也沒有處心積慮阻撓不自由的農民結婚生子，因此我們也不該過度強調這一點。一四〇〇年以前，社會底層的某些人無法選擇結婚對象，同樣的情況在上層階級亦同，富裕人家的婚姻多半由家庭媒合。說到愛，沒有絕對差的婚姻，或至少沒有比為愛結婚卻發現不愛對方來得糟糕。真正的問題是，被可恨或粗暴的伴侶束縛。因此在情感滿足這方面的改變，最重大的，莫過於十九、二十世紀出現的離婚能力。如此一來，至少如果你不小心犯了錯，你的生命還不至於從此完全枯萎。至於同性之愛，從中世紀到十九世紀，在基督宗教世界都是死罪。英格蘭最後兩個因雞姦被處死的男人是詹姆斯·佩瑞特（James Pratt）和約翰·史密斯（John Smith），在一八三五年被吊死。而由於離婚，變化最大的是十九和二十世紀。

羅曼蒂克的愛不是我們唯一考量的愛，還有鄰居和朋友的情感與支持。從這方面來看，世紀以來社群的凝聚力變化最多。首先，多數住在鄉村的人形成小型、自給自足的社群；為了使社群運作，他們必須互相幫助。城鎮的居民同樣需要依賴自己在社群中的名聲。許多城鎮規定累犯最終要被驅逐出境。這樣的懲罰在過去非常嚴重，表示一個人失去親朋好友，沒有人會在法庭上幫他背書，在街上保護他，借他錢或食物。如此對社群的依賴，即使到中世紀末期仍無所不在、持續壯大。你出身的地區對你的身分來說非常重要，不管你來自鄉村或城市。十六世紀，隨著宗教改革和旅行頻繁，城市的社區觀念逐漸薄弱，但在小鎮和鄉村依舊。然而，十九世紀鐵路出現後，所到之處無不見社區崩壞。大型城鎮和都市無法提供，小鎮和村莊從前提供居民的支持和協助。大都市街上的居民通常不是從小一起長大的朋友，對新結交的人士，於信任和感情當然無法與認識一輩子的人相提並論。人們開始搬到離家人、朋友越來越遠的地方。十九世紀中期，甚至出現大量移出人口。因此，由於社區崩壞與衛星城市的出現，十九、二十世紀又成為變化最大的世紀，而兩者取一決定的因素是都市化的程度。一九〇〇年之前，多數的西方國家住在鄉村的人比住在都市的人多，只有英格蘭與荷蘭在這之前都市化已超過百分之五十。因此以西方整體而言，二十世紀的變化又比十九世紀更大。

如同之前我們討論的其他需求，也要選出第三、第四、第五大變化的世紀。我認為十六世紀應排在第三，因為旅行興起與宗教改革也造成社區分裂。黑死病則使十四世紀位居第四，許多社區在大量人口死亡後也無法繼續運作。而十二世紀因為常見社區安全與齊力開墾土地，排名第五。

## 挨餓受凍比以前少

每個世紀都有富裕的人，貧富不均的程度甚至都大於二十世紀；但整體而言，二十世紀無疑是可支配收入改變最大的世紀。安格斯．麥迪森（Angus Maddison）研究世界經濟，估計西歐人均國內生產毛額如下頁表格所示。

二十世紀人民的購買力增加超過百分之四百。平均財富上升幅度第二的是十九世紀。一八〇〇年之前的世紀比較不容易分辨，麥迪森僅僅假設標準上升幅度（許多情況是百分之十五）。

| 國家／年 | 1500 | 1600 | 1700 | 1820 | 1913 | 1998 |
|---|---|---|---|---|---|---|
| 英國 | 714 | 974 | 1,250 | 1,707 | 4,921 | 18,714 |
| 法國 | 727 | 841 | 986 | 1,230 | 3,485 | 19,558 |
| 義大利 | 1,100 | 1,100 | 1,100 | 1,117 | 2,564 | 17,759 |
| 德國 | 676 | 777 | 894 | 1,058 | 3,648 | 17,799 |
| 西歐地區 | 774 | 894 | 1,024 | 1,232 | 3,473 | 17,921 |

人均國內生產毛額（1990年國際美元）[12]

| 國家/年 | 1300 | 1400 | 1500 | 1600 | 1700 | 1800 | 1850 |
|---|---|---|---|---|---|---|---|
| 英格蘭（1700年後為英國） | 727 | 1,096 | 1,153 | 1,077 | 1,509 | 2,125 | 2,718 |
| 荷蘭（1850年後為尼德蘭） | | 1,195 | 1,454 | 2,662 | 2,105 | 2,408 | 2,371 |
| 比利時 | | | 929 | 1,073 | 1,264 | 1,497 | 1,841 |
| 義大利 | 1,644 | 1,726 | 1,644 | 1,302 | 1,398 | 1,333 | 1,350 |
| 西班牙 | | | 1,295 | 1,382 | 1,230 | 1,205 | 1,487 |
| 德國 | | | 1,332 | 894 | 1,068 | 1,140 | 1,428 |
| 平均 | 1,186 | 1,339 | 1,301 | 1,398 | 1,429 | 1,618 | 1,866 |
| 變化 | | 13% | -3% | 7% | 2% | 13% | 15% |

人均國內生產毛額（1990年國際美元）[13]

然而經濟歷史學家近來的研究提供了一三〇〇到一八〇〇年的變化。事實上，十九世紀的人均國內生產毛額較之前世紀的成長更顯著，印證其第二名的地位。第三名可能是十八世紀或十四世紀。但是在十六世紀時，六個國家中有三個（英格蘭、義大利和德國）的人均國內生產毛額下降百分之二十，比十四或十八世紀上升的程度都要多；西班牙和荷蘭的數據，尤其是荷蘭，扭轉了局勢。十三世紀轉型為市場經濟也很重要，雖然其變化無法測量。從市場和市集的數量來看，這項發展是貨幣經濟的基礎。因此十三世紀在質性上應該排名第三。十六世紀則因數個國家的人均財富大幅下降排名第四，只有荷蘭例外。十四世紀的順位優於十八世紀，因為英格蘭以外的地區於十八世紀幾乎不見變化，而黑死病後農民的人均財富全歐洲都出現成長。

並非所有的富有形式都是金錢。從義大利文藝復興的美，以及十九世紀初的音樂，可見對藝術與美妙樂章的渴求，因此兩者都可視為滿足需求。然而，我們卻不能說某個世紀需要另一個世紀的文化價值。此外，如同馬斯洛的層級所示，高級的需求唯有在其他較迫切的需求滿足後才具重要性。現代對文化充實的慾望較從前更高的原因是，我們之中挨餓、受凍、病痛的人比以前更少。但不言而喻的是，我們也要有更多可支配所得才能滿足高級的需求，付費給藝術家、作家、音樂家、電影製作。若社會並無盈餘養活藝術家，也就不會有藝術創作。因此無論哪一個世紀，實質收入數量的變化是評估各種致富形式最好的方法——無論是文化或金錢——也無須以主觀判斷美學的價值，硬要比較多那太羅和達利。

## 社群致富

人們豐富社群的能力一千年來經過不少變化。十一世紀時只有貴族能貢獻社會，因為只有他們有莊園或磨坊可支配所得，能捐獻給教會或照顧窮人的醫院。同樣的，也只有他們有財富和土地，能造橋或賜予佃戶在他們的樹林裡撿拾柴火的權利。到了十三世紀，商人也加入貢獻社會的行列；十六世紀則轉為納稅人支持社群和整個國家，並從此成為固定的模式。現代時期，挹注社會大筆的金額中，有些來自所得稅，有些來自間接的稅收，例如產品增值稅、資本增值稅、繼承稅、地方稅收。十九、二十世紀無疑是社會致富變化最大的世紀，過去幾乎不存在對弱者的福利，例如失業救濟、老人年金、身心障礙福利。今日的稅率比起中世紀與現代初期高出許多。貢獻社會的能力，相當大程度依賴國內生產毛額，因此在此描述的變化和個人致富或多或少類似，就不需要重複了。

## 小結

就社會最重要的需求而言，並以最適當可得的量化方法評估，結果顯然是現代世界勝出。從我定義的重要需求，八個項目中，二十世紀佔了五項第一。事實上，如果你將這些變化以分數計算：第一名五分、第二名四分、第三名三分，結果更不會錯。根據我們的需求等級，二十世紀見證最多變化。雖然我毫不懷疑，黑死病是人類至今經歷創傷最嚴重的事件，但是我們的適應能力意味著能從相對短的時間內恢復務實的生活。在二十世紀，同樣的適應能力，讓我們能夠接受不同的生活方式，比起我們的祖先越來越進步。因此，看來我也得摸摸鼻子，承認一九九九年十二月的那位主播是對的，我是錯的。話雖如此，我質疑她也不為過，因為她的說法只是從質性上假設科技和社會變遷的關係。而且，我希望讀者現在能認知到，重要的不是答案本身，而是我們思考問題的過程中瞭解的事情。逐一分析包羅萬象的變化，讓我們得以窺見人類發展長久以來的動力。我們可以看到，不是所有改變都關乎科技；包括語言、個人主義、哲學、宗教分裂、俗世化、地理發現、社會改革與氣候。事實上，一八〇〇年以前重大的變化很少與科技有關。但從十九世紀中期開始，基本上我們已經住在另一個星球了。我們的生活和生計現在都依賴經濟，而非土地，因此整個世界都改變了。

| 需求 | 測量 | 第一 | 第二 | 第三 | 第四 | 第五 |
|---|---|---|---|---|---|---|
| 生理需求 | 人口成長 | 19世紀 | 20世紀 | 18世紀 | 12世紀 | 13世紀 |
| 戰爭 | 傷亡人數相對於總人口數，輔以質性評估 | 20世紀 | 17世紀 | 11世紀 | 16世紀 | 14世紀 |
| 法律與秩序 | 他殺死亡率，輔以質性評估 | 16世紀 | 17世紀 | 15世紀 | 18世紀 | 12世紀 |
| 健康 | 出生時平均餘命，輔以質性評估 | 20世紀 | 19世紀 | 14世紀 | 17世紀 | 16世紀 |
| 意識型態 | 質性評估 | 16世紀 | 19世紀 | 18世紀 | 20世紀 | 17世紀 |
| 社群支持 | 質性評估 | 20世紀 | 19世紀 | 16世紀 | 14世紀 | 12世紀 |
| 個人致富 | 部分質性評估，輔以人均國內生產毛額與市場數量 | 20世紀 | 19世紀 | 13世紀 | 16世紀 | 14世紀 |
| 社會致富 | 同上 | 20世紀 | 19世紀 | 13世紀 | 16世紀 | 14世紀 |

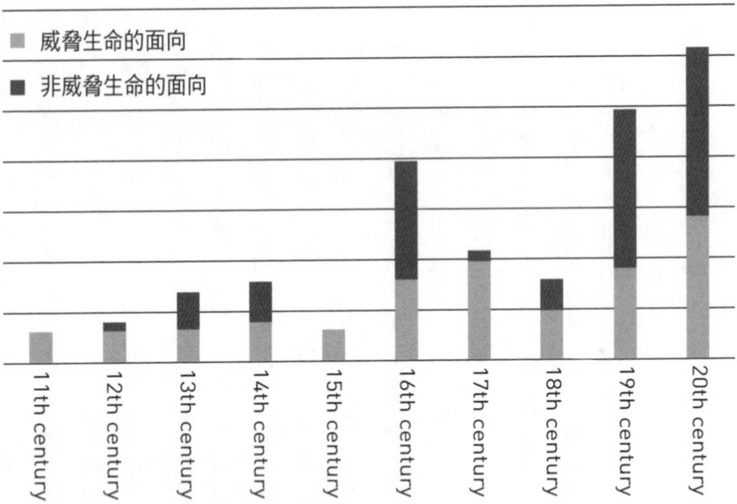


## 歷史之終結？

今日住在西方的人，生活中所有的需求似乎都滿足了。雖然最不富有的百分之十會反駁這件事，但人口中總會有最貧窮的十分之一，並覺得自己是弱勢。然而，今日他們相對的貧窮對一九〇〇年最貧窮的百分之十來說，卻是富裕得不得了。今日仍存在的不公不義，是我們滿足多數人口需求的副產品。但是接下來呢？倘若依循文明曲線，諸多的社會要素都在二〇〇〇年到達顛峰，二十世紀還會一直是見證最多變化的世紀嗎？

這個問題和歷史學家法蘭西斯・福山在著作《歷史之終結與最後一人》（*The End of History and the Last Man*，一九九二年）提出的問題不謀而合。自啟蒙運動以來，許多歷史學家、經濟學家、哲學家都提出，有一天社會將進步到一個極限，無法繼續向前。最後人們將會接受身處的社會是最佳的社會，無論是自由民主，或是社會主義，而世界的政治發展會趨緩而停止。這整個過程，從採集打獵到社會的最終階段（福山認為會是自由民主），稱為普遍歷史（Universal History）。如福山所言，普遍歷史到達最終階段的時候，「歷史事件」還是會持續發生。戰爭仍會爆發，疾病仍會造成傷亡，發明仍會造福人類，但平靜的海洋中不會再見到漣漪。就政治面而言，世界將到達理想與不變的狀態。人人得以溫飽、受教育、獲得健康照護。意識型態上，人民不再需要為其渴望而反對政府。福山認為，一九八九年十一月九日柏林圍牆倒塌時，即指出西方自由主義是政治典範，並會源遠流長，《歷史之終結》一書便是在闡述這個理論。

這麼多文明曲線都指出，許多正面的變化已到達顛峰，本書接下來的敘述（雖然不是全部）理應支持「歷史之終結」的理論。我們規劃的路線通往平等主義、自由民主，或多或少符合福山所謂普遍接受的政治模型。未來的世紀，怎麼可能還會有更多變化呢？你抵達終點，就是在終點了。然而，這樣的結論也許合理，卻不正確。就像福山和許多一九四五年之前知名的政治經濟學家，除了特別不同的馬爾薩斯以外，我們都只想到維持人類生存經濟互動其中的一面：我們只考慮需求面。就是說，我們只檢視我們想要的：我們的需求為何，如何強國富民，如何分配社會財富，如何滿足自我。但每個經濟變化也都包含供應面。就像黑格爾、馬克思和其他支持普遍歷史的人，福山忽略了人類和環境互動的關係。

互動關係的供應面就是資源的可得，從基本的東西如水、土地、空氣和陽光，到木材、煤礦、金屬、石油和天然氣。過去人們總把廣大的土地和充足的自然資源視為理所當然，唯一爭論的問題就是如何控制資源。然而，一九六八年《地出》的相片公開後，相片中的地球小巧美麗，也意味資源有限。由於資源有限的事實在六〇年代並未造成直接威脅，悲觀論者也沒追究。世人的注意力，一下子就轉移到其他事物。只有幾位誠懇的人士試著提醒政治領袖，世界資源耗竭迫在眉睫。而多數在位者認為這是小題大作，擇日再議，不如將重心放在刺激貿易、國際競爭，以及最重要的經濟成長。

資源有限的地球想無止盡地生產食物和貨物，顯然是不可能的。然而，有些樂觀的經濟學家主張，儘管資源有限，無止盡的經濟成長是可能的。因為經濟成長是以國內生產毛額計算：理論上，由於資源有無盡的回收潛力，只要每一階段持續附加價值，國內生產毛額永恆成長是可能的。這些樂觀的經濟學家常以銅為例。回收舊電器的銅，用在新電器上，銅的價值便提升了，並附加在經濟成長。當新電器老舊、損壞了，同樣再將其回收，製成更好、更有價值的電器產品，那麼經濟成長的循環繼續，也不需要更多新的銅。但是，這個世界依賴的資源大多不適用於這個模型。如我們在十九世紀那一章，一開始所採用的數量取向。在歐洲，過去一千年的人類，有超過半數活在最後兩個世紀。這意味著過去兩個世紀中，每人消耗的金屬資源比一八〇〇年之前高出許多。若我們畫一張圓餅圖表示過去兩千年的金屬消耗，就會看出，幾乎所有的金屬幾乎都是在一八〇〇年之後消耗的。至於持永恆成長觀點的樂觀主義者最喜愛的例子，從青銅時代開始開採的銅，超過百分之九十五都是在二十世紀消耗的。[14]過去一千年生成的油礦，幾乎也都在二十世紀開採、抽取、燃燒。而煤礦，二十世紀消耗的量遠比十九世紀多，一八〇〇年之前消耗的程度，相較之下微不足道。就連鐵礦也都在現代消耗。近期歐洲年度人均鋼鐵消耗量大約為四百到四百五十公斤，在某些高度工業製造國甚至是兩倍。一八〇〇年之前，大約只超過十公斤一些而已。因此自工業革命以來，已用去百分之九十五的鐵。世界的鐵礦藏量豐富，但煉鋼就必須燒煤——生產每公噸鋼需要〇・一五至〇・七七噸的煤，取決於煉製方法。[15]雖然鋼和銅能夠回收，煤卻不能；天然氣、石油也不能。因此，隨著越來越多人口消耗地球資源，回收銅和鋼便能達成無止盡的經濟成長，這樣的論證完全是不切實際的。

人類有所需求，地球就供給，這樣的關係於是成立。二十世紀，我們不僅比從前滿足更多需求，也以史無前例的速度剝削地球不可再生的資源，因此和之前的世紀截然不同。從社會經濟的角度來看，我們彷彿住在新發現的星球。

當然，問題就是我們只有一個地球，而且短短一個世紀就消耗大量最有用的資源，如果我們想要滿足需求，永遠舒適地生活，這並非聰明的做法。過去的政治思想家——黑格爾學派、馬克思學派、十九世紀的自由主義學派——從沒正視人類與地球的關係中，供給面的重要性。他們只關心人類要的，或更明確一點，他們認為人類需要的。對馬克思來說，社會主義就是誰控制了資源、生產工具和市場：若這些由無產階級控制，無產階級就會受惠。然而，若地球的人數多出一倍，最初那群無產階級可得的資源就會減半，因此無論無產階級是否擁有生產工具，人口擴張還是會使他們越來越窮。況且，即使人口維持穩定，也不是所有無產階級持有的資源都同樣長久。同樣產油的國家，有些會更快耗盡枯竭，原本依賴他們的國家，其經濟與社會安穩也會受到危害。最終，只剩幾個國家藏有世界僅剩的油礦，這些國家便會處於經濟優勢，地位超越那些資源乾涸的國家。馬克思的理想和所有烏托邦一樣，午夜十二點之後終將成為幻影，時針走到了，只會無情地過去。

有些人仍相信，我們永遠不會耗盡資源。一四九二年收復失地運動完成後，基督宗教世界似乎達成地理擴張的極限，但哥倫布馬上橫越海洋找到伊斯帕尼奧拉島。五年後，卡博托又抵達紐芬蘭。那些人說，冒險精神未滅，並會帶領我們抵達星辰。不幸的，二十世紀也證實這是一場夢。本書也說過，所謂「冒險精神」說到底就是尋寶，為了發財。哥倫布和卡博托就是靠著發財夢前進，在背後資助他們的政府也是。非洲海岸的探險，之所以能越過博哈多爾角，是因為吉爾・埃阿尼什在那裡發現黃金和奴隸。十八世紀，人們也不是為了餵飽全世界而改良農業技術；他們只是想要賺錢。但到了二十世紀，我們漸漸發現擴張的極限：我們發現離開太陽系就不可能賺錢。到火星開採地球稀有的礦石有天可能會值得，但是我強烈懷疑，花數十億美元探勘不毛、冰寒，又沒有空氣的火星，會比和資源強國結盟，或攻打經濟或軍事脆弱的國家來得便宜。火星之外，其餘的地方就沒有擴張的商機。太陽系其他的星球對人類而言，都不適合定居或開採。太陽系旁邊的恆星天苑四（Epsilon Eridani），不僅距離十・五光年，其行星也不是可居住的地區。除了火星，我們還有可能居住的是葛利斯六六七Cc（Gliese 667Cc），距離二十二光年，但光是去到那裡就是個大問題。目前速度最快的人造太空船是每小時兩萬五千英里，靠這速度，到那裡要花上五十八萬九千兩百四十八年。然後我們還要回來，來回的時間超過一百萬年。這樣的時間永遠不會引起投資人興趣，更不用說還要返回。況且，無法保證會回來，也無法保證回得來。

要達成這件事，若不是在科幻小說裡，就要冒險進入科學理論的領域。二〇一〇年四月，史蒂芬・霍金（Stephen Hawking）假定一艘巨大的太空船，裝載足以穩定燃燒兩年的燃料，飛行速度達到光速的一半（每小時三億三千四百八十萬英里）。[16] 若燃料足夠飛行四年，還可達到百分之九十的光速（每小時六億零兩百六十四萬英里）。如此一來，往返葛利斯六六七Cc的時間可縮短為五十八．六年。[17]我非常樂意接受霍金教授的保證，由於時間與空間的性質，在太空船上的人以百分之九十的光速飛行時，只需要花一半的時間，也就是三十七．三年，而非五十八．六年。但是，我又不禁心想，裝滿超過五億公噸液態氧和液態氫的燃料缸，要放在哪裡（來回的旅程）？確實，這麼重的太空船飛得起來嗎？在太空中能補充燃料嗎？也許這就是為什麼我不是研究火箭的科學家。但又想想，史蒂芬．霍金也不是。我倒是知道，飛到另一個恆星系統的旅行毫無利潤可圖。我這麼相信，不是科技的限制，而是遠得要命的距離，加上我們無法以光速旅行的事實，還有其中的成本。商業上，耗資上兆美元，希望渺茫地把幾個人送到不知要探索多久的另一個行星系統；相較之下，交換、談判，甚至不惜爭奪地球資源，當然是快又有效。

因此太空，我們所謂「最後的前線」，並沒有提供問題的解答。然而，太空的選項至少讓我們把重心轉回未來對自然資源的行動。本書討論的許多變化都有一個共同點：都是關於突破界線。哥倫布、卡博特和其他早期的探險家，突破了地理界線。一五七二年的超行星，以及顯微鏡、望遠鏡，粉碎了觀察的界線。法國大革命，以及十九世紀的改革者，拆除了社會的界線。二十世紀，衝破地球大氣層這一道界線。這些突破界線的事蹟，可以用「去西部吧，年輕人！」這樣的典範來理解：你往西走，遇到邊界，跨過去，你探索，你獲得，你發財！這個典範也代表維京人、諾曼人、十字軍和新世界探險家的擴張行動，同時也是科學發明、世界探險、經濟成長的基礎。但隨著我們即將耗盡地球的化石資源，這樣突破邊界的心態已經過時。現在的挑戰不是擴張，而是自制：有一連串的問題，是向來征伐的男人無力解決的。我們智人，從沒遇過我們的本能威脅我們生存的這種問題；我們的本能一直是我們的優勢，我們的基因延續的原因。我們此時面對的前線不在地平線上，甚至不在太空，而在我們的心中。

## 推動改變的主角

本書的十章分別推出十位非常不同的人，作為推動改變的主角。確實，若邀請名單上的人共進晚宴，將是眾星雲集的場面；教宗額我略七世、彼得・阿貝拉、教宗依諾森三世、國王愛德華三世、哥倫布、馬丁路德、伽利略、盧梭、馬克思、希特勒。四個義大利人、三個德國人（一個在奧地利出生）、兩個法國人、一個祖先完全來自歐陸的英格蘭國王。這十個之中，誰又是一千年來推動改變的主角呢？或是另有其人？另有人影響超越十個世紀的這些人？是亞里士多德？還是牛頓？

過去一千年來推動改變的主角，不用懷疑，就是神。我個人並不相信神，但是我個人的信仰在這裡不重要。即使祂根本不存在（我的看法），祂對西方世紀的影響仍然比任何一個人都大。如此犀利的諷刺，以致於每次我特地用專屬的「祂」字稱呼神，也不心生敬畏。天主教會感受到神的旨意，於是有了「天主的和平」與「天主的休戰」運動，以及十一、十二世紀奴隸制度的終止。神是整個中世紀唯一的國際和平大使。正是基督宗教對神的崇拜，西方於是接受教宗的權威。基督宗教的修院制度帶來十二世紀的知識復興，開啟西方的教育與科學。十三世紀以前，教會人士幾乎是唯一保存文字的人。印刷術發明後，也是為了閱讀《聖經》裡的神，庶民男女學習識字，並賦予許多女性首次表達自我的機會。讀寫的普及也改善政府行政與組織，繼而減少私人暴力。為了探索造物主的創造，許多科學家前仆後繼，揭開宇宙神秘的面紗以及全世界的植物標本。也是因為相信神的治癒能力，讓許多十七世紀的醫生有信心幫助病苦。到了十九世紀，由於相信神使人平等，促使許多人主張男女、黑白、貧富——平權是唯一站得住腳的道德立場。在本書中，只有二十世紀的變化沒有受到神太大的影響。

至於那些存在的人之中，誰又應得推動改變的主角呢？其實沒有。若硬要選，我會說是哥倫布，他代表歐洲擴張的重要性；或伽利略，他代表科學方法戰勝宗教。但這些只是個人的選擇，而且多半是象徵性的；真的一點也不重要。否則我們又變成在客廳閒聊，也沒必要為了選出主角而美化某個歷史人物。

本書每一章都有一節「推動改變的主角」，這麼做是有目的的。首先考慮主角：宏觀上，整個世紀下來，一個人能造成多大，或者多小的改變？歷史上，又有誰能阻止任何本書討論的五十個改變？第二個目的是想藉由人物說明，我們只選擇促使改變發生主要的角色。如果我在十八世紀選擇了馬爾薩斯——現代時期以前，唯一探討人類與地球之間供給層面主要的經濟學家——你八成會笑我。他又沒做什麼事。我們總是希望英雄能做些什麼事，而不是要他們千萬別做事。這也是為什麼，每每談到改變人的本性，揚棄「往西方去」的典範，我們民主制度選舉出來的領袖就不大可能有所貢獻。多數推動改變的主角，甚至無法為該世紀最重大的改變負責。說到社會經濟的變化，是沒有人能控制的。從來就沒有。

第三個目的也與此相關。你可能注意到，我沒有選擇任何一個女性作為推動改變的主角。

若我提出卡斯提爾女王伊莎貝拉、英格蘭女王伊利莎白一世、瑪莉．沃斯通克拉夫特或瑪麗．居禮，大家就會發現這是為了政治正確或保障弱勢。這些女性的影響遠不及哥倫布、馬丁路德、伽利略或希特勒。西方社會根本上是性別歧視：現代時期之前，沒有任何女人有機會對西方生活產生深遠影響。強調過去並無真正具有影響力的女性之同時，我也希望未來將有所不同。我方才寫道：「現在的挑戰不是擴張，而是自制：有一連串的問題，是向來征伐的男人無力解決的。」這句話強調「男人」並非偶然。通常女性的特質較少與睪丸激素高張的征服有關，較常與養育和保護聯想在一起。這樣的特質對於我們的未來較有幫助。如果男人改變他們的特質，那麼女人也會改變——但這樣暗藏巨大危機：如果女人變成男人那樣，對世界可是完全沒好處。無論如何，如果人類未來還有希望，我們就得接受，二十一世紀推動改變的主角，女人也許更適任。

---

1 見 Abraham Maslow, 'A theory of human motivation,' *Psychological Review*, 50 (1943), pp. 370-96. http://psychclassics.yorku.ca/Maslow/motivation.htm。下載日期二〇一四年一月四日。

2 應該補充，即使有大量的移入者，移入者會增加社群對食物的需求，因此這個因素不需從自然人口成長中獨立出來。

3 二十世紀人口成長不只受到食物供應的限制，例如選擇組織小家庭而非大家庭，因此人口成長和食物供應增加的關係不再。能夠提供所有人全部的飲食需求，絕對是二十世紀的成就。但是，這項成就不等於改變。滿足百分之九十的飲食需求和滿足百分之一百零五的飲食需求（產生浪費），比起從百分之七十五增加到百分之九十，較不重大。即使二十世紀和十九世紀的生理需求都受到滿足，二十世紀供應過量的部分即代表有些供應非必要，和需求無關，因此「無用」（套馬斯洛的話）。然而，這樣的差距卻可呈現十九世紀在食物需求的滿足上，較二十世紀進步更多。當然這是指西方，世界上其他的地方情況又大不同，例如發展中國家，在二十世紀的變化比十九世紀大。

4 見Pitirim Sorokin, *Socail and Cultural Dynamics* (4 vols, 1943)

5 見Henry Kamen, *The Iron Century: Social Change in Europe 1550-1660* (1971), p. 43

6 見Sorokin, *Socail and Cultural Dynamics* (1962, single vol. edn), p. 550

7 見Ole J. Bebedictow, *The Black Death, 1346-1353: The Complete History* (2004), p.251

8 同上p. 252；見E. A. Wrigley and R. S. Schofield, *English Population from Family Reconstruction 1580-1837* (1997), p. 614

9 見Massimo Livi Bacci, Population of Europe (2000), pp. 135, 166。這些表格並未提供一七五〇年西班牙的數據，因此採用一八〇〇年的數據。二〇〇〇年的資料來自二十世紀那一章、注釋十一男女數據的平均。瑞典裔一九五〇年的數據來自*International Health: How Australia Compares*, http://www.aihw.gov.au/WorkArea/DownloadAsset.aspx?id=6442459112。下載日期二〇一四年三月三日。

10 E. A. Wrigley and R. S. Schofield一九九七年著作中的英格蘭數據（比上表還要晚出現的數據），顯示一五九一到一六一一年出生時平均餘命為三十八．一八歲；一六九一到一七一一年是三十七．九八歲；一七九一到一八一一年是四十．一九歲。因此十七世紀的醫學專業，在重大災難之中顯得微不足道。十八世紀出生時平均餘命的成長相對微小。

11 見B. R. Mitchell, *British Historical Statistics* (1988, paperback edn, 2011), p. 166-9

12 見Angus Maddison, *The World Economy: A Millennial Perspective* (2001), p. 264

13 見Stephen Broadberry, Bruce Campbell, Alexander Klein, Mark Overton and Bas van Leeuwen, *British Economic Growth 1270-1870* (2011) http://www.lse.ac.uk/economicHistory/seminars/ModernAndComparative/papers2011-12/Papers/Broadberry.pdf。下載日期二〇一四年三月三日。

14 見R. B. Gordon, M. Bertram and T. E. Graedel, 'Metal Stocks and Sustainability,' *Proceedings of the National Academy of Sciences*, 103, 5 (2006), pp. 1209-14

15 見http://www.worldcoal.org/resources/coal-statistics/coal-steel-statistics//。下載日期二〇一四年三月四日。

16 許多報紙在二〇一〇年四月底都有霍金教授的報導，最早見到的一篇似乎是在二〇一〇年四月二十七日的《每日郵報》。

17 五十八．六年的數據是這樣得來的：加速四年，行駛一．四光年，減速亦同，而從加到最高速到開始減速，花去二十一．三年，可旅行十九．二光年。回程亦同。

尾聲

# 與我何干？

本書的後記留下幾個未決的問題。若《地出》使我們瞭解地球的資源有限，對往後一千年的人類意味著什麼？本書提及的五十個變化，哪一項會被強調，或被逆轉？若我們不可能長久維持自由的資本主義，持續在文明曲線的頂端發光，我們的子孫又會繼承什麼樣的世界？

首先我要表明的是，我並不認為我們能夠依自己的意願有意識地改變本性。我說的也許不對，也許我們全都可以變得溫順、謙卑，僅有一丁點的自我和慾望，安於在小片土地上耕作，也不追求多子多孫。寇特・馮內果（Kurt Vonnegut）在一九八五年的小說《加拉帕戈斯群島》（*Galapagos*）中，建議我們可以演化成多毛的水生哺乳類，流線型的頭裡裝著較小、較簡單的大腦，愛吃魚。但我懷疑成真的可能。首先，我們之所以是成功的物種，就是因為我們有不斷繁衍的動力；歷史上，這樣的動力使我們經歷飢荒和災難後能快速重建社會。還有，個人野心也是我們本性的一部分。永遠會有人想要出類拔萃，而且我覺得總有一定比例的人受到這種人吸引，生殖上或社會上都是，使得更多人互相競爭。即使有些國際公約約束我們的行為，但很快會被破壞或推翻。事實是，人類不喜歡在體制、規則、限制中表現謙卑。我們很喜歡聽見有人突破規定和掙脫壓迫。對自由的熱愛是人類精神的本能，所以我想我們就像威尼斯共和國：因為我們成無法接受成為自己以外的模樣，所以注定失敗。

所有銳減的自然資源當中，人們八成首先想到石油。石油是生活所有面向的基礎，從食物、交通，到法律規範、國防、娛樂。而且在當下這一千年的某個時間點，石油就會耗竭。這是確定的，只是早晚的問題。目前證實的蘊藏量是世界年消耗量的五十倍，但比例變動巨大。若找到更多油田，年限即可延長；二〇一二年證實的總蘊藏量比二〇〇〇年要多出許多。[1]否則，隨著人口擴張和工業化速度，藏量很快便會減少，最終乾涸。然而，石油用盡的時間是三十、五十、七十年，都不是這裡的重點。石油供應到了某個點便無法滿足全世界的需求，而且很有可能在我們孩子的有生之年。我們現在賴以製造肥料的天然氣也是如此。我寫作的此刻，證實的天然氣供應是每年世界用量的六十倍，但每年用量又上升百分之二到三之間。頁岩氣的開採提升總蘊藏量，未來也會繼續增加，但這些能源已經以低價售出。你可能會想，政府應該限量供應這些意外發現的能源，在我們找到化石燃料的替代方案前多爭取一點時間。伊索寓言裡「螞蟻和蟋蟀」的故事便說了，螞蟻一整個夏天辛勤工作，為冬天準備糧食，但蟋蟀一整天只會在太陽底下唱歌，結果冬天來的時候，什麼也沒得吃。這個故事告訴我們，不懂得未雨綢繆的後果。但是西方政府就像蟋蟀，非常短視近利：政治人物對著那些可能投票給他們的人唱歌，不是對著未來的人。如我在緒論說過的，獨裁者反而會深謀遠慮。

因此，好幾種結局等著我們。光譜的一端是永續的未來。在這樣的情境下，我們從永續的資源生產能源和肥料，所以社會或多或少能照常延續。光譜的另一端是全球危機：由於全球未能在化石燃料耗盡之前找到替代方案，而導致如黑死病那樣規模的災害。我的論點是，光譜的兩端，社會都會更加階層化，更少自由。

我們先來考量美好的結局：永續的未來。想像每座農場在山丘溪流處都有水力發電機，農場有太陽能發電板，山丘的風力渦輪全速運轉。想像每個城鎮的房屋、工廠，牆壁和天花板都有光電電池，鄉下每間房屋都有沼氣鍋爐。離岸的風車攔截海風力量，而每一波大浪來襲，懸崖旁的巨型活塞就將電力輸送到電網。飛機利用生質燃料飛行，拖曳機和農地機械靠生質柴油運作。電動貨車帶著穀物和牲畜到城市的市場，並用電動火車載送到屠宰和加工的地點。但是即使像這樣和諧的狀態，仍要上演資源競爭，尤其是必要的土地爭奪。

以英國為例，假設我們接下來的數十年，大量投資在太陽能、風力和水力發電，目標是二〇五〇年所有的電力都來自這些能源。[2]這樣的假設野心很大，儘管如此，為了論證，我們假設這是可能的。事實上，我們再進一步假設到那個時候，石油已經到達危機點（不管是什麼時候），我們不僅從可再生的資源滿足所有電力需求，還將石油、天然氣、煤礦的使用減半。然而，化石燃料的問題還有一半沒有解決。今日所有生質燃料形式，包括葡萄籽、各種堅果、微藻、玉米、甜菜，都需要土地。要滿足英國現今道路運輸需要的柴油和汽油用量，則需要完全使用一千一百三十萬公頃的土地，約是英格蘭百分之八十七的面積，而且超出全部的農地面積。這還不包括非道路運輸的需求，例如製造業、塑膠產品、農業機械和航空燃料，[3]也沒把隨人口擴張而增長的比例算進去。有些人會說，那麼答案是多蓋幾座核電廠。但是就算政治上通過，也只是暫時的解決之道。世界上證實可得的鈾礦低於每年世界用量的一百倍，而且隨著煤礦、天然氣、石油減少，對鈾礦的需求也會急速上升，所以鈾礦藏量也不可能超過石油數十年。[4]因此長遠下來，永續的未來不僅需要如太空探險那樣的鉅額投資在再生能源，將這麼多的土地用在製造生質燃料、生質沼氣或其他新的燃料上，勢必會造成食物和燃料製造的緊張關係，這個問題在某些能源壓力緊迫的國家已經造成政治衝突。

人口擴張之下，需要興建更多房屋，因而增加土地競爭。在英格蘭，城市、鄉鎮、村落，以及都市基礎建設的面積佔據全國百分之十・六。[5]林地、海岸邊緣如沙丘與河口、淡水湖、河流、山丘、濕地和荒地佔據百分之十五・九。剩下百分之七十三・五是農地。表面上似乎有很多土地可供房屋興建，然而，所有的農地此時只生產糧食需求總量的百分之五十九。當然，有些食物因為無法在這裡種植，所以需要進口，但扣掉進口，國內的糧食產量只能達到百分之七十二的自給自足程度。[6]意思就是，就算有些我們產量豐富的作物，例如小麥、大麥、燕麥、亞麻籽、油菜，也沒有多到可以減產的程度。二〇〇八年我們的小麥生產過剩，比我們需要的多出百分之十。那是豐收的一年。二〇一二年卻反過來，我們的進口比出口還多。[7]我們的食用肉也不夠自給自足。[8]在農地上蓋房子也許能夠幫人遮風擋雨，長久下來卻不能餵飽他們。

有些人可能不同意最後一句話。他們認為蓋房子確實有幫助，賺來的錢可以買其他國家的食物，但這不是長遠之計。一塊土地興建房屋後，就不能生產食物或燃料。假設你每年都要交出一小塊英國的農地作為建設用地，約等同人口的成長，若是農地，每公頃價值兩萬英鎊；現在一塊建設用地，價格立刻翻漲為每公頃一百萬英鎊或更高，端看地點而定。國民經濟平衡表每公頃建設用地，因此增加九十八萬英鎊。這多出來的現金注入經濟，改善就業、提升利潤。以現在的人口成長率為每年百分之〇．七六，英格蘭的人口在二一〇〇年以前就會多出一倍，高達大約一億零四百萬人。[9]要提供多出來的五千萬人房屋、工作和基礎建設，需要開發國家約百分之六．八的土地，也取決於之前開發的地區再利用的程度。[10]這樣的土地代表英國百分之九的農地，意即除非剩下的農地更密集地生產，國內糧食產量將減少今日的百分之九。但那些土地現在要餵的人變得更多了，不僅無法達到百分之七十二的自給自足，縮小的農地現在只能餵養百分之三十三的人口，我們一定要依賴外國生產的食物。而且還有一個問題，世界上有三分之二的國家人口成長比英格蘭還快：此刻的世界平均年成長率是百分之一．二。這些國家全都忙著把生產的農地轉為建築用地，同時蠶食他們生產國人食物的能力，更不用說有多餘可出口的食物了。到了某一個點，國際市場上交易的主要穀物總產量會到達最高點，然後開始急速下滑。全球價格將會上漲，無可避免的，逐漸有人負擔不起。國際救援組織和慈善機構將會開始承受壓力，不再金錢援助外國飢餓的難民，而先紓緩國內貧窮。更重要的是，這個情境還沒把發電和生質燃料需要的土地計算進去。倘若沒有大片土地用來產生這些能源，也不會有耕作、長途運輸，更不可能發展永續的未來。

以上以英格蘭為假想的情境，八十六年後就會遭遇。只剩八十六年。我們這裡還在想像接下來的一千年，很多人甚至希望人類千年後仍然健康快樂。所以我很確定，福山所謂「歷史的終結」：整個世界有天會成為長久的自由資本主義，是錯的。支持這個願景必要的資源根本不存在，相反的，資本主義會徹底侵蝕自由主義。隨著對土地的要求增加，我們就得抉擇，要用來產出食物、生質燃料，或毫無生產能力的房屋。我們理所當然會生產一些食物、一些生質燃料、有限的電力，還有越來越少的房屋。但屆時這些供給，將無法如今日的水準提供每個人食物、交通、住所。每個社會最貧窮的族群將會崩潰，就連相對富裕的國家中，最貧窮的族群也難以倖免。因此，工業社會之前的階層特色，將在後工業時代再度興起。

資源有限時，階層結構似乎是人類社會預設的型態。如同我們在本書所見，富人的慾望總是先於社會其他人的需求獲得滿足；卑賤的窮人在危難時期，與富人的差異更加明顯。相反的，當資源供過於求，有多餘的資源給窮人時，富人的相對財富則減少。十九、二十世紀時，我們大肆掠奪石油、煤礦與天然氣，因此大幅降低飢荒與疾病的風險，也縮小相對的財富差距。現在，隨著這些無法替代的資源開始減少，又會開始回到化石燃料的力量被開發之前的社會結構。

階層性的社會結構，不單是因為無法永續發展的經濟循環，同時也來自社會上富裕族群傾向獨佔的行為模式——獨佔一定比例的財富。這也是為什麼，二十世紀的經濟成長頂多只能減少社會不平等；富人和其他富人聯姻，因而得以維持大量資本的控制權，主要的資源還是握在富人手中。如此獨佔的模式，在人口增加時更趨明顯。例如，若一個國家的人口經過一個世紀後增加為兩倍，富人會更富裕（因為他們傾向與富有人家結婚，保有財產），而窮人的財富則會急速減少（同樣的資產需要分配給兩倍的人）。結果，財富等級在社會光譜的兩端會呈現拉長的差距：富人更加富裕，而窮人不僅越來越多，也越來越窮。

婚姻不是唯一造成財富集中的獨佔模式。精英制度的工作會強化階層、財富與地位的界線。高成就的世代，不只將他們聰明的基因傳給下一代，也提供子女最好的教育，幫助他們與其他成功的有錢人社交，鼓勵他們成年後追求收入優渥的生活。因此，下一代自然而然繼承家業。「校友會」也是另一種獨佔行為。位高權重者往往選擇相同背景的人擔任其他要職。事實再簡單不過，就是「物以類聚」的道理。這類行為過份的形式還包括貪汙、政治徇私。你只要想想俄羅斯在蘇聯瓦解後，一個政治領袖可能藉著酬庸給自己的朋友來建立階層。最近甚至報導，俄羅斯百分之三十五的財富掌握在區區十一個人手中。多數都是佛拉迪米爾・普丁（Vladimir Putin，譯注：俄國總統，二〇〇〇到〇八年、二〇一二年至今）的人馬。同時，該國有約五十萬人為人奴役。[11]

社會階層和財富引起越來越多人注意，最近托瑪・皮凱提（Thomas Piketty）在其著作《二十一世紀資本論》（*Capitalism in the Twenty-First Century*）中，再次從經濟的面向強調這一點。皮凱提其中一項創見就是提出一個方法，比較不同時期資本分配不平均的情況——將國家總資本除以收入，以當時匯率計算，得到比率。十九世紀歐洲的比率是百分之六百五十；二十世紀中期，由於世界大戰，下降至百分之兩百二十五，但自一九五〇年起又逐漸上升，目前百分之五百五十。[12]這意味著現在如同十九世紀，已經擁有大量財富的人就是收入能力較高的人，換句話說，為生計而勞動者，收入能力較低。皮凱提解釋，在平靖時期，資本呈現增加趨勢的原因是資本報酬率，即「利潤、股息、利息、租金、其他資本收入」（他以「r」表示），大於經濟增長率（g）。[13]「r」大於「g」時，意味握有大量資本的富人，財富增加的速度比勞動人口快。這樣的情況使擁有資本的人繼續投資，增加收入，而勞工為了維持生活卻只能花光所有的所得。錢滾錢的循環會永遠持續下去，他將此結果稱為「世襲的資本主義」，因為財富趨於集中在家族當中。此外，他發現整體而言，「r」和「g」未來的差距會更大。如他所言：「若財政競爭繼續如此發展——事實上很有可能——二十一世紀『r』和『g』的差距將回到接近十九世紀的程度。」[14]

皮凱提的統計方法引起一些批評，但他的基本公式「r」大於「g」是合理的，甚至可以說這個公式是已開發國家經濟的特徵。[15]若一個地區的土地與自然資源已開發到極限，經濟成長就會非常困難。若人口同時又繼續增加，取得資本的競爭也會更劇烈，「r」便會不斷上升。假定地球的資源有限，皮凱提「r」大於「g」的法則在西方將永遠適用，除非人口驟減，或不再需求土地和其他資產使得「r」下降。因此，擁有大量資本的人，平均而言，將會越來越富有，直到貧富差距到達飽和點——大約相當於十九世紀的情況。

如此持續擴大的貧富差距，其中的政治意涵很明顯。財富和政治權利往往攜手並進，富有的人將再度控制社會。東歐已逐漸出現這種倒退的趨勢：例如俄羅斯，並不是多數人想像的自由民主。其他由富人主導的社會，也等著面臨這樣的未來。和我這本書出版差不多的時間，一項探討不同利益團體對美國政治決策影響的學術研究也同時發表。其結論是，「經濟精英與代表商業利益的團體，對美國政府政策具有長久、獨立的影響力；一般公民與代表大眾利益的團體僅具有些微，甚至毫無獨立的影響力。」[16]長話短說，美國已經出現寡頭政治的徵兆。未來，隨著資源有限的問題浮上檯面，這個模式將會在西方散播。經濟階層不只意味極貧與極富的資本差異，同時意味著勞工的力量非常渺小。

財富與政治權力集中在少數家族，即是資本主義破壞自由主義的一種方式。窮人變得更窮是另一種。這裡的重點是，總人口數中，貧窮的那一半持有的少量財產，隨著每多一個人出生，還會繼續打折。在歐洲某些地區，一間公寓或一棟房屋的價格，已經貴到多數的年輕人負擔不起。英格蘭房屋平均價格是平均薪資的七倍，國內其他地方還更高。理由不難發現：太多的人競爭太少的土地。人口密度每平方公里四百一十人，大約是法國的三倍（每平方公里一百二十人），將近中國的三倍（一百四十五人），幾乎和印度差不多（四百一十六人）。[17]荷蘭是歐洲地區人口密度最高的（每平方公里四百九十七人）。像英格蘭和荷蘭如此稠密的國家，受到影響的不只是房價，房租也逐漸提高，屋主希望提高租金比例以反映財產的價值。富裕人家安穩地坐在完全屬於他們的房子中，他們隨心所欲支配收入，而租屋或背負貸款的人，光是求個棲身之地就要花三分之一的所得。有限的土地使無恆產的人越來越窮，就和化學肥料與大眾交通發明前一樣。如果你問那些沒有房子的人，要便宜一點的房貸還是要投票權，多數人會選擇便宜的房貸。便宜的房貸代表金錢的安全感和個人自由。如此一來，社會改革的文明曲線就不見得會那樣。人們擁有的政治權力就像投資一樣，會上升也會下降。

富裕的西方國家認為，普選權是政府接受共同民意的指標，因此長久以來，甚至世紀以來，皆維持這項公民權力。但我懷疑，當面臨有限的資源時，普選權仍會是自由的象徵。沒有政府會想要破壞此慣例，至少不是明顯的破壞。相反的，透過政黨控制的選舉系統，選票的力量會被削弱。這裡對自由主義的威脅是，政黨會逐漸被提供資金的寡頭控制，依照非選舉產生的政治精英要求而制訂法律。如上述的美國研究，普通人根本沒有管道干預政府政策；他們只是參與一個選舉系統，選出一個代表人，實則為政治精英的人馬，通過政治精英提出的法案。部分的結果是，

十九、二十世紀成就的社會改革與進步，輕易的就會瓦解。窮人的人均財富減少，他們居住的環境可想而知只會更差。為了賺錢的工人不惜冒更大風險，從事更危險的工作。無法負擔高額房租的家庭，最終居住在髒亂的地區。經濟衰退嚴重時，政府將會採取激烈手段：削減貧窮補助以及健康照護和社會福利。

若如此，馬克思會哭泣。他畢生不遺餘力反對馬爾薩斯的《人口學原理》，但最終，他的理想正是被馬爾薩斯的論點給擊垮。雖然有很多人，包括馬克思，都認為馬爾薩斯根本上是錯的，他們這麼認為往往基於馬爾薩斯未預料到，科技將會增加世界的食物產量。但現在很明白，科技發明只是延遲馬爾薩斯的預言，並沒有終結。若科技的進步使我們繼續從土地上獲得食物，繼續生存兩百年，屆時人口也會依比例成長，直到人口與資源的比例又到達飽和；上述富人自我保護、獨佔的行為將會快速啟動，將富人和窮人分成兩邊。即使世界人口從現在開始持平，維持在稍微超過七十億，而我們運送多餘的食物到世界各地的能力也下降，人口還是會繼續上升。更不用說世界人口絲毫沒有穩定的跡象：接下來四十年將會高達九十五億。

我們不可能停止人口成長的趨勢。泱泱大國如中國，一九七九年嘗試藉由一胎化政策控制人口，但人口成長比例仍增加超過百分之三十，從當時低於十億，到現在超過十三億。因此我們可以合理認為，除非發生嚴重的世界性傳染病，人口將持續成長，生產工具將會集中在少數人手中，社會階層將趨於顯著。在絕望罩頂之下，可能會因此發生革命（非關野心），要求重新分配財富。但革命本身不能填飽肚子，只是重新分配財富。當油價持續上漲，物價持續攀升，最貧窮的人民將無法吃飽、無法旅行，也租不起房子，更不用談溫暖明亮的家。也許到時他們還是有投票權，但很多人已不在乎。民主在無法實現基本生活水準的情況下，只是空談。對某些人來說，多幫家裡帶些食物回來比上學更重要。賣淫也將再度盛行，特別是窮苦人家，並造成對女性的貶抑。在這種情況下，和奴隸沒什麼兩樣的階級會再度於西方重現。事實是，許多人寧願拿自由交換溫飽，也不要看著家人餓死。將經濟成長視為「正常」，信心十足的民主政治，也會很快充滿失望與幻滅，表情從微笑變成痛苦扭曲。

這就是為什麼，《地出》的照片對我來說有如當頭棒喝。這張照片告訴我們，地球的大小有限，我們的口袋空空，自由、平等、人類幸福等夢想，骨子裡是那麼不切實際。一九六八年之前，我們可以大談進步，無止盡地擴大與成長。漸漸的才發現，事情不是這樣——有限的地球資源使我們明確預測未來。我們永遠不可能擁有比現在還多。我們永遠不可能看著經濟成長，重現二十世紀的高峰。我們望著未來，心裡必須思考危機，而非熱血的理想主義。烏托邦的理想已成往事。

當然，這些事情令人沮喪。我寧願看著我們邁向永續的未來，即使我們還差得遠，也不要讓我們墜入另一個極端，也就是全球危機。全球危機中，太陽能、水力、風力、生質能源，都無法補足必要能源的短缺。在這種情況下，階層的社會不可能逐漸興起，而是脫序的社會。邊緣小國的經濟將會崩盤。他們的政治系統很快就會停止運作，陷入無政府主義。西方的核心國家出口減少。隨著貿易國家崩盤，食物進口也減少。價格持續上升，通貨膨脹迅速爆發，人們停止消費非必要商品，以販售奢侈品為業的商家將會倒閉。隨著配給制度實施，商店的貨架上空無一物。法律與秩序開始瓦解，西方國家之間的國際貿易停滯。軍隊受命佔領街上，有方法或工具守住食物的人，就會制裁掠奪者，因為他們別無選擇。之後，隨著經濟進一步萎縮，軍隊自己也會解散，寧可回家保護家人。

這樣的場景雖然恐怖，卻能輕易想像。任何依賴健康照護、付費服務、社會福利等等的人，將會極度脆弱。相較之下，擁有私人食物來源，能保證餵養別人的人就會具有威權——只要他們能一直控制食物來源。即使在偏遠地區，恢復永續的生活也很困難。隨著人口逐漸去技術化，尤其是農業勞動人口，我們早已遺失十八與十九世紀初期農業革命發展的農耕方法，更不會有剩餘的生產提供給城鎮居民。這方面的危機，輕易就能造成高達百分之六十的死亡率，甚至比黑死病時期某些地區的死亡率還高。人口也許會回歸到十七世紀的水準，並且努力地適應沒有汽車、卡車、拖曳機、化學肥料，和機動漁船的世界。如同黑死病與十七世紀的危機之後，唯一攸關存活的是財產權。當新的秩序出現，人口大幅縮減後，倖存者會盡可能快速大肆掠奪。他們會回憶本書後半部分提及的步驟來重建社會，最終可能會出現寡頭政治。但災難過後，倖存者會像他們中世紀的祖先一樣，立刻淪為附庸。獨立的軍閥會主導一個非常危險的新封建制度，同時組織軍隊，避免他們的領土和工人受到對手攻擊。

除了這兩種極端，有沒有一條路能讓我們找到接近永續未來的方法，社會儘管還是因階層和貧窮而分裂，但至少穩定且和平，或是我們一定要通過全球危機嚴峻的考驗？兩方各有支持的觀點。人們害怕災難般的後果，首要的原因是社會的自滿。對歷史所知不多，以及無法想像財產突然毀滅般銳減的人，往往拒絕承認自己或孩子必須改變對「正常」生活的想法。他們會繼續要求享有如二十世紀末所有的特權，直到遲矣！

社會的自滿可以從下頁的四張圖清楚看出。這四個國家，沒有任何一個能在二〇五〇年的時候，藉由再生能源減半現有的能源需求。目前只有德國的再生能源取代超過百分之十的能源用量。今日的報章雜誌經常告訴我們，由於當今肥胖的趨勢，一個新生兒可能活得比他的父母還要短。壽命縮短的預言不用等太久，只是理由完全相反：因為食物供應不足。

我有兩個理由說明，為何我有信心，我們會避免自滿，最終匍匐前進，朝向永續的未來。首先，現在還有時間，務實、負責、有遠見的人，必須盡早規劃化石燃料終結的情況。這包括非常富裕的人，因為當國際經濟膨脹過度，發生災難性的爆炸時，有錢人的損失最多。同時也包括像我這樣的社會中堅，以及社會的弱勢。讓我解釋清楚：雖然我說更大的社會差距是不可避免，並不表示努力減少差距是無意義。即使自由民主和社會福利的大船緩緩下沉，眼見不平等與艱苦即將一波波來襲，任何人也不應該就開始在船底鑽洞，早日畫上句點。我們應該盡可能讓船繼續漂浮。現在還有足夠的時間，我們可以減少個人的需求和期待，使社區朝著更有建設性的方向，轉型為自給自足、永續的生活方式。我們應該加強下頁四張圖的發展。例如，若英國每年希望增加兩百五十萬公噸石油等量的再生能源——其實二〇一二到一三年的成果已經差不遠了，同時每年減少百分之一主要能源的消耗量——只要比過去十年的平均節能成果再努力一點，如此一來再生能源的產量在二〇五九年就能達到目標。

第二個支持保持樂觀的理由是，人類有不同凡響的適應能力。我們熬過了黑死病，但社會只有輕微的失序。我們不只面對十七世紀無盡的戰爭和飢荒，同時向世人呈獻最偉大的藝術、建築、文學。綜觀整個歷史，你不能不相信，經歷多次危難的人類比從前更加堅強。如果正確的農

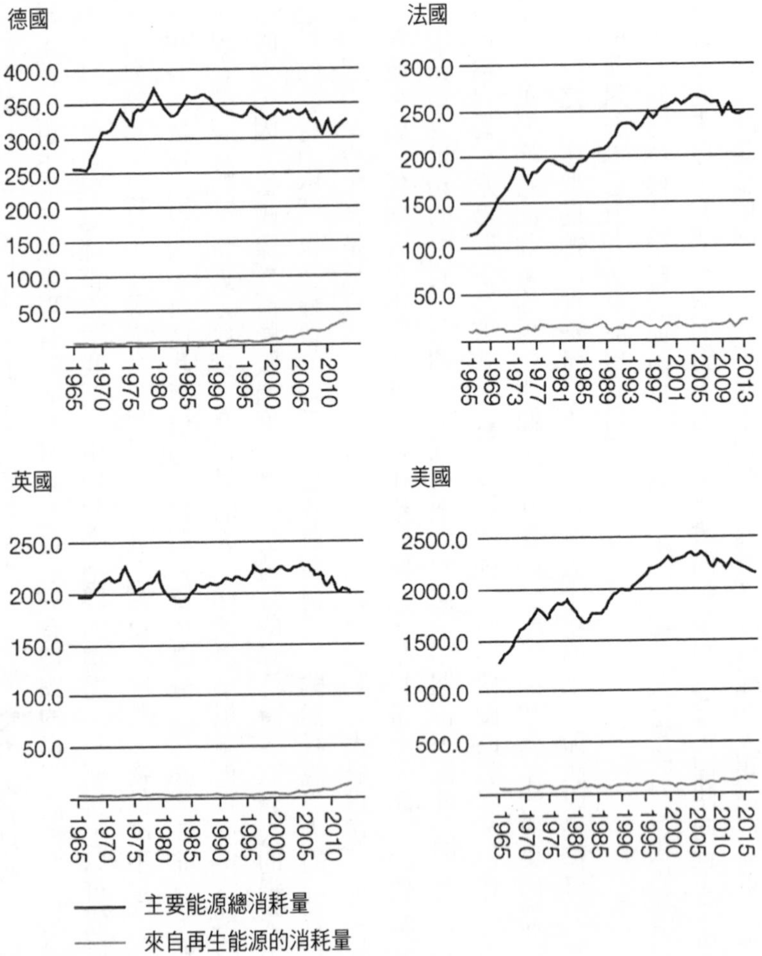


1965～2013年，能源總消耗量與再生能源消耗量（等同百萬公噸石油當量）[18]

業和技術知識重新引進社會，開發再生能源、計畫性耕作、限制牲畜產量，並減少非必要的生產，如此一來，多數的西方國家沒理由放棄龐大的人口。有了水力發電、太陽能，以及生質能源肥料等現代科技，便能規劃完善的糧食生產與分配，在缺乏化石燃料的情況下維持大量人口。但這樣無法如當今的生活水準，提供所有人食物。如同保羅．埃爾利希最近於皇家學院發表的文章指出：

> 維持當今的七十億人口（即照常運作，包括科技與生活品質），將需要再加上半個地球；而且，如果所有地球公民的能源消耗都高達美國那樣的程度，要用上四、五個地球。根據預估，二〇五〇年將多出二十五億人口。每多出一人，對環境的破壞也就更快速。屆時，人們所到之處，面對維持文明生活的系統，將得到非線性的回應，也將導致人類攻擊維生系統的情況不成比例地惡化。[19]

隨之而來的結果就是窮人像十三世紀的農夫，首先都得吃素，單純因為種植主食穀物的土地產出的食物比畜牧多出十倍。[20]所有人也不能自由種植作物。如果人類可以適應不同的飲食習慣、更多勞力工作、減少旅行、組織小家庭，我們當然可以邁向永續的未來。

做個正面的結語：有些文明曲線發展的優點，在未來的世紀還是會與我們同在。為了政府和個人的利益，每個人擁有閱讀能力是件好事。如此可確保對人類有益的知識不會喪失；例如，我們不大可能再對基本的醫學知識一無所知，例如血液循環和細菌學。人們對於不遠的未來能夠採取避孕措施，無論是為了安全的性行為或避免懷孕。低耗能的科技產品，例如電話和電腦，可以使人們保持聯繫。國家還是可能繼續遏止民間暴力；部分負面的改變也可能扭轉。綜觀本書，多次見到布勞岱爾的法則——「主要的資本城市永遠位在中心」，然而，一旦化石燃料不可得後，不難發現此刻的分配型態即將改變。貿易區無論在國際之間或國內，將會大幅改變。例如，經濟上不可能再把秘魯的蘆筍空運到摩爾登。人們不會想要走幾公里路去買生活用品，地方的市場便會恢復往日的重要性。溝通聯繫也會更加頻繁，個人有必要多和鄰居保持友好。我們可能也會扭轉去技術化的過程。整體而言，即使資源殆盡，本書前八章提及的正面改變應不至於完全抹煞，而許多一八〇〇年之後俾利生活的科技也仍然受用，儘管程度不盡然完全相同。

依我看來，當較高的階層主導社會，多數的人變得相對貧窮時，宗教在西方非常可能會變得更盛行。至於這是不是一件好事，就見仁見智了。美國蓋普洛公司（Gallup）調查顯示，在全世界，宗教和貧窮兩者關係密切。

上述那句話，不應理解為貧窮造成宗教崇拜，金錢和宗教的關係沒那麼簡單。但反過來可能為真：金錢導致精神崇拜減低。無論哪一種，我猜想將來信仰和宗教團體提供的支持會越來越重要。世紀以來，世界上的傳統宗教無不同時為主人和僕人設想，似乎便是為階層社會而量身訂做。當我們再度回歸階層社會時，我相信宗教的價值會再度彰顯。

最後，十九、二十世紀見證最大變化，這件事情對我們而言重要的原因是，這兩個世紀經歷的許多進步，建立在人類僥倖獲得的能源，而且未來的某個時間點，情況必將逆轉。因此，社會在這個世紀或下個世紀，很可能經歷一連串比二十世紀更劇烈的變化。儘管會花上一百年或更久的時間，然而工業化之前極度嚴密的階層社會即將重現。接下來的一千年，西方社會的生活水準將呈現下滑的曲線，權力也會集中在極富有的階層手中。社會結構將會回歸一八○○年的情況，而非二○○○年。唯一的問題是，我們會忽然痛苦地回歸，還是循序漸進地回歸。

外頭的陽光閃耀。我坐在屋裡聽見摩爾登教堂的鐘敲響，鐘聲已繚繞數個世紀。我聽見摩托車的聲音，騎士催足油門，從埃賽克特的方向轉彎進來。我的思緒飄回一千年前徒步來到這裡的司鐸，站在距離這棟房屋不遠的十字路口，宣揚後來將這個小鎮與廣大基督宗教世界相連結的《聖經》。明日的報紙將充滿現代生活的片段——網路危機、股市報告、殺人審判、性醜聞，還有在中國南海消失不見的飛機。最後的最後，我心想，有什麼過去一千年來不曾改變，下一個一千年也不會改變。一開始這個問題看似無邊無際、無力招架，但我還是再度思考。我想像宮廷詩人在壁爐旁吟唱，我想像上千人走在狹窄的屋簷底下，前往觀賞莎士比亞的戲劇。我聽見十七世紀的客棧裡，昏黃燭光中，酒醉的農夫喧鬧。揚·斯特恩（Jan Steen，譯注：十七世紀荷蘭風俗

| 人均國內生產毛額（美元） | 同意宗教在生活中居重要地位（%） |
|---|---|
| 小於兩千 | 95 |
| 兩千到五千 | 92 |
| 五千到一萬兩千五百 | 82 |
| 一萬兩千五百到兩萬五千 | 70 |
| 大於兩萬五千 | 47 |

蓋洛普2009年國際調查：宗教的重要性（依不同財富）[21]

畫家）端詳他們紅潤的臉，正要描繪。答案簡單得令我會心一笑。不會改變的就是生命中值得做的事——愛、美、孩子、朋友的安慰、笑話、共進佳餚的樂趣、說故事、機智、歡笑、音樂、海的聲音、陽光的溫暖、遙望明月星辰、唱歌跳舞……

什麼不會改變？渾然忘我的事。

值得夢想的事。

無價的事。

---

1 相較於二〇〇〇年一兆兩千五百八十．一億桶油，二〇一二年是一兆六千六百八十．九億桶油。此處化石燃料的統計除非特定說明，皆引用自英國石油公司（BP）*Statistics Review of World Energy* (2013)，http://www.bp.com/content/dam/bp/excel/Statistical-Review/statistical_review_of_world_energy_2013_workbook.xlsx。下載日期二〇一四年三月七日。

2 目前英國百分之十四的電力以永續方法生產，相當於總能源消耗百分之五．二。見 *Renewable Energy in 2013*, pp. 1-2, http://www.gov.uk/government/uploads/system/uploads/attachment_data/file/323429/Reneable_energy_in_2013.pdf。下載日期二〇一四年六月二十八日。當然，要將再生能源從百分之十四增加到百分之一百，不只需要補齊今日百分之八十六的差距，還需要考慮二〇二五年增加的人口百分之一百的能源用量，很可能多出一千兩百萬人。

3 一公頃的葡萄籽一年能生產一．一公噸的生質柴油。一英畝的甜菜能生產四．四公噸的生質沼氣，相當於五千五百五十三公升。（數據來源：http://www.biomassebergycentre.org.uk，下載日期二〇一四年三月二十三日）現今英國每日道路燃料消耗是六千八百萬公升柴油與五千六百萬汽油（資料來源：http://www.ukpia.com/industry_information/industry-overview.aspx，下載日期二〇一四年三月二十二日）。所以，所有其他條件相同的情況下，我們需要一千八百九十萬公頃的土地才能滿足所有的柴油需求，以及三百七十萬公頃滿足汽油需求，總共是兩千兩百六十萬公頃。文中一千一百三十萬公頃即為此數據的一半。

4目前世界鈾礦年消耗量約為六萬八千公噸。二〇一一年，已知可恢復的礦藏是五百三十二萬七千公噸。http://www.world-nuclear.org/info/Nuclear-Fuel-Cycle/Uranium-Resources/Supply-of-Uranium/。下載日期二〇一四年六月二十八日。

5林地面積約為百分之九（比起鄰居歐洲大陸而言算小）；海岸邊緣，例如沙丘與河口不到百分之一；淡水湖與河流只略超過百分之一；百分之四・八是山丘、沼澤與荒地，多數也是國家公園或受保護的區域。見UN National Ecosystem Assessment (2012)，第十章。

6統計來自http://www.agr.kyushu-u.ac.jp/foodsci/4_paper_Colman.pdf。下載日期二〇一四年六月十六日。

7見Robyn Vinter, 'UK Becomes Net Importer of Wheat', *Farmers Weekly* (10 October 2012)

8二〇〇八年我們只生產百分之八十二的牛肉需求量，百分之五十二的豬肉，百分之八十八的羊肉，百分之九十二的雞肉。數據來自UN National Ecosystem Assessment (2012)的表7.4。

9增加百分之〇・七六的數據是根據二〇〇一年（49,138,831）與二〇一一年（53,012,456）英國人口普查。數據由國家統計辦公室（the Office for National Statistics）於二〇一四年六月公布，經計算，英格蘭的人口每年成長百分之〇・七。

10目前英國百分之七十五的新房屋是蓋在之前的建築用地上，但這類土地的取得有限。這個總數預設每經過十年，可能高達三分之二的房屋將蓋在輕汙染工業用地上。因此，二〇二〇年之後，只有百分之五十的新房屋會蓋在過去的建築用地，二〇三〇年後百分之三十三，二〇四〇年百分之二十二，以此類推，二〇六〇年之後只有百分之十，但就此持平。目前實際的建築比例很難決定。純粹看國內的住宅總數，根據國家統計辦公室的資料，二〇〇七到〇八年英格蘭有二十二萬三千個新家，是房屋總數（兩千兩百二十八萬八千棟）的百分之一。二〇一二到一三年只興建十二萬五千棟房子，房屋總數（兩千三百二十三萬六千）的百分之〇．五四。兩個數據的平均比我們的假設（百分之〇．七六）要高；但是，如同二〇一四年英國女王演說的內容，目前英國的執政黨和其他政黨都希望房屋建設持續增加，因此我們能預測房屋建設比上述的數據更高。

11 一百一十這個數據來自Credit Suisse, *Global Wealth Report* (2013)，受英國媒體廣為報導。有關奴隸，雖然官方廢除，但在許多國家仍存在。依然實行的前十名是：印度、中國、巴基斯坦、奈及利亞、伊索比亞、俄羅斯、泰國、剛果、緬甸、孟加拉。二〇一三年估計奴隸人口將近三千萬，印度本身就佔一千四百萬。見http://www.ungift.org/doc/knowledgehub/resource-centre/2013/GlobalSlaveryIndex_2013_Download_WEB1.pdf。下載日期二〇一四年三月二十三。

12 見Thomas Piketty, trans. Arthur Goldhammer, *Capitalism in the Twenty-First Century* (2014), p. 165

13 同上，p. 25

14 同上，p. 356

15 為說明這點，請想像相反的情況：一個完全未開發的經濟體，人煙鮮少的地區。如果一個人有多餘的種子，想要為了家庭多耕種幾英畝地，他可以直接在荒地上耕種。在無人擁有的土地上耕作完全不需支付任何費用，因此「r」是零，但「g」不是，他的收成就是經濟成長。因此一個經濟體在剛開始發展的初期，不可避免的，資本報酬率小於經濟增長率。但是，當所有的土地被佔據後，「r」就會開始轉為正值，因為每個想找新土地耕作的農夫都得付錢給地主。一開始，沒有人爭相取得土地時，「r」可能還是很低，但隨著人口增加，土地的需求增加，農夫要付出的費用也就會增加。這時候「r」可能還是比「g」小，因為每發現一些新資源，例如石油，會使經濟產量增加到史無前例的數據，但這種情況最終還是不會持續。資源不是乾涸，就是土地的需求，使人爭相取得土地，租金上漲，造成「r」通貨膨脹的效應。過一陣子之後，當該地區所有的土地都為人持有，而且完全利用，不可再生的能源日漸消耗，經濟成長就越來越難維持，因此「g」減少，而「r」大於「g」成為常態。

16 見Martin Gilens and Benjamin I. Page, 'Testing Theories of American Politics: Elites, Interests Group and Average Citizens', *Perspectives on Politics* (forthcoming, 2014)

17 英格蘭以外的數據見世界銀行統計：http://data.worldbank.org/indicator/EN.POP.DNST。下載日期二〇一四年七月十二日。二〇一三年英格蘭五千三百五十萬的人口資料來自http://www.ons.gov/uk/ons/rel/pop-estimate/population-estimates-for-uk-england-and-wales-scotland-and-northern-ireland/mid-2011-and-mid-2012/index.html。下載日期二〇一四年七月十二日。英格蘭面積以十三萬零四百平方公里計。

18 統計數據見英國石油公司 *Statistics Review of World Energy* (2014)

19 見Paul R. Ehrlich and Anne H. Ehrlich, 'Can a Collapse of Global Civilisation be Avoided?', *Proceedings of the Royal Society B*, 280: 20122845. http://dx.doi.org/10.1098/rspb.2012.2845。下載日期二〇一四年三月二十四日。

20 見Geoffrey Parker, *The Global Crisis: War, Climate Change and Catastrophe in the Seventeenth Century* (2013), p. 19

21 見http://www.gallup.com/poll/142727/religiosity-highest-world-poorest-nations.aspx。下載日期二〇一四年三月八日。

# 致謝

首先，我要謝謝我的編輯Jörg Hensgen，他對這本書深厚的付出，也謝謝他的耐心，以及他在神學方面的建議。我也謝謝我的經紀人Jim Gill，以及責任編輯Stuart Williams，謝謝他們兩位的鼓勵與支持。

特別謝謝John and Anne Casson，他們委託我為埃克賽特教區一千一百週年紀念演說，本書的後記得以發想而成；他們也是把十三世紀結語和本書其他地方提到的房屋賣給我們的人。本身處外在特徵與文書紀錄皆保存八、九個世紀的房屋裡，不光是方便舉例，對啟發靈感也很有幫助。

在研究與撰寫這本書的過程中，承蒙很多人的建議。我特別要感謝Jonathan Barry教授對這本書整體的建議，Andrew Hinde博士在人口估計上的建議，Jonathan Camp聽完我對哲學家的看法後給予的回饋。我也感謝Martin Amis建議我在十六世紀敘述暴力減少時引用史迪芬．平克的論點。

我還要謝謝我的母親Judy Mortimer，鉅細靡遺地告訴我電器用品如何影響二十世紀的家庭生活。我也很感謝我的表親Charles and Sara Read，讓我和家人住在他們位於薩福克的農場，那段期間恰逢幾次斷電，每一次都更強調我們對電力的依賴。

還有太多人要感謝。這些年來耐心與我討論改變，提供想法的所有人，族繁不及備載。若非他們熱情參與，這本書不會付梓。我還要特別謝謝摩爾登漢普斯德的鄰居Maya Holmes，她是第一個提醒我《地出》相片重要性的人。我也謝謝James Kidner告訴我，蓋洛普公司曾調查宗教於全世界的重要性；Canon Bill Girard向我介紹教宗本篤的手稿；Marc Morris博士對於諾曼人入侵與英格蘭文明發展的高明見解；Nick Hasell告訴我，退休農夫認為橡膠長靴的發明是最重要的改變。我也謝謝BBC新聞主播，在一九九九年十二月介紹二十世紀，以及啟發這本書的那些話。

最後，最重要的，謝謝妳，Sophie。

# 附錄

## 人口估計

估計歐洲一五〇〇年以前的人口非常困難。帕奧羅・馬拉尼馬在他關於中世紀的文章中，直接引用數個人口統計學家的推估。[1] 尤拉尼斯（B. T. Urlanis）估計當時歐洲人口為五千六百四十萬人（一九四一年）；畢拉班（J.-N. Biraben）估計四千三百萬人（一九六九年）；羅素（J. C. Russel）估計三千八百五十萬人（一九七三年）；麥卡義夫迪與瓊斯（C. McEvedy and R. Jones）估計三千六百萬（一九七八年）；勒布拉斯（H. Le Bras）估計四千三百萬（一九九三年）；馬迪森（A. Maddison）估計三千九百二十萬（二〇〇七年）；而馬拉尼馬自己的估計是四千七百萬（二〇〇九年）。去除最高與最低的數據，剩下的平均值是四千兩百一十萬。至於一五〇〇年，同一群人口統計學家的數據是：一億零四十萬（尤拉尼斯）；八千四百萬（畢拉班）；八千一百八十萬（羅素）；八千一百萬（麥卡義夫迪與瓊斯）；八千四百萬（勒布拉斯）；八千七百七十萬（馬迪森）；八千四百八十萬（馬拉尼馬）。同樣的，去除最高與最低，剩下的平均值是八千四百五十萬。以上學者對於一五〇〇年的數據較有共識，除了最早的尤拉尼斯，他提出的數據與八千四百萬正負三百七十萬有異。馬希莫・李維・巴奇（Massimo Livi Bacci）最近從各國資料計算出歐洲人口，他也注意到八千四百萬這個數據。[2]

由於一五〇〇年以前的數據差距甚大，我重新參閱三個紀錄最完整的國家，試著從中得出我自己的估計。幸運的是，這三個國家尚足以代表歐洲，分別為歐洲北部（英格蘭）、中部（法國）、南部（義大利）。

## 英格蘭

表一之一與一之二，表示一〇八六到一五四一年莊園年成長統計，資料是根據二〇一〇年華威大學（University of Warwick）的史蒂芬・布洛貝瑞（Stephen Broadberry）、布魯斯・坎貝爾（Bruce M. S. Campbell）與巴斯・凡留溫（Bas van Leeuwen）的文章〈英格蘭中世紀人口：綜合時序與交叉證據〉（English Medieval Population: reconciling time series and cross-sectional evidence）得出[3]。其中可見一三四八到五一年人口減少百分之四十六。然而，歐勒・班倪迪陶（Ole Benedictow）估算的資料卻指出，這段期間英格蘭的全國死亡率為百分之六十二・五。[4]為了綜合這兩個不同的數據，我們要注意，班倪迪陶「納稅人」的數據稍微較低，在百分之五十到五十五之間，而這個群組比較接近華威大學資料的人口數，但還是有百分之四到九的差異。若我們使用班倪迪陶的比例：百分之五十五，以反投影法估算英格蘭人口，那麼英格蘭的人口數：一三〇〇年是五百八十萬；一二〇〇年是四百萬；一一〇〇年是兩百二十萬。這個結果顯示《土地勘查紀錄書》的普查結果為兩百萬人，便不無可能。然而，華威大學的數據完整，無法取一個樣

| 年份 | 人口 | 年份 | 人口 | 年份 | 人口 |
|---|---|---|---|---|---|
| 1086 | 1.71 | 1240 | 4.15 | 1400 | 2.08 |
| 1100 | 1.84 | 1260 | 4.30 | 1420 | 2.04 |
| 1120 | 2.07 | 1280 | 4.46 | 1440 | 1.96 |
| 1140 | 2.32 | 1300 | 4.35 | 1460 | 1.96 |
| 1160 | 2.61 | 1320 | 4.40 | 1480 | 2.08 |
| 1180 | 2.93 | 1340 | 4.57 | 1500 | 2.21 |
| 1200 | 3.37 | 1360 | 2.57 | 1520 | 2.34 |
| 1220 | 3.98 | 1380 | 2.44 | 1540 | 2.82 |

表一之一：英格蘭人口估計／每二十年（百萬）

| 年份 | 英格蘭 | % | 法國 | % | 義大利 | % | 總數 | % |
|---|---|---|---|---|---|---|---|---|
| 1000 | 1.50 | - | 7.00 | - | 5.80 | - | 14.30 | - |
| 1100 | 1.84 | 23% | 8.06 | 15% | 7.00 | 21% | 16.90 | 18% |
| 1200 | 3.37 | 83% | 11.96 | 48% | 9.90 | 41% | 25.23 | 49% |
| 1300 | 4.35 | 29% | 20.41 | 71% | 12.50 | 26% | 37.26 | 48% |
| 1400 | 2.08 | -52% | 12.26 | -40% | 8.00 | -36% | 22.34 | -40% |
| 1500 | 2.21 | 6% | 16.70 | 36% | 9.00 | 13% | 27.91 | 25% |
| 1600 | 4.162 | 89% | 19.60 | 17% | 13.273 | 47% | 37.035 | 33% |
| 1700 | 5.211 | 25% | 22.60 | 15% | 13.481 | 2% | 41.292 | 11% |
| 1800 | 8.671 | 66% | 28.70 | 27% | 18.092 | 34% | 55.463 | 34% |
| 1900 | 30.072 | 247% | 40.681 | 42% | 32.966 | 82% | 103.719 | 87% |
| 2000 | 49.139 | 63% | 59.268 | 46% | 56.996 | 73% | 165.402 | 59% |

表一之二：英格蘭、法國、義大利人口（百萬）。
請注意所有的總數與百分比，皆為計算後再四捨五入。

本的死亡率套用在其他上面。例如比起華威大學一三四八年之前的樣本，班倪迪陶高死亡率的樣本，呈現大幅的成長。此外，華威大學分析英格蘭一三四八年人口高峰的耕作產量（四百八十一萬人），但他們認為，要養活四百八十一萬人已經不容易，不可能再增加一百萬人。一七〇〇年以前，英格蘭人口不曾超過五百四十萬。實際數據可能介於華威大學與五百四十萬這兩個極端之間，而我選擇華威大學的數據，以免誇大一三〇〇年英格蘭以及當時歐洲整體的人口。

表一之二中，一〇〇〇年的數據是一百五十萬，這個約略的數據是假設一〇五〇年以前人口成長緩慢，然後逐漸加快，直到十二世紀高達百分之〇．五八。另，一百五十萬意味一〇〇〇到八六年的年成長率，平均只稍微高出百分之〇．一五。之後的世紀，資料來源則在文末的備註提供。[5]

## 法國

表一之二中，一〇〇〇到一四〇〇年的數據取自羅素的估算。[6]這些頗高的數據正好符合費迪南德．洛特（Ferdinand Lot）根據一三二八年灶爐稅推估的法國人口（兩千兩百萬人）。（譯注：灶爐稅，中世紀部分歐洲國家財產稅的一種，計算每一家戶灶爐、壁爐數量以課稅）之後諾曼．龐茲（Norman Pounds）和查爾斯．洛姆（Charles Roome）灶爐稅的研究，也獨立支持洛特的人口密度結果。[7]估計數據超過兩千萬，也與班倪迪陶推論一三四七到五一年法國高死亡率（百分之五十到六十）相符。國家統計與經濟研究院（INSEE）的網頁指出，一三二八年，法蘭西王國兩萬四千一百五十個堂區中，有兩百四十一萬一千一百四十九個灶爐，代表該國總人口

為一千九百萬，比洛特的數據少了三百萬。[8]此外，法國一三〇〇年的人口數據（兩千零四十萬），預設黑死病前增加幅度不高，最高點是一三四〇年的兩千一百萬。這比一七〇〇年英格蘭的人口最大極限：每平方英里一百〇三人，還要少，也比一七〇〇年的法國人口：兩千兩百六十萬（每平方英里九十二人），還要少。根據班倪迪陶的死亡率估計，一三四七到五一年人口下降百分之五十，這個比例也反映在這個數據中。另一個法國人口可靠的數據是十六世紀中期，約一千九百五十萬人。[9]二千一百萬的人口遭受百分之五十的死亡率，接下來則需要百分之〇．三一的平均年成長率，才能在一五五〇年之前回到一千九百五十萬人。這表示一四五〇年法國人口約為一千四百三十萬。這非常接近龐茲與洛姆估算一四五〇年前後法國人口，大約是一三二八年的三分之二，因此納入表格一之二。之後的世紀，數據來源請見文末注釋。[10]

## 義大利

班倪迪陶對於義大利瘟疫期間的死亡率估計又更高（百分之五十到六十），將此數據套用在費德利克（Federico）與馬拉尼馬二〇〇四年文章，其中義大利在瘟疫之前（一三四七到五一年）的人口約為一千四百九十萬。[11]以每平方英里一百二十八人的密度而言，比一七〇〇年英格蘭的一〇三人和法國同年的九十二人明顯高出許多。由於商業網絡的緣故，較高的人口密度是可能的，如同荷蘭和比利時在一七〇〇年人口密度也較高（分別為每平方英里一百五十三人和一百七十二人）。然而，儘管貿易發達，幾個鄰國又有糧食生產過剩可供運輸，還是很難看出一三〇〇年的義大利，如何維持一七〇〇年之前難得一見的高度人口。因此，班倪迪陶對義大利黑死病的死亡率很可能有誤。話雖如此，費德利克與馬拉尼馬撰寫文章時，班倪迪陶黑死病死亡率的數據尚未出版，他們似乎不認為一三〇〇年的人口可能達到一千三百萬。因此我選擇馬拉尼馬於二〇〇九年的著作《現代時期之前的歐洲經濟》（*Pre-modern European Economy*）第一章中修訂的數據，一三〇〇年的人口為一千兩百五十萬人。之後的世紀，數據來源請見文末注釋。[12]

## 歐洲與全世界

表一之二的數據與本附錄一開始羅列的人口估計並不相同。李維・巴奇估算一五五〇年的數據中，英格蘭、法國與義大利的人口共佔歐洲人口百分之三十五。馬拉尼馬的數據則認為一五〇〇年，英格蘭、威爾斯、法國與義大利的人口是二千七百五十萬，歐洲人口是八千四百八十五萬。扣掉威爾斯約三十萬人，英格蘭、義大利與法國的人口佔歐洲百分之三十二。延續馬拉尼馬的估計，這三個國家一四〇〇年佔歐洲人口百分之三十三；一三〇〇年百分之三十四・九；一二〇〇年百分之三十四；一一〇〇年百分之三十五；一

| 年份 | 馬拉尼馬（2009年） | 變化% | 方法A（依比例，1/33%） | 方法B（反投影法，以1500年八千四百萬） | 變化% |
|---|---|---|---|---|---|
| 1000 | 47.1 | - | 43.3 | 43.1 | |
| 1100 | 55.6 | 18% | 51.2 | 50.9 | 18% |
| 1200 | 76.7 | 38% | 76.4 | 75.9 | 49% |
| 1300 | 93.6 | 22% | 112.9 | 112.2 | 48% |
| 1400 | 67.8 | 28% | 67.7 | 67.3 | -40% |
| 1500 | 84.8 | 25% | 84.5 | 84.0 | 30% |

表一之三：1000～1500年歐洲人口估算（百萬）

〇〇〇年百分之三十四．五。這些看起來很一致，皆高於百分之三十二，低於百分之三十五。表一之二，一五〇〇年、一六〇〇年、一七〇〇年一致地顯示農業革命前，三個國家約佔歐洲人口百分之三十三。若歐洲人口可用三個國家佔去的百分之三十三估計，那麼將表一之二的數據乘以「1/0.33」，就會得到表一之三「方法A」的人口估計。或者以表一之二，三個國家經計算得到的成長，並由一五〇〇年人口八千四百萬的共識，以反投影法估計，就會得到「方法B」的數據。這兩個方法得到的數據與本附錄一開始羅列人口統計學家估算，一〇〇〇年的平均值四千兩百一十萬還算接近。一二〇〇年和一四〇〇年的數據，也與馬拉尼馬估計的接近（比起其他人偏高）。但是，一三〇〇年的數據卻比任何上述的人口統計學家高出許多。

表一之二的數據是方法A與方法B的基礎，皆來自歐洲最可靠的資料。沒有理由認為這三個國家只在一三〇〇年，和全歐洲百分之三十三的數據

| 年份 | 歐洲 | 變化% | 全世界 | 變化% |
|---|---|---|---|---|
| 1000 | 43 | - | 254 | 12% |
| 1100 | 51 | 18% | 301 | 19% |
| 1200 | 76 | 49% | 400 | 33% |
| 1300 | 112 | 48% | 432 | 8% |
| 1400 | 67 | -40% | 374 | -13% |
| 1500 | 84 | 25% | 460 | 26% |
| 1600 | 111 | 38% | 579 | 31% |
| 1700 | 125 | 13% | 679 | 17% |
| 1800 | 195 | 56% | 954 | 41% |
| 1900 | 422 | 116% | 1,633 | 71% |
| 2000 | 729 | 73% | 6,090 | 273% |

表一之四：歐洲與世界人口（百萬）

有這麼大的差異。因此一三〇〇年，歐洲的人口可能上升到一億一千兩百萬。下一次這三個國家人口上升到超過三千七百萬的時候（一七〇〇年），全歐洲的人口必定達到一億兩千五百萬。一七〇〇年是在農業革命之前，因此更證實歐洲人口在黑死病之前高達一億一千兩百萬的理論。

過去歐洲的人口統計學者沒有提出這一點的原因，很可能是因為黑死病的高死亡率並沒有受到重視。班倪迪陶的人口數據，比二〇〇四年之前人口統計學家的數據大幅減少。但這不表示我們對他的結論照單全收，我們為求安全反而避開風險，採用比他的研究低很多的死亡率。很多歷史學家認為，英格蘭在一三〇〇年的人口高於五百萬，而洛特認為法國人口是兩千兩百萬。若我們以百分之五十五作為一三四八到五一年歐洲人口減少的比例——還是比班倪迪陶估算的百分之六十二．五少很多——我們就可得到英格蘭於一三〇〇年的人口數為五百八十萬，使三個國家的樣本增加超過百萬。以洛特的研究再加一百萬到法國人口，則歐洲人口總計將近一億兩千萬。因此估計歐洲於一三〇〇年的人口為一億一千兩百萬，儘管比過去任何人的估算都高，依舊是保守的。

我使用方法B得到表一之四，也是全書的數據。歐洲一五〇〇年之後的人口，我則引用李維．巴奇的著作《歐洲人口史》（*Population History of Europe*）第八至九頁。二〇〇〇年的數據，則是來自聯合國經濟社會事務部人口局的報告〈世界人口面向：二〇一二年修正〉（二〇一三年）（World Population Prospects: The 2012 Revision）。表一之四的世界人口，來自美國人口普查部門引用畢拉班的數據。[13] 這些並沒有為說明，一三〇〇年較高的歐洲人口而調整過。

1 見Paolo Malanima, 'Energy and Population in Europe: The Medieval Growth' (2010), pp. 3-4 http://www.paolomalanima.it/default_file/Papers/MEDIEVAL_GROWTH.pdf。下載日期二〇一四年二月十二日。

2 見Massimo Livi Bacci, *Population of Europe* (2000), p.8-10

3 初稿下載自http://www.lse.ac.uk/economicHistory/pdf/Broadberry/Medievalpopulation.pdf。日期二〇一四年一月十五日。

4 見Ole Bebedictow, *The Black Death 1346-1353: The Complete History* (2004), p. 383

5 表一之二中，一五四一到一八七一年的數據取自E. A. Wrigley and R. S. Schofield, *English Population History from Family Reconstitution 1580-1837* (1997), p. 614。一九〇〇和二〇〇〇年的數據來自一九〇一年和二〇〇一年的普查：Office for National Statistics, *Census 2001: First Result on Population for England and Wales* (2002), p. 5

6 見David E. Davis, 'Regulation of Human Population in Northern France and Adjacent Lands in the Middle Age', *Human Ecology* 14 (1986), pp. 245-67, at p. 252。一七九八年的數據邊界，為代表全法國，取係數一．三放大，與之後的計算相容。

7 見Norman Pounds and Charles C. Roome, 'Population Density in Fifteen Century France and the Low Countries', *Annals of the Association of American Geographers*, 61 (1971), pp. 116-30

8 見'Le recensement de la population dans l'Histoire', http://www.insee.fr/fr/ppp/sommaire/imethso1c.pdf。下載日期二〇一四年二月三日。

9 見Lavi Bacci, *Population of Europe*, pp. 8-10

10 見一六〇〇與一七〇〇年的數據出處同上，p. 8；一八〇〇年和一九〇〇年的數據取自Jacques Dupaquier, *Histoire de la population Française* (4 vols, Paris, 1988)，二〇〇〇年來自二〇〇一年法國人口普查。

11 見Giovanni Federico and Paolo Malanima, 'Progress, Decline, Growth: Product and Productivity in Italian Agriculture 1000-2000', *Economic History Review*, 57 (2004), pp. 437-64

12 一五〇〇到一八〇〇年的數據出處同上，p. 446。一九〇〇年與二〇〇〇年的數據取自ISTAT出版的普查資料。

13 http://www.census.gov/population/international/data/worldpop/table_history.php。下載日期二〇一三年二月三日。

# 圖片來源

- 德文郡的摩爾登漢普斯德。（作者收藏）
- 埃克賽特城堡。（作者收藏）
- 施派爾主教座堂，德國。（作者收藏）
- 薩里的丘登教堂。（作者收藏）
- 阿拉伯醫師放血，約於一二四〇年。（Bridgeman Art Library）
- 法國沙特爾主教座堂彩色玻璃的酒商。（Bridgeman Art Library）
- 赫里福德世界地圖。（Bridgeman Art Library）
- 埃克賽特主教座堂裡的屍體雕像。（Bridgeman Art Library）
- 若望二十二世的黃金玫瑰。（Brian Shelly版權所有）
- 麥米提的華特關於君王的論述中加農炮的圖畫。（Bridgeman Art Library）
- 《一個男人的畫像》，揚・范・艾克繪。（Bridgeman Art Library）
- 印刷術，取自一本一四九八年的書。（Bridgeman Art Library）

- 康沃爾郡考特黑爾宅邸禮拜堂的時鐘。（作者收藏）
- 謝巴斯提亞諾繪的哥倫布肖像。（Bridgeman Art Library）
- 亞伯拉罕・奧特柳斯《世界概貌》中的世界地圖（一五七〇年）。（Bridgeman Art Library）
- 一五七八年的簧輪獵槍。（Bridgeman Art Library）
- 一五四二年萊昂哈特・福克斯《植物史論》中手繪的鳶尾花。（Bridgeman Art Library）
- 班貝格的女巫監獄。（Staatsbibliothek Bamberg, shelf-mark V B 211m）
- 約翰・赫維留斯的望遠鏡。（公眾領域）
- 牛頓的望遠鏡。（Bridgeman Art Library）
- 馬可・里奇於一七〇八年所繪的倫敦歌劇採排。（Bridgeman Art Library）
- 湯瑪斯・紐科門的蒸汽引擎，一七一八年。（Getty Images）
- 網球場宣言。（Bridgeman Art Library）
- 湯瑪斯・阿羅姆一八三四年的畫作，描繪動力織布機。（Bridgeman Art Library）
- 一八二二年五月四日Polymouth and Dock Telegraph and Chronicle報紙從普利茅斯到倫敦的公共馬車。（作者收藏）
- 路易・達蓋爾於一八三八年巴黎的《坦普爾大街街景》。（公眾領域）
- 威廉・福克斯・塔爾博特拍攝大英國號，一八四四年。（公眾領域）
- 萊特兄弟的「飛行者」，一九〇二年十二月十七日。（Library of Congress）
- 法國軍人的彩色相片，保羅・卡斯泰爾諾於一九一七年六月拍攝。（Ministére de la Culture

– Médiathèque du Patrimoine, Dist. RMN-Grand Palais/Paul Castelnau）

- 永井隆醫生於長崎，一九四五年八月。（Bridgeman Art Library）
- 紐約公園街大樓。（Library of Congress）
- 吉隆坡的雙子星塔。（Bridgeman Art Library）
- 《地出》，一九六八年十二月二十四日，從阿波羅八號拍攝。（NASA）

知識叢書 1110

# 漫遊歐洲一千年：從11世紀到20世紀，改變人類生活的10個人與50件大事

作　者—伊恩・莫蒂默（Ian Mortimer）
譯　者—胡訢諄
主　編—李筱婷
封面設計—兒日設計
董事長—趙政岷
出版者—時報文化出版企業股份有限公司
一〇八〇一九台北市和平西路三段二四〇號七樓
發行專線—（〇二）二三〇六—六八四二
讀者服務專線—〇八〇〇—二三一—七〇五
（〇二）二三〇四—七一〇三
讀者服務傳真—（〇二）二三〇四—六八五八
郵撥—一九三四四七二四時報文化出版公司
信箱—一〇八〇一九台北華江橋郵局第九九信箱
時報悅讀網—http://www.readingtimes.com.tw
時報出版臉書—http://www.facebook.com/readingtimes.fans
法律顧問—理律法律事務所　陳長文律師、李念祖律師
印　刷—紘億彩色印刷有限公司
初版一刷—二〇一六年二月十九日
二版一刷—二〇二二年一月十四日
二版二刷—二〇二三年十一月七日
定　價—新台幣四八〇元
（缺頁或破損的書，請寄回更換）

時報文化出版公司成立於一九七五年，
並於一九九九年股票上櫃公開發行，於二〇〇八年脫離中時集團非屬旺中，
以「尊重智慧與創意的文化事業」為信念。

漫遊歐洲一千年：從 11 世紀到 20 世紀，改變人類生活的 10 個人與 50 件大事 / 伊恩・莫蒂默（Ian Mortimer）著；胡訢諄譯. -- 二版. -- 臺北市：時報文化, 2022.01
面； 公分. -- (知識叢書；1110)

譯自：Centuries of change : which century saw the most change and why it matters to us

ISBN 978-957-13-9921-8( 平裝 )

1. 社會變遷　2. 文化史

541.48　　110022553



ISBN 978-957-13-9921-8
Printed in Taiwan